中国古代文化纲目举要

吉发涵 著

齊魯書社

代卷首语

2007年9月4日,《人民日报》发表了温家宝总理的诗——《仰望星空》。温总理在诗中写道:

一个民族有一些关注天空的人,他们才有希望;一个民族只是关心脚下的事情,那是没有未来的。我们的民族是大有希望的民族!我希望同学们经常地仰望天空,学会做人,学会思考,学会知识和技能,做一个关心世界和国家命运的人。

我仰望星空,它是那样寥廓而深邃;
那无穷的真理,让我苦苦地求索、追随。
我仰望星空,它是那样庄严而圣洁;
那凛然的正义,让我充满热爱、感到敬畏。
我仰望星空,它是那样自由而宁静;
那博大的胸怀,让我的心灵栖息、依偎。
我仰望星空,它是那样壮丽而光辉;
那永恒的炽热,让我心中燃起希望的烈焰、响起春雷。

温总理这篇富有深邃哲理的诗文,让我们"仰望星空",足以启发我们敬佩、热爱并且努力学习和了解我们先人创造的灿烂辉煌的古代文化，引导我们正确地扬弃其中不适应当代的糟粕部分，大胆地继承和发扬其中那些优秀的传统文化精华，从而为实现中华民族的伟大复兴服务。

谨以此代为该书的卷首语。

吉发涵　谨记

目 录

第一章 导 论

当人类刚刚迈进21世纪的时候，中华民族正处在一个再次腾飞的关键时期。亿万炎黄子孙，克从先烈，续写着辉煌的民族文化的新篇章。新的世纪，新的历史时期，带给中华民族新的机遇和挑战。在此情势下，中华民族的每个成员，都应该认真学习研究、进而大力继承发扬我们祖先创造的五千年的传统文化的精华，审视并扬弃其糟粕。这对于中华民族再次振兴是至关重要的。改革开放三十多年来，传统文化的价值得到重新认识，并愈来愈受到重视，但有许多内容依然有待深入讨论、挖掘，以便得到正确的认识和利用。对于自身传统的回顾、总结和继承，应当像赶超世界先进科学技术水平那样，受到全民族的重视。这样，才能真正做到“建设中国特色社会主义”。

为了更好地了解和深入研究中华民族的传统文化，即中国古代文化，首先应当对以下几方面的问题有所了解。

一、文化与文化的定义

1."文化"一词的由来

"文化"一词,在汉语中由来已久,且有其深邃的含义。

《易》:"(䷕下离上艮)《贲》:亨。小利有攸往。"

《彖》曰:"《贲》'亨',柔来而文刚,故'亨'。分,刚上而文柔,故'小利有攸往'。"[高亨《今注》:"此释卦名及卦辞。贲'亨',举卦名及卦辞之'亨'也。文,文饰也。《贲》之下卦为离,上卦为艮。离为阴卦,为柔,又为文;艮为阳卦,为刚。然则《贲》之卦象是'柔来而文刚',如臣文饰君,女文饰男,柔德文饰刚德等是。柔来文刚是柔为副而刚为主,以此行事则通,故卦辞曰'亨'也。其次,分谓刚柔分也,承上句省刚柔二字。《贲》卦是阳卦之艮在上,阴卦之离在下,是为刚柔'分',如君臣分职,男女分务,刚德柔德分用等是。再次,上卦艮为山,山有草木之文;下卦离亦为文。然则《贲》之卦象又是'刚上(在上)而文柔',如君文饰臣,男文饰女,刚德文饰柔德等是。刚而文柔,是刚为副而柔为主,以此有所往,仅小利而已。故卦辞曰:'小利有攸往。'《贲》之卦象既是柔文饰刚,又是刚文饰柔,故卦名曰《贲》。"]①

又《彖》:"刚柔交错,天文也。文明以止,人文也。观乎天文,以察时变。观乎人文,以化成天下。"孔颖达疏:"'观乎天文以察时变'者,言圣人当观视天文,刚柔交错,相饰成文,以察四时变化。""'观乎人文以化成天下'者,言圣人观察人文,则诗、书、礼、乐之谓,当法此教而'化成天下'也。"[高亨《今注》:"此

① 高亨:《周易大传今注》,齐鲁书社1979年版,第226页。

申释卦义。……天象是阳阴并陈,阳阴迭运,刚柔交错以成文。故曰:'刚柔交错,天文也。'人文指社会之制度文化教育等。《贲》之下卦为离,上卦为艮。离为文明,艮为止。然则《贲》之卦象又是文明以止。社会之制度文化教育皆在使人有所止。故曰:'文明以止,人文也。'治国者须观乎天文,以察时序之变化;观乎人文,以化成天下之人。故曰:'观乎天文,以察时变。观乎人文,以化成天下。'"]①

可以说,早在《易·贲》中,就已经具备了"文化"一词的传统含义。这种含义,到《彖》被进一步揭示了出来。中国古代的所谓"文化",是在天文、四时、刚柔(阳阴)交错等传统理念的制约下,用历代的人文结晶——诗、书、礼、乐等,对社会进行教化并进而形成制度化的一种活动和一种过程。至迟在西汉,"文化"更进一步凝结成词。刘向《说苑·指武》说道:"圣人之治天下也,先文德而后武力。凡武之兴,为不服也。文化不改,然后加诛。"再后来,诗词文赋中的"文化",如"文化内辑,武功外悠","修文化而服遐荒"等说法更是屡屡见诸笔端了。显然,这些后出之"文化"的含义是与《易·贲·彖》"人文"、"化成"的含义一脉相承的。因此,可以肯定地说,"文化"一词是汉语中早已固有的,其含义古老、深刻而又明确。刘向、孔颖达等所使用或认识的"文化",都是指"人文化成"。而"人文化成"包括几方面的内容:一是累代形成的风俗习惯以及礼乐典章制度;二是记录它们相关内容的历代积累、流传下来的典籍;三是社会、民族或个人,宣传、推行、维护这些习惯、制度和学习这些典籍的所有一切自觉的或强制的活动。所以,汉语中"文化"一词的含

① 高亨:《周易大传今注》,齐鲁书社1979年版,第227页。

义,除了典籍本身的物化特征之外,自古以来就是偏重于精神范畴的一个概念。而所有一切人类社会所创造出的物化成果中,又无不渗透着和体现着一定的文化。正如顾炎武所说:“自身而至于家国天下,制之为度数,发之为音容,莫非文也。”

2.“文化”的多种含义

“文化”除了中国古代所固有的人文化成、文治教化的意义之外,在现代汉语中还有如下许多意义:(1)特指运用文字的能力或书本知识。例如:青少年都应该学习文化知识。他的文化水平不高。(2)指人们在社会实践过程中创造的物质财富和精神财富的综合。一般着重指精神方面的成果,如教育、科技、文艺、法律方面的成果等。例如:一定的文化,是一定社会的政治和经济的反映。(3)考古专业用语。指不依分布地点而依同一历史时期、同一发展水平为标准的遗迹、遗物所反映的社会进步的综合体。例如:仰韶文化、龙山文化等。(4)指文艺、体育和其他艺术方面的活动。也指某一范围人群中的组织形式、管理方式、生活气氛等。例如:春节文化活动、企业文化、社区文化、民族文化等。

应当指出的是,在过去的文化研究中,有人认为汉语中“文化”一词是从外来语中辗转而来的。这种说法实在是可笑的。如上所述,“文化”一词即便不说其含义的生成,仅从凝结成词算下来,至少也有两千年之久了。所以,事实上“文化”一词不仅是汉语中原本就有的,而且还传给或影响了别的语言。例如:日语中凡借用汉语读音的词多用平假名(草书体)或保留汉字书写形式;非汉语的外来语则用片假名(正楷体)书写。“文化”一词,日文写作“ふんか”,是用平假名书写的,读音显然也是汉语的借音。无疑,这应当是一个汉语外来语的借词,而不是西方语言的借词。至于说到日语的“ふんか”或汉语的“文化”一词，在近代又增加了其他意义，甚至变成了以其他意义为主，则是词汇演变中常见的规律和现象。

3.“文化”的一般界说

对“文化”一词，近现代的各国文化研究者都企图进行“定义域”式的解说。有人统计，这种解说甚至已达一百六七十种之多。这就使“文化”的含义到底是什么，成了一个众说纷纭、莫衷一是的问题。我们无须对这些纷纭的说法一一列举和说明，只需对它们加以概括，并就其中最有代表性的说法略加介绍。

首先，“文化”一词在拉丁文中可对应为 cultura，其含义为耕种、居住、留意、敬神等。其英语对应词的词根当是 cult，义为宗教、礼拜仪式、崇拜。其同族词 culture，义为培养、栽培、教养、修养、文化。

在西方众多学者关于“文化”的定义中，英国文化学家泰勒在其 1871 年出版的《原始文化》中的阐述一直较受推崇。他说：“文化，或文明，就其广泛的民族学意义来说，是包括知识、信仰、艺术、道德、法律、风俗以及作为社会的成员的人所掌握和接受的任何其他的才能和习惯的复合体。”另外，美国人类学家克罗伯和克拉柯亨 1952 年出版的《文化：概念和定义的批判性回顾》中的说法，也较有参考价值。它说：“文化是包括各种外显或内隐的行为模式；它通过符号的运用，使人们学得及传授，并构成人类群体的显著成就，包括体现于人工制品中的成就。文化的基本核心包括由历史衍生及选择而成的传统观念，尤其是价值概念。文化体系虽然可被认为是人类活动的产物，但也可被视为限制人类作进一步活动的因素。”

除了欧美学者的文化界说，我们不妨更多地关注一下国内学者的说法。梁启超在《什么是文化》中提出:“文化者,人类心能所开积出来之有价值的共业也。”“文化是包含人类物质精神两面的业种、业果而言。”梁漱溟在《中国文化要义》和《东西文化及其哲学》中总结说,“文化,就是吾人生活所依靠之一切”、“是生活的样法”。钱穆在《中国文化史导论》中,则像有的学者一样,说明了文化与文明的联系与区别。他说:“大体文明、文化,皆指人类群体生活而言。惟文明偏在外,属于物质方面;文化偏在内,属于精神方面。故文明可以向外传播,向外接受;文化则必由其群体内部精神积业而产生。……文化可以产出文明,文明却不一定能产出文化。”阴法鲁针对文化的各种界说,就大学文化史课程所应涵盖的范畴,对文化的含义做了如下归纳和说明:“‘文化’一词有多种用法,多种含义。就‘文化史’、‘文化学’等学科所采取的文化含义说,一般的理解约有四种:第一义,指每个民族为了生存和发展,积年累代,在物质生活和精神生活中通过体力和脑力劳动所取得的各种成果和成就的总体而言。包括物质文化和精神文化。第二义,专指精神文化而言,即社会意识形态以及与之相适应的典章制度、政治和社会组织、风俗习惯、学术思想、宗教信仰、文学艺术等。第三义,指社会生活中和政治、经济两类并列的文化类而言。这三类——政治、经济、文化的内容,彼此有关联,有交叉,有时难以划分。第四义,主要指一个民族的思想基础即哲学而言。……泛称文化,应指第一义,但作为大学文科课程之一的文化史,文化则主要指第二义。”

上述学者们各不相同的概括,都可以帮助我们更好地理解“文化”的含义。特别是阴法鲁先生所做的四种含义的区别性解释,不仅使大家了解了学术界对“文化”一词理解上的不同,也使我们把注意力放到适合大学文科文化史教学应当特别注意的一些属于文化范畴的内容上来。但我们又与之有所不同,我们感觉特别需要指出的是,大学文化史课所要讲的"文化",应当特别注意和强调独立于政治、经济之外的,无论精神的或是物质的一切重要的、有人文价值的民族文化成果。这些成果,应该是突出体现传统的民族精神和民族气质、价值观念、审美情趣等能显著区别于其他民族之文化的相关内容。这些内容既是"人文化成"的结果,同时又已经成为该民族"人文化成"的种子、元素和基因。

这也是我们设计本教材内容时的宗旨和指导思想。

二、文化的一般特性

文化作为人类社会所创造的各种成果和成就的复杂综合体,也有其自己的特性。概括来说,首先是指某种文化在某一范围的人群或社会中具有历史积累性。这种积累性,决定了文化不仅是在历史过程中不断发展,同时又是由历史结晶构成的一个多层次的复杂的网络系统。其次,文化还具有潜移默化的教化和认知作用,这种作用在某种文化所属的影响范围内,更加明显和强烈。这就决定了文化对内所具备的继承性。第三,文化特别是历史悠久、博大精深的优秀文化,对其他类型的文化具有独特的包容性和传播性。与此相关,文化也具有渐进的可变异性。第四,需要特别指出的是,语言文字在文化的积累、继承和传播中,起着重要的作用。一切文化成果,说到底都是通过语言才能顺利传播和延续的。而作为记录语言的符号系统的文字,其产生是蒙昧与文明的分界线,对于文化的积累、继承和传播更是起着决定性的作用。人类历史上曾有过许多著名的古代文化,如:古埃及、古巴比伦、古希腊、古罗马、古印度文化,等等。它们都曾有过灿烂辉煌的成果,但又都因为历史的原因,特别是由于语言文字的失传失解,最终导致了自身的失传失解而消亡。而中华文化则是世界上自古至今唯一一个一直延续发展而没有中断过的文化,这其中的原因,就是因为中华民族拥有自古以来一直使用的汉语和有几千年历史的、忠实记录汉语的汉字系统。浩如烟海的汉字文献,犹如大树的年轮,记录着中华文化的发展脉络和全部内容,为中华民族的每一个成员提供着认知和继承的翔实资料。对这种属于自身文化系统的文字资料的极端重要性,两千五百多年前的孔夫子就已经有充分的认识。他说:"殷因于夏礼,所损益,可知也;周因于殷礼,所损益,可知也。其或继周者,虽百世可知也。"①他还说:"夏礼吾能言之,杞不足征也;殷礼吾能言之,宋不足征也;文献不足故也!足,则吾能征之矣。"②

正是由于文字资料对于文化传递的这种重要性,汉字产生之后所记载的文化史资料,自然也就成为我们课程所关注的主要内容。

三、中国古代文化独有的几个显著特点

(一)在自然地理特点非常显著的广袤大地上孕育的文化

具有五千年文明史的中华民族,从炎黄二帝到尧舜禹直至

① 《论语·为政》。
② 《论语·八佾》。

清代，一直是在上苍所赋予的一个极其广大的地理范围中，世代匪解地开辟、创造着自己的历史。对于此，我们有历代的典籍可资证明。

曰若稽古，帝尧曰放勋，钦明文思安安，允恭克让，光被四表，格于上下……分命羲仲，宅嵎夷，曰旸谷。寅宾出日，平秩东作。……申命羲叔，宅南交，曰明都。平秩南讹，敬致。……分命和仲，宅西，曰昧谷。寅饯纳日，平秩西成。……申命和叔，宅朔方，曰幽都。平在朔易。(《尚书·尧典》)①

九州攸同，四隩既宅，九山刊旅，九川涤源，九泽既陂，四海会同。……东渐于海，西被于流沙，朔南暨声教，讫于四海。(《尚书·禹贡》)②

古者尧治天下，南抚交趾，北降幽都，东西至日所出入，莫不宾服。(《墨子·节用》)③

作琅邪台，立石刻，颂秦德，明得意。曰："……六合之内，皇帝之土。西涉流沙，南尽北户。东有东海，北过大夏。人迹所至，无不臣者。"(《史记·秦始皇本纪》)④

自封建变为郡县，有天下者，汉、隋、唐、宋为盛，然幅员之广，咸不逮元。……若元，则起朔漠，并西域，平西夏，灭女真，臣高丽，定南诏，遂下江南，而天下为一。故其地北逾阴山，西极流沙，东尽辽左，南越海表。盖汉东西九千三百

---

① 《十三经注疏》，中华书局 1980 年版，第 119 页。
② 《十三经注疏》，中华书局 1980 年版，第 153 页。
③ 《诸子集成》四，中华书局 1957 年版，第 102 页。
④ 《史记》，中华书局 1963 年版，第 244 ~ 245 页。

二里，南北一万三千三百六十八里，唐东西九千五百一十一里，南北一万六千九百一十八里，元东南所至不下汉、唐，而西北则过之，有难以里数限者矣。（《元史·地理志一》）①

逮于高宗……东极三姓所属库页岛，西极新疆疏勒至于葱岭，北极外兴安岭，南极广东琼州之崖山，莫不稽颡内乡，诚系本朝。……东西朔南，辟地至数万里，幅员之广，可谓极矣。（《清史稿·地理志一》）②

清朝末年，帝国主义列强屡次入侵我国，攫取了我国大片土地。现在，我们中华人民共和国的领土，其面积按旧的传统上沿用的仅计大陆标准投影面积的不恰当的计算方法是960万平方公里。但根据近年最新测量结果，包括内海以及东沙、西沙、南沙等岛屿在内的我国领土实际面积应该为1045万平方公里。另外还应有海域面积470万平方公里。其东西跨有62个经度，南北跨有50个纬度。是世界上排在俄罗斯、加拿大之后的第三领土大国。

列祖列宗筚路蓝缕开创的这片极其广大的土地，具有广阔恢弘的气势。其自然地理形势具有以下几个十分显著的特点：

1. 四周拥有天然屏障

中华民族所处的地理位置，在亚洲大陆的东部。她的北面横亘着蒙古高原的茫茫草原和戈壁，再往北，则是贝加尔湖和严寒少人的西伯利亚原始森林以及至今仍无法开发的大片冻土带。她的东北面直至南面，全有海洋环绕，至今仍拥有连绵近两万公里的大陆海岸线（不包括岛屿岸线）。稍偏西南，是地貌奇

---

① 《元史》，中华书局1976年版，第1345页。

② 《清史稿》，中华书局1976年版，第1892~1893页。

特的拥有三江并流奇观的横断山脉和云贵高原，由此稍向南，则是古称“水土温暑，加有瘴气，致死者十必四五”①的热带、亚热带丛林地区。西南面，则有号称“地球第三极”的青藏高原巍然耸立，喜马拉雅山、冈底斯山、唐古拉山、喀喇昆仑山、可可西里山、巴颜喀拉山等山脉横空出世，其平均海拔高度都在4000米以上，达到了人类能够生存的临界高度，难以逾越。正西方，帕米尔高原、昆仑山、阿尔金山，往东直到祁连山，形成了又一条东西向的高山阻隔带。它们的北面，则是号称“死亡之海”的茫茫沙漠和穷荒不毛的戈壁。再往北的天山、阿尔泰山又与上述正北方向的蒙古高原浑然连成一体。虽然在祁连山南北两麓与天山或阿尔金山之间曾开辟有著名的丝绸之路，但那已是晚在西汉，相对于中华民族五千年的历史，已是比较晚近的时代了。

环视中华大地，这种四周拥有天然屏障的地理形势，气势磅礴，既有足供我们祖先开天辟地的广阔领域，又具有在漫长的古代不被这一范围之外的文明过多干扰的保证。但同时，也就容易形成封闭的和视野内向的民族人文性格。

2. 拥有一北一南两条母亲河——黄河与长江

中华民族得天独厚，拥有两条发源于青藏高原的母亲河——黄河与长江，她们源远流长，流域广大，水量丰富，水系复杂，支流众多。依长度计，她们分别是世界上的第五大河和第三大河。五千年的中华文化，就以黄河流域和长江流域为两个摇篮，一北一南，孕育并发展着。特别是这两条母亲河干流周围，有无数大大小小的支流，以及高山、平原、湖泊、沼泽等复杂多样的地形地貌。这就使得我们的先民，具有了获得多种生活方式

---

① 《后汉书·南蛮传》。

和生活必需品的物质基础和选择余地，从而能更从容地一步步繁衍生息，成长壮大。同时，围绕这两条母亲河，中华民族又创造出了既互相联系、相互渗透又各有特色的南北两大类型的文化。以黄河中下游为中心直到辽河流域的广大北方地区，属于“黍稷文化”区域。考古发现以及文献的记载，证明这一区域内早在六七千年之前，就已经开始脱离采摘果实谋生而逐渐产生了栽培农业。南方气候温暖，雨量充沛，以长江中下游为中心，也产生了辉煌的“水稻文化”。浙江河姆渡出土的大量的炭化稻谷，以及古代房屋遗址，就是这种文化有六七千年历史的明证。

3. 具有西高东低、落差明显的三大地形阶梯

第一阶梯是青藏高原，它的面积约有250万平方公里，足足占据了中华大地的四分之一。由于它的大部分地区高寒干旱，即使在现代条件下，在那里生存依然相当困难，在古代的生产力条件下，其开发和发展就更是极其艰难缓慢的。第二阶梯包括云贵高原、塔里木盆地、准噶尔盆地、柴达木盆地、四川盆地、黄土高原、蒙古高原。这一区域的总面积达300万平方公里以上。海拔平均高度在1000～2000米左右。远古时代的黄土高原，曾经具有优良的自然生态环境，气候温暖湿润，植被茂密。因此这里与第三阶梯的黄河中下游与长江中下游的平原地带，曾经同是中华文化的发源地。另外，根据考古发现的云南“元谋人”化石等材料可以判断，云贵高原当初也是中华民族文化的发源地之一。第三阶梯北起大兴安岭，中到太行山脉，南至巫山、武陵山、雪峰山以南，包括东北平原、华北平原、长江中下游平原、直到东南沿海的所有中华民族所开辟和休养生息的土地。这片广大地区，平均海拔高度在500米以下，背山面海，地形多样，土地

肥沃，气候适宜。黄河、长江两大母亲河以及其他大江大河携其众多的支流，滔滔不绝，奔流不息，为先民创造辉煌的中华民族文化提供了极其广阔而优越的舞台。

（二）气势磅礴，恢弘多样，向中部聚合的文化

中华文化就像产生她的这片大地一样，从一开始，就显示着无与伦比的雄阔气势和宽广胸怀。这一点，古代典籍所记录的圣哲们的话语，已经给我们留下了深刻的印象。

禹曰："俞哉！帝，光天之下，至于海隅苍生，万邦黎献，共惟帝臣。……外薄四海，咸建五长。"（《尚书·益稷》）①

"今文子文孙，孺子王矣。……其克诘尔戎兵，以陟禹之迹，方行天下，至于海表，罔有不服。"（《尚书·立政》）②

邦畿千里，维民所止。肇域彼四海，四海来假，来假祁祁。（《诗经·商颂·玄鸟》）③

溥天之下，莫非王土；率土之滨，莫非王臣。（《诗经·小雅·北山》）④

以正治国，以奇用兵，以无事取天下。（《老子》第五十七章）治大国若烹小鲜，以道莅天下，其鬼不神。（《老子》第六十章）大国者下流，天下之交。（《老子》第六十一章）

礼之用，和为贵。先王之道，斯为美，小大由之。（《论

① 《十三经注疏》，中华书局 1980 年版，第 143 页。
② 《十三经注疏》，中华书局 1980 年版，第 232 页。
③ 《十三经注疏》，中华书局 1980 年版，第 623 页。
④ 《十三经注疏》，中华书局 1980 年版，第 463 页。

语·学而》)

子曰:“巍巍乎,舜禹之有天下也而不与焉!”(《论语·泰伯》)

四海之内,皆兄弟也。(《论语·颜渊》)

子曰:“君子和而不同。”(《论语·子路》)

尧曰:“咨!尔舜!天之历数在尔躬,允执其中。四海困穷,天禄永终。”(《论语·尧曰》)

古之欲明明德于天下者,先治其国。……身修而后家齐,家齐而后国治,国治而后天下平。(《礼记·大学》)

唯天下至圣为能。聪明睿知,足以有临也。……是以声名洋溢乎中国,施及蛮貊。舟车所至,人力所通,天之所覆,地之所载,日月所照,霜露所队,凡有血气者,莫不尊亲。故曰配天。(《礼记·中庸》)①

九夷八狄七戎六蛮谓之四海。(《尔雅·释地》)②

从这些文献中可以发现,中华民族从一开始就孕育并形成了一种理性、和平、有容乃大的民族性格。先圣们无不具有高远的志向、宽广的胸怀。他们总以四海、天下为己任。实际上,这种似乎与生俱来的浩大气魄与特点,是与中华民族所拥有的独特的自然地理条件有着密切关系的。正是由于后者,才使中华古代文化从一开始就具有气势磅礴、恢弘多样、由四周向中部聚合的特点。

中华大地位于东亚,广阔封闭,地形多样。以现在版图计,其东西距离约 5200 公里,南北距离约 5500 公里,跨度巨大。因

① 《十三经注疏》,中华书局 1980 年版,第 1634 页。
② 《十三经注疏》,中华书局 1980 年版,第 2616 页。

而其东西南北有着多样性的各不相同的气候条件。东南部温暖湿润,西北部干旱少雨。中华大地从南到北的陆地,占有多达35个纬度的跨度,使它从南到北包含了热带、亚热带、暖温带、中温带、寒温带、寒带(在青藏高原)等多达17个种类的气候类型。这在其他国家或民族是很少见的。虽然在一百多万年以前,西北内陆据说比现在要温暖湿润得多;甚至五千多年前,亚热带分界线据说也比现在要靠北得多(现在在长江以南),可能位于今天华北平原燕山一线。但从与孕育并产生中华文化最密切的后五千年考察,气候的多样性已经与今天相近甚至相同。这从《诗经》等文献的记载中均可得到证实。所以,自从中华文化发轫以来,就因地形、气候的多样性,使得东部与西部、北部与南部的文化及其发展,形成了明显的区域差异性。

大略而言:东部自然条件比较优越,人口密集,以发展农业为主,文化较发达。西部自然条件恶劣,人口稀疏,以游牧业为主,文化相对落后。北部,特别是秦岭淮河以北的黄河中下游广大地区,气候适宜,四季分明,河流纵横,十分适合人类的生存与开发,是距今6000~8000年的黍稷或粟黍农业产生的沃土。它既是中华民族远古祖先繁衍生息的最主要的根据地,更是五千年中华文化即华夏文化、炎黄文化的主要发祥地。南部,即秦岭淮河以南和广大的长江中下游地区,气候湿热多雨,物产丰富,孕育和发展了具有7000年历史的水稻农业,使其早在六七千年前,就已经成为中华民族繁衍生息的又一片沃土。总之,越来越多的考古发现证明,它同样是中华民族和中华文化特别是水稻文化区的发祥地。

由于古代生产力水平的限制和中华民族拥有广阔无比的土地,以及四周难于逾越的地理环境的制约,中华民族没有像一些濒海民族那样，或以游牧为生，或以商贸为主，尽力向外寻找发展空间。相反，中华民族和中华文化几千年来所走的是一种自给自足、自我完善的农业文化道路，是习惯于由四周向中央或向内聚合的一种模式。这一点，可以从历代政治文化中心的变迁和中华民族的哲学、道德追求等多方面得到印证。例如，“华夏”一词，早在春秋时代就已经是被中华文化定格的一个概念，它既表示一个地域，同时又表示一种先进的文化。《左传·定公十年》：“裔不谋夏，夷不乱华。”①《尚书·武成》：“华夏蛮貊，罔不率俾。”②这个地域，大约在今天汉江谷地向北到达关中盆地，向东包括华山、嵩山为中心区域的黄河大转弯附近渭、洛、汾河流域等一大片山河。中华民族的始祖黄帝与后来的唐尧虞舜，最初都是在这一区域活动的。这里既是中华文化的发祥地，又是后来几千年中华民族政治、经济、文化中心。大禹始创的夏代，其发祥地有可能在今天安徽蚌埠附近，但其都城，现在已经基本上确认是在今天河南西部、嵩山脚下的登封附近。可以说，从有史记载的第一个朝代夏开始，中华文化就有了从四周向中央聚集的特点。之后，这一特点一直绵延几千年相继不绝。商代人原是东夷的一支，在东方崛起后逐渐向中原发展，今郑州、安阳附近都曾是它的都城所在地。周代祖先原是商朝西方的一个弱小诸侯，其封地邠在今天陕西西部的彬县，后来代商而兴，向东建都于丰、镐（今西安），后来又继续东迁到洛邑（今洛阳）。夏商周三代历经一千八百多年，确立了中华民族和中华文化的基础。秦汉两代四百多年，先以咸阳、长安为都，后

① 《十三经注疏》，中华书局1980年版，第2148页。
② 《十三经注疏》，中华书局1980年版，第185页。

以洛阳为都。中心所在一如三代。其中秦朝也像商周一样，其祖先原来并不在中原，而是属于东夷，后被封于西方。因此秦人多有西戎之风。

处于稍偏东南的长江中下游地区，号称中华民族的又一摇篮。浙江河姆渡遗址的发现，有力地证明了远在六千多年前，长江中下游就已经创造出了发达的原始水稻文化。在长达数千年的发展过程中，又创造出蔚为壮观的楚文化、巴蜀文化等。例如春秋战国时代的楚国文化（诸如楚辞、漆器、丝织品、铜剑等），都给人留下不可磨灭的印象。历史已经证明，长江中下游文化是中华文化中又一颇具魅力的区域文化类型，也充分说明了中华文化的恢弘多样性。在这种历史文化背景下，东汉末年，又出现了分别以建业（今南京）和成都为都城的吴国和蜀国。它们与以正统自居、位于中原的魏国三足鼎立达60年，最后由西晋统一，重新定都于中原故都洛阳。接下来长达160年的南北朝时期，表面上是政治的南北分裂、分治，但从文化层面上考察，则是古代早就内属的若干北方少数民族，向往中原文化而纷纷南向的一种现象。其结果，是这些少数民族进一步融进了中原。而以建康为中心的南朝，则是传承中华传统文化的根据地和大本营。隋代统一中国之后，以中原为政治、文化中心的格局重新得以恢复，并且一直延续达一千三百多年。这期间，不管是中原的汉人掌权，还是蒙古族或满族等其他少数民族入主中原，无不是向中央凝聚，并以居于中原特别是以秉承中原文化为正统。其间，如果谁不能居于中原或丢掉了中原，例如南宋王朝，即便他还领有大片土地和人民，甚或超过前代，但他依然只能被称为“偏安一隅”的千古历史罪人。总而言之，中华民族的政治理想和文化理想，从来就是居中国而有九州，天下大同、四海一家。

所以,气势磅礴,恢弘多样,向中部聚合,是中华文化无可争辩的又一显著特征。

(三)众多民族多次融合并共同创造的多元化文化

如上所述,中华民族和中华文化从一开始就是多元化的,而不是单一的。众所周知,今天的中国,仍然是拥有已经确认的56个民族的多民族国家。除汉族外,其他55个少数民族(依1990年统计的人口多少大体排列)是:壮(以上超过千万)、满、回、苗、维吾尔、彝、土家、蒙古、藏、布依、侗、瑶、朝鲜、白、哈尼、哈萨克、黎、傣(以上超过百万)、畲、傈僳、仡佬、拉祜、东乡、佤、水、纳西、羌、土、锡伯、仫佬、柯尔克孜、达斡尔、景颇(以上超过十万)、撒拉、布朗、毛南、塔吉克、普米、阿昌、怒、鄂温克、京、基诺、德昂、乌孜别克、俄罗斯、裕固、保安(以上超过万)、门巴、鄂伦春、独龙、塔塔尔、赫哲、高山、珞巴族。如此之多的民族和睦共处于一国,这在世界上是少有的。但这种多民族和睦相处、共存共荣的局面,是其深远的历史文化根源使然。即中华民族五千年的历史,自始至终都是由众多民族共同创造的。在这一漫长的过程中,又一直伴随着从未停止过的中华民族内部各民族间的大融合。

以汉族为例,目前它拥有近13亿人口,是当今世界上人口最多的民族,更是缔造中华民族与中华文化的最主要民族。但是"汉族"作为真正的民族称谓使用,则仅仅是进入现代社会才开始的。若要追溯汉族的种族成分,仅凭典籍所提供的线索,已是至难弄清的问题。但从史料记载的蛛丝马迹和科学考察的结果中都可以发现,中华民族特别是汉族的血统或基因,从一开始就不是单一纯粹的,而是混杂的。举一个例子就可以说明这个问题:新中国成立前,李济等许多学者,曾经对河南安阳殷墟祭祀坑中发掘出的四百多具人体骨骼,进行过认真的"体质人类学"和"种族人类学"的科学研究。他们得出的结论是,这些曾属于殷代下层人的种族成分(按,注意是"下层"),除了蒙古人种类型(黄种人)占的比例最高之外,还有不少其他种族的人种,如黑种人、白种人等。从这个研究结果可以知道,殷商时代中原居民的混处杂居情况,比我们想象的还要复杂得多。可以肯定地说,中华民族与中华文化从远古时期开始,就有过与非本土民族及其文化的密切交流。

再看典籍的记载:

《左传·昭公十七年》:(郯子曰)"昔者黄帝氏以云纪","炎帝氏以火纪","共工氏以水纪","大皞氏以龙纪","我高祖少皞挚之立也,凤鸟适至,故纪于鸟。"①

《诗·商颂·玄鸟》:"天命玄鸟,降而生商。"

《史记·五帝本纪》:"(黄帝)教熊罴貔貅貙(chū)虎,以与炎帝战于阪泉之野,三战,然后得其志。""与蚩尤战于涿鹿之野,遂擒杀蚩尤。"

《帝王世纪》:"太昊帝庖牺氏,风姓也,蛇身人首。""女娲氏,亦风姓也……亦蛇身人首。""神农氏,姜姓也。母曰任姒……生炎帝,人身牛首。长于姜水,因以氏焉。"②

《说文解字·犬部》:"狄,北狄也,本犬种。"③又《虫部》:"蛮,南蛮,它种,从虫……闽,东南越,它种。"④又《羊部》:"羌,

① 《十三经注疏》,中华书局1980年版,第2083页。
② 《帝王世纪》,《二十五别史》,齐鲁书社2000年版,第4页。
③ 《说文解字注》,上海古籍出版社1981年版,第476页。
④ 《说文解字注》,上海古籍出版社1981年版,第673页。

西戎,羊种也。"①

上述记载给我们透露了远古图腾信仰的信息。它暗示,古代中原华夏族及与之对称的南蛮、东夷、西戎、北狄,似应是不同的种族,各有不同的来源。据说南蛮、南越是以蛇为图腾的;戎、狄是以羊、狗为图腾的;东夷是以龙、凤为图腾的;中部的炎帝族是以牛为图腾的;西北部的黄帝族是以熊为图腾的……尽管这仅是一些不可确考的传说,但最迟在春秋时代,中华民族已经懂得同姓即同族内不能通婚,这已经成为当时全社会共同遵守的法则。《左传·僖公二十三年》"男女同姓,其生不蕃"的记载清楚地说明了这一点。这样,中华民族的远古居民,经过夏商周三代的共同生活,特别是不同族姓间的通婚,已经变得你中有我、我中有你,由此打下了中华民族是一家的基础。也正因为如此,到远在中华文化创始阶段的夏商周时代,中国、华夏或者蛮夷戎狄等名词,就已经都是一些偏重于地域、特别是偏重于文化的概念,而非纯粹种族意义的概念了。《孟子·滕文公上》:"吾闻用夏变夷者,未闻变于夷者也。"已经清楚地表达了这一含义。到了两汉,这种不以种族,而以文化分别中国华夏夷狄的观念,更是经常见诸儒家学说中。《公羊传·昭公二十三年》:"曷为以诈战之辞言之?不与夷狄之主中国也。然则曷为不使中国主之?中国亦新夷狄也。"何休注:"中国所以异乎夷狄者,以其能尊尊也。王室乱莫肯救,君臣上下坏败,亦新有夷狄之行。故不使主之。"②这种偏重文化而不是偏重种族来区别华夏夷狄的观念,越是晚近,则越成为全中华民族的共识。明代学者何瑭说:

① 《说文解字注》,上海古籍出版社 1981 年版,第 146 页。
② 《十三经注疏》,中华书局 1980 年版,第 2327 页。

“中夏夷狄之名,不籍其地与其类,惟其道而已矣。故春秋之法,中国而用夷礼,则夷之;夷而进入中国,则中国之。”①

秦汉以降至魏晋南北朝,新的吸收融合更是接连不断,规模也更加扩大。如汉代的匈奴、月氏、百越、西南夷;两晋至南北朝,被称为“五胡”的匈奴、羯、鲜卑、氐、羌;以及乌桓、突厥、袁纥(即唐代之回纥)等等,这些民族不仅加强与中原的联系,甚至有的在中原建国掌权。在这个过程中,他们与中原文化与中原居民又有了进一步的融合。

隋唐时期,中原王朝取得了新的统一。特别是唐代,国势空前强大,中原文化对周边民族的吸引力和融合力进一步加强。加之朝廷抚绥蛮夷、怀柔远人,少数民族首领纷纷到朝廷任职。《旧唐书·突厥传》说:“其酋首至者,皆拜为将军、中郎将等官,布列朝廷,五品以上百余人,因而入居长安者数千家。”②著名的《韩熙载夜宴图》中,就画着许多高鼻卷发虬髯的外国人。由此可见当时民族与文化大融合的情景之一斑。

五代十国与宋元明清四代,是中国古代史最后的一个千年(907~1911年)。民族大融合在这个千年中不仅没有停止,而且又经历了一个波澜壮阔的新阶段。五代之君多是西北少数民族沙陀人。辽、夏、金、元、清则分别是崛起于东北至西北广大地区的契丹、党项、女真、蒙古与满族。到清代末年这个千年结束的时候,由于共同的生活,特别是相互间的通婚,这些民族在很大程度上都已经融进了中原的汉族。而中原的汉族也有很多成分融进了这些少数民族。我们还可以从历代姓氏的更易方面,

① 何瑭:《河内祠堂记》,载许衡《许文正公遗书》,怀庆堂刻本。

② 《旧唐书》,中华书局1975年版,第5163页。

窥测一下这方面的情况：

《史记·建元以来侯者年表》："金翁叔名日磾，以匈奴休屠王太子从浑邪王将众五万，降汉归义。"又："金安上，先故匈奴。"

《晋书·穆帝纪》："辛丑，鲜卑段龛以青州来降。"又《晋书·载记·石勒上》："石勒字世龙……上党武乡羯人也。"

《旧唐书·王世充传》："王世充字行满，本姓支，西域胡人也。"又《高仙芝传》："高仙芝，本高丽人也。"又《李光弼传》："李光弼，营州柳城人。其先，契丹之酋长。"

元·陶宗仪《南村辍耕录·氏族·金人姓氏》："完颜汉姓曰王，乌古论曰商，乞石烈曰高，徒单曰杜，女奚烈曰郎，兀颜曰朱，蒲察曰李，颜盏曰张，温迪罕曰温，石抹曰萧，奥屯曰曹，孛术鲁曰鲁，移剌曰刘，斡勒曰石，纳剌曰康，夹谷曰仝，裴满曰麻，尼忙古曰鱼，斡准曰赵，阿典曰雷，阿里侃曰何，温敦曰空，吾鲁曰惠，抹颜曰孟，都烈曰强，散答曰骆，呵不哈曰田，乌林答曰蔡，仆散曰林，术虎曰董，古里甲曰汪。"①

清·顾炎武《日知录·二字改姓一字》："臣见近来蒙古、色目人多改为汉姓，与华人无异，有求仕入官者，有登显要者，有为富商大贾者。""至永乐元年九月庚子，上谓兵部尚书刘儁曰：'各卫鞑靼人多同名，宜赐姓以别之。'于是兵部请如洪武中故事，编置勘合，给赐姓氏。（原注：按洪武中，勘合赐姓，《实录》不载，惟十六年二月，故元云南右丞观音保降，赐姓名李观。又《宣宗实录》：'丑间，洪武二十一年来归，赐姓名李贤。'）从之。三年七月，赐把都帖木儿名吴允诚；伦都儿灰名

① 《南村辍耕录》，中华书局1959年版，第14页。

柴秉诚;保住名杨效诚。自此遂以为例,而华宗上姓与旃裘之种相乱。"①

实际上,在长期的历史过程中,少数民族自身的演变也是十分复杂的。沙陀乃突厥别种,党项系羌族的分支,满族与女真难以分别,等等。总之,各个民族自身的历史也都说明,中华民族的大融合在数千年中是无时无处不在进行着的。

伴随着这种民族融合的进程,族际间不同文化也在不断相互借鉴、吸收。其结果是既促进了各民族自身文化的发展与变化,也使中华民族大家庭的文化获得了绚烂的多元化色彩。而最能代表这种多元化文化的就是处于中心地带的汉民族的文化。

(四)中华文化是世界上唯一延续了长达五千年而从未中断过的文化

我们之所以说"中华文化是世界上唯一延续了长达五千年而从未中断过的文化",是审视了世界上最著名的几个古老文化类型的产生、消亡历程之后,才得出的结论。除了中华文化之外,几千年以来在世界范围内,还曾出现过许多如古埃及、古巴比伦、古希腊、古罗马、古印度等著名的古代文化样式。这些文化都令人叹为观止,但又在历史的更迭过程中,由于民族的灭亡和语言文字的失传而最终消亡,全都成了今天无法解读的、与今天相应国家或地域的文化截然不同的文化遗迹。例如:

古埃及文化,在公元前4500年~公元前2000年左右的时候,相当辉煌。但是到了公元前4世纪,古埃及被古希腊灭亡,

① 《日知录集释》,岳麓书社1994年版,第813页。

古埃及象形文字就已遭淘汰。到公元639年,又被阿拉伯伊斯兰文化所征服,埃及文明彻底消亡。

两河流域的古巴比伦文化,有着与古埃及同样古老而辉煌的历史。但早在公元前16世纪就已被印欧裔的赫梯人灭亡。后来虽然又建立过亚述和新巴比伦王国,但后者在公元前6世纪就被波斯人彻底消灭。早期的楔形文字和后期的腓尼基字母文字跟着消失。

古希腊文化兴起于公元前2000年左右,曾经经历过几个为世人瞩目的辉煌阶段。但是到公元前2世纪,终于被古罗马人灭亡。

古罗马文化,相传是在公元前21世纪,由操印欧语系的部落从东北方向入侵后,而建立起来的文化类型。到公元前8世纪已经相当发达。公元前2世纪,它甚至征服了文化悠久的古希腊。但是到了公元476年,它终于被日耳曼人灭亡,希腊—罗马文明遭到了彻底毁灭。至此,欧洲古代文化全部消亡。欧洲从此进入了长达近千年的“黑暗的中世纪时代”。

南亚次大陆的古印度文化,据考在公元前2500年左右,就有骄人的城市文明建立。最迟到公元前15世纪,由西北方入侵的民族所建立的婆罗门教文化,已经相当发展。到公元前6世纪左右,佛教兴起,古婆罗门教逐渐衰微。尽管后来又有印度教产生,但是由于强大的阿拉伯伊斯兰文化的入侵,佛教等印度传统文化到公元12世纪时已经不复存在。记录其古代文明的文字——梵文,至今只能是极少数专家能够认读和研究的对象。

另外,中美洲的墨西哥在公元前10世纪~15世纪产生过玛雅印第安人文化。在南美洲的智利,据说也有与以上古代文明相媲美的遗迹被发现,如金字塔、祭坛、城堡等,但是由于没有任何文字的记载,更是无法被解读。

所以我们说,在全世界的范围内,只有我们中华民族的文化是在数千年一贯的语言文字体系内得以保存和传承的文化,是世界上唯一延续了长达五千年而从未中断过的文化,是多民族和谐共处的大一统文化。

四、当前学习中国古代文化的迫切性和重要意义

五千年来,中华民族创造了令世人瞩目的文化。从汉代直到宋代,中华传统文化曾经长时期令全世界惊叹和羡慕。只是到了近代,特别是清代中晚期,随着封建社会的腐朽没落和西方科学技术的发展,中华民族逐渐落伍,从世界民族的强者堕入了被人任意欺侮蹂躏的行列。这一时期,国内外许多人把中华传统文化说得一无是处,中华传统文化被不恰当地全盘否定。新中国成立之后,特别是改革开放以来,中华民族重新焕发了青春。三十多年来,我们又以惊人的高速度,重新成为世界发展的领跑者。中华文化也再一次成为被全世界关注和研究,甚至是效法的热点。因此,对于我们来说,迫切需要全面把握和正确认识自己祖宗所创造的中华传统文化。在此基础上,才能真正做到取其精华,去其糟粕,使优秀的中华传统文化在全世界更加发扬光大。

当前,全国各族人民正在党的领导下,为实现全面建设小康社会的宏伟目标而努力奋斗。胡锦涛同志高屋建瓴地提出了树立和落实科学发展观,开创中国特色社会主义事业新局面的观点。这就要求我们,在建设社会主义四个现代化、实现中华民族伟大复兴的过程中,不能忘记和抛弃我们自己优秀的传统文化。

相反,我们的现代化,不能仅仅是经济和科学技术的现代化,更不能是西方文明再加经济和科学技术的现代化。我们的现代化,一定而且必须是建立在我们自己优秀的传统文化之上的现代化。只有这样,我们中华民族才能真正实现中华民族的伟大复兴。要想实现这一宏伟目标,没有真正了解和把握中华民族优秀传统文化的一代人,是无法完成这一历史使命的。

包括广大的研究生和大中学生在内的青年一代,更多地了解和掌握一些传统文化知识,不仅可以更好地完善自己的知识结构,也可以大大增强自己的民族自信心和民族自豪感,从而更好地担负起民族复兴的伟大责任。因为这一伟大历史责任的完成,靠那些民族虚无主义和崇洋媚外的思想无异于南辕北辙。在此,愿意与有志于承担民族复兴重任的青年一代,共同学习哲人们的两段话:"人们创造自己的历史,但是他们并不是随心所欲地创造,并不是在他们自己选定的条件下创造,而是在自己直接碰到的、既定的、从过去继承下来的条件下创造。"①"同那种以天真的革命精神简单地抛弃以往的全部历史的做法相反,现代唯物主义把历史看作人类的发展过程,而它的任务就在于发现这个过程的运动规律。"②愿大家能从这些先人的话语中,体会出更多的学习中国古代文化的迫切性和重要意义来。

① 《马克思恩格斯选集》第一卷,人民出版社 1995 年版,第 585 页。
② 《马克思恩格斯选集》第三卷,人民出版社 1995 年版,第 364 页。

第二章 中华民族的起源、形成与中国古代文化的阶段性发展

第一节 上古传说与典籍中的中华民族祖先

根据“夏商周断代工程”公布的研究结果，中国古代最早的一个王朝——夏代，其建国时间约为公元前2070年，距今已有四千余年的历史。但这仍然远不是中华民族和中华文化的源头。值得庆幸和一提的是，旨在研究和探讨中华民族五千年文明史的另一项浩大工程——“中华文化探源工程”已经开始启动。它和“夏商周断代工程”一样，也是由国家出面，组织多学科专家学者参与的一项严肃的科研工作。这样，中华民族五千年文明史的庐山真面目，有望在不久的将来，以更加科学和确凿可信的权威性结论，进一步向世人揭示。

这里，我们首先根据上古传说与文献记载，来讨论一下关于开创中华民族和中华民族文化的一些伟大祖先的情况。

中华民族与中华文化源远流长。是谁开创了这一伟大民族及其辉煌的历史与文化？这一问题，早在两千多年前的春秋战国时代，就已经被我们的先哲们广泛关注。其结果也被多种典

籍记录并流传了下来。这些历史的文献记载和传说，两千多年以来，已经在全中华民族当中深入人心，广为传播。甚至已经成为全民族范围家喻户晓、耳熟能详的民族创世纪史。中华民族关于自己祖先人物及其事迹的记载与传说，绝非像有些国家和民族那样，出于自身狭隘的需要，主观地臆造出了一些子虚乌有式的本民族的所谓历史。中华民族的关于祖先的记载和传说，是经过了漫长的原始社会的口耳相传的阶段之后，随着汉字的产生而被记录下来的中华民族与中华文化创始的真实人物和真实历史的结晶和折射。我们这种说法，已经屡屡被当代越来越多的考古发掘成果所验证，因而也被世人越来越接受。所以，作为炎黄子孙的我们每个人，对自己祖宗的来源与历史，更应当认真关注和珍视。了解中华民族传说中的始祖“三皇五帝”的情况，并进而努力考证落实之，对我们是必需的、至关重要的。

当然，这些记载与传说，有些确实过于遥远，以至于长期以来显得扑朔迷离不可考究。所以，我们下面仅对与中华民族和中华文化关系最密切的、大致上与传统上所说的“中华五千年的文明史”相关的资料，加以讨论和展示。这就是关于传统上所说的中华民族的始祖、中华文化的开创者——“三皇五帝”的一些情况。

几千年来，“三皇五帝”一直被中华民族视为自己的鼻祖与开创者。特别是五帝中的尧舜，早在《尚书》中就已经被记载。到公元前2世纪，西汉许多学者更进一步较系统地提到他们。特别是司马迁，更将他们载入《史记·五帝本纪》。其中写道：“学者多称五帝，尚矣。然《尚书》独载尧以来；而百家言黄帝，其文不雅驯，荐绅先生难言之。孔子所传《宰予问五帝德》及《帝系姓》，儒者或不传。余尝西至空桐，北过涿鹿，东渐于海，南浮江淮矣，至长老皆各往往称黄帝、尧、舜之处，风教固殊焉，总之不离古文者近是。予观《春秋》、《国语》，其发明《五帝德》、《帝系姓》章矣，顾弟弗深考，其所表见皆不虚。《书》缺有间矣，其轶乃时时见于他说。非好学深思，心知其意，固难为浅见寡闻道也。余并论次，择其言尤雅者，故著为本纪书首。"可见，司马迁是根据《春秋》、《国语》、《大戴礼记》、诸子百家等许多典籍资料，以一个严肃的史学家的眼光，著录《五帝本纪》的。这一举动说明，五帝特别是尧舜禹，更早在春秋至西汉时代就被中华民族视作真实的历史人物，而非仅仅是传说中的祖先。而且，伟大的历史学家司马迁还把中华民族这五个祖先的传记进一步写成《五帝本纪》(见本章附录。按，该篇中所据资料多出自《尚书》)，放在了《史记》的开篇。这其中深邃的含义，值得我们认真思考。而篇中所载的五帝的出身、生平、伟大功绩等等，不仅仅使我们遐思联翩，更使我们对他们崇敬膜拜，激励我们后来之人继往开来，为中华民族的兴旺发达奋斗不已。

另外值得一提的是，司马迁作为伟大的历史学家、学者，当时他并非不知道另外几个比五帝更早的、传说中的中华民族的祖先——三皇的情况。而且，他们像五帝一样，也都早被先秦的六经、诸子等许多典籍广泛记载。但是司马迁没有把他们写成"本纪"，载入《史记》中。这并不说明司马迁确认"三皇"的不存在，而只表明了司马迁严肃认真的历史学家的风格和态度。事实上，"三皇"作为中华民族传说中更早的始祖，从先秦直到后世，也一直都在被历史学家追寻和考证着。西晋的皇甫谧(215～282年)是较早地集中记录"三皇"史料的学者之一。他"博采经传，旁观百家"，著有《帝王世纪》一书。其中第一卷就是"自开辟至三皇"。该篇所记录的中华民族远古祖先"三皇"

的传说，虽不能视为信史，但是足可以作为后人研究中华民族和中华文化史前情况的参考资料。到了唐玄宗时代（712～756年），《史记索隐》的作者、号称《史记》三大功臣的司马贞，在其《史记索隐》中，根据皇甫谧所提供的“三皇”资料，正式写成了《三皇本纪》（见本章附录），并作为对司马迁《史记》的重要补充，将其冠于《史记》全书之首，置于《五帝本纪》之前。为了尊重司马迁《史记》的原貌，同时也是对史实的慎重，现在一般并不把《三皇本纪》放在《史记》正文当中。但是，我们讲述中华民族和中华文化的创始，应该充分注意这个问题。因为关于“三皇”的记载，已经在中华民族中流传了数千年。并且，早在8世纪初的唐中叶，已经被载入史册。因此，讲中华民族的起源、形成与中国古代文化的产生与发展，特别是展示典籍的有关内容，理所当然地应当不仅要介绍五帝，更要从“三皇”说起。

一、关于“三皇”作为中华民族远古时期的伟大祖先，典籍中记载的“三皇”有多种说法，主要有以下三种参差不同的组合

1.伏羲（伏牺、包牺、庖牺、宓牺、宓戏）、神农、黄帝说

这个说法较早的记载见于《易·系辞下》：“古者包牺氏之王天下也，仰则观象于天，俯则观法于地。观鸟兽之文与地之宜，近取诸身，远取诸物，于是始作八卦，以通神明之德，以类万物之情。作结绳而为罔罟，以佃以渔，盖取诸《离》。包牺氏没，神农氏作，斲木为耜，揉木为耒，耒耨之利，以教天下。盖取诸《益》。日中为市，致天下之民，聚天下之货，交易而退，各得其所，盖取诸《噬嗑》。神农氏没，黄帝、尧、舜氏作……”①据考，

① 高亨：《周易大传今注》，齐鲁书社1979年版，第558～561页。

《易·系辞》乃孔子后学所作，最晚成书于战国时期。其关于"三皇"的这一说法被后世接受。西汉孔安国据说曾作《尚书序》，其中说："伏牺、神农、黄帝之书，谓之三坟。"①

2. 燧人、伏羲、神农说，或伏羲、神农、祝融说

《庄子·缮性》："逮德下衰，及燧人、伏羲始为天下，是故顺而不一。德又下衰，及神农、黄帝始为天下，是故安而不顺。"②班固《白虎通·号》："三皇者，何谓也？谓伏羲、神农、燧人也。或曰：伏羲、神农、祝融也。《礼》曰：'伏羲、神农、祝融，三皇也。'"③

3. 伏羲、女娲、神农说，或伏羲、女娲、神农、黄帝说

这种说法，多见于汉代及之后的许多著作中。《吕氏春秋·用众》："此三皇五帝之所以大立功名也。"汉·高诱注："三皇，伏羲、神农、女娲也。"清·毕沅校正："女娲当在神农前。"④（汉·应劭《风俗通》也说："伏羲、女娲、神农是三皇也。"）

晋·皇甫谧《帝王世纪》第一《自开辟至三皇》："太昊帝庖牺氏，风姓也……燧人氏没，庖牺氏代之，继天而王……包羲亦号天皇。""女娲氏，亦风姓也。承庖牺制度……一号女希，是为女皇。及女娲氏没……凡十五世，皆袭庖牺之号。""神农氏，姜姓也……位南方主夏，故曰炎帝。……炎帝神农氏长于长江，始教天下耕种五谷而食之。""黄帝有熊氏，少典之子，姬姓也。母曰附宝……见大电光绕北斗枢星，照郊野，感附宝，孕二十五月，生黄帝于寿丘。长于姬水，因以为姓。以土承火，位在中央，故

① 《十三经注疏》，中华书局1980年版，第113页。

② 《庄子集释》，上海书店出版社1986年版，第98页。

③ 《白虎通疏证》，中华书局1994年版，第49页。

④ 陈奇猷：《吕氏春秋新校释》，上海古籍出版社2002年版，第241页。

曰黄帝……又使岐伯尝味百草，典医疗疾，今《经方》《本草》之书咸出焉。其史仓颉又取象鸟迹，始作文字……黄帝亦号帝鸿氏，或曰归藏氏，或曰帝轩。"①

二、关于五帝

"五帝"是继"三皇"之后中华民族传说中的五位伟大的祖先。《世本》、《国语》、《史记》、《大戴礼记》、《帝王世纪》等，许多典籍中都有关于他们的或详或略的记载。因而比起"三皇"来流传下更多的资料，所以也更多为后代传颂。而著名历史学家顾颉刚先生在20世纪二三十年代，曾慎重地提出过"五帝"及"五帝时代"在考古学上无法证明的看法。至今，经过七八十年的努力，相当于传说中的"五帝时代"的中华民族族群活动与分布情况的大量考古成就，正在越来越清晰、越来越多地展现在人们面前。顾先生所期望的利用考古学重建真实中华民族上古史的愿望，正在逐步实现。重新估价传说中的"五帝时代"（裘锡圭先生主张叫"虞夏时代"）并将其历史化，是当今考古学、历史学、文化学学术研究的必然，也是时代的必然。

对于"五帝"的具体所指，历来有多种组合说法，主要的有如下五种：

1. 黄帝、颛顼、帝喾、唐尧、虞舜说

这种说法见于多种典籍中。例如《世本·帝王世本》（按，《世本》是战国时代史官所著的一部史书，今有辑本存世。司马迁作《史记》时曾取材于它。《汉书·艺文志》称"世本十五篇。古史官记黄帝以来讫春秋时诸侯大夫"。）即主此说，且有"黄帝

① 《帝王世纪》，《二十五别史》，齐鲁书社2000年版，第6页。

娶于西陵之女，谓之累祖。产青阳及昌意。”“颛顼是黄帝之孙。”“喾，黄帝之曾孙。”“尧是黄帝曾孙……为陶唐氏。”“舜是黄帝八代之孙……帝舜有虞氏。”等语，但皆语焉不详。① 司马迁《史记·五帝本纪》则保存了校完整详细的资料（见本章附录）。此外，班固《白虎通·号》也主此说：“五帝者，何谓也？《礼》曰：‘黄帝、颛顼、帝喾、帝尧、帝舜，五帝也。’”②

2. 伏羲［太昊（皞）］、神农（炎帝）、黄帝、少昊、颛顼说

此说最早分别散见于《吕氏春秋·十二纪》各纪的首章，如：“孟春之月……其帝太皞”、“孟夏之月……其帝炎帝”、“季夏之月……中央土，其日戊己，其帝黄帝”、“孟秋之月……其帝少皞”、“孟冬之月……其帝颛顼”云云。这种说法，被《礼记》作者吸收并全盘载入《月令》篇中。有学者考证认为，《吕氏春秋·十二纪》各纪首章“系吕氏本之古农书并杂以阴阳家说增删而成”③。从文中浓重的阴阳五行色彩推断，这种看法是可信的。同时也说明这种说法形成时间还是比较早的。由于《吕氏春秋》特别是《礼记》对中华文化的巨大影响，这种五帝说对后世的影响也较大。

3. 伏羲、神农、黄帝、唐尧、虞舜说

《易·系辞下》：“古者包牺氏之王天下也”，“包牺氏没。神农氏作”，“神农氏没，黄帝、尧、舜氏作。”④

4. 少昊（挚）、颛顼（高阳）、帝喾（高辛）、唐尧、虞舜说

《尚书序》：“少昊、颛顼、高辛、唐、虞之书，谓之五典。”

---

① 《世本》，《二十五别史》，齐鲁书社 2000 年版，第 4 页。

② 《白虎通疏证》，中华书局 1994 年版，第 52 页。

③ 陈奇猷：《吕氏春秋新校释》，上海古籍出版社 2002 年版，第 3 页。

④ 高亨：《周易大传今注》，齐鲁书社 1979 年版，第 558 页。

晋·皇甫谧《帝王世纪》第二《五帝》:"少昊帝,名挚,字青阳,姬姓也……号金天氏。""帝颛顼高阳氏,黄帝之孙,昌意之子,姬姓也。""帝喾高辛氏,姬姓也。""帝尧陶唐氏,伊祁姓也。母曰庆都,孕十四月而生尧于丹陵,名曰放勋。""尧取散宜氏女,曰女皇,生丹朱。又有庶子九人,皆不肖,故以天下命舜……舜,姚姓也,其先出自颛顼……握登见大虹,意感而生舜于姚墟,故姓姚。目重瞳,故名重华,字都君。"①

5. 五帝六人说

持此类说法者主要有汉代戴德、郑玄两家:

(1)《大戴礼记》的《五帝德》、《帝系》两篇中,所述及的五帝,除黄帝、颛顼、帝喾、尧、舜之外,都还包括禹在内。

关于大禹以及大禹治水的故事,传世典籍中一般也都语焉不详。所以严肃的学者也只好将其归为传说一类。考古证据方面,过去提到禹的名字、事迹最早的实物,也只有春秋时代的两个铜器。让人兴奋的是,2002 年,在新发现的西周文物遂公盨的 98 字的铭文中,找到了关于大禹治水的更早的可靠文字记录。表明了早在约 2900 年前,中华民族就已广为传颂着大禹的功绩(见本章附录图)。

(2)《尚书序》"少昊、颛顼、高辛、唐、虞之书,谓之五典。"孔颖达疏:"郑玄注《中候》……五帝坐:帝鸿、金天、高阳、高辛、唐、虞氏。……郑玄数五帝何以六人?或为之说云:德协五帝座,不限多少。故六人亦名五帝。"②《周礼·春官宗伯·外史》"掌三皇五帝之书",清·孙诒让正义:"《曲礼》孔疏引熊安生云

① 《帝王世纪》,《二十五别史》,齐鲁书社 2000 年版,第 16 页。
② 《十三经注疏》,中华书局 1980 年版,第 113 页。

‘……其五帝者，郑注《中候·敕省图》云：德合五帝坐星者称帝，则黄帝、金天氏、高阳氏、高辛氏、陶唐氏、有虞氏是也。’实六人而称五者，以其俱合五帝坐星也。”①

显然，这种说法比起前几种来，更嫌恍惚不清，所以一般少有人提起它。

三、为了方便大家了解“三皇五帝”的有关传说资料信息，我们将典籍（主要是上述提及的《世本》、《国语》、《史记》、《大戴礼记》、《帝王世纪》等）中所载的有关内容整理如下（不再详注出处）：

“三皇五帝”姓氏、名号及统系情况综合信息：

（1）伏羲（伏牺、包牺、庖牺、宓牺、宓戏）：太昊（皞）氏，风姓，又号黄熊氏、天皇。生于成纪，葬南郡。母华胥氏。（见《春秋世谱》、《列子》、《三皇本纪》等）

（2）女娲：女希氏，风姓，号女皇。

（3）神农：炎帝。姜姓，又号烈（列）山氏、连山氏、厉山氏、魁隗氏、农皇。生于裳羊山，葬于长沙。母有蛴氏女，少典妃，名任姒（巳）、女登。或曰莽水氏女，曰听訞。都于陈，又徙鲁，营曲阜。在位百二十年。至榆罔，凡八世，合五百三十年。

（4）黄帝：有熊氏，姬姓，长于姬水。或曰姓公孙，名轩辕。又号轩辕氏、帝鸿氏、归藏氏、帝轩。生于寿丘，在鲁城东门之北。葬于上郡阳周之桥山。母曰附宝，有蛴氏之女，世与少典氏婚，少典氏妃，其先即炎帝。都涿鹿，又曰都有熊。后徙曲阜。黄帝四妃：一西陵氏女，名嫘（螺）祖，生昌意。二方雷氏女，名女节，生青阳。三彤鱼氏女，生夷鼓（苍林）。四嫫母。

---

①《周礼正义》，中华书局 1987 年版，第 2137 ~ 2138 页。

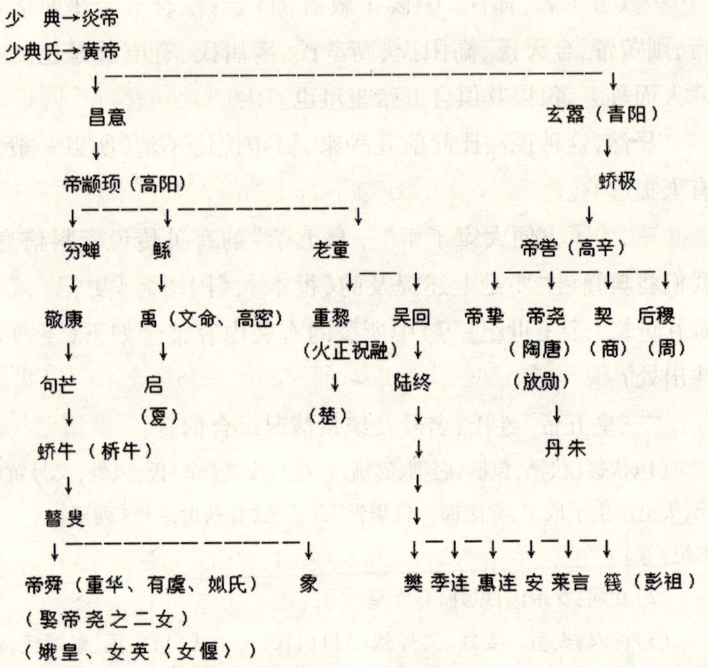

从上面我们整理成的两份资料中可以看出，典籍中的中华民族的始祖有着共同的渊源。炎、黄二帝出自一系；夏、商、周三代以及南方的楚文化本自一源。当然，这些记载来自远古，不可避免地带有史前文化的许多悬念。因此，在考订中国古代史的时候，可以将其作为重要参考。但在没有取得更多考古依据之前，又绝不可轻易将其作为信史定论和依据。

四、全国各地的三皇五帝纪念地简介

今天，我们每一个中华民族的后世子孙，都有义务和责任了解并珍视中华民族远古祖先有关传说资料的记载。哪怕由于历史的、考古的或是科技的原因，一时还无法进一步使这些记载变

得更加真实可靠也不要紧。甚至“三皇五帝”这一代表中华民族远古祖先的系统,今后会借助考古学等学科的长足的进展,必将会产生这样或那样使其更加符合历史真实性的修正,同样也不要紧。要紧的是,我们在这件事情上的态度。应当牢记郁达夫先生在《怀鲁迅》一文中的告诫:“没有伟大人物出现的民族,是世界上可怜的生物之群;有了伟大的人物,而不知道拥护、爱戴和崇仰的国家,是没有希望的奴隶之邦。”

因此,我们一定要十分珍视以上中华民族始祖“三皇五帝”的有关传说资料。加强全民族对他们的追思和怀念。所以我们有必要介绍一下遍布全国各地的一些较著名的“三皇五帝”的纪念地。

1. 伏羲(牺)

(1)甘肃省天水市市中心,今有伏羲庙(太昊宫)、八卦台等。至今每年农历五月十三,有伏羲文化节。甘肃天水是伏羲诞生地,被称为“羲皇故里”。位于天水市区西关的伏羲庙,始建于明代,本名太昊宫,2001年被列为全国重点文物保护单位。伏羲庙是中国华夏文化纽带工程委员会确定的全国祭祖基地,也是目前中国规模最大、保存最完整的祭祀人文始祖伏羲氏的场所。据了解,从秦汉到明清,天水一直有官方和民间祭祀伏羲活动的传统,至今已有二千多年的历史。从1998年开始,天水市已连续举办了16届伏羲文化旅游节和伏羲公祭活动。

(2)河南省淮阳市有太昊伏羲氏的陵庙,位于河南省淮阳县城北1.5公里,国家级重点文物保护单位,中国十八大名陵之一。因其是中国民族“人文始祖”之陵庙,故称“天下第一陵”。1997年6月,时任国务院副总理的朱镕基同志参观太昊陵后,欣然题写“羲皇故都”四个大字。据《陈州府志》记载:太昊陵在春秋时已有陵,汉以前有祠。唐太宗李世民于贞观四年(630年)颁诏“禁民刍牧”。五代周世宗显德元年(954年)禁民樵采耕犁。宋太祖赵匡胤于建隆元年(960年)置守陵户,诏太昊陵位于河南省淮阳县城北关湖畔,面积达875亩。太昊、伏牺,史书记载是一个人,他教民捕鱼打猎,饲养牲畜,烤煮食物,初创婚姻制度,书八卦,制乐器,结束了原始时代生活方式。后人为追念他的功德,尊他为中华民族的先祖,每年农历二月二日至三月三日,这里都举办“朝祖进香”庙会。

(3)台湾省台北市、宜兰市都有伏牺庙。每年农历二月十五、五月十三均有纪念活动。

(4)全国各地还有许多地方都有伏牺庙。(如山东省济宁市两城山伏牺庙)

2. 神农(炎帝)

(1)据说炎帝神农生于今陕西宝鸡,或者湖北随州厉山。因此这两处至今都有神农陵或神农祠。

(2)湖南省炎陵县县城西南15公里炎陵山,始建于宋乾德五年。宋代以后曾多次毁于战乱和火灾,在明、清至中华人民共和国成立以后的一百六十多年间,历经了十余次大的修葺,规模不断扩大。有江泽民题写的“炎帝陵”汉白玉石碑。有周培源手书“民族始祖光照人间”匾额。行礼亭左右分列碑房,存有历代告祭文碑。亭中置香炉、烛台,乃进香祭拜行礼之处。主殿,宽20.4米,进深16.94米。门额悬陈云题词匾额——“炎黄子孙不忘始祖”。殿中设花岗基石神台,上立檀木神龛,龛内端坐炎帝金身祀像,上书“齐天鼻祖”。四进墓碑亭,亭中立胡耀邦手书“炎帝神农氏之墓”汉白玉墓碑。墓碑亭后为炎帝墓冢,封土高 4.58 米，宽 28.9 米，目前，炎帝陵成为全国重点文物保护单位、全国爱国主义教育示范基地，并根据国务院办公厅、文化部有关加强我国非物质文化遗产保护工作的指示，申报第一批国家级非物质文化遗产。

3. 黄帝　有关黄帝的遗迹或纪念地遍布全国各地。最著名的有以下几个：

(1)山东省曲阜市(即将建成)黄帝城。孔子故里山东省曲阜市也是中华民族的始祖黄帝的诞生地。黄帝诞生在曲阜寿丘，是古代历史学家和地理学家的定论。《帝王世纪》记载："黄帝生于寿丘，长于姬水，因以为姓。居轩辕之丘，因以为名。"《晋书·地理志》说："黄帝生于寿丘，而都于涿鹿。"《史记·五帝本纪》张守节《正义》称："黄帝生于寿丘，寿丘在鲁东门之北，今在兖州曲阜县东北六里。"1012 年，宋真宗赵恒尊轩辕黄帝为赵家始祖，以黄帝生于寿丘，寿丘在曲阜，遂诏令改曲阜县名为"仙源县"，并大建景灵宫、太极观奉祀黄帝，建筑群规划曾达 1800 亩，有殿、堂、亭、庑等 1320 间，相当于今天曲阜孔庙的三倍多。文献记载，当时参与建造景灵宫、太极观的民工达三四万人。1111 年，又对景灵宫进行了第二次大修。景灵宫毁于元末战乱。2005 年曲阜市政府推出规划，将恢复兴建遭破坏的黄帝城。建设黄帝城景灵宫，和包括黄帝、少昊帝塑像在内的大型牌坊群。

(2)陕西黄陵县黄帝陵是中华民族的祖先轩辕黄帝的陵园。因位于延安黄陵县城北约 0.5 公里的桥山之上，故又称桥陵。是国务院公布保护的第一号古墓葬。

司马迁《史记·五帝本纪》称："黄帝崩，葬桥山。"桥山黄帝陵相传创自汉代，唐太宗大历中期在城北桥山西麓，宋太祖开宝五年，下令移建于今址。元至正，明天启、崇祯，清顺治、雍正、乾隆、道光及后期皆有重修，均有碑记载或录于县志中。

桥山，面积333公顷。6万株古柏参天遍野，长青不凋。黄帝陵就在桥山之巅。山顶有一块“下马石”，上书“文武官员至此下马”。在“下马石”左前方，有十数米高的大土丘，碑称“汉武仙台”，传汉武帝北征匈奴，归来时祭祀黄陵所筑。由此北行二三十米，就是黄帝陵。陵高3.6米，周长48米，四周砌有1米多高的花墙。陵前大石碑上刻有“桥山龙驭”4个大字，相传黄帝即由此乘龙升天。再前有祭亭，红柱绿瓦，四角飞檐，亭中石碑刻“黄帝陵”3字，系1958年郭沫若所书。黄帝是我中华民族历史文化的始祖，所以每年都有官方或民间高规格的谒陵纪念活动在此举行。

(3)河南新郑黄帝故里纪念地，据说从春秋时代起，此处每年三月三就有对轩辕黄帝的祭祀。今存新郑北关的轩辕丘最早建立于汉魏时代。

(4)此外，还有河南灵宝荆山黄帝陵、河北涿鹿黄帝城、四川都江堰黄帝祠、黄山轩辕峰、湖南岳阳轩辕台等等。

4. 少昊　山东省曲阜市东门外云阳山少昊陵

5. 颛顼、帝喾　河南省濮阳市有二帝陵

6. 尧　20世纪末，山西省临汾市襄汾县陶寺发现与典籍中的尧都相吻合的考古遗址。临汾市自古至今一直有尧庙，尧陵。

7. 舜　有关舜帝的纪念地全国也很多。主要如：

(1)山东省济南市内，拥有全国最早也最多和最可靠的舜帝遗迹纪念地。舜是山东人，依据源自《孟子·离娄下》：“孟子曰：‘舜生于诸冯，迁于负夏，卒于鸣条，东夷人也。’”关于舜耕历山的记载，最早则见于《墨子·尚贤下》：“昔者，舜耕于历山，陶于河濒，渔于雷泽，灰于常阳，尧得之服泽之阳，立为天子。”《韩非子·难一》也说：“历山之农者侵畔，舜往耕焉，期年甽亩正。”而与《孟子》、《墨子》、《韩非子》等的话相印证和呼应的是，自战国以来济南（历城）就已经被称为历下邑，历代又屡屡称为历城。坐落在济南城南的历山，又叫舜耕山，后代又改称千佛山。此山据说正是舜耕历山之所在。后代许多典籍对此多有记述。文人墨客的吟咏更是连篇累牍。特别需要指出的，是济南之历山即舜耕之历山，在清代康熙、雍正时代，进一步得到皇家的再次确认：撰成于康熙年间、出版于雍正年间的《古今图书集成》，在《方舆汇编·山川典》二十三卷《历山部》中，图文并茂地描写并阐明了康雍时代关于历山的皇家观点，书中就历史和民间多达八处历山一一予以甄别，并明确指出：“按，孟子称‘舜生于诸冯，迁于负夏，卒于鸣条，东夷人也’。耕处应与始生之地相去不远，自当以在山东者为是。今济南府历城县以山得名，相沿甚久，似尤为可信，故以此山为正。”这应当是关于大舜圣迹继孟子之后的最具权威性的结论，对此今天理应给予特别的重视。旧时济南城内还有一条历山顶街，此街的一处民宅内的地窖中，据说还有一个古历山残存的山顶。至今，济南城内自古以来以舜及历山、历下命名的街道、亭阁、水井等遗存，仍有数十处之多，足以让人啧啧称奇。

（2）2006 年 3 月 16 日中央电视台《探索发现》节目称：山东聊城景阳冈龙山文化遗址可能是虞舜的都城所在地。出土有城堡遗址、礼器、窑址、有针鼻的骨针、奠基遗骸、天圆地方（钱形）文饰等。［详可参见张学海《试论山东地区的龙山文化城》①、

① 《文物》，1996 年第 12 期。

《景阳冈下发现大型龙山文化城群》①等文章]

(3)山东诸城被认为是舜的出生地。近年诸城经常举行公祭舜帝大典。

(4)山西运城有舜庙、舜陵。

(5)湖南九嶷山有舜源峰,峰下有舜庙、舜陵。又有娥皇峰、女英峰。

(6)湖北洞庭湖君山有二妃墓。

(7)浙江余姚、山西永济都有姚墟,据说可能是舜的祖籍地或后裔所在地。

8. 禹　全国各地大禹的纪念地如禹王庙、禹王宫、禹王台者很多。较著名的有:

(1)安徽怀远涂山禹王宫。

(2)河南嵩山启母庙。

(3)河南禹州市禹王井。

(4)浙江绍兴东南会稽山的禹陵和祠庙。

(5)近年在河南登封王城岗发现的夏代城堡遗址,被认为是大禹所建的都城。

(6)江苏连云港孔望山近来发现带字的夏代祭台。

第二节　证明中华民族与中华文化起源的考古学遗址简介

悠久的历史典籍,虽然已给我们提供了大量中华民族先祖的相关资料,但是探讨中华民族与中国文化的起源问题,还应当

① 《光明日报》,1996年2月。

注意甚至要特别依靠考古学来提供尽可能多的实物作为科学依据,进而将它们与典籍有关内容相互比照参考,才能得出更有说服力的结论。正如已故著名历史学家夏鼐先生所说:“我以为中国文明的起源问题像别的古老文明的起源问题一样,也应由考古学解决。”

然而,这种做法有时也会使人陷入迷惑,因为近几个世纪以来,它往往又与人类的起源问题搅在一起,容易转移人们的视线,使人们在扑朔迷离的纷争中忘记了民族起源和文化起源的原始目标。

依托考古学的人类起源问题从17世纪以来就有不同的结论。黑格尔提出过人类南亚起源说(《自然创造史》,1863年出版);达尔文1871年则提出过非洲说(《人类起源与性的选择》),认为全世界的人类都是源自非洲。受此影响,西方各个文化研究学派,对于中华民族与中国文化的起源问题,19世纪中叶就有所谓的“西来说”、“南来说”甚至“北来说”等各种说法。在这种学术背景下,我们国内也有不少学者受到影响,甚至认为:“所以中国文化是由西北方来的,是由外国来的。”(孙中山《三民主义》)

随着新中国的成立,特别是近半个多世纪以来,考古学取得了令人瞩目的成就,中华民族特别是中国文化源自中华大地本身这一结论已经越来越清晰地显现在人们面前,而各种所谓的文化外来学说已经从世界范围内渐趋沉寂。

需要注意的是,近几十年来,随着科学技术的进步与世界范围内的考古发掘的新收获,中华民族人种起源于非洲的说法又有了新一轮的高涨趋势。首先是20世纪八九十年代,频频发现于非洲埃塞俄比亚卡那湖附近的古人类化石,甚至已经将人类遗迹出现的时间推到了三四百万年之前。我国有人近年来也应用基因检测法试图证明中国人确实来源于非洲。对于这种说法，中科院院士、中科院古脊椎动物与古人类研究所研究员吴新智先生明确指出："中国的现代人类起源于本土的早期智人。50多年来，中国考古学家先后在云南元谋、陕西蓝田等地发现了多处古人类化石地点以及千余处旧石器时代文化遗址。大量化石和考古证据证明，从以北京猿人为代表的直立人到现代中国人，中间没有间断，是'河网状不断推进附带少量杂交而来的'。"近年来，吴新智等中外古人类学家的研究又取得了新进展。他们通过对重庆巫山龙骨坡等古人类化石的研究，结合现代中国人骨骼特点，再次确认并重申，东亚人是连续发生进化的，虽然在漫长的过程中有过与外来基因的交流，但是整个进化过程没有发生过取代。

其实，对全人类都起源于非洲的说法，许多国外著名学者也存在不同的意见。据2000年4月法国《科学与未来》杂志报道，国际著名古生物学家、法国人伊夫·科庞也认为亚洲的现代人与亚洲的古人类之间确实存在着连续演化的关系。因为他在中国看到的各个时期的亚洲人化石都有一系列共同特征。科庞表示他"很难相信我们现代人类是起源于非洲的"。2009年8月，法国媒体又登载了考古界的新成果，指出人类的起源在亚洲而不是非洲。

对于目前普遍流行的基因检测法，吴新智先生还指出："用这种方法推断人类起源只能提供间接的材料。它仍然属于推测。它所检测的人体基因的碱基对数量极少，其中所提取出来的尼安德特人的古碱基对只有三百多个，而人体的碱基对共有约三十亿个。以检测少量的遗传物质来推测整个人类的起源，其可靠程度可想而知。"①

英国牛津大学的基因学家威尔斯博士则指出，虽然人类的祖先是共同的，但"种族是个文化概念"②。所以，要弄清中华民族与中华文化的起源问题，必须抛开目前有关人类起源探索中的一些干扰，去认真审视中华大地上石器时代以来，我们祖先遗留下来的文化遗迹。

考古学上所谓的石器时代是从300万年前人类能制造石器开始的。它又可以分旧石器时代和新石器时代两个阶段。第一个阶段旧石器时代是指用打制方法制造石器的时代，它又分早中晚三个阶段，分别开始于约三百万年之前、20～30万年之前和5万年之前的时期。旧石器时代是相当漫长的，根据新的考古发现，它的上限还可以前推。整个旧石器时代前二百九十多万年人类都是处在蒙昧、野蛮、不开化阶段，但它是文明的迸发期。这个过程中打制石器从粗糙逐渐精致。第二阶段新石器时代是指人类可以运用磨制和钻孔等方法制造出更精致合用的石器的时代。时间约从1.5～1万年前一直到5000年前。其中1.5～1万年前是其过渡阶段，又称为中石器时代。新石器时代之后，人类则逐渐进入到了青铜时代和铁器时代。

与考古学上旧石器时代、新石器时代两个概念相对应的，是古人类学上有关发展阶段的划分。即：旧石器时代早期的人类（300万年至20～30万年前）称为猿人。猿人已经能够直立行走，并开始制造工具。婚姻和社会状态应该属于群内杂交原始群。猿人又有早期猿人和晚期猿人之分。旧石器时

① 《华声报》，2000年6月15日。

② 新浪网2000年11月21日新浪科技《基因研究揭示人类拥有共同祖先》。

代中晚期直到新石器时代的人类，大约从30万年前至1万年前被称为“智人”，其中早期智人又被称为“古人”，晚期智人又被称为“新人”或“现代人”。一般来说，“现代人”已经逐渐从氏族外群婚过渡到了对偶婚，人类社会也逐渐从母系氏族社向父系氏族社会过渡。

通过考古学界和历史学界近半个多世纪的努力，中华大地上代表中华民族先祖和能够证明中华文化起源的旧石器和新石器时代遗址纷纷被发现。其中旧石器时代遗迹特别是旧石器时代中晚期遗址已经发现多达三百多处，遍布全国27个省市自治区。而新石器时代遗迹更是多达七千多处。对此我们不能一一列举，仅将其中一些与中华民族和中华文化起源有关的，特别有代表性的考古发现，列表举例如下：

中华民族与中华文化起源的重要考古发现表(一)

距今时间	地点、命名	遗迹、遗物或文化发现物特点	考古学所属阶段	人类学所属阶段
200～240万年或更早	安徽繁昌人字洞遗址	亚欧大陆上迄今所发现的最早的人类活动遗址，上百件骨器和旧石器时代石器		
200万年左右	重庆巫山龙骨坡遗址	巨猿牙齿、2个乳门齿、1个刚萌出的恒门齿和一段带有2个牙齿的猿人下牙床等巫山猿人化石。打制石器	旧石器时代早期	由早期向晚期过渡的猿人阶段
180万年	山西芮城西侯度村	三棱大尖状石器、烧过的兽骨、有砍削痕迹的鹿角等动物化石	旧石器时代早期	由早期向晚期过渡的猿人阶段

（续表）

距今时间	地点、命名	遗迹、遗物或文化发现物特点	考古学所属阶段	人类学所属阶段
170万年	云南元谋、元谋猿人	两颗猿人牙齿化石、石器、炭屑、烧骨	旧石器时代早期	由早期向晚期过渡的猿人阶段
110~65万年	陕西蓝田、蓝田猿人	属于同一个人的大部分头盖骨、鼻骨、颌骨及其他个体的13颗牙齿	旧石器时代早期	由早期向晚期过渡的猿人阶段
80万年	广西百色盆地右江河谷	四千多件旧石器时代石器，特别是手斧等先进石器	旧石器时代早期	
77万年	北京周口店、北京猿人	6个较完整头盖骨及分属不同个体的头骨碎片、肢骨、牙齿，灰烬	旧石器时代早期到中期过渡阶段	晚期猿人向早期智人过渡阶段
基本与北京猿人同时或稍晚	湖北郧县人、安徽和县人、山东沂源人、河南南召云阳人、南京小汤山人			

中华民族与中华文化起源的重要考古发现表（二）

距今时间	地点、命名	遗迹、遗物或文化发现物特点	考古学所属阶段	人类学所属阶段
20~10万年	陕西大荔人	较完整的头骨化石	旧石器时代中期	由猿人向早期智人过渡阶段
20~10万年	广东曲江马坝村人	男性头盖骨化石	旧石器时代中期	早期智人阶段

（续表）

距今时间	地点、命名	遗迹、遗物或文化发现物特点	考古学所属阶段	人类学所属阶段
20～10万年	辽宁营口金牛山人	完整的男性骨骼化石	旧石器时代中期	早期智人的较早阶段
15万年左右	湖北长阳人	上颚骨、牙齿化石	旧石器时代中晚期	中期智人阶段
10万年	山西阳高县许家窖人	顶骨、枕骨、下颌骨、牙齿	旧石器时代中晚期	中晚期智人阶段
	山西襄汾丁村人	三颗牙齿、头顶骨	旧石器时代中晚期	中晚期智人阶段
8～10万年	河南许昌人	16块头盖骨化石复原的较完整头盖骨		
10～5万年或14～7万年	内蒙古鄂尔多斯河套人	门齿、头顶骨、下肢骨	旧石器时代中晚期	中晚期智人阶段
5万年	广西柳江人	完整男性头骨、胸椎骨、髋骨、股骨	旧石器时代晚期	较早的晚期智人
4.2～3.8万年	北京田园洞人	大量人类骨骼化石总计一千多件		
约3万年	辽宁海城小孤山	三枚骨针6厘米～7.7厘米、鹿角鱼叉骨饰品		
2.8万年	广西来宾麒麟山人、山西朔县峙峪山人	人类骨骼、石器	旧石器时代晚期	晚期智人

（续表）

距今时间	地点、命名	遗迹、遗物或文化发现物特点	考古学所属阶段	人类学所属阶段
1.8 万年	北京周口店山顶洞人	完整的 3 个头骨及分属 8～10 个个体的头骨、下颚骨、脊椎骨、肩胛骨、膑骨、指骨、牙齿数十枚、骨针	旧石器时代晚期	晚期智人（属于原始蒙古人种发展形成的重要阶段，具有黄色人种的基本特征。如：前额低平眉骨粗壮、颧骨高而突出、鼻低而宽扁，犬齿窝不对称、铲形门齿等）
1～3 万年	台湾台南左镇人	头盖骨、顶骨	旧石器时代晚期	晚期智人（经化验属于原始蒙古人种）
2 万年	宁夏水洞沟	大量打制石器、石制装饰用品	旧石器时代晚期	晚期智人

中华民族与中华文化起源的重要考古发现表（三）

距今时间	地点、命名	遗迹、遗物或文化发现物特点	考古学所属阶段	人类学所属阶段
1 万年	河北徐水南庄头遗址、湖南道县玉蟾岩遗址、广西南宁豹子头遗址等十多处	猪、狗等家畜骨骼、骨器、石器、磨盘、磨棒、稻谷、陶片	新石器时代早期	氏族公社

（续表）

距今时间	地点、命名	遗迹、遗物或文化发现物特点	考古学所属阶段	人类学所属阶段
1万～七八千年	江西万年县仙人洞、吊桶环遗址	磨制石器，骨、角器，稻谷	新石器时代早期	氏族公社
8000～4500年	甘肃秦安县清水河谷南岸大地湾文化（位于兰州东南、天水西北102公里，伏羲庙北）	宫殿性建筑、宗教仪式绘画、加工良好的夯土层相当于高硬度混凝土地面。大批炭化稷、房屋、灶穴、窖穴等，总计110万平方米，前后长达三千年的五期遗址中，出土四千多件陶器，近两千件石、玉器，两千多件骨器、角器，十几种彩绘符号，三足彩陶钵	新石器时代早期	氏族公社（又称前仰韶文化）（按，大地湾遗址及周边地区与伏羲的传说在地理上和年代上都基本吻合）
8000年	辽宁阜新查海村遗址	近万平方米的原始聚落遗址，被誉为截至目前所发现的“中华第一村”，出土大量半地穴式民居、墓穴、祭坛，特别是有19.7米1.8米的石塑巨龙，还有玉玦等二十多件玉器，以及包括带龙纹的大量陶片，及各种石器等	新石器时代早期	
七八千年	河南新郑裴李岗文化、河北邯郸武安县磁山文化	分氏埋葬的家族公共墓地、石器、众多储粮窖穴及大量炭化了的粟米，石器加工场、陶器等	新石器时代早期	氏族公社（前仰韶文化）

（续表）

距今时间	地点、命名	遗迹、遗物或文化发现物特点	考古学所属阶段	人类学所属阶段
8000 年	河南舞阳县贾湖村	带孔甲骨、契刻符号	新石器时代早期	氏族公社（前仰韶文化）
7400 年	湖南洪江市高庙文化遗址	一只颈部戳印着两只凤鸟图案的白色陶罐（中国最古老的凤凰图案）	新石器时代早期	氏族公社（前仰韶文化）
7000 年	湖南茶陵独岭坳遗址	发现距今 7000 年的栽培稻颗粒化石		
7000 年	浙江余姚河姆渡文化	炭化稻谷、稻草堆积达 1 米厚、骨耜、木耜、磨制石器，带榫、卯干栏式排房建筑，带纹饰的陶器、玉器，“双凤朝阳”的象牙雕刻碟形器	新石器时代早期	氏族公社（前仰韶文化）
7000～5000 年	河南渑池仰韶文化	打制、磨制石器，手工或慢轮制造、涂有黑白红彩绘的几何图案、动物花纹的红陶，精制骨器，单人、多人合葬墓，带孔的小儿瓮棺	新石器时代中期	现代人（晚期智人）
7000～5000 年	西安半坡遗址	5 万多平方米的村落分区遗址，五十多种刻画符号，陶器上多种纹饰，如彩绘黑色鱼纹，丰富的打制石器、骨器	新石器时代中期	现代人（晚期智人）

（续表）

距今时间	地点、命名	遗迹、遗物或文化发现物特点	考古学所属阶段	人类学所属阶段
7400～6400年	江苏淮安青莲岗文化	新石器时代中晚期	现代人（晚期智人）	
1万～1000多年	宁夏卫宁北山大麦地	3172组岩画、8453个体图形、一千五百多个符号（2005年考证）		
6000年	浙江嘉兴马家浜文化	手制或轮制的表红胎灰陶器	新石器时代中晚期	现代人（晚期智人）
5000年	浙江余杭良渚文化	290万平方米、四角为圆形的古城遗址。灰胎黑皮朱绘陶器，丰富的玉器	新石器时代晚期	原始社会末期。成熟的史前文明发展阶段的标志
5500年	辽宁西北部凌源、建平交界处，牛河梁红山文化	大型祭坛遗址（范围与北京十三陵面积相当）；4万平方米石砌围墙的城堡或广场；怀孕裸女陶像；红山女神庙及女神头像；大型玉人、玉龙、玉凤等22件玉器，二十余件玉雕熊龙	新石器时代晚期	原始社会末期（按，中华龙文化发源地的实证之一，玉雕熊龙的熊崇拜又与古史记载中“黄帝为有熊”传说及活动范围相吻合）
6300～四五千年	山东泰安、宁阳大汶口文化遗址、诸城前寨、莒县陵阳河等遗址	镂孔纹饰黑灰陶或白陶，刻在大型陶器上的十多种文字性质的符号，特别是刻在大型陶尊沿口部的文字符号	新石器时代晚期	

（续表）

距今时间	地点、命名	遗迹、遗物或文化发现物特点	考古学所属阶段	人类学所属阶段
4000多年前	山西襄汾县陶寺城址	近280万平方米以龙山文化遗存为主的史前遗址。已发现有城垣、宫殿、祭祀区、仓储区和“观象台”等遗迹。并出土陶器、彩绘木器、玉石礼器、铜铃和在陶片上的朱书“文字”	新石器时代晚期。有专家认为这里极有可能为传说中的唐尧帝都。	
4500～4000年	山东济南章丘龙山文化，聊城景阳冈、茌平教场铺龙山文化遗址，日照两城遗址和东海峪遗址	出土有城堡遗址、窑址、礼器、有针鼻的骨针、奠基遗骸、天圆地方（钱形）纹饰等。高柄镂空蛋壳陶杯，快轮制作、薄而光泽坚硬的蛋壳黑陶，大量磨制石器、骨器、卜器，纹饰三足陶器	新石器时代晚期	
4000年前	河南登封王城岗遗址	大城17万平方米左右，小城1万平方米左右，祭祀坑、玉石琮、白陶器等（大城）奠基坑、青铜器残片等（小城）	新石器时代晚期。专家认为这里极有可能为传说中的禹都阳城	
4000年前	河南偃师二里头文化、河南郑州大师姑文化、甘肃齐家文化、青海乐都马家窑文化、陕西华县泉护村文化、西安容省庄龙山文化	大规模宫殿遗址；刀、凿、锛等青铜兵器、青铜礼器、冶炼铜的坩埚、陶范及铜渣；陶祖石祖	新石器时代晚期	

综上所述，对照“传说”与考古两方面的资料，可以得出：从距今10000～8000年的新石器时代早期、至少从相当于大地湾文化、河姆渡文化等前仰韶文化时代起，然后又有紧跟其后的红山文化、大汶口文化、龙山文化、陶寺遗址、王城岗遗址、二里头遗址等考古发现所对应的远古文化，中华文化一步步地进入到了“传说”中的“三皇五帝”时期。可以说，中华民族在“三皇五帝”之前漫长的旧石器时期起就已经开始孕育，而从传说中的“三皇五帝”时代起，中华文化则已经发轫并逐渐成长。

我国已发现的三百多个旧石器时代文化遗址、七千多个新石器时代文化遗址，在很早的时期内，它们之间就存在相互的融合。比如在南方出土的陶器中，就有中原仰韶文化和前仰韶文化的特点；而山东龙山文化的显著特点更是在全国各地同一时期的文化遗址里普遍存在。这就说明了，不管是从“三皇五帝”相关的传说资料的角度，还是从考古所获得的实物证据，都可以看出中华民族与中华文化从远古特别是从“三皇五帝”开始，都表现出了在本土之上的多元化产生和融合的发展特点。

从以上两节可以看出，原来典籍所载的、习惯上仅被认为是“传说”的“三皇五帝”，实际上却蕴含或折射着中华民族和中华文化的史实。考古发掘所得到的愈来愈多的科学证据，与这些“传说”有越来越多的吻合之处。二者都共同向我们揭示着中华民族孕育和中华文化发轫的早期情景。而且，考古发现越来越清楚地表明，早在传说中的“五帝时代”，中华大地已经进入到了众多城堡式邦国的时代，而且文字已经开始孕育和产生。实际上，中华文化和中华民族的历史完全可能而且应该继续提前千年甚至更多，这才更符合历史的真实。这也正是国家着手进行“中华文明探源工程”的必要性所在。

通过对“三皇五帝”之前及“三皇五帝时期”传说与考古发现两方面的论证，我们可以说这两个时期正是中华文化在本土起源、萌芽和发轫的重要阶段。

第三节　从夏商周三代到明清两朝中华文化的阶段性发展

前面从文献和考古两个方面介绍了中华文化的起源，肯定了中华文化有五千年的悠久历史。从夏商周三代开始，特别是从商周开始，中华民族及其文化进入了有文字可考的信史阶段。从夏到明清阶段，经历了若干个不同的发展时期。

我们将其分为四个阶段加以说明：

第一阶段　关于夏商周三代及其文化

夏商周三代是华夏国家孕育成形和中华文化的奠基开创阶段。

夏

近年来，国家投入了很大的人力、物力，组织多学科的数百个科学家，进行了“夏商周断代工程”的研究。随着工程的完成，得到了比原来确切得多的关于夏商周三代的许多可信的数据和结论，使我们对夏商周的历史了解得更加详细准确。中华民族的历史，已经有了从夏代开始的可考的历史。虽然国内外对这些结论存有某些争论，但大体上这次研究的结果是可信和比较科学的。按这一工程的结论，禹的儿子启是在公元前2070年建立的夏代，到公元前1600年被商汤灭亡，存在大约470年左右。这一结论，并没有把中华民族所景仰的大禹纳入视野内。

现在,新发现的遂公盨的铭文表明,大禹和他治水的伟大功绩,早在西周时代就已广为传颂。可见他在三千年之前就被视为中华民族的创始人而传颂。然而,按照传统,大禹一般也并不被算在"五帝"之内。这样就使大禹的归属出现了疑难。比较合适的做法,应当把大禹这位中华民族伟大的创始人,算在夏代前期当中,以解决上述矛盾。事实上,当今考古学界正是在河南登封告成镇王城岗、偃师二里头等处发现了大规模的夏文化遗址,它们都属于河南龙山文化,习惯上都被当做夏文化的遗存看待。龙山文化距今四千多年到五千多年。"夏商周断代工程"利用的这些资料的时间,与这一时代也能吻合。

典籍记载:

首先是《史记》将夏作为第一个王朝记载。《史记·夏本纪》:"帝舜荐禹于天,为嗣。十七年而帝舜崩。"舜去世之后,"禹辞辟舜之子商均于阳城。"(禹希望舜的儿子商均接替舜的职务)"天下诸侯皆去商均而朝禹。禹于是遂即天子位,南面朝天下,国号曰夏后。""十年,帝禹东巡狩,至于会稽而崩,以天下授益。三年治丧毕,益让帝禹之子启……诸侯皆去益而朝启。曰'吾君帝禹之子也'。于是启遂即天子之位,是为夏后帝启。"①(按,"后",是"皇天后土"之"后"、帝王的意思。)总之,《史记·夏本纪》记载了包括大禹事迹在内的夏王朝建立前后的情况。

《古本竹书纪年》是另一本很古老的历史书。晋朝时在河南汲郡被发现,是写在竹简上的,所以又叫《汲冢竹书》,实际是战国魏国的一本编年体历史书。该书宋代亡佚,之后出现了

① 《史记》,中华书局1963年版,第82~83页。

《今本竹书纪年》。后来经过王国维整理,基本能看清楚原来的样子。其中《夏纪》载,“禹都阳城”,“凡夏至禹以至于桀,十七王”。①

还有《世本》一书,据说是战国时史官所作。司马迁作《史记》时曾参考过该书。今有清代辑本。该书《居篇》也说:“禹都阳城,在大梁之南。”

综合古籍上记载的这些信息,可以勾勒出夏代的一些情况。虽然夏代的许多史实现在还远远算不上清晰,然而,事情正在向着好的方面发展。现在,“夏商周断代工程”根据已经掌握的大量文献记载、考古发现而确认,从大禹获得诸夏的领导权,到启正式建立夏王朝,最后到夏被商灭,夏朝共经历了14代17王,包括:禹、启、太康、仲康、相、少康、杼、槐、芒、泄、不降、扃、廑、孔甲、皋、发、桀。由此进一步证明夏代是一个可靠的历史存在的王朝。

根据各种资料综合,夏代农业已比较发达,已能酿酒,说明粮食有余并掌握了微生物发酵技术。据《孟子·滕文公上》:“夏后氏五十而贡……其实皆什一也。”赵岐注:“民耕五十亩贡上五亩……故曰皆什一也。”②说明夏代已有赋税制度,农业发达。一人按五十亩地交纳赋税。按照常识,有了国家组织,就应该有赋税。所以孟子的说法还是可信的。但是对此尚缺乏更具体的资料。许多记载都表明,夏代已经能够制作铜器,禹铸九鼎的传说在春秋战国就已经产生。夏代有了城市,今天在河南登封,发现了可能是属于夏代的大型宫殿祭祀遗址。据考,它已

① 《古本竹书纪年》,《二十五别史》,齐鲁书社2000年版,第3、6页。
② 《十三经注疏》,中华书局1980年版,第2702页。

经有了奴隶制国家的各种必要机器，有国君、赋税、军队，但可能不是常设，随时招集。有了刑法、监狱。夏王朝的国家机器及制度对于后世有很大影响。孔子有“殷因于夏礼，其损益可知也”的话，又有“夏礼吾能言之”等话，总之不止一次提到夏礼的问题。实际上，许多典籍特别是经书中载有大量关于“夏礼”的信息，其中又以《论语》、《左传》、《周礼》、《礼记》的记载最为集中。例如：

《礼记·王制》：“凡养老，有虞氏以燕礼，夏后氏以飨礼，殷人以食礼，周人修而兼用之。”①

又，《祭法》：“有虞氏禘黄帝而郊喾，祖颛顼而宗尧。夏后氏亦禘黄帝而郊鲧，祖颛顼而宗禹。”②

《周礼·冬官考工记·匠人》：“夏后氏世室堂修二七，广四修一。”③

夏代应该已经开始创制文字，因为从商代甲骨文完善的程度看，甲骨文绝不应该是最早的汉字系统。但是现在还依然在这方面苦苦探寻。已经发现有多处属于夏文化遗址的刻画符号。最近在江苏连云港孔望山的夏代祭台上，据说又发现了一个古老的“启”字。总之，探寻仍在进行中。夏代已经有了比它的前代更先进的历法，《尚书·尧典》就有“期三百有六旬有六日。以闰月定四时成岁”的说法，认为一年是366天，并且，与月亮运转以计算月份相结合，若不合，就用闰月的方法加以调整。古代帝王都重视历法，至今农历就叫夏历。它是一种阴阳合历，

① 《十三经注疏》，中华书局1980年版，第1345页。
② 《十三经注疏》，中华书局1980年版，第1587页。
③ 《十三经注疏》，中华书局1980年版，第927页。

年和二十四节气是按太阳运转规律计算；而月份是按月亮运转规律计算。今天我们所使用的夏历，并不是夏代一下子就完备起来的，而是到了春秋战国时期才逐渐完备起来的。历代又都使其更趋精确。但《史记·历书》等就有了"夏正以正月"和"夏建寅"的记载。《论语·卫灵公》也有"子曰：'行夏之时，承殷之辂，服周之冕'"的话语。至于《礼记》中，"行夏令"的说法就更多了。

据《吕氏春秋·君守》，夏代创造了城堡，"夏鲧作城"。很可能是由于鲧治水时，采用堵的方法，用土将一定的面积围起来，形成了城市。又"禹作宫室"，"奚仲作车"，"仪狄始作酒醪，辨五味。夏禹之臣杜康造酒，少康作秫酒，少康作箕帚，杼作甲……逢蒙作射"。这些都是夏代创造的文化成果。

商

较之夏，商是一个文字记载更清晰，实物更丰富的时代。

商发祥于东部河北省的漳(商)水流域，"夏商周断代工程"认为，商代始建于约公元前1600年，商汤建都于亳，之后多次迁都。都在今天山东省的菏泽、曲阜和河南省的郑州、安阳、商丘等地。公元前1300年，盘庚定都于殷(今河南安阳)。公元前1046年纣被西周消灭。前后17代31王，达五百五十多年之久。这些世系年代应该基本上是确切的。

以考古成果来说，现在发现，安阳殷墟遗址面积达24平方公里。另外一个商都，今郑州，商城遗址面积达15平方公里，与今天的中等城市相当。都说明商代的城市已具备相当的规模。甲骨文中已有大量的"城"字，这个字表明，城市有中心，四周有城楼。窥见了商代城市发展状况和国家的统治情况。甲骨文中出现的方国地名，已经达到了五百多个。

商代继承了夏代的鬼神观念，有了较夏代更加系统严密的祭祀活动。在商代遗址中发现了女性裸体陶像。后来，又产生了崇拜男性的宗法观念。祖、宗，原指家族的男性家长创始者和继承者。在对他们崇拜的基础上形成和发展为与财权、政权相关的宗法制度。宗法制度决定族中由谁来领导，谁有支配财产的权力和对族人指挥的权力。在这种观念形态之下，规定了全社会的秩序。按照裘锡圭先生的说法，在宗法观念、宗法制度以及后来的家族制度影响下的社会，甚至不是一般所说的"奴隶社会"或"封建社会"，而是一种"宗法宗族社会"。由此可见，从商代开始产生的宗法观念、宗法制度，对于几千年的中国文化是何等的重要。实际上宗法观念宗法制度几千年来一直在影响着中国人的思想、生活和文化。

商代文字系统已相当完善。殷墟小屯，1927 年发掘出很多甲骨碎片。研究发现，它是由专门的官员刻在龟甲或兽骨上的文字。通过灼烧，再根据裂纹占卜吉凶大事。现发现的甲骨碎片累计已达 16 万片以上。从这些碎片分析出的单个甲骨文字已多达四千五百个以上，已经能认读的则仅有三分之一左右。许慎所说的"六书"在已认出的甲骨文字中已经全备。说明虽然甲骨文大量出现在商代，但是其发展绝不是短时之功。

商代青铜器也是这一时代的标志之一。商代的青铜器大都是礼器，又叫彝器。礼器有关宗教、宗法、政权，是最高层祭祀时所代表权力的象征。商代的青铜器以数量多，个体大，铸造精美而著称。因此一般也将商代称为青铜时代。妇好墓中发现的司母戊鼎（后母戊鼎）重达 832.84 公斤。近几十年来，甚至有好几次出土成批埋藏的商代青铜器。

商代的历法，据《史记 · 历书》："殷正以十二月"，殷建丑为正月。确切地说商历也是阴阳合历,分春秋两季,以月亮运转计月,以30天或29天作为一个月,用闰月的方法调和太阳、月亮的周期。商代甚至商代之前就已经采取了用干支计日的方法。

商代朝廷官员有较明确的分工,如设有掌管文史的官员巫、史。

商代晚期肯定已有了常设军队,因为要经常打仗。总之,殷商时期的国家形态已经比较完备,文化有了长足的发展,有些甚至令后世叹为观止,如甲骨文的大量产生、青铜器的精美程度较高等。

毫无疑问,商代文化对后代的中华文化有着巨大的影响。

周

周代的祖先,在商代时生活在西部今天属于陕西渭水流域的一个部落。《诗经·大雅·生民》、《诗经·大雅·公刘》都提到周祖先的事迹。《史记·周本纪》也说:"周后稷,名弃。其母有邰氏女,曰姜原……姜原出野,见巨人迹……居期而生子,以为不祥,弃之隘巷,……因名曰弃……帝舜……封弃于邰,号曰后稷,别姓姬氏。"①其后代公刘,"虽在戎狄之间,复修后稷之业,务耕种"②云云。这表明周代祖先一开始还处在一个只知其母不知其父的母系氏族社会。之后,才进入了农耕时代。从《史记》等典籍中可知,弃会种庄稼,被人们推为首领,称为后稷。传说曾辅佐舜管理农业生产事务。其后世子孙公刘和古公亶父,又分别率领周人迁到今陕西彬县,接近于今甘肃东南。古公亶父迁到了周原(今陕西岐山)。近年来,在岐山出土了大量

① 《史记》,中华书局1963年版,第111~112页。
② 《史记》,中华书局1963年版,第112页。

周代甲骨。岐山县附近的周代遗址上还发掘出了宫殿遗址，以及青铜器等周代器物。说明这里是周人的聚居地。古公亶父由于其功绩，被周人尊称为太王。其孙就是发起灭商的周文王姬昌。据说姬昌是西方的诸侯之长，因此又号称西伯。真正完成推翻商朝的，是其子周武王姬发。他在公元前1046年灭商，于镐京正式建立了西周王朝。镐京位于今西安附近。其子成王姬诵在其叔父周公旦的辅佐之下，向东开发，建东都洛邑。西周开创了近三百年的轰轰烈烈的历史，继承古代的文化成果，谱写了辉煌的礼乐文化篇章。至公元前771年，周幽王末年，犬戎入侵。周平王东迁洛邑，史称东周。直至公元前256年，以秦灭东周为标志，东周方告结束。东周前后长达五百多年，加上西周近三百年。所以姬周王朝总共历经近八百年。东周时代前半段因孔子著作《春秋》，史称春秋时代，后半段又称战国时代。春秋战国时代，文化上是一个继往开来、百家争鸣、中华文化大放异彩的时代。总起来说，这一时期是中华古代文化发展的重要的奠基时期，特别是西周的文化以及稍后的百家争鸣，可谓蔚为壮观，成果灿烂，对中国文化产生了极其重要和深远的影响。

1. 礼乐制度的继承和完善

周代是以礼乐治天下，以冠冕衣裳，束发右衽为标志的文化昌明的时代。

礼制到了西周已经非常健全。礼乐制度的成型、完善是在周代完成的。它是对前代中华文化继承并进一步发展的一次成功实践和大检阅。

周王朝礼乐制度包括政治、文化、道德规范、礼节仪式等等，是一个完整的政治文化系统。其许多内容，均被后代各个封建王朝视为效法的楷模。周代的礼乐制度自觉地继承了夏商两代创造积累的文化内容，同时又多有发展创新。给予自身及后代的伦理道德，风俗习惯、政治、法律等重大深刻的影响。《论语·宪问》有“微管仲，吾其披发左衽矣”的话，由此可知与其相对的束发冠冕右衽，是周代礼乐文化最一般的标志之一。这种冠冕文化与夏商文化既有继承关系，又有新的发展。周代形成的一整套礼乐文化，为儒家学派所崇尚向往和追随。据多种典籍记载，孔子在遇到以什么文化为主导的问题时，总是毫不犹豫地宣称“吾从周”。如：《礼记·檀弓下》：“孔子曰：‘殷已悫，吾从周。’”①又《坊记》：“死，民之卒事也，吾从周。”②又《中庸》：“子曰吾说夏礼，杞不足征也。吾学殷礼，有宋存焉。吾学周礼，今用之，吾从周。”③《论语·八佾》：“子曰：‘周监于二代，郁郁乎文哉！吾从周。’”④

孔子是位伟大的哲人，同时却又是商朝的后裔。他能心悦诚服地崇拜周文化，除了他对文化继承的敏感和睿智之外，同时也表明了西周文化的巨大感召力。

2. 哲学、思想、文学、艺术、军事等许多方面，周代都取得了的辉煌的成果。这些成果是中华民族几千年来对自己文化的第一次大总结和大检阅

哲学方面的诸子百家及其中最主要的十家九流，都产生于春秋战国时代，他们都曾各有多种著作流传。他们的思想对于中华文化的形成影响深远。从语言文学方面观察，《诗经》、《尚书》、《易经》、《论语》、《孟子》、“三礼”、“三传”等以及《老子》、

---

① 《十三经注疏》，中华书局1980年版，第1302页。
② 《十三经注疏》，中华书局1980年版，第1621页。
③ 《十三经注疏》，中华书局1980年版，第1634页。
④ 《十三经注疏》，中华书局1980年版，第2467页。

《庄子》、《孙子》、《楚辞》……大批中华文化的经典，都产生于春秋战国时期。

艺术、音乐、舞蹈、建筑、雕刻铸造、天文历法、医学，等等，这一时期也都有极其辉煌的成就。

3. 国家凝成与民族融合的第一个高潮期

严格地说，中华民族与华夏、中国等概念的产生，是自夏商以来就开始的一个相当漫长的历史过程。但是，周代已经明确产生了华夏、中国的概念。“中国”，谓中原大国。“华夏”，也意味着有先进文化的大国。这种观念认识，为中华文化的统一和发展奠定了基础。不管什么族团，也不管居住于东西南北，只要采用先进的中原文化，就都属于中国的范畴。《孟子·滕文公上》所谓“吾闻用夏变夷者，未闻变于夷者也。吾闻出于幽谷迁于乔木者，未闻下乔木而入于幽谷者”。表达的正是对文化统一和上进的宣示。中原地区文化是高明的和先进的，落后的文化就像在山谷一样。“吾闻出于幽谷迁于乔木者，未闻下乔木而入于幽谷者。”形象地表明了人们对先进的文化向往。可见，周代时中原文化已经具有了与夏商相比更加强大的凝聚力和向心力。

4. 西周也被称为青铜时代，它在青铜器制造上，比商代有了更大的发展

虽然历史上曾多次大批出土过周代青铜器，但以前往往对周代青铜器所透露出的文化价值有所忽略。近年来这种状况有所改变。因为西周青铜器大量出土或从海外回归。如 2002 年从海外买回的一件西周青铜器遂公盨，据考证距今已有约 3000 年历史，上面有 98 字的铭文，铭文中，还发现了关于大禹治水的内容。这是十分重要的。因为大禹治水的内容，以前都是较晚时

候的传说，现在3000年前的器皿上就有大禹治水的记载，并称赞他为政以德。这无疑大大增加了大禹其人其事的真实可信性。

再如2003年1月19日，陕西眉县的几个农民，挖土时一下发现了27件带铭文的西周青铜器。其中一个上竟有多达340字的铭文，里面除了周幽王不在铭文中之外，其他王的名字都出现了。这对进一步确定西周历史有很大帮助。

新的考古发现还证明，西周青铜文化在商代基础上有了更大发展。近年在洛阳发现的西周炼铜的遗址，比商代的大十多倍，面积达12万平方米，代表了那时生产力和科技的高度发展水平。总之，青铜器是凝固的历史和文化，从中可以发现周代文化科技等的发展水平。

周代的文化初步奠定了中国文化的基础和样式。中国文化就是以儒家文化为骨干，广泛吸收诸子百家精华的文化。而儒家文化主要总结和推崇的就是周代文化。不管是它的创始人孔子还是它的内容，都是出现在这一时代。加之与中华文化密切相关的诸子百家（后来的佛家文化除外），也都产生于周代，所以，在夏商基础上继往开来的周代文化，对中华文化的重要性怎么说都不为过。

夏商周时期，是华夏民族的第一次大融合时期。是华夏国家与中国文化的凝聚成形时期。夏商周三代文化，是中华文化的孕育与奠基开创阶段。特别是周代，更是中国文化第一个辉煌的时代。了解夏商周文化特别是了解周代文化，对把握中华文化是有很大帮助的。

第二阶段 秦汉、魏晋南北朝时期的文化

这一时期的文化是中华文化的成长发育期，是中华大一统

文化的决定性阶段。

秦王朝的建立,开创了真正意义上的大一统国家,带来了真正的大一统的文化。秦始皇创立的统一的封建帝国,施行了"一法度衡石丈尺,车同轨,书同文字"①等一系列的文化统一性步骤。全国国道一律50步宽,可以走8辆马车。郡县制带来了全国行政区划的统一、疆域内政令的统一、度量衡等制度的统一等等。秦作为一个真正意义上的统一国家出现在世界上,据说China就是"秦"字的音变。张金光教授特别指出:"最值得注意的,而且一向无人指出的是:秦亦如周而且早就自称为'夏',且自认为'夏'政权。……可以说后来的大中华民族就是从秦统一开始奠基形成的。"②

汉

秦代的成就很伟大,但是遗憾的是它又是那么运祚短促。这大概和其施行的多项割断文化继承性的政策不无关系。紧接它而来的,是近四百年的西汉和东汉。西汉王朝建立后,接受了秦代的教训,施行的是"汉承秦制"的策略。这对文化的继承发展很有好处。它不仅进一步强化了秦统一的文化成果,也大大有利于西汉初期自身的稳定。西汉二百多年的统治,取得了巩固封建制度、开拓中华帝国疆域、发展封建经济等一系列伟大成就。对于中国古代文化来说,西汉王朝的最大功绩,是对中国文化主导思想的选择和确定,即"独尊儒术"。这是中国古代文化史上至关重要的事件。当然,汉代所谓的儒术,与原始儒家的学说已经有所不同。孔子创立的儒学,已经吸收了不同派别的一

---

① 《史记·秦始皇本纪》,中华书局1963年版,第239页。

② 张金光:《秦制研究》,上海古籍出版社2004年版,第49~51页。

些思想精华，如吸收了阴阳家、道家等的成果。而汉代的儒学，就更多地吸收了其他派别的学术观点。促成西汉武帝确立“独尊儒术”策略的，是大儒董仲舒。董仲舒是著名的《春秋公羊传》学者。钱穆先生认为，战国时代的阴阳家、法家都是儒家学说的分支，而董仲舒的儒术，更是将战国以来各家的学说，尽可能地加入到了他的儒家学说当中了。以至于形成了一种“霸王道杂之”的新儒学。简言之，董仲舒的儒学中，既以儒家学说为骨干，又有黄老、法家、阴阳五行家甚至墨家的成分。其“大一统”、“天人感应”等学说就是这样一种产物。

简言之，汉代的文化发展与贡献主要有：

1. 汉代对国家边疆的开拓和安定。经过几次大的战役，平定了西北的匈奴。不仅使汉王朝疆域扩大，也使汉王朝获得了较长时期的安定。从而为中华文化的发展创造了良好的环境

2. 汉代对儒学的研究和经学的建立，对后代有着定于一尊和一贯的影响力。它对中华文化一以贯之的连续性起着重大作用。在经学的带动下，文字、训诂等学问开始产生发展

3. 造纸术的发明

在世界文明进程中，造纸术的发明是一件极大地推动了世界文化传播的了不起的大事。一般将这一发明者，说成是东汉蔡伦①。但新的考古成就已经证明，蔡伦主要是对造纸技术进行了革新和改进。纸的首创当早在西汉时期。在今天西安灞桥，发现了西汉的麻纸，时间比蔡伦造纸要早几百年。总之，数千年中，纸一直是世界文化传播的物质载体。它对中华文化发展的促进作用是不可低估的。

① 见《后汉书·蔡伦传》。

4. 佛教的引进和开始传播

佛教本来是公元前五六世纪产生于南亚次大陆的非汉地本土的文化。大约在汉代早些时候逐渐从陆路、海路传入中原。一般认为,佛教是东汉明帝时正式引入中国的。之后,经过汉文化对它的改造和吸收,逐渐汉化。最终成为中华文化不可分割的有机组成部分。它的引进,为中华文化原有内容增加了新血液。对汉文化中原有的哲学思想、宗教信仰,以致生活习俗习惯、汉语、雕刻、绘画,等等,都有极重要的影响。因此,两汉时期佛教的引进和传播,是这一阶段中华文化发展进程中的重要内容。

5. 史学、天文历法、医学、数学等方面,汉代也都取得了辉煌的成就

魏晋南北朝时期的文化

在经历了四百年相对稳定的两汉时代之后,历史进入了连续几百年动荡不安的魏晋南北朝时期(220 ~ 581 年),中华文化也随即进入了一个转型变化的新时期。这一阶段中华文化的主要标志性特点是:

1. 中华民族和中华文化的进一步融合

这一个时期,是中华民族历史上连续数百年大动荡的时期。开始是数十年的魏蜀吴三国鼎立时期(220 ~ 265 年),接下来司马氏虽然统一了中国,但是动荡的历史才刚刚开始。

先是北方少数民族匈奴、鲜卑、羯、氐、羌相继在中原称帝割据,建立了五凉、二赵、三秦、四燕、夏、成汉等 16 个政权,前后达 135 年(304 ~ 439 年)。此前,北魏拓跋氏(后改姓元)也于 386 年称帝并最终统一了北方,此后又有东魏、西魏、北齐、北周等继之,直到 581 年隋朝统一了中国。这些少数民族政权,在与中原

人民的长期交往中，不仅本身逐渐融入中原文化，并且带动了西、北部其他一些部族也融入了中原文化。

在南方，从司马睿317年建立东晋，然后又更替为宋、齐、梁、陈四个朝代(420~589年)，前后将近三百年，都是原来西晋从中原迁移南方的北方汉人士族在南方建立并掌握的政权。三百年中，东晋和南朝士人不仅保留延续了他们带去的中原华夏文化，同时也使南方地区各族人民进一步接受了中原文化，并进一步融入了华夏民族。

因此说，魏晋南北朝时期，是中华民族和中华文化进一步融合的又一高潮时期。

2. 佛道二教及其文化大行其道

佛教自汉代逐渐传入中国后，至东汉末年已经有了相当发展。但一般说来，这时的佛教还是以知识分子译经活动为主、民间信仰活动为辅的阶段。到了魏晋南北朝，经过了前一阶段知识分子长期连续的译经，佛教得到了大大地推广和普及并逐渐演变为全社会信奉的宗教。时值社会连年战乱，民不聊生，长期作为社会主导思想的儒家学说，这时面对严酷的现实显得苍白无力，原本为儒生的士人知识分子对它发生了疑问，只好转而用道家所谓的“三玄”去阐释、批判儒学，从而产生了这一阶段与佛道二教并行的“玄学”。对于全社会来说，此时正是精神需求极度缺失的时代，这恰给佛教的传播造就了大好时机。于是，一方面，佛教借着具有兼容并蓄传统的中华文化和中国社会对其来者不拒，另一方面，佛教也顺时而为地为开始适应中华文化并做了种种变通与改造，以争取更多信众。这样，南北朝时期上至帝王下至百姓达到了“佞佛”的程度。道教作为中国土生土长的宗教，其形态在汉代还未最后完备。只是到了魏晋南北朝时期经过葛洪、寇谦之、陆修静、陶弘景等从神仙体系与方术、道教经典、道教理论，以及仪规戒律等多方面构建，才终于使道教形成了一个完备的能与佛教抗衡的真正的宗教形态和宗教体系。由于时代的需要，也由于道教本来就是扎根于中华本土文化的宗教，所以道教在魏晋南北朝同样得到了迅猛的发展。

3."儒教沦歇"①与"玄风独振"②

《梁书·儒林传》记载说："汉末丧乱，其道遂衰。魏正始以后，仍尚玄虚之学，为儒者盖寡。"③梁武帝天监四年诏曰："魏晋浮荡，儒教沦歇。"从经学的学术发展情况看，魏晋南北朝的经学未能延续两汉经学向上发展的势头，而是走向下坡路。范文澜先生曾指出："东汉末年，古文经学推倒西汉盛行的今文经学，不受家法束缚的魏晋古文经注又推倒汉魏有家法的经注。"④总之，魏晋南北朝时代儒学衰微，是不争的事实。究其原因，除了学术自身的规律之外，儒家学说对于政治现实动荡不安的束手无策，使其失去广大知识分子甚至上层贵族士大夫阶层对其的依赖与信度，也是一个重要的社会政治方面的原因。

玄学是魏晋时期以《周易》、《老子》、《庄子》为依托而辨析玄理的一种学问。玄学家基本上属于道家的一个流派。其代表人物从曹魏的何晏（？～249年）、王弼（226～249年）到西晋的郭象（？～312年），还有阮籍（210～263年）、嵇康（223～262年）、山涛、王戎（234～305年）、向秀（227～272年）、刘伶、阮咸所谓"竹林七贤"，玄学一直发展并流传不衰。直到南北朝，玄

① 《梁书·儒林传》，中华书局1973年版，第662页。
② 《宋书·谢灵运传》，中华书局1974年版，第1778页。
③ 《梁书·儒林传》，中华书局1973年版，第661页。
④ 《中国通史》（二），人民出版社2008年版，第296页。

学余绪依然绵绵不绝，上至帝王，下至士大夫阶层，仍旧以玄言、玄理等清谈为风尚。北齐颜之推《颜氏家训·勉学》记载并评论当时的情况说："彼诸人者，并其领袖，玄宗所归，其余桎梏尘滓之中，颠仆名利之下者，岂可备言乎！直取其清谈雅论，剖玄析微，宾主往复，娱心悦耳，非济世成俗之要也。洎于梁世，兹风复阐，《庄》、《老》、《周易》，总谓《三玄》。武皇、简文，躬自讲论。周弘正奉赞大猷，化行都邑，学徒千余，实为盛美。"①

4. 魏晋南北朝在许多文化领域都取得了重大的甚至是超越前代的成就

如算学、历法方面，祖冲之（429～500年）取得了卓越的成就。特别是他得出了圆周率在3.1415926与3.1415927之间的结论，使他当之无愧地成为古今中外著名的数学家之一。农学方面，贾思勰的《齐民要术》总结了农业手工业方面的成就。医学方面，葛洪（284～364年）、陶弘景（456～536年）的医术，使中医中药学进一步发展并惠及广大民众。郦道元（约470～527年）的《水经注》则使古代地理学的水平大大提高了一步。

魏晋南北朝的书画艺术成就十分显赫。以钟繇（151～230年）、王羲之（321～379年）、王献之（344～386年）、顾恺之（约345～409年）为首的一批书画家，把中华书画艺术推向了一个后世难以逾越的高峰。特别是王羲之，被后代称为"书圣"。

这一时代，还有佛教的造像、雕刻和绘画，西域传入的音乐艺术，都使中华文化更加丰富多彩。

文学方面，尤以"建安七子"为代表的建安文学与北朝庾信（513～581年）等人的诗文作品，颇为后代赞崇。清新朴实的北

① 《颜氏家训集解》，上海古籍出版社1980年版，第179页。

朝民歌也在文学史上占有一席之地。此外,刘勰(465～约532年)的《文心雕龙》在文学批评方面取得了极高的成就。

语言学方面还应特别提及却往往被人忽视或曲解的,是齐梁时代在汉语研究和实践上的伟大贡献。在佛经翻译的刺激下,早在东汉已经开始有了反切的发明与应用。到了魏晋南北朝时期,声律的研究应用有了进一步发展。三国时代曹植已经运用汉语声调的高低错落自觉为文。齐梁时代,以沈约(441～513年)、谢朓(464～499年)、周颙为代表的一批文人,进一步了解并揭示了汉语声调存在四声的事实,进而自觉运用四声和汉语平仄规律写作诗歌,并形成风气,有了所谓"永明体"的诗歌格式,所谓:"一简之内,音韵尽殊;两句之中,轻重悉异。妙达此旨,始可言文。""至于高言妙句,音韵天成,皆暗与理合,匪由思至。……世之知音者,有以得之,知此言之非谬。"①对于"永明体"诗歌讲求声韵的形式,后代虽然多有批评指责,但是它标志着汉语言文学从此走向了自觉的"有声律的文学"阶段,是不争的事实。此后,中国语言文学的发展,特别是诗歌和音韵学的发展,无不与这一时期对汉语语言规律的发现有着密切的关系。

第三阶段　隋、唐、宋时代的文化——从成熟走向鼎盛的中华文化

这一阶段,是中国封建社会发展到顶峰的阶段,也是中国古代文化发展到顶峰的阶段。具体说来,隋唐与宋代又因时代先后发展而状况有所不同。隋代(581～618年)运祚短暂,前后仅

① 《宋书·谢灵运传》,中华书局1974年版,第1779页。

有38年。但它是一个将分裂达三百余年的中华民族和中华文化重新统一的时代。它像一出华美乐章的序幕，引领出唐宋两朝文化一个又一个迭起的高潮。隋代的统一使长期分南北两派的中华文化得以合流。它所开创的科举制度，被后代继承发展，并延续达一千三百多年，给中华文化以极其深远的影响。陆法言编著的《切韵》为音韵学的发展奠定了基础，标志着古代研究汉语语音的专门学问，从此正式诞生。目录学则以《隋书·经籍志》为标志，它使中国古代典籍继《汉书·艺文志》之后第二次得到检阅。并从此确立了中国古代典籍按经、史、子、集分类的四部分类法。此外，隋代在天文、历法、数学、医学上也都有明显地发展。

唐朝(618~907年)近三百年，加上其后的五代(907~960年)，前后达三百四十多年。唐朝的文化使中华古代文化达到了民族文化甚至世界文化的新高峰。其表现是多方面的。

首先，唐朝的儒学聿追汉学。以朝廷颁布孔颖达《五经正义》和颜师古《五经定本》为标志，以科举制度逐渐制度化、完备化为动力，从而使政治文化的主导方向再次得以确定，意义重大。中唐安史之乱之后，啖助及其弟子借《春秋》抒发己见的《春秋》之学，成为后来宋代理学效法的榜样。

佛道二教在唐朝都得到了巨大发展。汉化佛教各宗派纷纷建立，大乘小乘、显密二教共同发展，特别是大乘系统的三论、净土、法相、律宗、密宗以及天台、华严，还有禅宗都在唐代得以建立发展。它们都是佛教彻底完成汉化或中国化的标志性宗派，也是佛教与儒、道融合的标志。道教作为土生土长的中国宗教，自魏晋南北朝完备成形，到唐代更借与朝廷同姓之便，得到特别的崇高地位，并由此得以大发展。

唐代文学、史学成就空前。唐代诗歌经过自建安齐梁以来数百年的探索实践，终于完成了格律化的构建，数千名唐代诗人创作了大批华美绝伦的律诗，使近体格律诗成为此后一千多年中华文化最精致的文化符号，并进而促生了另一种文学样式词（诗余）的诞生。唐代诗人辈出，数以千计，仅清康熙年间所编《全唐诗》所载，就有作者二千二百余人，诗作四万八千九百余首。20 世纪 90 年代由陈尚军辑校出版的《全唐诗补编》，又新收录六千三百余首。所以保留至今的唐诗总数，已经超过五万五千首以上。其最杰出的代表莫过李白、杜甫，所谓“李杜文章在，光芒万丈长”（韩愈）。

以韩愈、柳宗元为代表的古文运动是唐代文化方面又一巨大成就，由于古文运动的兴起，儒家学说得以发扬，佛老学说受到抑制。同时它也使汉语文体在形式和内容两个方面都发生了革命性的变革，其影响深远直至近代。

唐代科技方面取得许多新的成就。如孙思邈的医学和僧一行的天文历法之学尤为著名。

唐代书法、绘画和音乐舞蹈方面的成就盛况空前。其中如阎立本、吴道子、王维的绘画，杨惠之的雕塑，颜真卿、柳公权、李阳冰、张旭、怀素等人的书法，无不各具风格，为后世奉为法书。

唐代是东西方文化交流的高潮期，双向文化交流空前活跃。全世界许多国家和地区，都从唐代文化的传入中受益匪浅。如唐代开始产生的十进位制，逐渐传向世界，从而极大地推动了世界科学技术的发展。英国学者李约瑟说：“如果没有这种十进位制，就几乎不可能出现我们现在这个统一化的世界了。”①

① 《中国科学技术史》第三卷，科学出版社 1978 年版，第 333 页。

此外，在造纸、纺织、陶瓷等技术方面，唐代也有新的发展，这些技术从中国传入中亚再传入欧洲，影响遍及全世界。

总之，唐代文化在前代基础上进入了成熟的黄金发展阶段。后世常常把汉唐相提并论，就是因为唐代在政治文化诸方面确实可以与汉代相匹敌。

北宋(960～1127年)、南宋(1127～1279年)前后三百二十余年。虽然从政治上说，宋代国势逐渐衰颓，不能与汉唐盛世相比并；但是文化与政治，二者的发展往往表现出不同步，文化的发展往往有滞后效应。事实上，宋代的文化较之其他朝代更加辉煌，甚至达到了中国古代文化的顶峰。严复、陈寅恪、邓广铭等许多学者都认为，中国古代文化只有到了宋代才真正达到鼎盛。如陈寅恪先生说："华夏民族之文化，历数千载之演进，造极于赵宋之世。"①邓广铭先生也说："宋代文化的发展，在中国封建社会历史时期之内达于顶峰，不但超越了前代，也为其后的元明所不能及。"《中国大百科全书·中国历史卷》也说："宋朝是当时的世界大国，并且是经济、文化高度发展的封建帝国。其经济、文化多方面的成就，不仅在当时世界上居于领先地位，并且对人类文明作出了巨大贡献，产生了深远的影响。""宋朝在物质文明和精神文明所达到的高度，在中国整个封建社会历史时期之内，可以说是空前的。"②

宋代文化的主要成就，可以简要概括为以下几点：

---

①《邓广铭宋史职官志考证序》。

②《中国大百科全书·中国历史卷》，中国大百科全书出版社1992年版，第642页。

1. 经学、哲学的新发展——程朱理学的创立与发展

程颢(1032～1085年)、程颐(1033～1107年)继承他们老师周敦颐(1017～1073年)的衣钵,同时也借鉴、吸收了同时代其他几位著名哲学家,如张载(1020～1077年)、邵雍(1011～1077年)的思想观点,提出了"理"或"道"作为哲学的最高范畴,认为"理"或"道"无所不在,它们既是世界的本原,也是社会生活的最高准则。"天下只有一个理"①、"万物皆是一个天理"②。所以这种学说被称为"理学"或"道学"。

南宋朱熹继承二程等人的思想,并进一步发展了他们的学说。强调"孔子所谓'克己复礼';《中庸》所谓'致中和'、'尊德性'、'道学问';《大学》所谓'明明德';《书》曰:'人心惟危,道心惟微,惟精唯一,允执厥中';圣人千言万语,只是教人存天理,灭人欲"③。朱熹着重强调"三纲五常"等道德规范,成为"理学"的集大成者。

程朱理学建立了一个完整而精致的被称为客观唯心主义的思想体系。特别是到了朱熹,更标志着理学发展到了成熟的阶段。由于程朱理学适合封建社会的需要,所以一直被各朝统治阶级奉为官方思想,在其后六百多年历史中,对中国的政治思想文化起了重要的推动作用,同时也造成一定的历史性消极影响。正如任继愈先生说的那样:理学的本质部分是提倡禁欲,重"忠孝",尊"三纲""五常"。按,应该特别指出,"三纲""五常"并不是宋代理学家的创新发明,而是秦汉儒家学者们早就提出的理念和准

① 《二程遗书》十八。
② 《二程遗书》二。
③ 《朱子语类》卷十二。

则。“三纲”:《礼记·乐记》:“然后圣人作,为父子君臣,以为纪纲。”孔颖达疏:“《礼纬·含文嘉》云:‘君为臣纲,父为子纲,夫为妻纲。’”“五常”:汉·董仲舒《贤良策第一》:“夫仁、义、礼、智、信,五常之道,王者所当修饬也。”《论语·为政》:“周因于殷理,其损益可知也。”何晏集解引汉马融曰:“所因谓三纲五常也。”只是由于这些理念比较适合封建大一统国家的道德理想和生存要求,致使宋代理学家们特别看重并重新强调了它们而已。

2. 宋代在科技方面,也是历代最为繁荣发展的时代

各种发明创造层出不穷,影响世界文明进程的“四大发明”,除造纸术是汉代的发明之外,其他三项——指南针、印刷术、火药的应用,则都归功于宋代。其他如天文学、数学、医学与本草学以及建筑学等,宋代都取得了新成就。钱穆先生曾说,“诸种工艺,如陶瓷,丝织,雕刻,建筑等……都要到宋代始为显著。”“不了解中国人的文学美术与工艺,便无法了解宋以下之中国。便把握不住中国文化大流之所趋向及其意义。”①

3. 文学艺术方面

宋代的成就直追前代,宋词成为与唐代诗文并称的又一种文体,且足以与唐诗媲美。绘画和书法方面,涌现了许多名垂后世的大家和品种,如苏(轼)、黄(庭坚)、米(芾)、蔡(襄)的书法,以张择端《清明上河图》为代表的风俗画卷,以及其他如山水画、花鸟画、文人画等品种。

4. 宋代的文史学术成果与研究呈现空前发达景象

自晋代《皇览》以来的类书编纂,至此更加成绩斐然。宋太宗时的《太平御览》、《太平广记》、《文苑英华》与真宗时的《册

① 钱穆:《中国文化史导论》,上海三联书店 1988 年版,160 页。

府元龟》尤为后世称道。史学研究成绩显著,其中司马光的《资治通鉴》是最重要的成就。此外还有南宋郑樵的《通志》、宋元之际马端临的《文献通考》,它们与唐代杜佑的《通典》被后世合称“三通”。

音韵学研究的成就,以《广韵》的问世为标志,记载并由此确立了中古汉语的声韵调系统,至今仍为汉语语音系统研究的依傍。

其他在地理学、目录学、金石学等方面,宋代也都取得了为后代所瞩目的突出成就。

第四阶段　元明清时代的文化——从烂熟到式微转向的中华文化

元明清三代前后六百余年,是中华民族再融合与传统文化从烂熟到式微转向的新阶段。

所谓再融合,是因为除明代之外,元代(1271~1368 年)是蒙古族入主中原,清代(1616~1911 年)是满族入主中原。二者相加就有 400 年。所谓烂熟,是说这一阶段后期,生产力的发展相对于世界的发展逐渐停滞落后。传统文化逐渐失去了新鲜、活泼的生命力,封建政治制度逐渐腐朽老化,弊病丛生。抱残守缺者多,开拓创新者少。老态龙钟的社会,必须经过革命,才能跟上世界的步伐。数千年的中华民族及其古老文化,必须涅槃方能得到重生。

元明清阶段的文化特点可以简要概括如下:

1. 在两千多年的封建社会中,仅有百年历史的元朝运祚比较短暂。但元代是中华文明居于世界领先地位的最后一个历史时期。加之元代处于中华民族又一次民族融合的过程中,因此

其在中华文化上，是一个不可或缺的承前启后的过渡阶段。同时，元代文化也有不少令后世瞩目的成就

首先，元代坚持施行科举考试，并首先确定以朱熹《四书集注》作为标准，并封孟子为亚圣公。这些举措，不仅表明元代文化与中原文化是紧密相连的一体，而且也对后世中华文化的继续发展产生了巨大影响。其二，戏剧在元代得到充分发展。据记载，当时所撰杂剧达 549 种之多。这标志着中国古代戏剧艺术在元代达到了登峰造极的阶段。其三，元代在科技方面的成就也极为突出。以郭守敬(1231～1316 年)为代表的科学家，修造了较之西方(丹麦)早三百余年的天文观象台，制造了大量当时十分先进的天象观测仪器。在此基础上，郭守敬等人制订的《授时历》成为当时世界上最精密的历法。它采取的 365. 2425 天为一个回归年长度，仅比现代测知的实际长度相差 22 秒。这一回归年长度的运用，较之西方的格里高利历要早三百多年之久。郭守敬的其他一些天象观测成就，如冬至时刻的测定误差已小于 0. 5 刻，在当时世界上也遥遥领先。还有朱世杰(生卒年不详，生活于 13～14 世纪)在数学方面的成就，如多元高次方程和高阶等差级数等的研究，当时也是世界领先水平。此外，在农学、水利、纺织等方面，元代都有长足地发展。其中，王桢的《农书》、薛景石的《梓人遗制》等著作，图文并茂，不仅总结记录了南北方的各种生产经验，还记载了当时纺织、水力、木工等重要价值的机械制造技术。其四，在书法绘画艺术方面，以赵孟頫(1254～1322 年)为代表的元代书画家，达到了新的高峰，其作品被后世视为瑰宝。最后，还必须提到，元代对疆域的开拓对中华帝国和中华文化也有着极大贡献。例如，今天我们版图中南沙群岛的黄岩岛，就是元代开始宣示主权的。

2. 明清两代已进入中国封建社会末期。由于政治上的黑暗与腐朽,此时的文化也受到同样的影响

明代的锦衣卫政治、清代的阶级压迫,造成了两代具有共同性的文化专制和残酷的文字狱。知识分子的思想在这一阶段中几乎被窒息。而且,这一时期越是往后,中华民族内忧外患越是严重,越是失去几千年来文化领先的优势。与西方在思想、科技等方面的差距越来越大,中华民族却仍旧沉浸在天朝大国的迷梦中。于是,在西方列强坚船利炮的一再打击下,中华民族最终深深陷入了"亡国灭种"的现实威胁之中。可以说,从明代中叶直至清代末年,中华民族基本上是一个在闭塞的唯我独尊的幻境中艰难痛苦地匍匐爬行、缓慢觉醒的庞大而又虚弱的民族。这期间,有不少志士仁人,包括一些思想家、政治家、革命家、学者,为了拯救和重新振兴中华民族,前仆后继,从未停止过苦苦探求中华民族与中华文化的变革之路。著名的如:王守仁、黄宗羲、顾炎武、王夫之、林则徐、魏源、龚自珍以及曾国藩、左宗棠、李鸿章、张之洞,还有康有为、梁启超、谭嗣同等。他们其中不乏历来有争议的人物,但是他们或是启蒙思想的开拓者,或是经世致用的倡导者,或主张"师夷之长技",或主张维新甚或革命。总之都曾经试图过各种变革。然而,他们的种种探求都未能挽救日薄西山、气息奄奄的封建社会和封建文化的没落和终结,更不能给具有五千年历史的中华传统文化高屋建瓴地指出出路和方向。直到辛亥革命之后,中华民族和中华文化开始走上了解构和变革之路,并一直到今天。

尽管如此,明清两代文化仍然有些突出的成就。例如:

(1) 明代永乐年间,郑和七下西洋,写下了中国古代文化史上海上对外交流的最辉煌篇章。据记载,郑和所率出使船队船

只多达62艘，最大的龙船长达16丈多、宽2丈多，①是当时世界最大的船舶。郑和船队最远到达了非洲东海岸。足见当时明王朝在综合国力上依然是世界上屈指可数的强大帝国。

此外，诸如李时珍的《本草纲目》、宋应星的《天工开物》，以及徐光启、利玛窦合译的《几何原本》等，则是明代中医药学、农业和手工业、科技和数学方面最有代表性的成果。

(2)继元代戏曲高峰之后，古代戏曲在明清继续长足发展。出现了许多著名的戏曲家，如徐渭、李渔等。而汤显祖的《牡丹亭》、孔尚任的《桃花扇》、洪昇的《长生殿》等都是这一时期最具代表性的优秀作品。清代的民间戏曲尤为发达，昆曲、秦腔、弋阳腔、徽调、京腔等地方戏曲相互影响，逐渐融合发展为后来的国粹京剧。这无疑也应该是中国文化史上的一件大事。

(3)明清小说创作空前繁荣，内容丰富多彩。涉及明清时代政治、经济、思想、文化、社会习俗等方方面面。它们像一面面镜子，全面反映了明清社会发展状况，是中国古代文化史上又一件值得大书特书的成果和收获。其中，尤以长篇小说《三国演义》、《水浒传》、《西游记》、《红楼梦》、《金瓶梅》、《儒林外史》以及中短篇小说《三言二拍》、《聊斋志异》最为著名。这些作品表现人性的解放或是对爱情的追求，表现人们对光明的渴求和歌颂，都一反过去温柔敦厚的儒家精神，代之以反叛精神，它们无疑是新思想、新文化、新时代的催生剂。

(4)学术研究方面，这一时期当推清代乾嘉学派的考据之学最为著名。惠栋、戴震、段玉裁、王念孙、王引之、钱大昕等为代表的一大批学者在音韵、文字、训诂、校勘、辑佚等学科中，都

---

① 又据《明史》载，44丈长，18丈宽。

取得了空前全面卓绝的成果，使中国古典文献和古代文化得到了空前深入的研究和诠释，至今还具有极高的学术价值。

(5)明清两代，朝廷多次组织编纂超大型类书、丛书，从而对保存中国古代文化典籍资料作出了贡献。类书方面，明代的《永乐大典》达3.7亿字，清代的《古今图书集成》1.6亿字。丛书方面，清代的《四库全书》9.97亿字，这些集大成式的文化成果不仅是中国古代文化典籍规模之最，也是世界文化典籍之最。因此，对中华文化乃至全人类文化都是极大贡献。

此外，清代康熙年间编写的《康熙字典》，也在古代字书编纂史上占有重要位置。

总之，中国古代文化，经过三皇五帝等列祖列宗筚路蓝缕的开辟，接着迎来了夏商周三代的创建，又经秦汉、魏晋，继之唐宋元明清，上下五千年，终于成就了无比灿烂的中国古代文化这一奇葩。

附录一

《史记卷一·五帝本纪第一》

黄帝者，少典之子，姓公孙，名曰轩辕。生而神灵，弱而能言，幼而徇齐，长而敦敏，成而聪明。

轩辕之时，神农氏世衰。诸侯相侵伐，暴虐百姓，而神农氏弗能征。于是轩辕乃习用干戈，以征不享，诸侯咸来宾从。而蚩尤最为暴，莫能伐。炎帝欲侵陵诸侯，诸侯咸归轩辕。轩辕乃修德振兵，治五气，蓺五种，抚万民，度四方，教熊罴貔貅貙虎，以与炎帝战于阪泉之野。三战，然后得其志。蚩尤作乱，不用帝命。于是黄帝乃征师诸侯，与蚩尤战于涿鹿之野，遂禽杀蚩尤。而诸侯咸尊轩辕为天子，代神农氏，是为黄帝。天下有不顺者，黄帝从而征之，平者去之，披山通道，未尝宁居。

东至于海，登丸山，及岱宗。西至于空桐，登鸡头。南至于江，登熊、湘。北逐荤粥，合符釜山，而邑于涿鹿之阿。迁徙往来无常处，以师兵为营卫。官名皆以云命，为云师。置左右大监，监于万国。万国和，而鬼神山川封禅与为多焉。获宝鼎，迎日推筴。举风后、力牧、常先、大鸿以治民。顺天地之纪，幽明之占，死生之说，存亡之难。时播百谷草木，淳化鸟兽虫蛾，旁罗日月星辰水波土石金玉，劳勤心力耳目，节用水火材物。有土德之瑞，故号黄帝。

黄帝二十五子，其得姓者十四人。

黄帝居于轩辕之丘，而娶于西陵之女，是为嫘祖。嫘祖为黄帝正妃，生二子，其后皆有天下：其一曰玄嚣，是为青阳，青阳降居江水；其二曰昌意，降居若水。昌意娶蜀山氏女，曰昌仆，生高阳，高阳有圣德焉。黄帝崩，葬桥山。其孙昌意之子高阳立，是为帝颛顼也。

帝颛顼高阳者，黄帝之孙而昌意之子也。静渊以有谋，疏通而知事；养材以任地，载时以象天，依鬼神以制义，治气以教化，絜诚以祭祀。北至于幽陵，南至于交趾，西至于流沙，东至于蟠木。动静之物，大小之神，日月所照，莫不砥属。

帝颛顼生子曰穷蝉。颛顼崩，而玄嚣之孙高辛立，是为帝喾。

帝喾高辛者，黄帝之曾孙也。高辛父曰蟜极，蟜极父曰玄嚣，玄嚣父曰黄帝。自玄嚣与蟜极皆不得在位，至高辛即帝位。高辛于颛顼为族子。

高辛生而神灵，自言其名。普施利物，不于其身。聪以知远，明以察微。顺天之义，知民之急。仁而威，惠而信，修身而天下服。取地之财而节用之，抚教万民而利诲之，历日月而迎送之,明鬼神而敬事之。其色郁郁,其德嶷嶷。其动也时,其服也士。帝喾溉执中而遍天下,日月所照,风雨所至,莫不从服。

帝喾娶陈锋氏女,生放勋。娶娵訾氏女,生挚。帝喾崩,而挚代立。帝挚立,不善(崩),而弟放勋立,是为帝尧。

帝尧者,放勋。其仁如天,其知如神。就之如日,望之如云。富而不骄,贵而不舒。黄收纯衣,彤车乘白马。能明驯德,以亲九族。九族既睦,便章百姓。百姓昭明,合和万国。

乃命羲、和,敬顺昊天,数法日月星辰,敬授民时。分命羲仲,居郁夷,曰旸谷。敬道日出,便程东作。日中,星鸟,以殷中春。其民析,鸟兽字微。申命羲叔,居南交。便程南为,敬致。日永,星火,以正中夏。其民因,鸟兽希革。申命和仲,居西土,曰昧谷。敬道日入,便程西成。夜中,星虚,以正中秋。其民夷易,鸟兽毛毨。申命和叔;居北方,曰幽都。便在伏物。日短,星昴,以正中冬。其民燠,鸟兽氄毛。岁三百六十六日,以闰月正四时。信饬百官,众功皆兴。

尧曰:“谁可顺此事?”放齐曰:“嗣子丹朱开明。”尧曰:“吁!顽凶,不用。”尧又曰:“谁可者?”谨兜曰:“共工旁聚布功,可用。”尧曰:“共工善言,其用僻,似恭漫天,不可。”尧又曰:“嗟,四岳,汤汤洪水滔天,浩浩怀山襄陵,下民其忧,有能使治者?”皆曰鲧可。尧曰:“鲧负命毁族,不可。”岳曰:“异哉,试不可用而已。”尧于是听岳用鲧。九岁,功用不成。

尧曰:“嗟!四岳:朕在位七十载,汝能庸命,践朕位?”岳应曰:“鄙德忝帝位。”尧曰:“悉举贵戚及疏远隐匿者。”众皆言于尧曰:“有矜在民间,曰虞舜。”尧曰:“然,朕闻之。其何如?”岳曰:“盲者子。父顽,母嚚,弟傲,能和以孝,烝烝治,不至奸。”尧曰:“吾其试哉。”于是尧妻之二女,观其德于二女。舜饬下二女于妫汭，如妇礼。尧善之，乃使舜慎和五典，五典能从。乃遍入百官，百官时序。宾于四门，四门穆穆，诸侯远方宾客皆敬。尧使舜入山林川泽，暴风雷雨，舜行不迷。尧以为圣，召舜曰："女谋事至而言可绩，三年矣。女登帝位。"舜让于德不怿。正月上日，舜受终于文祖。文祖者，尧大祖也。

于是帝尧老，命舜摄行天子之政，以观天命。舜乃在璇玑玉衡，以齐七政。遂类于上帝，禋于六宗，望于山川，辩于群神。揖五瑞，择吉月日，见四岳诸牧，班瑞。岁二月，东巡狩，至于岱宗，祡，望秩于山川。遂见东方君长，合时月正日，同律度量衡，修五礼五玉三帛二生一死为挚，如五器，卒乃复。五月，南巡狩；八月，西巡狩；十一月，北巡狩：皆如初。归，至于祖祢庙，用特牛礼。五岁一巡狩，群后四朝。遍告以言，明试以功，车服以庸。肇十有二州，决川。象以典刑，流宥五刑，鞭作官刑，扑作教刑，金作赎刑。眚灾过，赦；怙终贼，刑。钦哉，钦哉，惟刑之静哉！

谨兜进言共工，尧曰不可而试之工师，共工果淫辟。四岳举鲧治鸿水，尧以为不可，岳强请试之，试之而无功，故百姓不便。三苗在江淮、荆州数为乱。于是舜归而言于帝，请流共工于幽陵，以变北狄；放驩兜于崇山，以变南蛮；迁三苗于三危，以变西戎；殛鲧于羽山，以变东夷：四罪而天下咸服。

尧立七十年得舜，二十年而老，令舜摄行天子之政，荐之于天。尧辟位凡二十八年而崩。百姓悲哀，如丧父母。三年，四方莫举乐，以思尧。尧知子丹朱之不肖，不足授天下，于是乃权授舜。授舜，则天下得其利而丹朱病；授丹朱，则天下病而丹朱得其利。尧曰"终不以天下之病而利一人"，而卒授舜以天下。尧崩，三年之丧毕，舜让辟丹朱于南河之南。诸侯朝觐者不之丹朱而之舜，狱讼者不之丹朱而之舜，讴歌者不讴歌丹朱而讴歌舜。

舜曰"天也",夫而后之中国践天子位焉,是为帝舜。

虞舜者,名曰重华。重华父曰瞽叟,瞽叟父曰桥牛,桥牛父曰句望,句望父曰敬康,敬康父曰穷蝉,穷蝉父曰帝颛顼,颛顼父曰昌意:以至舜七世矣。自从穷蝉以至帝舜,皆微为庶人。

舜父瞽叟盲,而舜母死,瞽叟更娶妻而生象,象傲。瞽叟爱后妻子,常欲杀舜,舜避逃;及有小过,则受罪。顺事父及后母与弟,日以笃谨,匪有解。

舜,冀州之人也。舜耕历山,渔雷泽,陶河滨,作什器于寿丘,就时于负夏。舜父瞽叟顽,母嚚,弟象傲,皆欲杀舜。舜顺适不失子道,兄弟孝慈。欲杀,不可得;即求,尝在侧。

舜年二十以孝闻。三十而帝尧问可用者,四岳咸荐虞舜,曰可。于是尧乃以二女妻舜以观其内,使九男与处以观其外。舜居妫汭,内行弥谨。尧二女不敢以贵骄事舜亲戚,甚有妇道。尧九男皆益笃。舜耕历山,历山之人皆让畔;渔雷泽,雷泽上人皆让居;陶河滨,河滨器皆不苦窳。一年而所居成聚,二年成邑,三年成都。尧乃赐舜絺衣,与琴,为筑仓廪,予牛羊。瞽叟尚复欲杀之,使舜上涂廪,瞽叟从下纵火焚廪。舜乃以两笠自扞而下,去,得不死。后瞽叟又使舜穿井,舜穿井为匿空旁出。舜既入深,瞽叟与象共下土实井,舜从匿空出,去。瞽叟、象喜,以舜为已死。象曰:"本谋者象。"象与其父母分,于是曰:"舜妻尧二女,与琴,象取之。牛羊仓廪予父母。"象乃止舜宫居,鼓其琴。舜往见之。象鄂不怿,曰:"我思舜正郁陶!"舜曰:"然,尔其庶矣!"舜复事瞽叟爱弟弥谨。于是尧乃试舜五典百官,皆治。

昔高阳氏有才子八人,世得其利,谓之"八恺"。高辛氏有才子八人,世谓之"八元"。此十六族者,世济其美,不陨其名。至于尧,尧未能举。舜举八恺,使主后土,以揆百事,莫不时序。举八元，使布五教于四方，父义，母慈，兄友，弟恭，子孝，内平外成。

昔帝鸿氏有不才子，掩义隐贼，好行凶慝，天下谓之浑沌。少皞氏有不才子，毁信恶忠，崇饰恶言，天下谓之穷奇。颛顼氏有不才子，不可教训，不知话言，天下谓之梼杌。此三族世忧之。至于尧，尧未能去。缙云氏有不才子，贪于饮食，冒于货贿，天下谓之饕餮。天下恶之，比之三凶。舜宾于四门，乃流四凶族，迁于四裔，以御螭魅，于是四门辟，言毋凶人也。

舜入于大麓，烈风雷雨不迷，尧乃知舜之足授天下。尧老，使舜摄行天子政，巡狩。舜得举用事二十年，而尧使摄政。摄政八年而尧崩。三年丧毕，让丹朱，天下归舜。而禹、皋陶、契、后稷、伯夷、夔、龙、倕、益、彭祖自尧时而皆举用，未有分职。于是舜乃至于文祖，谋于四岳，辟四门，明通四方耳目，命十二牧论帝德，行厚德，远佞人，则蛮夷率服。舜谓四岳曰："有能奋庸美尧之事者，使居官相事？"皆曰："伯禹为司空，可美帝功。"舜曰："嗟，然！禹，汝平水土，维是勉哉。"禹拜稽首，让于稷、契与皋陶。舜曰："然，往矣。"舜曰："弃，黎民始饥，汝后稷播时百谷。"舜曰："契，百姓不亲，五品不驯，汝为司徒，而敬敷五教，在宽。"舜曰："皋陶，蛮夷猾夏，寇贼奸轨，汝作士，五刑有服，五服三就；五流有度，五度三居：维明能信。"舜曰："谁能驯予工？"皆曰垂可。于是以垂为共工。舜曰："谁能驯予上下草木鸟兽？"皆曰益可。于是以益为朕虞。益拜稽首，让于诸臣朱虎、熊罴。舜曰："往矣，汝谐。"遂以朱虎、熊罴为佐。舜曰："嗟！四岳，有能典朕三礼？"皆曰伯夷可。舜曰："嗟！伯夷，以汝为秩宗，夙夜维敬，直哉维静絜。"伯夷让夔、龙。舜曰："然。以夔为典乐，教稚子，直而温，宽而栗，刚而毋虐，简而毋傲；诗言意，歌长言，声依永，律和声，八音能谐，毋相夺伦，神人以和。”夔曰：“於！予击石拊石，百兽率舞。”舜曰：“龙，朕畏忌谗说殄伪，振惊朕众，命汝为纳言，夙夜出入朕命，惟信。”舜曰：“嗟！女二十有二人，敬哉，惟时相天事。”三岁一考功，三考绌陟，远近众功咸兴。分北三苗。

此二十二人咸成厥功：皋陶为大理，平，民各伏得其实；伯夷主礼，上下咸让；垂主工师，百工致功；益主虞，山泽辟；弃主稷，百谷时茂；契主司徒，百姓亲和；龙主宾客，远人至；十二牧行而九州莫敢辟违；唯禹之功为大，披九山，通九泽，决九河，定九州，各以其职来贡，不失厥宜。方五千里，至于荒服。南抚交阯、北发，西戎、析枝、渠廋、氐、羌，北山戎、发、息慎，东长、鸟夷，四海之内咸戴帝舜之功。于是禹乃兴九招之乐，致异物，凤皇来翔。天下明德皆自虞帝始。

舜年二十以孝闻，年三十尧举之，年五十摄行天子事，年五十八尧崩，年六十一代尧践帝位。践帝位三十九年，南巡狩，崩于苍梧之野。葬于江南九疑，是为零陵。舜之践帝位，载天子旗，往朝父瞽叟，夔夔唯谨，如子道。封弟象为诸侯。舜子商均亦不肖，舜乃豫荐禹于天。十七年而崩。三年丧毕，禹亦乃让舜子，如舜让尧子。诸侯归之，然后禹践天子位。尧子丹朱，舜子商均，皆有疆土，以奉先祀。服其服，礼乐如之。以客见天子，天子弗臣，示不敢专也。

自黄帝至舜、禹，皆同姓而异其国号，以章明德。故黄帝为有熊，帝颛顼为高阳，帝喾为高辛，帝尧为陶唐，帝舜为有虞。帝禹为夏后而别氏，姓姒氏。契为商，姓子氏。弃为周，姓姬氏。

太史公曰：学者多称五帝，尚矣。然《尚书》独载尧以来；而百家言黄帝，其文不雅驯，荐绅先生难言之。孔子所传《宰予问五帝德》及《帝系姓》，儒者或不传。余尝西至空桐，北过涿鹿，东渐于海，南浮江淮矣，至长老皆各往往称黄帝、尧、舜之处，风教固殊焉，总之不离古文者近是。予观《春秋》、《国语》，其发明《五帝德》、《帝系姓》章矣，顾弟弗深考，其所表见皆不虚。书缺有间矣，其轶乃时时见于他说。非好学深思，心知其意，固难为浅见寡闻道也。余并论次，择其言尤雅者，故著为本纪书首。

附录二

《三皇本纪》(节选)

［唐］司马贞

小司马氏云：太史公作《史记》，古今君臣宜应上自开辟，下迄当代，以为一家之首尾。今阙三皇，而以五帝为首者，正以《大戴礼》有《五帝德》篇，又帝世皆叙自黄帝已下。故因以《五帝本纪》为首。其实，三皇已还，载籍罕备。然君臣之始，教化之先，既论古史，不合全阙。近代皇甫谧作《帝王代纪》，徐整作《三五历》，皆论三皇已来事。斯亦近古之一证。今并采而集之，作《三皇本纪》，虽复浅近，聊补阙云。

太皞氏庖牺氏，风姓。代燧人氏，继天而王。母曰华胥，履大人迹于雷泽，而生庖牺于成纪。蛇身人首，(按，伏牺风姓，出《国语》。其华胥已下，出《帝王世纪》。然雷泽，泽名，即舜所渔之地，在济阴。成纪，亦地名。按天水有成纪县。)有圣德。仰则观象于天，俯则观法于地，旁观鸟兽之文与地之宜。近取诸身，远取诸物，始画八卦，以通神明之德，以类万物之情。造书契以代结绳之政。于是始制嫁娶，以俪皮为礼。(按，谯周《古史考》，伏牺制嫁娶，以俪皮为礼也。)结网罟以教佃渔。故曰宓牺氏。(按，事出《汉书·历志》。宓音伏。)养牺牲以庖厨，故曰庖牺。有龙瑞。以龙纪官,号曰龙师。作三十五弦之瑟。木德王,注春令。故《易》称,帝出乎震。《月令》“孟春,其帝太皞”是也。(按,位在东方,象日之明。故称太皞。皞,明也。)都于陈。东封太山。立一百一十一年崩。(按,皇甫谧伏牺葬南郡。或曰冢在山阳,高平之西也。)其后裔,当春秋时,有任、宿、须、句、颛臾,皆风姓之胤也。

女娲氏亦风姓,蛇身人首。有神圣之德,代宓牺立,号曰女希氏。无革造,惟作笙簧。(按,《礼·明堂位》及《世本》皆云女娲作笙簧。)亦木德王,盖宓牺之后,已经数世,金木轮还,周而复始。特举女娲,以其功高,而充三皇,故频木王也。当其末年也,诸侯有共工氏,任智刑以强,霸而不王。以水承木,乃与祝融战。不胜而怒,乃头触不周山,崩,天柱折,地维缺。女娲乃炼五色石以补天,断鳌足以立四极,聚芦灰以止滔水,以济冀州(按,其事出《淮南子》也)。于是地平天成,不改旧物。

女娲氏没,神农氏作(按,三皇记者不同。谯周以燧人为皇。宋均以祝融为皇。而郑玄依《春秋纬》以女娲为皇,承伏牺。皇甫谧亦同。今依之为说也)。炎帝神农氏,姜姓。母曰女登,有娲氏之女,为少典妃。感神龙而生炎帝。人身牛首,长于姜水,因以为姓。(按,《国语》,炎帝、黄帝皆少典之子。其母又皆有娲氏之女。据诸子及《古史考》,炎帝之后,凡八代五百余年,轩辕氏代之。岂炎帝黄帝是昆弟而同母氏乎?皇甫谧以为少典、有娲氏,诸侯国号。然则姜姬二帝同出少典氏,黄帝之母又是神农母氏之后代女,所以同是有娲氏之女也。)火德王,故曰炎帝。以火名官,斲木为耜,揉木为耒,耒耨之用,以教万人。始教耕,故号神农氏。于是作蜡祭。以赭鞭鞭草木,始尝百草,始有医药。又作五弦之瑟。教人日中为市,交易而退,各得其所。遂重八卦为六十四爻。初都陈，后居曲阜。（按，今淮阳有神农井。又《左传》鲁有大庭氏之库是也。）立一百二十年崩，葬长沙。神农本起烈山，故左氏称烈山氏之子曰柱，亦曰厉山氏。《礼》曰，厉山氏之有天下，是也。（按，郑玄云，厉山，神农所起，亦曰有烈山。皇甫谧曰，厉山，今随之厉乡也。）神农纳奔水氏之水，曰听妃汝，为妃。……釐生帝哀。哀生帝克，克生帝榆罔。凡八代五百三十年，而轩辕氏兴焉。

……

附录三

李学勤：遂公盨与大禹治水传说

最近有一件新出现的青铜器，由于其铭文记载着大禹治水的传说事迹，受到国内外学者的广泛注意。这件器物，就是现为保利艺术博物馆收藏的遂公盨。

盨是用来盛黍稷的礼器，从簋变化而来，西周中期偏晚的时候开始流行。遂公盨呈圆角的长方形，失盖，器口沿下饰鸟纹，腹饰瓦纹，小耳上有兽首，原来应有垂环，圈足中间有桃形缺口。这种形制，在盨的序列中是较早的。再看鸟纹的特点，可确定这件盨属于西周中期后段，即周孝王、夷王前后。

遂公盨不是考古发掘中发现的，传闻得自河南窖藏，未必可信。但由未去锈前状态观察，肯定出土不久。土锈上有明显席痕，且包到口边上，看来在地下时已经与盖分离了。

铭文在盨的内底，共有 10 行，98 字。前 9 行都是每行 10 字，末一行只有 8 字，故将字距适当拉开。或以为在第一字下还有一字，细看原器，实系铸造时的凹痕。全铭书法秀美，整齐匀称,保存情况也很好,只在第四、五行下端,范铸时有一些问题,造成缺损扭曲,以致第五行末一字难于辨识。

下面铭文的释读,尽量用通用的文字:

天命禹敷土,随山浚川,迺
差地设征,降民监德,迺自
作配乡(享)民,成父毋。生我王
作臣,厥沬(贵)唯德,民好明德,
寡(顾)在天下。用厥邵(绍)好,益干□
懿德,康亡不懋。孝友,讦明
经齐,好祀无魄(废)。心好德,婚
媾亦唯协。天厘用考,神复
用祓禄,永御于宁。遂公曰:
民唯克用兹德,亡诲(悔)。

铭中有几个字,研究的学者有不同意见,如“差”、“地”、“寡”、“御”等。对于这样古奥的铭文来说,看法有异是正常的。

关系较大的,是“遂公”的“遂”字。这个字原作从“遂”从“火”,我认为当依吴大澂等人之说,是“燧”的异文,读为遂国的“遂”。遂国在今山东宁阳西北,传为虞舜之后,春秋鲁庄公十三年(前 681 年)被齐所灭。作盨者是西周时的遂君。

遂公盨的铭文和常见的西周青铜器铭文很不一样,既没有开头的历日,也没有末尾的套话,因此乍看起来似乎不是全篇。其实盨铭首尾一贯,别成一格,有非常重要的研究价值。最突出的一点是与《诗》、《书》等传世文献有密切的联系,铭文前面讲禹的一段,尤其是如此。

盟铭“天命禹敷土,随山浚川,迺差地设征”,可以对照《尚书》中的《禹贡》:"禹敷土,随山刊木,奠高山大川。"还有《尚书序》:"禹别九州,随山浚川,任土作贡。"大家知道,《禹贡》这篇文字,近世学者多以为很晚,《书序》更是被人怀疑。现在证明,其文句与铭文符同,特别是"随山浚川"全同于《书序》,实在是令人惊异。

这些文字还应参看《尚书·益稷》:"禹曰:洪水滔天,浩浩怀山襄陵,下民昏垫。予乘四载,随山刊木。……予决九川,距四海;浚畎浍,距川。"还有《诗·长发》:"洪水芒芒,禹敷下土方。"所用词语,都互相类似。

"随山"的"随",意思是"行",见《广雅·释诂》;"浚川"就是疏导河流;"差地设征","征"即贡赋,同于"任土作贡"。铭文禹的传说,与《诗》、《书》是一致的。

过去著录的古文字材料,有关禹的很少,只有秦公簋提到"禹迹",叔夷镈、钟述及成汤伐夏,"咸有九州,处禹之堵(都)"。至于治水的事迹,乃是第一次发现。秦公簋等都属春秋,遂公盨则早到西周,成为大禹治水传说最早的文物例证,这对于中国古代历史文化的研究有很大的意义。

(原载《中国社会科学院报》2003 年 1 月 23 日)

附录四

柳诒徵《中国文化史》

(中国大百科全书出版社)

绪论(节选摘录)

中国文化为何？中国文化何在？中国文化异于印、欧者何在？此学者所首应致疑者也。吾书即为答此疑问而作。其详具于本文未可以一言罄。然有一语须先为学者告者，即吾中国具有特殊之性质，求之世界无其伦比也。

就今日中国言之，其第一特殊之现象，即幅员之广袤，世罕其匹也。……且此等广袤国境，固由汉、唐、元、明、清累朝开拓以致此盛。然自《尧典》、《禹贡》以来，其所称领有之境域，已不减于今之半数。

第二，则种族之复杂，至可惊异也。今之中国，号称五族共和，其实尚有苗、傜、僮、蛮诸种，不止五族。其族之最大者，世称汉族。稽之史策，其血统之混杂，决非一单纯种族。数千年来，其所吸收同化之异族，无虑百数。春秋战国时所谓蛮、夷、戎、狄者无论矣，秦、汉以降，若匈奴，若鲜卑，若羌，若奚，若胡，若突厥，若沙陀，若契丹，若女真，若蒙古，若靺鞨，若高丽，若渤海，若安南，时时有同化于汉族，易其姓名，习其文教，通其婚媾者。外此如月氏、安息、天竺、回纥、唐兀、康里、阿速、钦察、雍古、弗林诸国之人，自汉、魏以至元、明，逐渐混入汉族者，复不知凡几。

第三，则年祀之久远，相承勿替也。世界开化最早之国，曰巴比伦，曰埃及，曰印度，曰中国。比而观之，中国独寿。

《西洋上古史》(浮田和民)："迦勒底王国，始于公元前四千年以前，至一千三百年而亡。亚述兴于公元前一千三百年，至六百零六年而亡。巴比伦光于公元前六百二十五年，至五百三十八年，为波斯所灭。……埃及旧帝国兴于公元前四千年，中帝国当公元前二千一百年，新帝国当公元前一千七百年，至五百二十七年，为波斯所灭。"

《印度五十年史》(高桑驹吉)："印度吠陀时代，始于公元前二千年，公元后七百十四年，为回教徒所征服。"

中国历年之久，即以今日所传书籍之确有可稽者言之，据《书经·尧典》，则应托始于公元前二千四百年；据龟甲古文，则作于公元前一千二百年；据《诗经》，则作于公元前一千一百年，至共和纪元以后，则逐年事实，皆有可考，是在公元前八百四十一年。汉、唐而降，虽常有异族入主之时，然以今日五族共和言之，则女真、蒙古、满洲诸族，皆吾中国之人。是即三、四千年之间，主权有转移，而国家初未亡灭也。并世诸国，若法、若英、若俄，大抵兴于梁、唐以后，即日本号称万世一系，然彼国隋唐以前之历史，大都出于臆造，不足征信。则合过去之国家与新兴之国家而较之，未有若吾国之多历年所者也。试问吾国所以开化甚早、历久犹存者，果何故乎？

答此问题，惟有求之于史策。吾国史籍之富，亦为世所未有。

然经、子、集部，以至道、释二藏之性质，虽与史书有别，实亦无不可备史料。

第六章　洪水以后之中国（节选摘录）

吾国之名为"中国"，始见于《禹贡》。

《禹贡》："中邦锡土姓。"《史记》："中国锡土姓。"（郑康成曰：中即九州也。）孙星衍曰："史迁'邦'作'国'者，非避讳字，后遇'国'字率改为'邦'字，误矣。是《禹贡》'邦'字，当从《史记》作'国'。"

后世遂沿用之。

《左传》僖公二十五年：仓葛曰"德以威中国，刑以威四夷"。

《礼记·王制》："中国戎夷五方之民，皆有性也，不可推移。”

虽亦有专指京师，

《诗·民劳》：“惠此中国，以绥四方。”《毛传》：“中国，京师也。四方，诸夏也。”

吾国种族之名为“夏”，亦见于唐、虞时。

《尧典》：“蛮夷猾夏。”

或谓即夏代之人，以时代之名代表种族。

《愈愚录》（刘宝楠）：“《书》‘蛮夷猾夏’，此夏史所记。夏者，禹有天下之号。”

然以《说文》证之，则夏为人种之特称。

《说文》：“夏，中国之人也。从夊，从页，从臼，两手。夊，两足也。”段注：“中国之人”谓“以别于北方狄，东方貉，南方蛮闽，西方羌，西南焦侥，东方夷也”。

春秋之时吾族复有“华”称。

《左传》定公十年：“夷不乱华。”

第十九章 周之礼制（节选摘录）

周之文化，以礼为渊海，集前古之大成，开后来之政教。其著于典籍者，虽经秦火，所存犹夥。《汉书·艺文志》具存其目：

《礼古经》五十六卷，《经》十七篇。《周官经》六篇。

后世以十七篇之《经》为《仪礼》，六篇之《周官》为《周礼》。

其仪文度数之中所寓之精义，则《戴记》《冠》、《婚》、《丧》、

《祭》诸义发挥最为透辟。观韩愈之论则知所折衷矣。

《读仪礼》(韩愈):"余尝苦《仪礼》难读,又其行于今者盖寡,沿袭不同,复之无由,考于今,诚无所用之。然文王、周公之法制粗在于是。孔子曰吾从周,谓其文章之盛也。古书之存者希矣,百氏杂家,尚有可取,况圣人之制度耶?"

第二十五章　孔子(节选摘录)

孔子者,中国文化之中心也。无孔子则无中国文化。自孔子以前数千年之文化,赖孔子而传;自孔子以后数千年之文化,赖孔子而开。即使自今以后,吾国国民同化于世界各国之新文化,然过去时代之与孔子之关系,要为历史上不可磨灭之事实。故虽老子与孔子同生于春秋之时,同为中国之大哲,而其影响于全国国民,则老犹逊于孔,其他诸子,更不可以并论。……前乎孔子者,虽有傅说始终典学之语,然未尝有言之亲切详备如孔子者,则虽谓吾民知学自孔子始,可也。

附录五

钱穆《中国文化史导论》(节选)

(上海三联书店出版)

我们要讲述中国文化史,首先应该注意两事。第一是中国文化乃由中国民族所独创,换言之,亦可说是由中国国家所独创,民族与国家在中国史上是早已融凝为一的。第二事由第一事引申而来,正因中国文化乃由一民族或一国家所独创,故其文化演进,四五千年来,常见为一线相承,传统不辍。只见展扩的分数多,而转变的分数少。由第一点上,人们往往误会中国文化为单纯,由第二点上人们又往往误会中国文化为保守。其实中国文化,一样有他丰富的内容与动进的步伐。

现在先说到中国民族,这在古代原是由多数族系,经过长时期接触融和而渐趋统一的。迨其统一完成之后,也还依然不断地有所吸收融和而日趋扩大。这仍可把上章所述的河流为喻。中国民族譬如一大水系,乃由一大主干逐段纳入许多支流小水而汇成一大流的。在历史上约略可分成四个时期。第一期从上古迄于先秦。这是中国民族融和统一的最先基业之完成。在此期内,中国民族即以华夏族为主干,而纳入许多别的部族,如古史所称东夷南蛮西戎北狄之类,而融和形成一个更大的中国民族,这便是秦汉时代之中国人了。亦因民族融和之成功而有秦汉时代之全盛。第二期自秦汉迄于南北朝,在此期内,尤其在秦汉之后,中国民族的大流里,又容汇许多新流,如匈奴鲜卑氐羌等诸族,而进一步融成一个更新更大的中国民族,这便是隋唐时代的中国人了。这又因民族融和之成功而有隋唐时代之全盛。第三期自隋唐迄于元末,在此期内,尤其在隋唐以后,又在中国民族里汇进许多新流,如契丹女真蒙古之类,而再进一步形成明代之中国人。这里第三次民族融和之成功,因而有明代之全盛。第四期直自满洲入关至于现代,在中国民族里又继续融和了许多新流,如满洲羌藏回部苗傜等,此种趋势,尚未达到一止境。这一个民族融和之成功,无疑的又将为中国另一全盛时期之先兆。

附录六

古生物学家证实:人类祖先源自亚洲(凤凰网)

近日法国《费加罗报》科技专栏撰文指出,随着一批国际古生物学家的最近研究发现，人与猿共同的祖先来自亚洲而不是非洲，人类祖先来自非洲的古生物学传统理论遭到致命打击。

日前，一个由多国古生物学家组成的国际科学考察小组，经过对缅甸发现的一个距今3700万年的灵长类动物化石的分析，证实了他们12年前提出的假设：人类的祖先来自亚洲。这个小组的成员包括两名法国古生物学家，一位是蒙彼利埃大学科学演化研究所的马里沃，另一位是法国国家科研中心的让雅尔。科学家把这一类人猿化石命名为邦塘巴黑尼亚猿。

需要指出的是，科学家在缅甸中部发现的这一化石既不是露西那样的非洲南方古猿，也非第一批在非洲热带稀树草原奔跑的原始人种，而是更原始的一种，它出现在两大灵长动物刚刚分化的阶段。一类是包括猿猴与原始人科动物的类人猿；另外一类则由灵长类哺乳动物组成，马达加斯加的狐猴是它们现在的代表之一。

20世纪50年代末期以来，第一批类人猿源自非洲的理论得到公认。当时，美国古人类学家西蒙在埃及发现了距今3100万年到3700万年的类人猿化石，从而判断这是人类与古猿最古老的祖先。

20世纪80年代，一批中国古生物学家发现了中华曙猿，把类人猿出现的时间向前推进了1000万年。后来有人曾提出过人类起源在中国的论断。但同时有不少人认为，中华曙猿的出现只是孤证，又是低等灵长类，因此高级灵长类不可能由中华曙猿进化而来。1996年，中国科学家又发现了距今4000万年的世纪曙猿。

1997年，一批法国古生物学家在缅甸发现了邦塘巴黑尼亚猿化石。根据这一发现，他们提出了人类祖先可能源自亚洲的假设。它的年代与世纪曙猿相当,但晚于中华曙猿。

2000 年,中美科学家在英国《自然》杂志上披露了近年来发现的中华曙猿和世纪曙猿的化石的情况,认为这些化石从另一方面反映出猕猴类、猿类以及人类的共同祖先演化的早期状态,时间距今大约4500 万年。这一发现给了人类祖先来自非洲的古生物学传统理论以致命打击。人们甚至怀疑,最初一批类人猿可能是在距今4000 万年左右从亚洲移居到黑非洲大陆,而不是相反的路线。

2008 年 11 月,法国与多国古生物学家联合考察小组在缅甸蒲甘地区找到了保存完好的邦塘巴黑尼亚猿的下颌骨,磨损的长牙证明这个小小的灵长类动物体重 3 公斤,但能够咬碎坚硬的热带水果的外壳,吸吮果汁和水果中的营养。它的形状奇特,这是为了适应捕食而演化的结果,古生物学家还从未在这一类型的灵长类动物中发现过这样的形状。但它具备南美洲一种叫做琦的猴子的特点,而这种猴子也属于类人猿的大家庭。

科学家们由此断定,缅甸发现的邦塘巴黑尼亚猿化石确属类人猿,从而证明了历史上第一批类人猿来自亚洲。该科研小组同时指出,在没有发现进一步的古生物证据之前,高级灵长类起源于亚洲而不是非洲的可能性不可否认。(李钊)

第三章 垂后识古的汉字系统及其对于中华文化的功绩

对于文字和文化的关系,有这样的说法:从人之为人(即猿变为人),可以叫做人类社会的开始;有了工具的运用,可以叫做文明的开始;有了文字,才能真正算是文化的开始。不管这种说法的科学严密程度如何,文化从文字产生开始还是能够被接受的。美国人类学家A.怀特在其《文化科学》中也说:"全部文化(文明)依赖于符号。正是由于符号能力的产生和运用才使得文化得以产生和存在,正是由于符号的使用,才使得文化有可能永存不朽。没有符号,就没有文化,人也就仅仅是动物而不会成其为人类。"①那么,讲中国文化史,考察中华民族的文化,无疑应该从考察中华民族创造和使用的文字——汉字开始。

前面已讲到,在世界各个著名的古老文化中,中华文化是一枝独秀,是唯一一个延续了五千年而从未断裂过的文化。其他的诸如古埃及文化、古两河流域文化、古印度文化、古希腊文化都分别在上千年前甚至是几千年前就已经中断、消亡了。它们

① 《文化科学》,浙江人民出版社1988年版,第31~32页。

未能延续下来的最重要的原因就是这些曾经辉煌一时的文化所创造使用过的文字大都消失或无法为后世继续使用,留传下来的文字至今不能破译或很少破译。例如,两河流域,美索布达米亚的苏美尔人曾在公元前3500～公元前3000年创造了古象形文字,古埃及人也曾创造过象形文字,这两种文字都在公元前后随着两河流域和古埃及文化的毁灭而相继死亡,直至19世纪中叶,才逐渐被破译认读。现在世界上只有极少数学者研究它们。爱琴海的克里特文明在公元前2000～公元前1000多年的时候也曾创造过线形文字,包括甲种线形文字和乙种线形文字,还有地中海东北岸的腓尼基文化,也创造过著名的腓尼基字母。当时它们对世界影响较大,但它们本身也都随其文化的消亡而消亡了。只有印度大陆的古梵文似乎还有较多传承,但古印度文化中间经历了几次波折,也不能说是古印度河流域的原始文明。它记录的只是古印度的第二阶段婆罗门教与原始佛教的文化。另外,现在使用的梵文与古梵文也不是完全一致的。同时,今天印度等国所使用的通行文字也都不是梵文。唯独古老的中华文字与中华传统文化始终相伴,互相依存,是互为表里的两个方面。要想了解中国古代文化,必须了解汉字系统。下面我们就从几个方面说说汉字以及它对中国文化的作用。

第一节　探讨汉字起源的初步结论与汉字发展的阶段

对于汉字起源的问题,古代很多学者都有所论及。最著名的是东汉的学者许慎在《说文解字·叙》里面谈到的对汉字起源的看法,他认为汉字是从伏羲做八卦为萌芽的。“古者庖牺氏之王天下也,仰则观象于天,俯则观法于地,视鸟兽之文与地之宜,近取诸身,远取诸物,于是始作易八卦,以垂宪象。及神农氏结绳为治,而统其事……黄帝之史仓颉,见鸟兽蹄迒之迹,知分理之可相别异也,初造书契。"他还说了汉字的发展脉络:"仓颉之初作书,盖依类象形,故谓之文;其后形声相益,即谓之字。"①

一、在现代语言学的分支

文字学的研究中,也有许多学者对汉字起源进行探讨。例如瑞典语言学家高本汉认为汉字的产生应该以甲骨文之前三四千年为界限,相当于新石器时代中晚期、传说中的五帝时代。另一位著名的文字学家唐兰先生认为仰韶文化、半坡文化、大汶口文化这些新石器时代中晚期出现的陶器上的刻画符号以及一些考古发现的岩画中的简单线条和不知其意的符号,都极有可能是汉字的前身。② 裘锡圭先生认为大汶口文化晚期陶器上的刻画符号分两类,甲类刻画符号是几何形象,乙类刻画符号是象物之形,并且认为这种乙类刻画符号有可能对原始汉字的产生起过某种影响。按这种推测,汉字形成过程开始的时间可能在公元前3000年的中期。裘先生还说跟图画有明确界限的表意字、假借字的出现是文字形成过程正式开始的具体标志。他还对许慎以"伏羲创八卦"为汉字起点进行批评,认为八卦里阳爻"—"应该是由数字"一"变来的,阴爻"- -"应由"六"变来的,先有表意汉字,然后有人在此基础上创造八

① 《说文解字注》,上海古籍出版社1981年版,第754页。
② 河南省禹州据说出现了很多与大禹治水有关的刻画符号。

卦。伏羲的时代要比汉字起源的时代晚得多。他认为,从这些研究来看,文字之形出自八卦的说法是靠不住的。但是他认同仓颉造字说。他说汉代人说仓颉是黄帝的史官未必是可靠的,而史官参与汉字的创造是有可能的①。也有人认为,古人所说的仓颉,很可能是一个原始部落,或者是这个部落的首领。他们在活动过程中,由于扩大交往和传递信息的需要吸收和整理了其他部落的图形和记事符号,成为当时文化最先进的原始部落之一。从"仓颉是黄帝史官"这一说法去推测,也不妨认为仓颉是黄帝部落的一支②。裘锡圭先生认为,人们感到必须用记录语言的办法来记录和传递信息的需要之前,文字不会产生。许慎在《说文解字·叙》里说:"盖文字者,经艺之本,王政之始,前人所以垂后,后人所以识古。"这就是文字的作用。通过考古发现得到的证据说明了许慎说法的真实性以及裘锡圭说法的可信性。最近,学者们发现并较一致地肯定了江苏连云港孔望山夏代祭台上的"启"字刻石,证明了夏代已开始使用汉字。换句话说,"王政之始"的夏代,或者说考古学的新石器时代的中晚期,汉字已经开始产生。这与前面几位学者的说法是基本相符的。

二、关于汉字的造字方法与汉字的发展阶段

关于汉字的造字方法传统上有所谓的六书:象形、指事、会意、形声、转注、假借。这实际上是战国直至秦汉两代人们对汉

① 参见裘锡圭:《汉字的起源和演变》,载阴法鲁主编:《中国古代文化史》,北京大学出版社 1989 年版,第 124 页。

② 见程裕祯:《中国文化要略》,外语教学与研究出版社 2005 年版。

字六种造字体例的认识。

(一)汉字的造字方法

《周礼·地官司徒·保氏》就提到过“六书”。

“保氏掌谏王恶,而养国子以道,乃教之六艺:一曰五礼、二曰六乐、三曰五射、四曰五驭、五曰六书、六曰九数。”①

如果《周礼》其言不虚,则六书的说法产生时期应比战国更早,西周时就可能存在。但是《周礼》并未说明六书的具体内容。

到了东汉,关于六书的具体名称和内容纷纷出现。现存典籍中关于“六书”名称比较著名的有班固的《汉书·艺文志》、许慎的《说文解字·叙》以及郑众对《周礼》的注解。

班固《汉书·艺文志》:“古者八岁入小学,故周官保氏掌养国子,教之六书;谓:象形、象事、象意、象声、转注、假借,造字之本也。”

郑众注解《周礼·地官司徒·保氏》时说:“六书:象形、会意、转注、处事、假借、谐声也。”

许慎《说文解字·叙》:“《周礼》八岁入小学,保氏教国子,先以六书。一曰指事,指事者,视而可识,察而见意,上下是也;二曰象形,象形者,画成其物,随体诘诎,日月是也;三曰形声,形声者,以事为名,取譬相成,江河是也;四曰会意,会意者,比类合谊,以见指撝,武信是也;五曰转注,转注者,建类一首,同意相受,考老是也;六曰假借,假借者,本无其字,依声托事,令长是也。”②

---

① 《十三经注疏》,中华书局1980年版,第731页。

② 《说文解字注》,上海古籍出版社1981年版,第754~756页。

三家关于“六书”的说法,虽然顺序和名称不一,但实质是一致的。后人一般采用许慎“六书”的名称和班固“六书”的顺序,从清代以来一般以二者的组合来解释六书。

从许慎的解释看,只有象形、指事、会意、形声能造出新字,而转注、假借不能产生新字。与其说转注、假借是造字方法,倒不如说是用字方法。于是,唐兰、陈梦家、裘锡圭等先生不约而同地把汉字的结构归纳为三种:即所谓“三书说”。但他们主张的名称也不一样:

唐兰:象形、象意、形声三书。①

陈梦家:象形、假借、形声三书。②

裘锡圭:表意、假借、形声三书。③

分析他们的“三书”,可以看出包括的汉字实际上是四类:象形、表意、假借、形声。

(二)汉字的发展阶段

汉字自从起源发展到现代的汉字,大体经历了以下几个阶段:

1. 刻画符号阶段——汉字的摸索创始阶段

在距今七八千年的大地湾裴李岗文化、河南贾湖遗址中,都曾出现过几何形状的刻画符号。西安半坡等考古遗址出土的彩陶钵口沿上,刻有各式各样的刻画符号五十多种。青海乐都柳湾马家窑文化遗址也有五十多种反复出现的符号。山东大汶口文化遗址莒县陵阳河、诸城前寨等地出土的陶尊上的乙类符号

---

① 见《古文字学导论》,齐鲁书社 1981 年版。
② 见《殷虚卜辞综述》,中华书局 1988 年版。
③ 见《文字学概要》,商务印书馆 1988 年版。

反复出现且很著名。有些学者认为上述刻画符号，应该就是原始文字的前身，还有人说是族徽。有些记数用的刻画符号，也应当是数字的前身，但也有些学者持不同看法。

这些符号有了越来越明确的意义，应该是汉字的第一阶段——摸索创始阶段。这一阶段的大体时间按照裘锡圭先生的推测，大致应当在公元前第三个千年中期之前。

另据2008年9月2日新华社报道，在内蒙古赤峰市高日苏大黑山，发现了距今五千年的大量岩画和30个文字符号。专家认为，它们是古老汉字有五千年历史的有力证明。

2. 甲骨金文阶段

这个阶段主要是指商、周（特别是西周）时代。

所谓甲骨文是指1899年即光绪二十五年始，被发现的商代用于占卜的刻在牛肩胛骨和龟腹甲上的文字。它是被当时国子监祭酒王懿荣首次发现的。后来在河南安阳小屯多次发掘，共出土甲骨片十六多万片，有的上面刻好了文字，有的已准备好做占卜用。经过专家学者累年研究，现在已能认出四千五百多个单字中的一千七百多个字。另外，从20世纪50年代至70年代末在陕西扶风、岐山间的周原遗址上，还出土了周代甲骨一万七千多片，其中有字甲骨二百九十多片，从而改写了甲骨文专属殷商王朝的说法。2004年1月，又发现两片有字西周甲骨，竟刻有55个字。西周的甲骨片上所记的字很小，说明西周的刻字技术比商更先进。

甲骨文的结构虽然还有原始文字的特点，象形程度较高，字形有的还不够固定（即没有标准字体），但甲骨文里已有了表意字，例如数目字（一、二、三），假借字（其）；还有了众多的会意字（饮）。由于甲骨文是用金属刀刻的，所以笔画有粗有细不均匀,但主要的笔画特征是细而瘦长的。

所谓金文,是指铸造或刻写在青铜器上的铭文文字。这种青铜器多是商周时代的礼器,又叫彝器。上面的铭文多是商周天子告诫子民的重要文诰,或对某种事件的纪念而刻铸,都是希望永世保存的文字。金文应用的年代上自商代早期,下至秦始皇统一中国,约一千二百多年。

据容庚先生《金文编》统计,现在所收藏的上万件青铜器上,金文累计达3722个,已被认出的有2420个①。这些文字自宋代以来就引起了人们的关注。

商代早期的青铜器上的铭文少,字形较古老。周代,特别是西周以来的青铜器上的铭文字数越来越多。有的西周青铜器上的铭文多达三四百字。如西周大盂鼎上有291字,毛公鼎更是多达498字。2004年1月19日陕西眉县发现29件西周青铜器,很多都有铭文,其中一个盘子上有三百四十多字。而战国中期之后的带大量铭文的青铜器逐渐减少,往往只有做这个青铜器的匠人的名字。因此说,金文的使用年代是上自商代、下至秦始皇统一中国。商周特别是商代青铜器上的铭文与甲骨文有共同特点,都是早期汉字,甚至青铜器上的有些文字看起来比甲骨文更加古老。由于金文多是先刻在范模上然后再浇铸成字,所以金文笔画比甲骨文肥圆。周代青铜器上铭文逐渐简化、整齐。战国青铜器上的铭文少,但已经与当时使用的篆文非常接近了。

3. 籀文、石鼓文与战国秦汉文字阶段

春秋直至战国初使用的文字是一种结构繁复的“大篆”体文字。据《汉书·艺文志》说,前827~前781年周宣王在位期

① 见《中国汉字文化大观》,北京大学出版社1995年版,第17页。

间，掌管历史的官员太史籀作《大篆十五篇》即《史籀篇》。这15篇到东汉时只剩6篇。这6篇，许慎在《说文解字》中作为异体字保留了二百多个单字，使我们得以了解其形态。根据王国维《史籀篇疏证》对籀文的研究，籀文的特点是"大抵左右均一，稍涉繁复。象形象意之意少，而规旋矩折之意多"。如：雨、雷。据《汉书·艺文志》说周太史作《大篆十五篇》，大篆、籀文应该是西周末期的通用文字。也就是说，大篆（籀文）已经实现了符号化、线条化、规律化，脱离了图画的意味，是当时官方的通用文字。比较起甲骨文，它已经更加标准，更适合做书面交际工具了。

与大篆相似的还有所谓"石鼓文"。"石鼓文"，是唐代时发现的、刻在10块类似大馒头的石鼓上的文字，因韩愈看后曾作《石鼓歌》，后世遂称"石鼓文"。

当时韩愈所见的石鼓文有465个字，现在仅存256个字（现存于故宫博物院）。据考，这10块石头是春秋早期秦文公（前765~前716年在位）时代的刻石。这256个字是至今最早的汉字刻石文字。从明代拓片上可看出，石鼓文字体的确与大篆差不多。韩愈在《石鼓歌·序》中说："字画亦非史籀不能作也。"《石鼓歌》又云："辞严义密读难晓，字体不类隶与科。"（按，科，即蝌蚪文，鲁恭王坏孔子宅，得收之古文。）据后代学者研究，石鼓文与大篆是一个系统，是后代小篆的前身。

战国是汉字形体最混乱难识的阶段，截止到这个时期的汉字叫古文字阶段。直至秦始皇统一中国，施行"书同文"的政策，推行秦国通用的字体——小篆，汉字才由此进入到了一个规范化的时期。

"小篆"又称"秦篆"，是大篆笔画简化的一种变体文字。正如许慎在《说文解字·叙》中评价的:“皆取史籀大篆,或颇省改。”接下去,许慎还说到了紧接小篆之后出现的隶书:“是时秦烧灭经书,涤除旧典,大发吏卒,兴戍役,官狱职务繁,初有隶书,以趣约易。而古文由此绝矣。”“以趣约易”就是写得潦草的小篆。把小篆圆转的笔画改为方折,结构由长方变成扁平,使原先具有象形意味的古体文字到隶书的阶段完全失去了象形的意味。从此汉字进入了“不象形的象形”字阶段,这就是许慎所说的“古文由此绝矣”。

4. 草书、楷书与行书阶段

隶书后来向两个方向发展,一是向美术化发展,即“草化”;一是向通用字体发展,即“楷化”。

(1)草书。

《说文解字·叙》:“汉兴,有草书。”如今书法界中对于草书有章草、今草、狂草之分。

“章草”是种写得潦草的隶书,但到底“章草”的名字是怎么得来的,学术界至今仍不好确定。一说是因汉章帝所书《辰宿帖》①的字体而得名,或说是因为汉章帝时的齐相杜操(字伯度)所书草书而得名。杜操与汉顺帝时代的崔瑗,被共同视为章草名家,后世并称“崔杜”。又有人以为,三国吴时的皇象所书西汉史游所作的《急就章》最为章草法帖,于是遂以“章草”称呼同类草书。等等,不一而足。

“今草”是在章草基础上的继续发展,它完全失去了隶书扁平、波磔之势,独成一体。其字体虽然潦草,上下字却依然连在一起,显得婉转秀丽。代表作是晋王羲之的《游目帖》。

---

① 今存残卷,后人以为伪作。又名《千字文》。

唐代，草书在今草基础上进一步草化，进入很难辨认的龙飞凤舞的所谓“狂草”阶段。代表作如张旭的《肚痛帖》。“狂草”只具有书法上的审美价值，已经完全丧失了汉字书写交际工具的功能。

（2）楷书。

又叫“正书”或“真书”。它没有隶书的波磔之势，显得自然简单，而又不失端正、优美。楷书到了魏晋时代已经很成熟了，成为当时的通用字体。后代的欧阳询、柳公权、颜真卿、赵孟頫被称为“楷书四大家”。在他们的推动下，汉字字体从此就固定了下来。此后，方块汉字的形体特点一直没有发生大的变化。

（3）行书。

后来，人们以写草书的方法写楷书，就出现了“行书”。行书成为中国人手写毛笔字的主要字体。最著名的行书字帖是王羲之的《兰亭序》。宋代更出现了著名的行书四大家：苏轼、黄庭坚、米芾、蔡襄。

（4）在楷书基础上，适应印刷术的需要，宋代又有了专门用于印刷的字体，笔画更加匀称，这种字体称为“宋体”，后来进一步发展，宋体成为竖粗横细的通行字体。如今，印刷业上有比宋体笔画更细的成为“仿宋体”，或比宋体笔画更粗的称为“黑体”等。这都是至今仍通用的正体楷书汉字。

草书、楷书、行书阶段可以称为近代汉字阶段，以区别于战国秦汉之前的“古文字阶段”。

5. 现代汉字阶段（19 世纪 ~ 至今）

这一阶段不仅汉字形体又发生了变化，而且社会生活对汉字的认识也发生了变化。这种变化与中华民族的命运紧密相关。

19 世纪以来，随着西方文明的兴起与中华帝国的衰弱，汉字不仅遭到外国人的批评，甚至也受到了许多革命先驱、文化先驱不分青红皂白的指责和否定。许多人基于拯救民族的危亡，偏激地提出改革汉字甚至废除汉字的主张，从而把政治问题与文字问题搅在了一起。但从中也可以看出汉字面临改革的迫切性。随后产生的国音字母、拼音、简化汉字都是这种迫切性推动下的产物。一个多世纪以来，它们的出现确实给我们带来了便利，但是它们存在的一些不适应传统汉字的弊端，也是不争的事实。

打倒“四人帮”之后，中华民族进入了改革开放的新时代，我们开始考虑汉字简化的经验和教训，又进入了对汉字多维反思的新阶段。随着科学技术的进步，汉字输入法、新的印刷技术特别是号称“现代毕昇”的王选及其技术的应用，解决了汉字与现代化的矛盾，使汉字在新的条件下展现自己的传统魅力成为可能。

我们结合对传统文化的研究和反思，可以肯定地说，“汉字必须走拼音化道路”以及“汉字消亡说”是完全不正确的。汉字有其独特处，不论是过去还是现在，它都将长期存在并为使用它的中国人以及全人类文化起着极大的、无可替代的作用。汉字和汉字系统永远是中华民族的骄傲和宝贝，是中华民族的血脉和根基，是中华文化的生命所在。

第二节　垂后识古的汉字及其文化功能举例

上下五千年的中华文化，之所以能够古今贯之，历史不同区域的中华民族同胞之所以能够认同一家，拥有数千年来统一的汉语及记录这种语言的汉字，是一个最重要的原因。用汉字记录下来的中华民族的历史、政治、思想、习俗等等众多的文字资料、各种典籍，是唯一超越时空的，可以被全民族甚至是全人类学习继承，并不断向后代传递的文化基因。

汉语、汉字、中华文化这三者虽然是相互依赖，不可分割的，但是只有汉字才是联系汉语与中华文化，消除它们之间大跨度时空距离的载体。它是看得见、摸得着、可视、可读的，并且是使文化得以流传的主要纽带。

为什么这样说呢？虽然语言是交际工具，但古代没有录音机，语言稍纵即逝，没办法传递和保存。而汉字解决了这个问题，它看得见，写到介质上，竹、木、骨、纸、帛……都是物质的东西，可视、可触，并且可流传。汉字就是汉语最好的记载符号系统。它消除了汉语与中华文化的时空距离，虽然时隔数百年、数千年，虽然听不到当时古人声情并茂的话语，但可以通过文字知道他们说过什么以及他们的喜怒哀乐。空间距离上也是如此，说汉语的地区，过于广大，方言众多，此地人听不懂彼地人的方言，于是自古以来就有所谓“雅言”或“通语”的运用。古人很早就知道注意使用统一的上层语言——雅言进行交际。《论语·述而》上记载孔子“子所雅言，诗书执礼，皆雅言也”。意思是说孔子在读书和公开交往的场合，都使用所谓的雅言，而不使用他的方言（大概是“曲阜话”）。可见两千多年前中华民族就有通行语。但这只有社会上层很少一部分有文化的人、贵族、士大夫阶层才注意这个问题，对于广大人民群众来说，此地与彼地的人相互交往起来就有空间距离。不用说古代，即便是现在，比如北方人刚到上海就很头疼，听不懂，到福建、广东，更听不懂。即便是同一地区的人，语言也存在细微差异，若都说自己所熟悉的土语，别人听起来就常会莫名其妙。方言造成的隔阂就这么严重，但是若用文字写下来，别人看一看，疑惑就可以立即消除。所以文字是消弭语言、文化之间时空距离的唯一的可视、可触、可流传的媒介和纽带。

没有文字，文化无法流传，更无法继承。设想时隔数千年的夏、商、周三代文化，每个朝代、每个地区都创造了仅属于自己的独特文化，如果没有共同使用的文字系统，它们之间还能否互有损益，并前后有所继承且继续发展？特别是如果没有全社会共同使用的汉字符号系统的话，我们这些后世子孙能否像现在这样比较轻易地识别它们，认同它们，区分它们，这恐怕都是大成问题的。

夏、商在东部，周在西部，这三代之间的发祥距离、统治中心都与西亚两河流域文化所分布的距离大体相似。苏美尔人和古埃及人之间的距离（即从今天伊拉克到埃及）不会比中国黄河流域更大。但是它们当时各有各的古文字，因此它们之间的文化都是相互隔绝断裂的。当出现了重大的变故或新的朝代更替，传承它们文化的文字遭遇灭顶之灾，即便有少许当时的文字留传下来，也不能为后人所破解，成了不知所云的“天书”。如果我们夏商周也是这样，夏代使用夏代的文字，商代创立一种完全不同于夏代的文字，周代又创立周代的文字，中国文化也必然像世界这些古老文化一样，出现中断、分裂的局面。

庆幸的是，我们的汉字是一种与史俱来、数千年一贯的语言符号系统。从新石器时代中晚期刻画符号系统开始，我们祖先一代一代创造并继承下来。从最早的刻画符号到后来的甲骨文，就开始了同一系统中的演化过程。后代“六书”的框架，在甲骨文时代就已经基本具备。从那之后，三千多年的汉字都没有脱离这个系统，一以贯之，一脉相承。正因为如此，才使我们对甲骨文甚至是甲骨文之前的刻画符号都能够比较容易地研讨甚至解读。更重要的是,我们能够从这种一贯的文字系统中,世代吸收并传递我们的文化信息,也才能够运用从甲骨文到现代文字构筑成的汉字资料,构成一个完整的汉字文化链条。中华文化能到今天这个地步是中华民族的大幸运,也是全人类文化的大幸运。如果中华民族文化也像其他古代文化那样都是断裂、破碎、不可解读的话,那整个人类文化可能就不是今天这个样子了。因此,汉字的功劳是极其伟大的。基于这一点,我们可以更深刻地去体味许慎的话:"盖文字者,经艺之本,王政之始,前人所以垂后,后人所以识古。"许慎对文字的认识可以说是入木三分,在两千多年前就很深刻。因此我们这一章的大题目也冠以"垂后识古"。没有汉字,古人怎么"垂后"?没有汉字,我们怎么"识古"?没有四千年一贯的汉字,我们的文化又怎么算是一个统一的从未断裂的文化?那一切将无从谈起。

由于有汉字这种一以贯之的符号系统,使我们阅读两三千年前的古人作品成为可能。甚至有时我们读三千年前的作品,就像读今天的文章一样,朗朗上口,我们感到古人说的事情是那样熟悉亲切。比如我们读《诗经》开篇《关雎》:"窈窕淑女,君子好逑。"稍有文化的人都能大体知道整句话是说"那个漂亮的姑娘啊,是小伙子的理想心上人"的意思。下面几章更明白了,"窈窕淑女,寤寐求之",这个小伙子,晚上睡不着觉,睡里梦里想得到她的爱。"求之不得,辗转反侧",大家一下就体会到了小伙子失恋的痛苦。三千年前的诗歌,和我们今天的话一样,和我们今天的心态一样。而且我们今天也还常常借用它来表达自己的心情。从这首诗的开头到结尾,完全是活生生的青年人恋爱的过程。如果没有汉字的话，我们怎么知道三千多年前我们的祖先就是这样说、这样想的？所以，探究时隔三千年的文化而丝毫没有隔阂的原因，全是因为神奇的汉字的功劳。

正因为汉字的存在，数千年来，先贤们给我们留下了浩如烟海的典籍，经、史、子、集，诗、词、歌、赋……虽然这些先人们分属天南海北，各操方言土语，但他们的作品都是用统一的汉字写成的，都是我们后世研读中华文化的资料。这样规模浩瀚、用汉字书写成的典籍，在世界上是独一无二的。这些典籍又分各种各样的体裁。若是按时代、民族、地域、雅俗以及散文、韵文等不同标准去分类的话，类别五花八门，又是另一种令人称奇的领域。这里，我们虽然无法把各种各样瑰丽宏富的用汉字汉语写成的文学样式一一介绍，但是，为了说明汉字神奇的文化功能，我们可以从汉字字体结构和一字一音的单音节特点造成的一些最常见的文化现象中，略微举几个最具汉字文化特色的例子，来体味汉字所具有的独特文化魅力。

由于汉字是方块字，一般都是一字一词，一字一音，又因为汉字的造字方法是象形、指事、会意、形声、转注、假借所谓的“六书”，它的形体或读音大都是可以由多个部件组合起来的。这样就使汉字被赋予了很大的想象力、创造力。于是人们利用汉字这种特点，创造出很多汉字游戏、修辞方法。

首先说说拆字。拆字又称析字、卜字、测字、破字、相字。这是用汉字的结构特点、语音特点创造出来的一种文字游戏。自古以来，凡是懂汉字的人，对它都不陌生。追究“拆字”产生的历史，已经很久远了。《左传》上就有“止戈为武”、“人言为信”、“皿虫为蛊”和“德”为“十四心”的记载。看起来，从春秋时代起，人们已经对汉字作不同的分析，因为要用“六书”的标准，上述各字就不能这样分析。再如把“李”说成“十八子”，把“松”说成“十八公”。《艺文类聚》卷八八曾引晋代张勃《吴录》，“丁固梦松树生其腹上”，说一天晚上丁固梦见自己肚子上长了一棵大松树，很害怕，就找人问，预示什么吉凶。“人谓曰：‘松字，十八公也。后十八年，其为公乎？’”解梦的人说：好啊，十八年后，你大约能被封为公爵。

宋代很多书中都有拆字的记载，如宋代何薳的《春渚纪闻》卷二有“谢石拆字”一节：

> 谢石润夫，成都人，宣和间至京师，以相字言人祸福，求相者但随意书一字，即就其字离析而言，无不奇中者……有朝士其室怀妊过月，手书一“也”字，令其夫持问石。是日座客甚众，石详视字谓朝士曰，“此阁中所书否?”曰，“何以言之?”曰，“谓语助者焉哉乎也，固知是公内助所书。尊阁盛年三十一否?”曰，“是也。”“以也字上为三十，下为一字也；然吾官人寄此当力谋迁动而不可得否?”曰，“正以此为挠耳”。“盖也字著水则为池，有马则为驰，今池运则无水，陆驰则无马，是安可动也。又尊阁父母兄弟近身亲人当皆无一存者，以也字著人则是他字，今独见也字而不见人故也。又尊阁其家物产亦当荡尽否，以也字著土则为地字，今又不见土也，二者俱是否?”曰，“诚如所言也。”朝士即谓之曰，“此皆非所问者，但贱室以怀妊过月，方切忧之，所以问耳。”石曰，“是必十三个月也，以也字中有十字，并两旁二竖下一画为十三也。”①

① 《春渚纪闻》，中华书局1983年版，第29~30页。

由此看来，宋代对拆字已非常熟练了。

拆字这种文字游戏，是通过汉字的组合给人多方位的、多种角度的信息。说明相字的人是掌握了汉字的形体、结构和空间组合的一些规则，并且把每个部件所含的意义都进行了互证，所以才能说得头头是道。

跟拆字有异曲同工之妙的还有析字修辞格，用它来属文造句，造成很多有趣的故事，包括童谣、歌谣、隐语、玩笑、戏谑等。如果想对析字修辞格做进一步了解，可以参看陈望道先生的《修辞学发凡》，这是讲汉语修辞学的很著名的一本书。书中说到了离析汉字造成的修辞格有三类：化形类、谐音类、联意类。其中仅化形一格又有三种，有离合化形、增损化形、借形。这里只举其中几个例子。比如说《后汉书·董卓传》里记载，董卓要篡权，大家已看出了他的意图，又不好明说，于是就编成歌谣，暗示董卓的野心。当时流行这样的歌谣："千里草，何青青。十日卜，不得生。""千里草"加起来就是"董"，"十日卜"就是"卓"，这两句话里暗含"董卓""不得生"之语，可见汉代就流行离合汉字字形来表达自己曲折的想法。还有更奇妙的增损法，此法南北朝时期很兴盛，如《北齐书》，有这样一个故事：

> 之才聪辨强识，有兼人之敏。尤好剧谈体语（按，反切隐语），公私言聚，多相嘲戏。郑道育常戏之才为师公（按，男巫），之才曰："既为汝师，又为汝公，在三之义，顿居其两。"又嘲王昕姓云："有言则讧，近犬便狂，加颈足而为马，施角尾而成羊。"卢元明因戏之才云："卿姓是未入人，名是字之误，'之'当为'乏'也。"（按，意思说"之才"应是"乏才"的误写。）即答云："卿姓，在亡为虐，在丘为虚，生男则

为虏,养马则为驴。”①

看来,汉字的析字修辞格可以给人以很多启发,也说明汉字字体文化含量相当深厚。

下面再说几种利用汉字字形这种一字一词、一字一音的特点造成奇特诗体的例子。

有一种离合式的诗,把一个字拆成偏旁,把两个字的偏旁再合成另外一个字。据说三国时让梨的孔融就曾经用这种方法来介绍自己,他的《离合作郡姓名字诗》,就是用这种离合偏旁部首的方法,把一个字取一个偏旁,另一个字也取一个偏旁,加起来成了另外一个字。诗是这样的:

> 渔父屈节,水潜匿方(鱼),与时进止,出行施张(日)[以上合成鲁字]。吕公矶钓,阖口渭旁(口)。九域有圣,无土不王(或)[以上合成国字]。好是正直,女回于匡(子)。海外有截,隼逝鹰扬(乙)[以上合成孔字]。六翮将奋,羽仪未彰(鬲);蛇龙之蛰,俾也可忘(虫)[以上合成融字]。玟璇隐曜,美玉韬光(文)[以上指文字]。无名无誉,放言深藏(兴)。按辔安行,谁谓路长(牛)[以上合成举字]。②

一首诗中包含了他的出生地、姓氏和名字“鲁国孔融文举”六字。孔融是建安七子之一、大文学家,也玩这种文字游戏,说明他那个时代这种形式很普遍,而且只有大文学家才能玩得了。

① 见《北齐书·徐之才传》,中华书局1972年版,第444页。

② 参见《汉魏六朝百三名家集》,江苏古籍出版社2001年版,第606页。

在此基础上,后代人又出了新花样。创造出“回文诗”、“回文词”、“回文曲”。即一首诗歌既可正着念,也可倒着念,或从任何一个字念,都是诗。唯独汉字才能将诗写成这样,外文恐怕是不可能做到的。据说回文诗最初都是女性创造的,是女性在家中思念远方的丈夫,造出的这种诗体。较早的是苏伯玉妻刻在一个盘子上的回文诗,但这首诗并不典型。最有名的是晋代窦滔的妻子所作的《璇玑图》(见本章附录),将回文诗推向了高峰。这个女子姓苏,名蕙,字若兰。她作了一首 841 字的回文诗,29 字一行,29 行。这首诗从任何一个字,不管第几个字开始读,都能成一首诗。不仅如此,倒过来读,从倒数第一或倒数第二个字往回读,还是一首诗。841 个字,总共能组成 3752 首诗!

这里仅仅给大家随便介绍该首诗其中的两句,以见这种诗体之一斑。

> 津河隔塞殊山梁,民生感旷悲长路,身微悯己处幽房,人贱为女有柔刚。

要从第二个字念:“河隔塞殊山梁民,生感旷悲长路身,微悯己处幽房人,贱为女有柔刚(亲)。”

倒着读:“刚柔有女为贱人,房幽处己悯微身,路长悲旷感生民,梁山殊塞隔河津。”

这种结果,不全是苏若兰的功劳,更是汉字的功劳。如果没有汉字,她写不出这首诗来,当然她用她的才华给我们展示了汉字竟有这么大的本领。

唐代诗人也都喜欢玩这种文字游戏,例如王维、李白等都有回文诗作。这里举陆龟蒙的一首回文诗:“静烟临碧树,残雪背青楼。冷天侵极戍,寒日对行舟。”

宋代李禺写的一首七律《夫妻互忆回文诗》,也非常精彩。它顺着读为“夫忆妻”:

枯眼望遥山隔水,往来曾见几心知。壶空怕酌一杯酒,笔下难成和韵诗。途路阻人离别久,讯音无雁寄回迟。孤灯夜守长寥寂,夫忆妻兮父忆儿。

倒过来读为“妻忆夫”:

儿忆父兮妻忆夫,寂寥长守夜灯孤。迟回寄雁无音讯,久别离人阻路途。诗韵和成难下笔,酒杯一酌怕空壶。知心几见曾来往,水隔山遥望眼枯。

无论倒正,都是一首令人荡气回肠的优秀七言律诗。

除了这种利用一字一词一音造成的离合诗、回文诗之外,还有利用字形造成的一些形式。如“神智体”的诗。所谓“神智体”,是利用对字形、大小、笔画多少,位置正反、排列疏密等的变化而组成的诗。它是依据汉字形体所透露的与中华文化相关的一些内容而创造出来的一种诗歌。据说苏东坡就擅长“神智体”的写作,并且还有一个故事。据宋·桑世昌所编《回文类聚》卷三云:“神宗熙宁间,北朝使至,每以能诗自矜,以诘翰林诸儒。上命东坡馆伴之,北使乃以诗诘东坡。东坡曰:‘赋诗,亦易事也,观诗稍难耳。’”说的是北宋熙宁年间,辽国屡屡侵犯中原,并且向往中原文化,其朝廷中的文职官员也是熟读中原经书的文人。因此他们对中原地区的诗、词、歌、赋,四书五经等也都烂熟于心。他们想入主中原做统治者,于是连年不断侵扰中原,并且在政治、经济、文化各方面都与北宋王朝比试高低。辽的使节来到宋朝时,总是以自己能作诗来夸耀,提出要跟北宋王朝的文人雅士们斗诗。这也是对北宋朝廷上下的一种挑衅。于是神宗皇帝就命令苏东坡——北宋王朝最有名的学者，让他来迎战辽国的使节。苏东坡便提议说，赋诗是最简单的事情了，不算本事，“观诗稍难尔”，看诗要比作诗稍微难一些。于是，苏轼写了一首诗，让北朝的使节看（见本章附图），结果看了半天，“北使慌愧莫知所云，之后不复言诗”。

这首诗到底是什么意思呢？原来所写诗中“亭”字极长，“景”字极短，“画”字中无人；“老”字稍大，“拖”字横写，“筇”字的竹头极细，“首”字反写，“雲”字“雨”“云”距离稍远，“暮”字下“日”斜写；“江”字作“氵工”，“蘸”字倒写，“峰”字“山”旁侧写。所以可以读作“长亭短景无人画，老大横拖瘦竹筇；回首断云斜日暮，曲江倒蘸侧山峰”。这是苏轼的《远眺》诗。这种形式，《回文类聚》认为是“以意写图，使人自悟”，所以称之为“神智体”。总之，它是利用汉字所包含的这种字形奇特的变幻、疏密、大小、长短、胖瘦、正歪，给人以玄妙的意境。这恐怕是除了汉字之外其他任何语言文字都不可能具有的功能。后人也有模仿“神智体”写的一些作品。

由此也充分说明了我们汉字所包含的文化含量的丰富。除了神智体，汉字的奇妙功能还可以举出很多。比如大家熟悉的字谜、灯谜、对联等，都是利用汉字形体和汉语一字一词一音造成的很多丰富多彩的语言文字和文学艺术形式。也是我们中华文化与汉语文字所独有的、只有华夏子孙才能别有会心的东西。

特别是对联，更是以中华文化为基础、以汉字的对偶为基本功能创造出来的独特的文学样式，已经是中华文化不可分割的一部分。大年初一贴春联，正月十五猜灯谜，这已经成为上千年以来中华民族全民参与的优秀传统文化活动。它不仅是简单的文字游戏。一副春联寄托了对旧的一年的总结,对新的一年的无限憧憬,最能表现中华民族生活的优雅高尚。除了春联之外,在中华大地的所有名胜古迹中都有楹联的点缀,几乎可以这样说,没有楹联的名胜古迹就不是中国的名胜古迹。此外还有寿联、喜联、挽联等,无一不是中华文化的"特产"。研究楹联的学问,也当归属地地道道的"国学"范畴。

我们特意将北京大学教授、学者、著名楹联研究专家白化文先生关于对联的深入浅出的一段文字收录在本章附录中,供大家对这种独特的汉民族文化产物做启蒙学习之用。

每逢元宵节的猜字谜习俗,也是几乎每个中国人所熟悉的传统文化娱乐活动,足可以开拓大家的心智。下面举几副字谜,供读者参考:

"清明时节雨纷纷。"打一字(泰)

"自小在一起,目前少联系。"打一字(省)

"上头去下头,下头去上头。两头去中间,中间去两头。"打一字(至)

"上不在上,下不在下。不可在上,止宜在下。"打一字(一)

以上几种汉字组成的文学艺术形式,可以使大家更加了解汉字、热爱汉字、努力学习汉字形体、字义、结构等方面的各种知识,全面了解汉字,加深自己的传统文化功底。从中可以看出,自古以来汉字这种丰富而深邃的文字系统,使人们可以驰骋自己的聪明才智,从而创造并更加丰富中华民族辉煌的文化。

第三节　对汉字体系优劣价值的再认识

汉字在数千年中，为中华民族甚至是全人类的发展都发挥过巨大作用。汉字系统本身从数量上基本上是从少到多地在发展。据统计，甲骨文有四千多个字体。汉代许慎《说文解字》有9353个小篆（不计异体）。南朝顾野王的《玉篇》收16917个汉字。宋代《广韵》收26194个汉字。清代《康熙字典》收47035个汉字。当今的《汉语大字典》则收了五万六千左右个汉字。而当今有些汉字软件，更是收录多达七万多汉字形体。

在数千年的历史发展中，汉字曾在公元前2世纪就从丝绸之路把中华文化传到了西方。在魏晋南北朝和隋唐，汉字又把以汉化佛教为主的中华文化传到了东亚、北亚。元明时代，马可·波罗的来访与郑和七下西洋则把中华民族的四大发明和瓷器等众多中华文化硕果带给了世界，促进了现代文明飞速发展。在这些文化传播中，当然少不了汉字的媒介作用。时至今日，在全世界还形成了“汉字文化圈”这种文化概念。汉语和汉字是联合国六种工作语言（汉语、英语、法语、俄语、西班牙语、阿拉伯语）之一。随着改革开放的深入和中华民族的全面振兴，全世界范围内学习汉语汉字的热潮方兴未艾。总之，汉字几千年来不仅在中华民族文化范围内起到了垂后识古的作用，而且为全人类的文化建立了不可磨灭的功勋。无怪乎一些有识之士称“汉字是中国的第五大发明”，是“世界文字史上独一无二的奇迹”。①

① 刘光裕：《历史与文化论集》，中国文学出版社2004年版，第315页。

确实,汉字对中华文化以至于世界文化的贡献完全可以与“四大发明”相比并。许多学者指出,汉字独特的表意性、微妙的字族系统、灵活的构词能力以及其优美的艺术构形,都是其他文字无可比拟的。正因为如此,汉字自古至今才能不断发挥超越时空差别的功能,不断开发着中华民族的心智,推动中华儿女创造出更加绚烂多彩的文化成果来。

但是,从过去的二三百年以来,由于我们科学技术的落后和帝国主义列强的入侵、中华民族积弱积贫,连带而引发的对于汉字的看法也多以非议甚至是否定为主。更有甚者,欲将汉字同化于西方的字母并最终消灭它的主张,竟能在很长时间内占据了上风。直到20世纪80年代中期,这种观点一直都被视为正确的。甚至有人还杞人忧天地认为,因为汉字的原因,中华民族将又要“丢掉一个电脑时代”。

随着改革开放的进行,二十多年来中华民族走上了重新振兴之路。汉语汉字也随着民族的腾飞进入到了一个被重新认识和重新评价的新阶段。根据信息时代的需要,对汉字的印刷照排及电脑输入等技术层面的研究首先取得了突破,汉字的信息化处理问题可以说已经完全得到了解决。正如中文信息研究会会长、著名科学家钱伟长先生说的那样:“现在汉字输入机器全部解决。汉字印刷计算机也全部解决,而且很容易。我们现在这套东西,拿来比英文打字机还快。主要是他啰嗦得很,我们很简明,是非常合理的。”①

确实,正如大家所了解的那样,现在各种汉字键盘输入法,如王永民的五笔字型法、汉语拼音输入法、智能输入法、智能狂

① 转引自刘光裕:《历史与文化论集》,中国文学出版社2004年版,第32页。

拼输入法、搜狗输入法、紫光输入法以及黑码、自然码等，随便哪一种，一个人只要稍加训练，便可达到100字/分钟的输入速度！这个速度相当于6个/秒英文字母的输入速度，但是后者是难以达到的。至于在印刷和媒体传播业上大放异彩的、被誉为"现代毕昇"的王选先生创造的汉字排版系统，其效益和影响力之大则更是令世人瞠目的。

另外，汉字速记也实现了超越和突破。2006年3月10日《济南日报》上《唐氏父子用手指追赶声音》一文写道，"91岁高龄的我国中文信息学会速记专业委员会首任会长唐亚伟和其子唐可为……近年来，不断完善的唐氏父子发明的'亚伟中文速录机'，给中文速录带来了革命性变化。这种中文速录法最快的录入速度每分钟能达500字，匀速录入也可达到每分钟200字以上。……由唐氏父子发明的'亚伟速录码'，使真正意义上的中文速录'同声录入'梦想成真。"

技术上的突破，归根到底是基于汉字系统所固有的科学合理性。它使我们有理由相信，汉字这个为中华文化和全人类文化立下过不朽功勋的文字系统，本来就是一个十分神奇和具有潜在的完美性质的文字系统。

在技术突破的同时，学者们又展开了从理论的角度对汉字与其他文字的比较研究，并且已经取得了一些可喜的成果。结果也趋向于汉字系统优于或至少不差于任何其他文字系统的结论。这使我们的心情不禁又一次为之一振。

这里，我们仅把学者们研究中得出的显示汉字优于或不差于其他文字的两个物理量，简单介绍如下［以下资料来源于何九盈、胡双宝等主编的《中国汉字文化大观》（北京大学出版社1995年版）所载及冯志伟《汉字的熵》一文］：

第一个是反映语言信息论参数的物理量“熵”，一种语言符号的“熵”值的大小，说明这种语言符号所负荷的信息量的多少。下面是世界部分主要语言每一个单字（字母或假名）中所含“熵”值对照表：

语种	法	意大利	西班牙	英	德	罗马尼亚	俄	日	汉
熵值 单位：比特	3.98	4.00	4.01	4.03	4.10	4.12	4.38	4.81	9.65

从表中可以看出，书面汉语包含在一个汉字中的熵值比其他几种语言都要大得多。这表明，汉字中包含的信息量是最大的。难怪有的外国朋友说：汉字的信息量很大，它本身就是一种集成电路。当然，从通信技术和汉字信息处理技术的角度看，熵值过大也会带来技术上的许多困难。这是一个问题的正反两个方面。

第二个物理量叫语言的多余度。即由于语言的结构性而产生的语言中多余成分的百分比。举例说：如果用 100 个汉字写成段文章，然后涂掉 65 个汉字，而用剩下的 35 个汉字可以完整无误地恢复原文，那么这段文章的多余度就至少是 65%。书面文章的多余度具有两重性。文章的多余度越高，它就越便于识别和分辨，它的抗错能力越强，因而也就越显得精密。但是多余度过高，文章中的多余信息就越多，文章就显得不够精练。因此，一种语言的多余度不宜过高或过低。下面是汉语与世界几种主要语言多余度的试验结果：

语种 文体	汉语	俄语	波兰语	德语	法语	英语	罗马尼亚语
口语	平均值 0.55～ 0.80	0.777	0.813	0.792	0.757	0.753	0.801
小说		0.812	0.791	0.745	0.773	0.818	0.788
科技书刊		0.868	0.866	0.835	0.872	0.875	0.802

从表中可以看出，汉语的多余度比英语等语言的都低。这说明汉语是一种更简练的语言，当然也是一种较难懂的语言。

另外，专家们还通过统计，得出了一个汉字中所含的信息量平均等于约3.7个英文字母信息量总和的结论。

通过上述专家们的试验结果，我们可以进一步肯定汉字系统是一种优于、至少是不差于其他语言文字的结论，进而可以增强批驳那种盲目否定汉字系统论调的力度。同时，也可以更加坚定我们爱惜、维护和大力宣扬汉字系统优越性的信心。

总之，中华民族创造了汉字系统，汉字系统支撑着中华民族。二者相依为命，不可分离。过去、现在和将来，汉字与中华民族永远是共荣辱。

所以，我们每一个中华民族成员，每一个炎黄子孙，都应该怀着最神圣的感情去学习和维护包括繁体汉字在内的整个汉字和汉字系统。任继愈先生生前曾经有"识繁用简"的提议（见本章附录），它不啻为一项维护汉字和汉字系统的补救办法。笔者认为，中小学语文课本中，每个首次出现的有繁体字的生字后面，都可以严格按《新华字典》和《现代汉语词典》的办法，用括号标明相应的繁体字，以此来实践和扩大任先生"识繁用简"的建议。这应该是一个简单可行的方法。

附录一

苏氏惠若兰织锦回文璇玑图

琴清流楚激絃商秦曲發聲悲摧藏音和詠思惟空堂心憂增慕懷慘傷仁
芳廊東步階西遊王姿淑窈窕伯邵南周風興自后妃荒經離所懷歎嗟智
蘭休桃林陰翳桑懷歸思廣河女衛鄭楚樊厲節中闈淫遐曠路傷中情懷
凋翔飛燕巢雙鳩土迤逶路邈志詠歌長歎不能奮飛妄清幃房君無家德
茂流泉清水激揚眷頎其人碩興齊商雙發歌我衮衣想華飾容朗鏡明聖
熙長君思悲好仇舊蕤葳粲翠榮曜流華觀冶容為誰感英曜珠光紛葩虞
陽愁歎發容摧傷鄉悲情我感傷情徵宮羽同聲相追所多思感誰為榮唐
春方殊離仁君榮身苦惟艱生患多殷憂纏情將如何欽蒼穹誓終篤志貞
牆禽心濱均深身加懷憂是嬰藻文繁虎龍寧自感思岑形熒城榮明庭妙
面伯改漢物日我兼思何漫漫榮曜華彫旂孜孜傷情幽未猶傾苟難闈顯
殊在者之品潤乎愁苦艱是丁麗壯觀飾容側君在時巖在炎在不受亂華
意誠惑步育浸集悴我生何冤充顏曜繡衣夢想勞形峻慎盛戒義消作重
感故暱飄施愆殃少章時桑詩端無終始詩仁顏貞寒嵯深興后姬源人榮
故遺親飄生思愆精微盛醫風比平始璇情賢喪物歲峨慮漸孽班禍讒章
新舊聞离天罪辜神恨昭盛興作蘇心璣明別改知識深微至嬖女因奸臣
霜廢遠微地積何遐微業孟鹿麗氏詩圖顯行華終凋淵察大趙婕所佞賢
水故離隔德怨因幽元傾宜鳴辭理興義怨士容始松重遠伐氏好恃凶惟
齊君殊喬貴其備曠悼思傷懷日往感年衰念是舊愆涯禍用飛辭恣害聖
潔子我木平根當遠歎水感悲思憂遠勞情誰為獨居經在昭燕輦極我配
志惟同誰均難苦離戚戚情哀慕歲殊歎時賤女懷歡網防青實漢驕忠英
清新衾陰勻尋辛鳳知我者誰世異浮寄傾鄙賤何如羅萌青生成盈貞皇
純貞志一專所當麟沙流頹逝異浮沉華英翳曜潛陽林西昭景薄榆桑倫
望微精感通明神龍馳若然倏逝惟時年殊白日西移光滋愚讒漫頑凶匹
誰雲浮寄身輕飛昭虧不盈無倏必盛有衰無日不陂流蒙謙退休孝慈離
思輝光飭粲殊文德離忠體一達心意志殊憤激何施電疑危遠家和雍飄
想群離散妾孤遺懷儀容仰俯榮華麗飾身將無誰為逝容節敦貞淑思浮
懷悲哀聲殊乖分聖貲何情憂感惟哀志節上通神祇推持所貞記自恭江
所春傷應翔雁歸皇辭成者作體下遺葑菲採者無差生從是敬孝為基湘
親剛柔有女為賤人房幽處己憫微身長路悲曠感生民梁山殊塞隔河津

附录二

苏轼神智体诗《远眺》

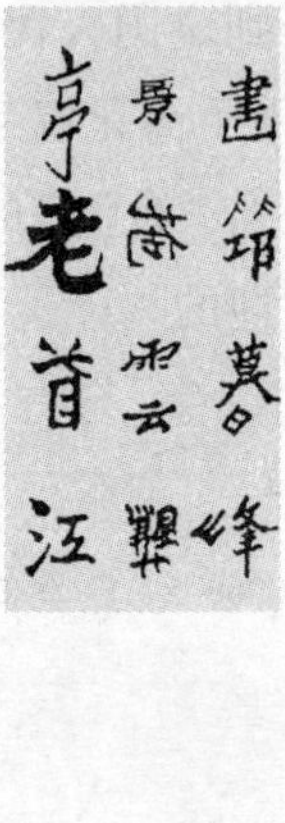

附录三

汉字识繁用简的必要与可能①

中国汉字为中华民族立下了不朽的功勋。中国这个多民族的统一大国，地域辽阔，民族众多，方言复杂。正是借助汉字，才可以把中央政令贯彻到全国各地。广东、福建的方言，如果用拼音文字，很难与外界交流。西方欧洲从中世纪，罗马帝国灭亡后，民族独立，分裂成许多分散割据的邦国，迄今为止，还是多种文字并存。他的生产能力的总和已超过美国，他们深感分散给发展带来的弊端，却一时无法改变。我们的汉字，早在秦以前各大国如齐、楚、秦，文字已基本趋同，同一个字各国有不同写法，这些小的差异，并不妨害国际交流。从地下考古发现的帛书、楚简、秦简，山东的竹简，都可以证明当时各国文字大同小异，足以充当相互交流的工具。秦汉统一后，规范了文字。我们的二十四史就是用汉字记录下来的。

新中国建国后，为了文化普及，加快扫盲运动，国家进行了一次文字改革，使笔画过多的字简化。改革的原则是一个字不超过十划。由于当时时间仓促，考虑不周到，把原来几个不同的字，简化为一个字。有时发生歧义，有时影响字义的准确性。总之，这次改革是成功的，得到全国人民的支持和拥护，而且影响到海外，像新加坡早已使用了简化汉字。最反对简化的台湾同胞，他们写"台Z"两字，写作"台湾"的也多起来。因为书写方便，合理的简化字，是受欢迎的。

但由于有些简化后的汉字，与古汉字发生歧义（见附表），

① 作者为任继愈（国学网 2006－5－17 发布）。

给汉字的使用带来新的问题，甚至因此闹出一些误解和笑话。据说，有人在某大学图书馆借阅《后汉书》，恰好此书名三个字都是繁体，管理员不认识繁体字，说没有此书。有一年，颐和园举办慈禧太后生活展。主持者认为“后”字是简化字，大幅横标写为“清慈禧太后生活展览”，挂了两天，不少游人看到，指出错误，第三天才改正。还有一些人名，不便使用简化字。如唐代诗人朱庆馀，一简化，就不是原来的意思了。

现在电脑软件有汉字繁简转换的功能。由于繁、简汉字存在的歧义，电脑识别也常发生错误。我们现在提倡国学，想教孩子从小读点古诗词，古文，由于青年人没有机会接触繁体字，阅读古人著作时发生隔阂，看不下去。2005 年高考试卷有古文今译的考题。广州考区的一道古文翻译题，交白卷的达万人之多。这说明，我们五千年文化传承出现了断层。维护我国丰富的文化传统，绝不仅仅是少数汉学家的事情，全国各民族人人有责。

我曾提议过“用简识繁”的补救办法。在编写的中小学语文教材中，遇到简体与繁体发生歧义的字时，简化字旁用括弧注出该繁体字。例如：吉庆有余(馀)。老师不必专门讲，也不列入学生考核内容。小学六年，中学六年，经过十二年的熏陶，只需耳濡目染，不知不觉中认识了不少繁体字。这等于在全国做了一项国学普及工作，中国的古文、古诗词、古小说，人人可以方便阅读。

这样做，有些文字改革专家们担心违反文字改革政策。这种担心是多余的。语文课照常进行，不增师生的负担，毫不费力地多认一批繁体字，并没有冲击文字改革，有什么不好？

后——後（前後）、后（皇后）

干——乾（坤）、干（燥）、干（事）、干（係）

系——繫（鞋带）、係（属于）、系（中文系）

桔——橘（柑）、桔槔（提水工具）、桔梗（中草药）

复——復（回答）、複（制）

淀——淀（白洋淀）、澱（沉澱）

斗——斗（量具）、斗（北斗星）、鬬（战鬬）

余——余（我，我的）、餘（剩餘，多餘）

冲——冲（茶）、衝（锋）

几——幾（個）、几（案、小桌子）

云——雲（天上雲）、云（说话）

制——製（造）、制（度）

征——徵（兆）、征（兵）

御——禦（防）、御（皇帝专用）

附录四

钱玄同《中国今后之文字问题》节录①

所以我要爽爽快快说几句话：中国文字论其字形，则非拼音而为象形文字之末流，不便于识，不便于写；论其字义，则意义含糊，文法极不精密；论其在今日学问上之应用，则新理新事新物之名词，一无所有；论其过去之历史，则千分之九百九十九为记载孔门学说及道教妖言之记号。此种文字，断断不能适用于20世纪之新时代。

我再大胆宣言道：欲使中国不亡，欲使中国民族为20世纪

① 《钱玄同文集》（第一卷），中国人民大学出版社1999年版，第166、167页。

文明之民族，必以废孔学，灭道教为根本之解决，而废记载孔门学说及道教妖言之汉文，尤为根本解决之根本解决。

至废汉文之后，应代以何种文字，此固非一人所能论定；玄同之意，则以为当采用文法简赅，发音整齐，语根精良之人为的文字 ESPERANTO。

附录五

白化文《闲谈写对联》节选

什么是“对联”，举例以明之，下举两例就是：

列为无产者；

宁不革命乎！

——邓小平撰写的对联

此联在写法上属于“冠顶联”，即上下联首字冠以“列宁”。

万里长征，犹忆泸关险；

三军远戍，严防帝国侵。

——朱德《题泸定桥》

这两副联，从内容到形式都很好，是典型的优秀对联。

那么，像这样的对联是如何写成的，或者说，写成什么样子，才算是对联，一两句话可说不清楚，就得费点事，详细谈谈啦。

怎么样谈法：开宗明义，首先得给“对联”下个定义，也就是讲讲对联是什么，它有什么特点；由此自然会引出第二个应该解释的问题来：它属于哪种学术范畴之内；接着会引出第三、第四个问题：它是怎样发展和形成的，它有哪些类型。这几个问题有其连带性，我们在下面大致按以上几个问题的顺序，有连带地进行说明。

对“对联”特点的认识

对联,是用汉字书写的(后来发展到也可用其他少数民族文字书写,但都是凑合着来,绝不如用汉字写来那样干脆利落。这一点,以后有可能时再讨论),悬挂或张贴在壁间柱上的两条长幅;要两两相对。它的特点,大致有:

一、上下两个长条幅,字数必须相等,合成一副联,称为上联、下联。各联的字数没有一定之规,从一个汉字到几百个汉字都可以。这就是说,上下联至少得各有一个汉字或一个符号(如标点符号),多了呢?毫无限制。当然,常用的对联,上下联一般各有四个汉字到二十几个汉字左右。这是因为,上下联字数太少,很不容易表达出完整的意思来;多了呢?能有那么多的话吗?对联对字数固然不作限制,可是,笔者至今还没有见过上下联各两三千字的对联呢。这是从上下联对文字的要求——字数无限制但上下联字数必须相等——来看。

二、对一副对联的基本要求之一是:必须在上下联中把一个完整的意思表达出来。只要能做到这一点,字数多少就可随意了。拿中国汉族民族文化创造的若干诗歌体裁,如律诗、绝句来和对联比,这一点就会很明显地表露出来:律诗和绝句,各用八句或四句表达一个完整的意思;若是把它们中对仗的两句,特别是律诗中的颔联和颈联抽出来,把它们写成对联,有时候还勉强凑合,有时候就不行。因为它们不是为作对联准备的,不见得能表现作者希望表现的一种完整的意思,原来的完整的意思是要靠整首诗来整体表现的呀!例如,拿一首挽诗和一副挽联对比,挽诗中的两句对偶句就未必能单独构成一副挽联——当然,在某种情况下也许能行——这就是它们之间存在的需要细心体察的精微区别之处。这是从要表现的内容的角度来看。

如上所述,上下联要共同表达出一个完整的意思来,因而,从句式结构看,一般来说,上下联至少各有一个分句或词组,多则不限。当然,从句型结构方面看,上下联应该是对应的。

三、从修辞学角度看,构成对联基础的是对偶辞格。对偶辞格是汉语和汉字特有的一种辞格,它是把通常为两个(多则可为几个,如元代杂剧和散曲中常用的三或四个)字数相等、结构相同或基本相似的字、词、词组、句子并列,用来表现相关的意思的一种辞格。从内涵上说,它要求意义上的关联,也就是不能各说各的(特殊的如无情对另议);从形式上说,它的基本要求是要对称;此外,它还要求音节上的和谐相对。对联,可以说是汉语修辞学对偶辞格发展到极端的产物。这就是说,一般来说,上下联不能构成上述内涵、形式、音节三方面的比较严格的对偶的,就不能算是对联,至少不能算是好对联。

四、对联的实用性很强。从某个角度看,对联是从古代私塾教学童"对对子"直接发展而来的。创作对联的基本功,还得从对对子练习起。可是,口头甚至书面练习对对子还不是对联。《分类字锦》、《巧对录》等类书与联话书籍所录的,大抵都是对子而非严格意义的对联。对联是一项综合性质的成品。一副对联,得为一个主题而创作出来,最好能书写下来,为张挂之用。它是为某种实用目的而创作的。而且,连张挂的形式也固定下来了:上联在左,下联在右。人们从对面看,则上联在右首,下联在左首。它们必须成对称形式,悬挂在相对的位置。连载体形式也固定下来了:必须有是两个完全相等的长条形字幅关状。一般来说,别的形状如某种"蕉叶形对",极为少见。特别是横幅不行。如我们有时见到的四合院中左右穿廊游廊之上,常嵌有相对的"东壁图书""西园翰墨"

横幅,虽为工对,却只可算是两廊的横幅罢了。对联有经常悬挂在楹柱上的,特称“楹联”。后来,楹联发展成对联的一种文雅的称呼了。相对来说,对联便成为楹联的俗称。可是,抄录下来的对联词句只可称为“联语”。我们和大家一起讨论的,差不多都是联语,旁及一些对联的载体等。虽然有时也涉及对对子,但应说明:对对子,作为古代学习作文的一种基本功,是为作诗(特别是近体诗中的律诗及由之演化出的试帖诗)、作骈文(包括八股文)等共同打基础,从对对子到写对联,只不过是近水楼台罢了。

对联是汉族民族文化艺术的独特产物

对联,可以说是从汉族的民族传统文化派生出来的独特产物。惟有从中国的汉族文化中,才产生出完美的对联产品。这可以从民族传统——特别是深远的民俗传统方面,从语言文字方面,从文学和文章写作方面来观察。下面就从这三方面来说明。

一、先从汉族民族文化传统来看:观察自然与社会,可以看到,对偶是一种普遍存在的事物现象。再观察汉族的民族性及其深厚文化积淀与传统,更可以看到,汉族是非常喜爱对偶的。

汉族认为,除了领导者是高高在上独立自主统率一切以外,其他都是以形成对立面即对偶形式为宜。汉族本民族古老的哲学思想,就是无极生太极,太极生两仪,两仪生四象,四象生八卦,八卦推演到六十四卦。但是,汉族的民族心理中,可又并不认为这个推演出来的模式是完美的:“未济终焉心缥缈,百事翻从阙陷好!吟到夕阳山外山,古今谁免余情绕。”不过,在这个推演出的模式本身包容之中,却能看出是以对应形式为主的,这就说明汉族是看重和喜爱偶数的。同时,汉族更认为“数奇”是不吉利的。就连孤单在上的领导者也很危险,有成为“独夫”的可能。

汉族传统的建筑结构是四合院。各种大门,如殿门、辕门、院门等,全是两扇。陪衬正房的是东西厢房和两耳房。室内家具,也是一张桌子配两把太师椅。朝臣上朝,衙役站班,都分成两厢。这些都是民族心理在各方面的反映。可以说,汉族对对偶的喜爱,融汇于本民族的文化传统之中,无所不在。

二、再从汉语与汉字的角度看:那可是从一开始就给对偶准备了最好的独一无二的载体条件。

汉语由单音节语素组成。由这样的语言载体构成的词汇,其中配合成对偶的能力是无限的。世界上诸多广泛使用的语言中,只有汉语具有这种天生的属对能力。绝妙处还在于,为了适用于记录汉语,汉字从其创制之始,就成为一种兼表形、音、义的单音节方块形文字;一个字代表语言里的一个音节,每个字又都有属于自己的一定的意义(有的字还不止一种意义),由一定的笔画构成方块形文字。这就像同类形状的积木或方砖,能搭成一堵堵整齐划一的墙那样,为它们两两相对搭配造成了基本条件。再看汉语的词、词组、句子的结构,也是相当整齐划一的。汉语词汇中的词,大部分是单音词和双音词,就是多音词,也是由一个个单音节构成的,同样很便于两两搭配。由这些词构成的词组和句子,其结构搭配方式不多,不外有:联合(并列)和偏正、动宾(包括使动和意动等变通用法)、动补,以及仅为记音的不可分割的连写(联绵词、音译词语等)等等。因其有上述的单音节方块字为组成基础,所以同结构形式的两两搭配也很容易。总的来说,汉语和汉字,从它的产生一开始,就自然而然地给对偶创造了条件。在世界诸多语言文字中，这种特殊性质是其他语言文字所不具有的。日本从古代到近代，大力推行汉化文化，什么都向中国学，他们的优秀汉学家甚至具备能写律诗和骈体文的能力，可是中国明代以下在社会上广泛流行的对联，在他们那里没有流行起来。笔者以为，这是因为对联是汉语对偶修辞格发展到极端的产物，非汉语系统的人学习起来究竟太吃力了，不容易被普遍接受。而对联是一种社会性实用性极强的文体，需要得到社会上公众的认可与爱好。要想让日本人像中国人那样把对联当成一种人际关系交际工具，对于他们来说，恐怕是太吃力了。当然，在中国对联大流行的时代即明清两代，日本已经逐渐开始向西方学习了，这恐怕也是另一个社会原因吧。相对来说，那时候的朝鲜半岛地区还没有向西方学习的打算，仍然一心一意地面向中国，因而他们接受对联这项比较新鲜的人际交往工具，使用得相当普遍。

三、还可以从中国汉族汉字的文学和文章体裁与作法等方面来看：从古代留下的文学作品看，语言文字中的对偶现象早就自发地在使用了。例如：

昔我往矣，杨柳依依；今我来思，雨雪霏霏。①

诲尔谆谆，听我藐藐。②

惟草木之零落兮，恐美人之迟暮。③

不仅在韵文中如此，就是在先秦的散文中也有大量对偶句：

---

① 《诗经·小雅·采薇》。

② 《诗经·大雅·抑》。

③ 《楚辞·离骚》。

满招损,谦受益。①

博学而笃志,切问而近思。②

事在四方,要在中央。③

可以看出,除了若干虚字的重复以外,上引诗文的作者似乎都在有意识地应用某些对偶形式,追求对比或排比效果。不过,这种方法只是在文章或谈话里参差错落地使用罢了。

如果说,在先秦诗文中,对偶辞格的句子和词组出现得还比较少,而且似乎带有自发的倾向;那么,发展到汉赋,使用对偶便是大量而自觉的了。例如:

臣之东邻,有一女子:云发风艳,蛾眉皓齿。颜盛色茂,景曜光起。……途出郑卫,道由桑中。朝发溱洧,暮宿上宫。……奇葩逸丽,淑质艳光。④

于是发鲸鱼,铿华钟。登玉辂,乘时龙。凤盖飒洒,和鸾玲珑。……千乘雷起,万骑纷纭。……羽旄扫霓,旌旗拂天。……抗五声,极六律,歌九功,舞八佾。……⑤

南北朝到隋唐的辞赋,是以对偶为主要词句形式的骈四俪六的文体。可以说,这样的辞赋是直接继承汉赋,并使之在对偶方面进一步精密和熟练。一直到两宋的四六文都是按照这种方式发展。我们总体称这类文章为骈体文。我们当代人容易忽略而应该提请注意的是,骈体文从南北朝以下直到清代以至民国

① 《尚书·大禹谟》。
② 《论语·子张》。
③ 《韩非子·扬权》。
④ 司马相如:《美人赋》。
⑤ 班固:《东都赋》。

初年,应用非常广泛。特别是在政府公文和科举考试以及书信(尺牍)中,以对偶为主要文体特点的多种体裁的文章,使用极为广泛。从广义上说,这些多种体裁都和骈体文关系密切,它们都可以算是骈体文大家族中的成员。

关于骈体文和对联的关联,可以从下面几点来说一说。

一点是,承上而言,骈体文大家族对对联的影响极为巨大。广义地说,可以把对联看成骈体文大家族中的一个远房支属。对联是骈体文领域中在实用范围内的又一次扩展,是一次趋向精练化和精密化的极端的发展。

再一点是,也是承上而言,骈体文中对偶的应用虽然是十分自觉而严格的、十分讲究的,但从汉赋起,也沿袭下来一些习惯性的不成文的格律准则。例如,对虚词,特别是起联系作用的和表达语气的虚词,在对偶方面没有提出很高的要求;对人名相对和地名相对等要求也较低。比如:

潘岳之文采,始述家风;
陆机之辞赋,先陈世德。①

望长安于日下,目吴会于云间。……冯唐易老,李广难封。屈贾谊于长沙,非无圣主;窜梁鸿于海曲,岂乏明时。②

这两种不太讲究而可以将就的写作方法,也影响了对联。这些我们在以后还要讲到。在这里只是说一说,用来证明对联受到的这方面的明显影响罢了。请看下面一副著名的为大肚弥勒佛所做的对联:

---

① 庾信:《哀江南赋序》。
② 王勃:《滕王阁序》。

大肚能容，容天下难容之事；

开口便笑，笑世上可笑之人。

两个"之"字不对，可以允许。但是，因为对联是对偶文体中晚出的，因而属于越晚出就对对偶格式要求越严格的，所以从全篇来说固然大部分是对偶的，但出现两个相同的虚字相对，终究被认为对仗不工。至于人名、地名的问题，一般说来，只要平仄调匀就行了，但是也追求工对，如"东方虬"对"西门豹"还不算太工，因为前两个字都是平声；"柳三变"对"张九成"才属工对呢。因为，从整体来看，人名对人名，且平仄调谐。拆开来看，"柳"和"张"都属于"二十八宿"之内的星宿。"三变""九成"都是音乐术语。所以"露华倒影柳三变"对"桂子飘香张九成"，真是绝对。不能不佩服作者李清照。李清照就是李清照！

根据前两小节作出的小结

我们可以这样认为：

对联是中国汉族在本民族的历史发展中，由自发到自觉地，根据汉语汉字的特点，采用了民族精神和物质文化的多种成果而创造出来的一种独特的文字体裁。

对联的一大特点是：人际关系性质极强。绝大部分对联是在公开的交际场合使用的。如，喜联、贺联、寿联，都具有特定的突出的交际和人际关系性质。就是机关行业联、名胜古迹联，甚至书房厅堂联等，也具有广泛的人际交流性质。以上是仅仅从对联的内容看。

若是从写成了的对联看，另一大特点，就在于它是一种综合性艺术品。它集汉民族创造的书法、装裱（包括制纸、绢等）或小木作等多种工艺（如漆工、金属工艺等）于一身，最后悬挂出来的成品又成为室内外装饰艺术中的一种有机组成部分。

综合以上两点，从某种角度来看，对联堪称中国文化的一种综合性代表产品。从明清以来直到民国年间，对联在中国各阶层中，在各个场合，都大量使用，盛行不衰。新中国成立后，多种对联如机关行业联、门联、室内装饰联（特别是新中国成立前堂屋与客厅必挂的）等，随着时移俗易，慢慢地不再时兴。现在，在内地社会中，只是在佛寺、道观等宗教建筑和风景名胜内外等特殊地点，或是某种场合，作为交际、交流等人际关系的需要而存留。此外，作为年节的点缀，春联长盛不衰。寿联、挽联等等几种对联，使用频率还比较高。但是，后举的几种对联，从悬挂的时间看，都比较短暂，春联张贴时间较长，也就一年；从综合艺术的角度看，大体上都属于粗放型，挽联更是如此，两条白纸，挂完就烧。中国对联的综合代表性成品，恐怕还得多从长久悬挂的多种品类中去找。当然，从当前最具实用性的角度看，后举三种联是最常用的，因而也属于最重要的联种。

对联是文学作品吗

从语言学的角度看，对联是“积极修辞”中“对偶”辞格发展到极端的产物，是汉语特别是汉字独具的表现形式之一种。它是汉语文字学、音韵学、修辞学等语言学科的综合实用性产品。所以，汉语语言学是无法不接纳对联进入自己的学术领域的。

从中国文学角度看，固然对联的远亲，或者说是它的远祖，如我们前面讲到的骈文、近体诗，都是堂而皇之地出入于文学殿堂的。可是，对联呢，我们检阅《中国大百科全书》，会惊讶地发现，在语言学和中国文学两部分中，都没有对联这个条目。大约是这两家都以为对方会收容对联，最后是把它当成蝙蝠啦！

我们会发现，建议语言学接纳对联，可能不难。它缺少拒绝的理由。让文学界接待——姑且不说加入——对联这个品种，恐怕有人就有异议。理由是:有相当多的对联作品文学性质不强。很多人愿意把对联汇入“文娱活动”的类型中去,和“诗钟”“灯谜”等归入一类去了。

当然,对联界的人,如中国楹联学会群公,就坚决主张对联和诗钟都算是文学作品。中国楹联学会还挂靠在中华全国文学艺术界联合会之下,这可是名正言顺的了。笔者也赞成。可是,我们更应该创作出大量的文学性质很强的对联作品来,让人们心服口服。最后实至名归,让《中国大百科全书》的新版中语言学和中国文学两部分都不能不收对联词条——像律诗、骈文那样。其实,就拿律诗和骈文这两种文体来说,形式上写得满合规矩的,有的文学气息可不一定浓厚。不过,人家可占了早就加入的便宜啦。那可是无数优秀文学作家给打下的江山啊!

（节选自白化文《闲谈写对联》,中华书局2006年版）

第四章　中国古代文化的纲维
——宗法观念和宗法制度

一般习惯上又把古代中国封建社会称作宗法社会。所谓宗法,是古代(夏商周时代)产生的、在族内以尊崇共同父系始祖为主要内容,规定个人和族系间亲疏、尊卑顺序,以处置各种权利和义务的一种社会生活法则。

审视中国古代历史可以发现,从夏、商、周三代开始,不管是政治、法律、道德、礼俗以至于中华民族的许多文化现象,都越来越与宗法观念和宗法制度密切相关。有时更是完全受它所左右。所以,有的学者甚至将四千年以来的中国古代社会统统认为属于宗法社会。①

按夏、商、周三代计,宗法观念与宗法制度从孕育到逐步施行,经历了长达近两千年的时间。特别是周代,实施较严格典型的宗法制的时间,就有五六百年之久。所以,有学者又主张这一个时期应该称作"贵族宗子所有制社会"更合适。其后,由于中国古代封建社会内部的特点和儒家学派对宗法制

① 参见梁漱溟:《中国文化要义》,上海人民出版社2005年版。

度的宣扬和推崇，整个封建社会阶段的两千多年，对这一制度也总是不断在改造中继承。其核心内容可以说数千年一贯制地在发挥着作用。因此，对中国古代文化的影响是无比巨大的、决定性的。

从这种认识出发，我们可以说，宗法观念与宗法制度，是左右中国古代文化的纲维、是自商周以来就逐渐"所以纲纪天下"（王国维语）的最主要的文化观念和制度。因此，要想深入了解中国古代文化，就首先要更多地了解宗法观念和宗法制度的产生及其具体内容以及它们在几千年中的发展演变情况。只有这样，学习中国古代文化史才能有居高临下、豁然开朗的感觉。理解各种中国古代文化问题才能做到事半功倍，研究中国古代直至后世的各种现象和问题，才容易找到符合中国社会实际的观点和角度。朱熹在评价《中庸》与儒家经书的关系时，曾说它是"所以提挈纲维、开示蕴奥、未有若是之明且尽者也"①。借用这句话来评价宗法观念与宗法制度对于整个中国古代文化的作用，也是再恰当不过的了。

当今许多讨论中国古代文化的学者及著作中，有些并没有将宗法问题看得特别重要。他们有的对此甚至毫不涉及，或者仅仅轻轻带过，却用大量篇幅去阐述其他各种文化现象；有的虽然涉及该问题，但往往并不把它突出出来，放在统领的地位上，而是把它混同于一般，与其他文化现象等同视之。我们认为，这些做法都不利于对中国古代文化的正确理解和把握。只有把宗法观念与宗法制度对中国古代文化的作用，提高到"纲维"的高度来认识，才能使学习和研究中国古代文化，真正做到"壹引其

① 朱熹：《中庸章句·序》。

纲，万目皆张”①。

第一节　宗法观念的产生与宗法制度的建立

关于宗法制度的产生和建立，至今仍是学术界有争议的一个问题。王国维在《殷周制度论》（见本章附录）中说：

> 殷以前无嫡庶之制（按，一夫多妻制下，正妻曰嫡，旁妻曰庶）……商之继统法，以弟及为主而以子继辅之……自成汤至于帝辛三十帝中，以弟继兄者凡十四帝。其以子继父者，亦非兄之子，而多为弟之子……舍弟传子之法，实自周始。当武王之崩……周公乃立成王而已摄之……自是以后子继之法遂为百王不易之制矣。由传子之制而嫡庶之制生焉……是故由嫡庶之制而宗法与服术二者生焉。商人无嫡庶之制，故不能有宗法。②

也有不少学者认为王国维的意见“并不符合历史事实”，主张“进入阶级社会以后，宗法制度逐渐形成……所谓商代无宗法的说法是靠不住的。商代不仅有宗法制度，而且商代的宗法制度与在夏代的初期形态相比，已大大发展了”；并且认为“西周以及紧接其后的春秋时期，宗法制度已臻于完善，这一阶段的宗法制度最为典型，最为严密”。③

我们认为，以上两种观点都很值得参考。取二者的共同点，

① 陈奇猷：《吕氏春秋新校释》，上海古籍出版社2002年版，第1279页。

② 王国维：《观堂集林》，中华书局1959年版，第454～458页。

③ 参见阴法鲁、许树安主编：《中国古代文化史》第三章，北京大学出版社1989年版。

在于他们都认为西周是宗法制度的成熟期。但二者共同的不足，则是都只把注意力放在了对宗法制度产生时代的考订上，却都没有向人们说明这种制度之所以产生的更古老的思想和意识形态上的原因。因而人们会感到，不管说这种制度在何时产生，都不免有突兀和不解的困惑。

因此，要说明宗法制度的产生，最好首先把导致宗法制度产生的宗法观念的产生，以及其渊源——神鬼观念的产生，稍加阐述才行。

在远古时代，人们并没有神鬼和灵魂的观念。所以，对自己的同类甚至是亲人，死后也任意抛弃。只是当看到尸体被动物攫取，或腐朽后遭蝇蚁聚食时，才于心不忍，稍加掩埋。这就是《孟子·滕文公上》描述的情形："上世尝有不葬其亲者。其亲死，则举而委之于壑。他日过之，狐狸食之，蝇蚋姑嘬之。其颡有泚，睨而不视。夫泚者，非为人泚，中心达于面目。盖归反虆(léi)梩(sì)而掩之。"①

但到了新石器时代的时候，情况已经发生了变化。大约在距今7000～6500年的仰韶文化早期的西安半坡遗址中，遗体不仅被埋葬有序，而且出土的一些瓮棺上都留有小孔。专家认为，这是此时有了鬼魂观念的证据。小孔是为了方便灵魂出入所设。由此推知，这一时代，应是我们祖先鬼魂观念产生的时代。在稍晚的辽宁红山文化遗址(距今7000～5000年)中，则已发现了祭坛，以及作为崇拜物的裸体状女性生殖神偶像。再稍后，在距今大约4500年的陕西华县龙山文化遗址、甘肃齐家文化遗址、青海马家窑文化遗址中，都发现了象征男性生殖器的"陶

① 《十三经注疏》，中华书局1980年版，第2707页。

祖”或“石祖”。它们都与甲骨文中的“且”字相像。孙诒让、郭沫若等认为“且”即“祖”字的初文。郭沫若并且说：“且实牡器之象形。”（牡器，即雄性生殖器。）①许慎《说文解字》则说：“祖，始庙也。”李孝定等也认为：“甲骨金文祖宗字作且者，则神主之象形。”②

这些说法虽各不相同，我们却可以肯定，在距今四五千年或造字之初的时代，崇拜男性祖先的习俗是个不争的事实。当然，这种崇拜还处于朴素的原始状态。直到夏代一直如此。正如《礼记·表记》所说：“夏道尊命，事鬼敬神而远之……殷人尊神，率民以事神，先鬼而后礼……周人尊礼尚施，事鬼敬神而远之。”③这就是说，到商、周二代，原始状态的鬼神崇拜才上升至“礼法”的自觉状态。但殷人的“先鬼而后礼”与“周人尊礼”，显然不应混为同一阶段。殷王朝“先鬼而后礼”，说明殷商时代的“礼”包括“尊祖敬宗”的“宗法”还处在发展阶段。而周代的“尊礼尚施，事鬼敬神而远之”已经是到了包括“宗法”在内的“礼”健全成熟的阶段了。《吕氏春秋·当务》载：“纣之同母三人，其长曰微子启，其次曰中衍，其次曰受德。受德乃纣也，甚少矣。纣母之生微子启与中衍也尚为妾。已而为妻而生纣。纣之父、纣之母欲置微子启以为太子，太史据法而争之曰：‘有妻之子，而不可置妾之子。’纣故为后。”④从这一记载中可以看出直

① 《古文字诂林》编纂委员会：《古文字诂林》，上海教育出版社 1999 年版，第 140 页。

② 《古文字诂林》编纂委员会：《古文字诂林》，上海教育出版社 1999 年版，第 143 页。

③ 《十三经注疏》，中华书局 1980 年版，第 1641 ~ 1642 页。

④ 陈奇猷：《吕氏春秋新校释》，上海古籍出版社 2002 年版，第 603 页。

至商代末年，立嫡之法虽已产生，但仍常常产生争论和受到挑战。因此，如果说商代就有了宗法制，特别是完备和较严格的宗法制，恐怕是不合历史事实的结论。实际上，商代 31 王，只有 16 代是父死子继，其中还不论继承者是否是嫡长子。这个数字就是一个很好的说明。

总之，我们认为，中国古代的宗法制是经过了漫长的孕育发展才达到成熟的。它应该首先由远古的神鬼观念产生出崇拜父系家长的宗法观念。这种宗法观念经过夏代直至商代漫长的摸索实践阶段，直至西周，才终于形成了完备成熟乃至严格和典型的宗法制度。

第二节　周代严格典型的宗法制度的主要内容

《论语·为政》中记载了孔子非常著名的一段话："殷因于夏礼，所损益，可知也；周因于殷礼，所损益，可知也。"①这就是说，西周王朝建立后，自觉遵循了文化的继承性，对夏、商二代的文化成果进行了适合时代要求的去粗取精或损益改造。其中，对于前朝遗留的"已试之效者也②"的宗法制度等宝贵遗产，当然是增损改造的主要内容。其结果，则是使前代的立子之制等，变成了以严格的嫡长子继承制和区别大宗、小宗封邦建国等为主要标志的成熟、典型的宗法制度。在此基础上，又以昭穆和丧服等制度与之配合，使典型的宗法制度更加完

① 《十三经注疏》，中华书局 1980 年版，第 2463 页。
② 《汉书·艺文志·诸子略》。

善和健全。这样，使周代特别是西周王朝获得了数百年空前绝后的相对稳固的社会政治基础，从而从容地谱写出一段辉煌的、令后世特别是儒家学派追慕不已并奉为圭臬的礼制文化。

为了说明夏、商、周三代宗法制度的逐渐演变情况，我们根据《史记》所载夏、商、周三代所有帝王父死子继或兄终弟及的情况，统计列表如下：

<table>
<tr><th colspan="4">朝代</th><th>时间跨度</th><th colspan="2">帝王总数</th><th>父死子继帝王数</th><th>兄终弟及帝王数</th><th>比例</th></tr>
<tr><td colspan="4">夏</td><td>公元前 2070 ~ 公元前 1600（约 470 年）</td><td colspan="2">17</td><td>14</td><td>3</td><td>3/17</td></tr>
<tr><td colspan="4">商</td><td>公元前 1600 ~ 公元前 1046（约 550 年）</td><td colspan="2">31</td><td>17</td><td>14</td><td>14/31</td></tr>
<tr><td rowspan="3">周</td><td>西周</td><td colspan="2">（文王）武王
｜
幽王</td><td>公元前 1046（武王）~ 公元前 771（约 275 年）</td><td>13</td><td rowspan="3">共38王</td><td>12</td><td>1</td><td rowspan="3">5/38</td></tr>
<tr><td rowspan="2">东周</td><td>春秋</td><td>平王
｜
敬王</td><td>公元前 770 ~ 公元前 475（约 295 年）</td><td>14</td><td>13</td><td>1</td></tr>
<tr><td>战国</td><td>元王
｜
赧王</td><td>公元前 475 ~ 公元前 256（约 220 年）</td><td>11</td><td>8</td><td>3</td></tr>
</table>

从表中可以清楚地看出，不管是在西周、东周，甚至是战国阶段，或者综合三个阶段的整个近800年当中，代表典型严格的宗法制度的父死子继的权力传递方式，已经牢固地树立起来。而商代的情况则表明，父死子继远还没有达到制度化的程度。而夏代的真实情况，还有待史料的进一步考定确认。

关于周代严格典型的宗法制度的情况，以《礼记·大传》、《礼记·丧服小记》的记载最为集中，也最为历代礼学家们所重视。二者内容大同小异。此仅举《礼记·大传》原文及清代孙希旦集解如下①：

别子为祖，继别为宗，继祢者为小宗。

郑氏曰：别子，谓公子，若始来在此国者，后世以为祖也。继别为宗，别子之世嫡也，族人尊之，谓之大宗，是宗子也。继祢者，父之嫡也，兄弟尊之，谓之小宗。孔氏曰：别子，谓诸侯之庶子。诸侯之嫡子、嫡孙继世为君，而第二子以下悉不得祢先君，别于正嫡，故称别子也。为祖者，言为后世之太祖也。始来在此国，此谓非君之亲，或是异姓，始来亦谓之别子，以其别于在本国不来者也。继别为宗，谓别子之嫡子世继别子为大宗也。族人与之绝族者，皆为之服齐衰三月，母、妻亦然。继祢者为小宗，谓父之嫡子上继于祢，诸兄弟皆宗之，谓之小宗，以本亲之服服之。愚谓上言"族人不得戚君"，下言"公子有宗道"，则别子本主谓诸侯之庶子，郑氏欲广言立大宗之法，故并始来在此国者言之。盖公子之重视大夫，若始来此国而为大夫，固当为其后世之

① 参见《礼记集解》，中华书局1989年版，第914页。

大祖,与公子同也。其不为大夫者,仍宗其宗子之在故国者,而不得自立宗,《曲礼》所谓"反告于宗后"是也。

有百世不迁之宗,有五世则迁之宗。百世不迁者,别子之后也。宗其继别子之所自出者,百世不迁者也。宗其继高祖者,五世则迁者也。尊祖故敬宗,敬宗,尊祖之义也。

郑氏曰:继别子者,别子之世嫡也。继高祖者,亦小宗也。先言"继祢者",据别子子弟之子也。以高祖与祢皆有继者,则曾祖亦有也。则小宗四,与大宗凡五。孔氏曰:百世不迁之宗,谓大宗也。五世则迁之宗,谓小宗也。经言继高祖为小宗,何以前文先言"继祢者为小宗"?郑解此意,先言"继祢者",承上"继别为大宗"之下,则从别子言之。别子子者,别子之嫡子也;弟之子者,别子嫡子之弟所生子也。弟则是祢,其长子则是小宗,故云"继祢者为小宗",因别子而言也。小宗四,谓一是继祢,与亲兄弟为宗;二是继祖,与同堂兄弟为宗;三是继曾祖,与再从兄弟为宗;四是继高祖,与三从兄弟为宗;并大宗凡五也。大宗是远祖之正体,小宗是高祖之正体。尊崇其祖,故敬宗子。所以敬宗子者,尊崇先祖之义也。

以上《礼记·大传》原文的大意是:

诸侯国国君的庶子,不能继承父亲的世系,只能别立一系,故称别子。他被自己的后世奉为这一世系的始祖。别子的嫡子嫡孙世代相继,被别子的庶子们及其子孙,奉为这一世系的大宗。而庶子去世后,他的嫡长子也上继自己死去的父亲(祢),又成新的一个支系。他以及将来继承他的嫡长子、嫡长孙们,就都被其众庶兄弟奉为新的宗主。(按,这里所谓宗主,是指在世的宗族继承者,即宗子。下同。)这一支系称为小宗。

宗法制规定,大宗的地位从开始直至后世百代,永远都不改变。而小宗宗主的地位则是变化的:当小宗宗主与宗奉自己族人的关系超过五世的时候,即被宗奉的小宗宗主与宗奉者是同高祖兄弟之外或更远的血缘关系时,他的族人们就可以不再把这个同高祖的小宗宗主视为宗主,继续宗奉了。他们只宗奉连同自身在内的同高祖之下的五代小宗宗主即可以了。

永远都不改变被宗奉的地位,即所谓百世不迁的大宗宗主们,都是别子的嫡长子、孙一系的人。全宗族的人宗奉继承别子的这些嫡系为大宗的情况,是永远不允许改变的。而对于与自己同高祖的那个小宗宗主,则因已超过五世,就可以不再把他当做自己的小宗宗主去宗奉了。

因为对始祖尊崇,所以就应该敬奉始祖传下的大宗与小宗。敬奉大宗、小宗,就是尊崇先祖的具体体现。

为了更好地理解和说明严格典型的宗法制度的情况,以及以上《礼记·大传》的有关内容,我们还可以用"宗法示意图"作进一步的说明。

宗法示意图

(本图根据《礼记·大传》、《礼记·丧服小记》及郑玄注与王国维《殷周制度论》制成)

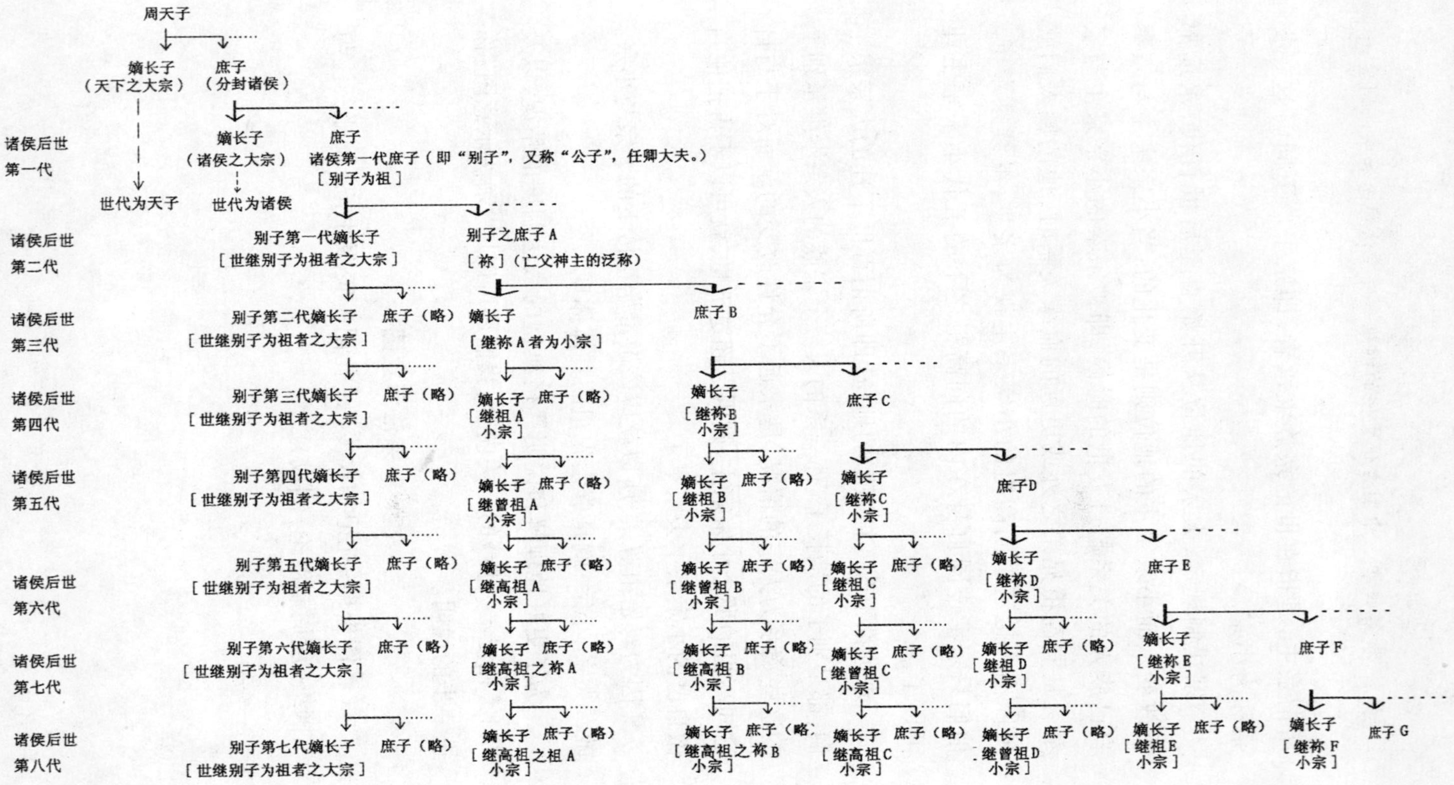
周天子
嫡长子（天下之大宗）
庶子（分封诸侯）
诸侯后世第一代
嫡长子（诸侯之大宗）
庶子
诸侯第一代庶子（即“别子”，又称“公子”，任卿大夫。）
［别子为祖］
世代为天子
世代为诸侯
诸侯后世第二代
别子第一代嫡长子
［世继别子为祖者之大宗］
别子之庶子A
［祢］（亡父神主的泛称）
诸侯后世第三代
别子第二代嫡长子
［世继别子为祖者之大宗］
庶子（略）
嫡长子
［继祢A者为小宗］
庶子B
诸侯后世第四代
别子第三代嫡长子
［世继别子为祖者之大宗］
庶子（略）
嫡长子
［继祖A小宗］
庶子（略）
嫡长子
［继祢B小宗］
庶子C
诸侯后世第五代
别子第四代嫡长子
［世继别子为祖者之大宗］
庶子（略）
嫡长子
［继曾祖A小宗］
庶子（略）
嫡长子
［继祖B小宗］
庶子（略）
嫡长子
［继祢C小宗］
庶子D
诸侯后世第六代
别子第五代嫡长子
［世继别子为祖者之大宗］
庶子（略）
嫡长子
［继高祖A小宗］
庶子（略）
嫡长子
［继曾祖B小宗］
庶子（略）
嫡长子
［继祖C小宗］
庶子（略）
嫡长子
［继祢D小宗］
庶子E
诸侯后世第七代
别子第六代嫡长子
［世继别子为祖者之大宗］
庶子（略）
嫡长子
［继高祖之祢A小宗］
庶子（略）
嫡长子
［继高祖B小宗］
庶子（略）
嫡长子
［继曾祖C小宗］
庶子（略）
嫡长子
［继祖D小宗］
庶子（略）
嫡长子
［继祢E小宗］
庶子F
诸侯后世第八代
别子第七代嫡长子
［世继别子为祖者之大宗］
庶子（略）
嫡长子
［继高祖之祖A小宗］
庶子（略）
嫡长子
［继高祖之祢B小宗］
庶子（略）
嫡长子
［继高祖C小宗］
庶子（略）
嫡长子
［继曾祖D小宗］
庶子（略）
嫡长子
［继祖E小宗］
庶子（略）
嫡长子
［继祢F小宗］
庶子G

通过示意图,可以更直观地理解严格典型的宗法制中大宗、小宗之间的关系。图中“诸侯后世第一代”的庶子,是不能继封诸侯的。他必须别立一世系,故称“别子”,并成为该世系的始祖。此后,这一世系就由“别子”的嫡长子、嫡长孙世代相袭,成为这一别支的“百世不迁之大宗”。

别子的庶子A们,不能继承父亲所创大宗为宗主,只能另立一支系。这种支系就称“小宗”。庶子A们是小宗的第一代宗主。同时,他们又必须恪守宗奉大宗的义务。庶子A们去世后,其儿辈称其神主为“祢”,所创小宗宗主的地位由他们的嫡长子继承,即图中“继祢A者为小宗”。诸侯后世的第三代,别子之庶子A的庶子,也就是别子的庶孙,即庶子B,则不仅要宗奉“百世不迁之大宗”,同时还要宗奉“继祢A小宗”。再往后的第四代、第五代都依此规则传世。

以图中所示为例,到“诸侯后世第八代”,除了继别大宗之外,便会有“继高祖之祢A小宗”、“继高祖之祢B小宗”、“继高祖C小宗”、“继曾祖D小宗”、“继祖E小宗”、“继祢F小宗”,还有“继祢F小宗”的庶兄弟庶子G等。

所有这些小宗,都必须尽宗奉“百世不迁之大宗”的义务,同时理论上又必须尽宗奉众多前代小宗的义务。世代愈久远,小宗愈多,小宗之间的血缘关系也愈远。所以,一个后代小宗不可能宗奉那么多小宗宗主。对此,严格典型的宗法制度规定了处理方法:即“五世则迁”的规定。从图中来说,“继祢E小宗”宗主的庶弟F,应该宗奉:①他父亲庶子E的嫡长子的“继祢E小宗”、②他祖父庶子D的正嫡“继祖D小宗”、③他曾祖父庶子C的正嫡“继曾祖C小宗”、④他高祖父庶子B的正嫡“继高祖B小宗”,此外,还必须宗奉百世不迁之大宗。而对于“继高祖之称A小宗”以上的小宗则因亲尽而不再宗奉。这样,庶子F所宗奉的就是四个小宗一个大宗,共五个宗主。同理,对于庶子G来说,则也是只要宗奉:①“继祢F小宗”、②“继祖E小宗”、③“继曾祖D小宗”、④“继高祖C小宗”、⑤必须宗奉百世不迁之大宗。而对于“继高祖祢B小宗”以上的小宗,则因亲尽而不再宗奉。其他皆依此类推,这就是严格典型的宗法制度的主要继承与宗奉法则。

在严格典型的宗法制中,大小宗宗主掌握着各自宗族内的一切大权,最重要的是祭祀权,其次是宗内财物的所有权、支配权和管理权,还有对族人的教育权和惩罚权,以至于宗族内诸如婚丧嫁娶、礼尚往来等大小事务的处置权或知情权。这就是《礼记·大传》所谓“尊祖故敬宗,敬宗,尊祖之义也”的深刻含义。也即《白虎通·宗族》所谓:“古者所以必有宗,何也?所以长和睦也。大宗能率小宗,小宗能率群弟,通其有无,所以纪理族人者也。”①

可以看出,严格典型的宗法制赖以产生的基础和核心理论,是嫡长子继承制。嫡长子继承制本是从父系家长和传子之制演化而成,是以血缘关系为依据的。然而这种依据是有限度的,因为其中对嫡子、庶子与父亲关系远近的规定,完全是人为的。严格典型的宗法制度刻意地维持这种人为规定的尊卑顺序的法定性质,目的是以“尊尊”来保证权力分配和传递的稳定。为了调和或解决这种硬性规定中的矛盾性,在施行嫡长子继承制的同时,周代又辅以“昭穆之制”和“丧服之制”。后二者不仅强调“尊尊”,同时也突出了“亲亲”、“长幼之序”与“男女之别”等适

① 《白虎通疏证》,中华书局1994年版,第394页。

应当时社会发展需要的多种原则规定。从而共同成为了周代礼制，特别是严格典型的宗法制中相辅相成、不可分割的最基本的内容。

1. 关于昭穆之制

所谓昭穆之制，是按辈分排列庙次或神主、坟墓等次序的一种制度。方法是始祖居中，以下列祖及后代各辈依辈分一左一右循环相次排列。居左者为昭，居右者为穆。在世的子孙后代在祭祀活动中，也依这种方式分昭穆就位。这种左右的位置，不分尊卑而重在分次序，从而使同一始祖的所有人，在族中都能有与同辈人相等亲疏关系的位次。

后代对于昭穆之制的权威阐述，以《礼记》最为集中。《礼记·王制》："天子七庙，三昭三穆，与大祖之庙而七。诸侯五庙，二昭二穆，与大祖之庙而五。大夫三庙，一昭一穆，与大祖之庙而三。士一庙，庶人祭于寝。"郑玄注："三昭三穆，四亲庙与高祖之父、高祖之祖也。二昭二穆，自高祖以下也。大祖，皆谓始受封之君也。一昭一穆，祖及祢也。大祖，别子始爵者也。"①

又《祭统》："夫祭有昭穆，昭穆者，所以别父子、远近、长幼、亲疏之序而无乱也。是故有事于大庙，则群昭群穆咸在而不失其伦。"清·孙希旦集解："群昭群穆，谓子孙之昭穆也。宗庙之礼，始祖为大庙，自此以下，每一世为昭，每一世为穆，而子孙亦以为称。其在大庙之中，昭为一列，穆为一列，虽其世数之久，人众之多，而其父子、远近、长幼、亲疏皆可得而序也。"②

再如《周礼·春官宗伯·小宗伯》："辨庙祧之昭穆。"郑玄

---

① 《礼记集解》，中华书局 1989 年版，第 343 页。

② 《礼记集解》，中华书局 1989 年版，第 1245～1246 页。

注:“祧,迁主所藏之庙。自始祖之后,父曰昭,子曰穆。”清·孙诒让疏:“《国语·鲁语》云:‘夫宗庙之有昭穆也,以次世之长幼,而等胄之亲疏也。故工史书世,宗祝书昭穆’韦注云:‘宗,宗伯。祝。太祝也。宗掌其礼,祝掌其位。’案:此虽据王七庙而言,其诸侯公卿大夫士之庙,小宗伯亦当辨而书之。贾疏云:《礼记·王制》云:‘天子七庙,三昭三穆,与大祖之庙而七;诸侯二昭二穆,与大祖之庙而五;大夫一昭一穆,与大祖之庙而三;士一庙。’案《祭法》‘嫡士二庙’,《王制》不言之者,取自上而下,降杀以两,故略而不言二庙者,故此总云庙祧之昭穆也。’许宗彦云:‘庙至四世必迭迁,祧至六世必迭毁,故昭穆皆宜辨也。’注云‘祧,迁主所藏之庙’者,《叙官守祧》注云‘远庙曰祧,周为文王武王庙,迁主藏焉’是也。郑意周二祧,即文武庙不毁,其文武以后毁主,悉以昭穆藏于其中。今改周文武庙,别为世室,不为二祧,二祧亦非迁主所藏,详《叙官》及《守祧》疏。云‘自始祖之后,父曰昭,子曰穆’者,《汉书·韦玄成传》云:‘礼,王者始受命,诸侯始封之君,皆为太祖,以下五庙而迭毁,父为昭,子为穆,孙复为昭,古之正礼也。’《论语·八佾》皇疏说禘祫礼云:‘列诸主在太祖庙堂,太祖之主在西壁,东向;太祖之子为昭,在太祖之东而南向;太祖之孙为穆,对太祖之子而北向。以次东陈,在北者曰昭,在南者曰穆,所谓父昭子穆也。昭者,明也,尊父故曰明也。穆,敬也,子宜敬于父也。’贾疏云:‘周以后稷庙为始祖,特立庙不毁,即从不窋以后为数,不窋父为昭,鞠子为穆。从此以后,皆父为昭,子为穆,至文王十四世,文王第称穆也。’诒让案:昭穆者,所以辨庙祧之序次,不以此为尊卑。凡庙及神位,并昭在左,穆在右。故《冢人》掌公墓云:‘先王之葬居中,以昭穆为左右。’注云:‘昭居左,穆居右,庙位与墓位同也。’

《宋史·礼志》何洵直议云:'古者葬祔以其班,袷以其班,为尸及赐爵以其班,故昭常为昭,穆常为穆,庙次虽迁,昭穆之班,一定不移。《左氏》载富辰之语曰:"……夫文王、太王,其子对父皆称昭,武王、王季其子对父皆称穆,其为子一也。对父或称昭,或称穆,知昭穆为定班,而庙次、世次未始异也。"案:何说义据明塙,可为昭穆之定论矣。'"①(按,以上论述为泛言之。实际上后代各开国者之祖、宗,多为不祧之祖。)

昭穆之制是中国古代十分重要的一项制度和文化现象。所以不管经、史、子、集,还是诗、词、小说等各种著作,经常要涉及它。因此,可以说不了解它就无法了解中国古代社会和中国古代文化,也读不懂许多古籍甚至是文学作品。例如:《左传·僖公五年》:"大伯、虞仲,大王之昭也……虢仲、虢叔,王季之穆也。"《红楼梦》第五十三回"宁国府除夕祭宗祠"一节中也有:"只见贾府人分了昭穆,排班立定……"如果不了解昭穆之制,对这些描写都将很难理解,以致不知所云。

2. 关于丧服之制

丧服之制与昭穆之制,都是古代文化特别是儒家文化的重要标志,都与宗法制度密切相关。实际上,早在儒家学说形成之前,《尚书·顾命》中就已经详细记载了周成王(前1042～前1020年在位)临终时的情况及其丧礼的详细过程。数千年来,丧葬制度的影响更加广泛和深入,更加大众化。因此了解它,对于了解中国古代文化也更加直接。

实际上,丧服之制只是古代丧葬制度中的一部分内容。因为丧葬制度包括丧礼、坟墓、丧服服饰、丧服等级、守丧、除服等,

① 《周礼正义》,中华书局1987年版,第1436页。

从亡故亲人死亡开始直至纪念活动完全结束、活着的人恢复正常生活为止的全部行为，都属于丧葬制度规定的范围之内。①其中，有些属于凶礼祭祀的范围，后面还将谈到。这里只是简单介绍丧葬制度中的丧服制度。《仪礼》中有《丧服》一章，在17篇中独占其一，由此可见其重要性。

在宗法社会当中，血缘关系远近不同的人，利害相关程度比起后代来要大得多。为了体现这些，即“亲亲”的需要，同时又强化“尊尊”的严肃性，即加强宗法制所规定的嫡庶差别、男女差别，丧服制度规定了五个大的等级，这就是所谓“五服”——斩衰(cuī)、齐(zī)衰、大功、小功、缌麻。不同时代对“五服”之下细分成的若干小的等级又有些小的差异。下面我们仅依据《仪礼·丧服》，对“五服”服饰与所涉及对象作些简要介绍。

(1)斩衰之服：所谓“斩”是指粗麻布用刀斩断后缝制成丧服，断口处不及缉边。“衰”本是丧服上衣上的麻布条，用以泛指丧服。斩衰服是“五服”中最重一等，服期三年。且《仪礼·丧服》中有“斩衰裳，直绖杖、绞带，冠绳缨，菅屦者”一整套服饰规定。斩衰服主要适用于子女为父、嫡孙为祖、妻妾为夫、父为嫡长子、臣为君等等。

(2)齐(zī)衰之服：所谓“齐”，就是用斩断的麻布做丧服时，缉上边缝。齐衰之服仅次于斩衰，是五服中的第二等。但它又细分为四等：①齐衰三年，适用于父卒为母、母为长子等。明代之后该等齐衰服不再使用。②齐衰一年，用杖(又名“杖期(jī)服”)，适用于父在为母、夫为妻等。③齐衰一年，不用杖(又名“不杖期”)，适用范围较广，如：为祖父母、大宗宗子为妻、为

① 参见本书第九章第三节。

同居继父、为伯叔父母、为兄弟、庶子为嫡兄弟、出嫁女为父母和为父后嗣的兄弟、过继他人者为己生身父母、妇为公婆、为姑、姐妹及嫁女无夫无子者，妾为正妻、为庶子、为侄、为夫之侄、为嫡长孙等等。④齐衰三月，为曾祖父母、大夫为宗子、庶人为国君等等。

(3)大功之服：又细分为三等。①大功九月为成人服：为出嫁的姑、姊妹、女儿，为堂兄弟（叔伯兄弟），过继他人者为原本宗同父兄弟，为庶孙，为嫡长子之妇，出嫁女为兄弟，为侄子，为夫之祖父母、伯叔父母等等。②大功九月为不满 19 岁的原齐衰服之长殇服。③大功七月为不满 15 岁的原齐衰服之中殇服。

(4)小功之服：又细分为二等。①小功五月为成人服：为从祖祖父母（祖父的兄弟与妻子）、为从祖伯叔父母（父亲堂兄弟与妻子）、为再从兄弟（从祖父母之子）、为出嫁的堂姊妹、出嫁的孙女，过继他人者为出嫁之姊妹，为外祖父母、为母亲的姊妹（姨）、为夫之姊妹，妯娌、媵妾之间，公婆为庶子妇等。②小功五月为不满 11 岁的原齐衰服的下殇和为原大功服的长殇。

(5)缌麻之服：又细分为二等。①缌麻三月成人服：为族曾父母（曾祖父的兄弟及妻子）、为祖父的堂兄弟及妻子（族祖父母）、为父之再从兄弟及妻子（族伯叔父母）、为族父之子（三从兄弟）、为再从兄弟之子（父亲堂兄弟之子）、为曾孙、为父之姑、为父之堂姊妹、为再从姊妹、为庶孙之妻、为庶母、为乳母、庶子为父后者为己生母、为外孙、为表兄弟、为舅、为外甥、为岳父母、为婿等等。②缌麻三月殇服：为原小功服之长殇，为原大功服之中、下殇。

除以上“五服”之外，《礼记·大传》又有“四世而缌，服之穷也；五世袒免，杀同姓也；六世，亲属竭矣”①的说法。所以，本家五世的亲属（即同高祖之父的亲属），在传统上虽在“五服”亲属之外，但仍算作最后一级亲属。不过，其丧服等级是“五服”之外的“袒免”而已。所谓“袒免”，就是裸露左臂，免冠束发，以示哀悼。

从以上粗略列举的“五服”所涉及的亲属即可以知道，“五服”内的亲属并不完全等于“五代”或“五世”（俗说五辈）的亲属。因为“五服”的亲属中，还包括母党、妻党的亲属在内。至今民间所谓“出五服”、“没出五服”或“在五服之内”、“不在五服之内”等说法，其原意皆可根据上述《仪礼·丧服》、《礼记·大传》等记载推知。

第三节　宗法制在历史上的演化及其影响

历经夏商两代，终于在西周形成的严格典型的宗法制度虽然仅仅存在了数百年，但由于继之而来的儒家学派的宣传，特别是儒家学派创始人孔子对于西周礼乐制度的向往与推崇，加之西汉“罢黜百家”、独尊儒术的作用，使西周的礼乐文化对其后两千多年的整个中国古代封建社会的影响至为深远。

《论语》、《礼记》等儒家经典记录了孔子崇尚西周礼乐文化的情景。《论语·八佾》：“子曰：‘周监于二代，郁郁乎文哉！吾从周！’”《礼记·檀弓下》：“殷既封而吊，周反哭而吊。孔子曰：‘殷已悫，吾从周。’”②又《坊记》：“子云：‘死，民之卒事也，吾从

① 《礼记集解》，中华书局1989年版，第909页。
② 《礼记集解》，中华书局1989年版，第258页。

周。'"①又《中庸》:"子曰:'吾说夏礼,杞不足征也。吾学殷礼,有宋存焉。吾学周礼,今用之。吾从周。'"②孔子不厌其烦地多达四次重复说到"吾从周",说明他对西周典章制度心仪之甚。这与其一生致力于"恢复周礼"的表现是完全符合的。这种情形,使得西周的核心制度——严格典型的宗法制度,对中国古代文化的影响大大加强。

然而,这种制度又是产生并适应于那个特定的"贵族宗子所有制社会"的。进入封建社会之后,它不可能原封不动地被继承和施行下去。在长达两千多年的封建社会的各个时期,都始终既不能完全抛弃宗法制度,同时各个时期又都将其改造利用,变化出一些新的特点和形式,以适应各自朝代发展的需要。因此可以说,中国古代文化自始至终都是深受宗法制度影响的一种文化。

一、宗法制度在各代的变化可以大致分为如下几个阶段

1. 战国至两汉时期

地主阶级为了维护新的封建社会制度,对于代表"贵族宗子所有制社会"制度的宗法制必然进行激烈否定。特别是战国末年,各国纷纷变法,加强中央集权,削弱宗法势力,代之新的官吏制度。加之整个社会处于接连数百年的兼并动乱,更对原来稳定的宗法社会及其制度起了瓦解摧毁的作用。如《战国策·秦策四》描写的:"韩、魏父子兄弟接踵而死于秦者,百世矣。本国残,社稷坏,宗庙隳,刳腹折颐,身首分离,暴骨草泽,头

---

① 《礼记集解》,中华书局1989年版,第1290~1291页。
② 《四书集注》,中华书局1957年版,第46页。

颇僵仆，相望于境。父子老弱系虏，相随于路……百姓不聊生，族类离散，流亡为臣妾，满海内矣。”①这段文字，形象地记述了当时的社会动荡使宗法社会分崩离析的情景。实际上，秦国远在秦孝公商鞅变法时，就已开始刻意打击宗法制，以法律形式强行拆散原来大宗、小宗形成的大家族，代之以分户析居的小家庭制度。这种政策，直至秦始皇统一中国，都是一直严格执行的。因此在西汉建立之前八百多年以来的大宗、小宗为表现形式的宗法制已经遭到毁灭性打击。西汉建立之后，继续打击那些不与朝廷合作的旧的强宗大族。《史记·酷吏列传》：“济南瞯氏宗人三百余家，豪猾，二千石莫能制，于是景帝乃拜（郅）都为济南太守，至则族灭瞯氏首恶，余皆股栗。”②另一方面在改朝换代中功勋显赫的王侯将相们又形成了一大批新的大家族。从社会发展的角度说，自给自足的大地主庄园经济是封建社会赖以产生和存在的经济基础，这种大地主庄园经济正是产生新的强宗大族的温床。因此，到东汉末年，宗族势力重新如火如荼地发展起来。许多家族甚至都有宗族武装，拥兵自重，割据一方。《后汉书·郭伋传》：“更始新立（按，淮阳王刘玄，23 年立，年号更始），三辅连被兵寇，百姓震骇，强宗右姓，各拥众保营，莫肯先附。更始素闻伋名，征拜左冯翊，使镇抚百姓。”③到东汉末年，这种情形愈演愈烈，终于导致了三国鼎立局面的出现和其后魏晋南北朝又一次连续几百年的大动荡。

---

① 《战国策》，《二十五别史》，齐鲁书社 2000 年版，第 72 ~ 73 页。
② 《史记》，中华书局 1963 年版，第 3133 页。
③ 《后汉书》，中华书局 1973 年版，第 1091 页。

2. 魏晋南北朝时期

在连续近四百年的大动荡中，兴替无常，民不聊生，"白骨露于野，千里无鸡鸣"①，"出门无所见，白骨蔽平原"②，是当时社会生活真实的写照。在旷日持久的动荡中，骨肉分离、举家迁徙、身世变换、性命不永。旧的强宗大族为了使族人记住自己的籍贯、身世等来历，同时也为了显示自己家族曾世代显贵的历史，往往以标榜各自始祖、创立该族的发祥地作为该族的标识。强宗大族的这种发祥地，称"郡望"或"族望"。各个强宗大族又把族中累代出现的建功立业者的事迹记录下来，并把它刻写在居住地大门外的两根柱子上。这种竖立于门外的柱子，"在左曰阀，在右曰阅"③，它们是该家族累代势力和声望的证明。社会上也逐渐形成了以阀阅来区别各家族之间门第高低的风气，甚至影响到当时的政治制度。这种标榜郡望和门第阀阅的强宗大族，又称为"高门"、"望门"、"著姓"、"右姓"、"大姓"或"士族"、"势族"、"世族"等等。它们进而互相联合，逐渐成为当时社会上具有各种特权的利益集团。所以魏晋南北朝时期习惯上又称为门阀士族社会。与此相对的，则是"寒门"与"庶族"。当时，有以"九品中正制"来评判和选拔人才的制度。由于豪门世族把持了"九品中正制"的位置，所以又导致了"上品无寒门，下品无势族"现象的发生。

3. 唐宋两代

唐宋两代结束了数百年来的分裂和动乱，社会重新走上了稳定发展的时期，经过数百年的发展，唐代和北宋两代达到了封

---

① 曹操：《蒿里行》。

② 王粲：《七哀诗》。

③ 《玉篇·门部》。

建社会的鼎盛期，社会稳定，生产发展，各种文化不断进步，因此，社会制度也需要创立一种新的状态，门阀制度又被新的宗族—家族制度所取代。为使家族内部更有秩序，许多学者提出要恢复宗族制度，比如，韩愈、张载、司马光、苏洵三父子、欧阳修、吕大钧、朱熹等。地主阶级的代表人物为维护本家族、本阶级的政治、经济权利，主张并尝试把旧有的宗法制度重新恢复并进行适应新的社会条件的变通，以稳定封建统治秩序。著名学者张载说："管摄天下人心，收宗族，厚风俗，使人不忘本，须是明谱系世族与立宗子法。宗法不立，则人不知统系来处。……宗子之法不立，则朝廷无世臣。且如公卿一日崛起于贫贱之中，以至公相。宗法不立，既死遂族散，其家不传。宗法若立，则人人各知来处，朝廷大有所益。或问：'朝廷何所益?'公卿各保其家，忠义岂有不立？忠义既立，朝廷之本岂有不固？今骤得富贵者，止能为三四十年之计，造宅一区及其所有，既死则众子分裂，未几荡尽，则家遂不存，如此则家且不能保，又安能保国家！……今日大臣之家，且可方宗子法。譬如一人数子，且以嫡长为大宗，须据所有家计厚给以养宗子，宗子势重，即愿得之，供宗子外乃将所有均给族人。宗子须专教授，宗子之得失，责在教授，其他族人，别立教授。仍乞朝廷立条，族人须管遵依祖先立法，仍许族人将已合转官恩泽乞回授宗子，不理选限官，及许将奏荐子弟恩泽与宗子，且要主张门户。宗子不善，则别择其次贤者立之。"①经过试验摸索之后，北宋时期，终于形成了修宗谱、建宗祠、置办族产、选立族长、订立族规、设立私塾等一系列完整配套的体现封建社会鼎盛时期特点的新的宗族—家族制度。其中，

① 《张载集》，中华书局1978年版，第258～260页。

苏洵三父子、欧阳修等，带头为自己家族修族谱，在家族中实行家族制度。吕大钧兄弟制订《蓝田吕氏乡约》①。朱熹则进一步将其修改（参见本章附录二《增损吕氏乡约》），都为宋代家族制度在组织、制度方面的发展起到重要作用，并对后代家族制度的发展产生了深刻影响。

总之，唐宋时期的家族制度，一直在不断发展完善。在许多著名人物的推动下，终于在全社会形成了“家之有庙，族之有谱”的普遍现象。从积极方面讲，这种家族制度有利于维护封建社会的稳定，例如可以促使家族和睦、道德敦厚、教育得到一定普及、鳏寡孤独得到一定抚恤等。但今天看起来，其消极影响也是明显的，例如，族规里一般都有重农轻商的倾向等等。

在这种制度下，族长的选择已不是严格按照嫡长的标准，而是一般变为以权势和名望或德行作为标准，变得较原来的宗法制更加灵活、现实。族长虽不是像原来宗法制那样世袭，而往往是选出的，但权力依然很大，几可与原来的宗子权力相媲美，依然掌有主持祭祀、掌管家族产业、教化惩罚权等许多重大的权力。

4. 明清时代

明清两朝一方面继承唐宋时代的家族制度，一方面又不断对前代成熟的家族制度进行适应各自时代的修订。所以，明清两代的家族制度也更加成熟。但今天看来，这一时期的家族制度也越来越多地表现出阻碍社会发展的消极作用。

二、宗法制度对封建社会的作用和影响

宗法制度对封建社会的影响是根本性的。对于中国古代历

① 见《续修四库全书》，第934册。

史和中华文化的影响也是多方面的。所谓根本性,是指宗法制度是关系到从西周到清代三千多年的中国政治、经济、文化、习俗等各方面的关键因素,跨越了奴隶社会(贵族宗子所有制社会)、封建社会两个阶段,是中国古代社会政治文化的纲维和基础。

宗法制度在历史上造成过种种特殊的矛盾以及与这些矛盾相关的历史文化现象。例如历史上频频发生的嫡庶之争就是其中一种。典型的宗法制度下,只有嫡长子才有继承权,但西周之后,嫡庶之争就成了引发各种矛盾的导火索,引起的流血杀戮层出不穷,血腥残酷。《左传》记载,仅文公十八年十月至十二月的三个月中,鲁国、莒国、宋国就都发生了杀嫡立庶的事件。鲁国东门襄仲杀死了太子恶和公子视,而立宣公为国君。莒纪公生了太子仆和季佗,他因喜欢季佗而废太子仆,导致太子仆弑君。宋国则因为昭公被庶弟文公弑杀,从而导致了文公朝的一系列杀戮和动乱。

嫡庶之别,成了几千年来永远说不完的话题。《红楼梦》中关于嫡庶的不同,描写也十分精彩,例如描写探春、贾环与其生母赵姨娘的关系,以及因为嫡庶而造成的他们的地位,都十分真实传神。探春严守封建礼制,不承认自己是亲生母亲赵姨娘的女儿,只说自己是贾政和王夫人的女儿。当赵姨娘想借探春管家之机,为自己的兄弟多弄点丧葬费时,遭到了探春毫无亲情地斥责(见五十五回)。而贾环也因为庶出,加之个人不长进,更是处处受人轻侮。当赵姨娘临死时,他还不能主动守护自己的母亲(见一百一十二回)。

宗法制度的影响既有积极的一面(特别是产生的初期和中期),也有消极的一面(特别是封建社会中晚期)。积极方面,如对“贵族宗子所有制社会”、封建社会的上升阶段起到的巩固、延续作用，已经成为中华民族素有的认祖归宗、落叶归根等思想，至今是我们海内外炎黄子孙共同完成祖国统一大业的思想和文化基础。此外，中华民族许多优秀的品德，如孝敬父母、尊老爱幼、注重礼节、讲究道德等，都与它的存在有密切关系。其消极方面，如血统论、严格的等级制度、重男轻女、重农轻商等，都曾阻碍过中国社会的发展。

另外，从语言文献的角度讲，典籍中保存的与宗法制度有关的大量词汇或事类：如六亲不认、诛灭九族、居丧守制、五服、丁忧（丁艰、守制）等等，也都与每个中国人的语言、生活、学习有着千丝万缕的联系。例如《儒林外史》第四回中，讽刺范进在居丧期间应邀赴宴，吃大虾丸子等情节的描写，就与居丧守制有关，如果读者对严格而又烦琐的丧礼制度不了解，就会完全不解其中之味。

显然，认真学习进而客观评价宗法制度对于中华文化的影响，依然是一项长期而艰巨的任务。

附录一

《殷周制度论》（节录）①

王国维

欲观周之所以定天下，必自其制度始矣。周人制度之大异于商者，一曰“立子立嫡”之制，由是而生宗法及丧服之制，并由是而有封建子弟之制，君天子臣诸侯之制；二曰庙数之制；三曰同姓不婚之制。此数者，皆周之所以纲纪天下。其旨则在纳上

① 《观堂集林》（卷一〇），中华书局1959年版，第453～464页。

下于道德，而合天子、诸侯、卿、大夫、士、庶民以成一道德之团体。周公制作之本意，实在于此。此非穿凿附会之言也，兹篇所论，皆有事实为之根据，试略述之。

殷以前无嫡庶之制。黄帝之崩，其二子昌意、玄嚣之后，代有天下。颛顼者昌意之子，帝喾者玄嚣之子也；厥后虞、夏皆颛顼后，殷、周皆帝喾后。有天下者，但为黄帝之子孙，不必为黄帝之嫡。世动言尧、舜禅让，汤、武征诛，若其传天下与受天下有大不同者。然以帝系言之，尧、舜之禅天下，以舜、禹之功，然舜、禹皆颛顼后，本可以有天下者也；汤、武之代夏、商，固以其功与德，然汤、武皆帝喾后，亦本可以有天下者也。以颛顼以来诸朝相继之次言之，固已无嫡庶之别矣。一朝之中，其嗣位者亦然。特如商之继统法，以弟及为主，而以子继辅之，无弟然后传子。自成汤至于帝辛三十帝中，以弟继兄者凡十四帝（外丙、中壬、大庚、雍己、大戊、外壬、河亶甲、沃甲、南庚、盘庚、大辛、小乙、祖甲、庚丁）；其以子继父者，亦非兄之子，而多为弟之子（小甲、中丁、祖辛、武丁、祖庚、廪辛、武乙）。惟沃甲崩，祖辛之子祖丁立；祖丁崩，沃甲之子南庚立；南庚崩，祖丁之子阳甲立：此三事独与商人继统法不合。此盖《史记·殷本纪》所谓中丁以后九世之乱，其间当有争立之事，而不可考矣。故商人祀其先王，兄弟同礼；即先王兄弟之未立者，其礼亦同，是未尝有嫡庶之别也。此不独王朝之制，诸侯以下亦然。近保定南乡出句兵三，皆有铭：其一曰“大祖日己、祖日丁、祖日乙、祖日庚、祖日丁、祖日己、祖日己”；其二曰“祖日乙、大父日癸、大父日癸、中父日癸、父日癸、父日辛、父日己”；其三曰“大兄日乙、兄日戊、兄日壬、兄日癸、兄日癸、兄日丙”。此当是殷时北方侯国勒祖父兄之名于兵器以纪功者；而三世兄弟之名先后骈列，无上下贵贱之别。是故大王之立王季也，文王之舍伯邑考而立武王也，周公之继武王而摄政称王也，自殷制言之，皆正也（殷自武乙以后，四世传子，又孟子谓："以纣为兄之子，且以为君，而有微子启、王子比干。"《吕氏春秋·当务篇》云："纣之同母三人，其长子曰微子启，其次曰仲衍，其次曰受德。受德乃纣也，甚少矣。纣母之生微子启与仲衍也，尚为妾；已而为妻而生纣。纣之父，纣之母欲置微子启以为大子，大史据法而争之曰：'有妻之子而不可置妾之子。'纣故为后。"《史记·殷本纪》则云："帝乙长子为微子启，启母贱不得嗣；少子辛，辛母正后，故立辛为嗣。"此三说虽不同，似商末已有立嫡之制。然三说已自互异，恐即以周代之制拟之，未敢信为事实也）。舍弟传子之法，实自周始。当武王之崩，天下未定，国赖长君；周公即相武王克殷胜纣，勋劳最高，以德以长，以历代之制，则继武王而自立，固其所矣。而周公乃立成王而己摄之，后又反政焉。摄政者，所以济变也；立成王者，所以居正也。自是以后，子继之法遂为百王不易之制矣。

由传子之制而嫡庶之制生焉。夫舍弟而传子者，所以息争也。兄弟之亲本不如父子，而兄之尊又不如父，故兄弟间常不免有争位之事。特如传弟既尽之后，则嗣立者当为兄之子欤，弟之子欤？以理论言之，自当立兄之子；以事实言之，则所立者往往为弟之子。此商人所以有中丁以后九世之乱，而周人传子之制正为救此弊而设也。然使于诸子之中可以任择一人而立之，而此子又可任立其欲立者，则其争益甚，反不如商之兄弟以长幼相及者犹有次第矣。故有传子之法，而嫡庶之法亦与之俱生。其条例，则《春秋左氏传》之说曰："太子死，有母弟则立之，无则立长。年钧择贤，义钧则卜。"公羊家之说曰："礼，嫡夫人无子，立右媵；右媵无子，立左媵；左媵无子，立嫡侄娣；嫡侄娣无子，立右媵侄娣;右媵侄娣无子,立左媵侄娣。质家亲亲,先立娣;文家尊尊,先立侄。嫡子有孙而死,质家亲亲,先立弟;文家尊尊,先立孙,其双生也,质家据现在,立先生,文家据本意,立后生。"此二说中,后说尤为详密,顾皆后儒充类之说;当立法之初,未必穷其变至此。然所谓立子以贵不以长,立嫡以长不以贤者,乃传子法之精髓,当时虽未必有此语,固已用此意矣。盖天下之大利莫如定,其大害莫如争。任天者定,任人者争;定之以天,争乃不生。故天子诸侯之传世也,继统法之立子与立嫡也,后世用人之以资格也,皆任天而不参以人,所以求定而息争也。古人非不知官天下之名美于家天下,立贤之利过于立嫡,人才之用优于资格,而终不以此易彼者,盖惧夫名之可借而争之易生,其敝将不可胜穷,而民将无时或息也。故衡利而取重,絜害而取轻,而定为立子立嫡之法,以利天下后世;而此制实自周公定之。是周人改制之最大者,可由殷制比较得之。有周一代礼制,大抵由是出也。

是故由嫡庶之制而宗法与服术二者生焉。商人无嫡庶之制,故不能有宗法。借曰有之,不过合一族之人奉其族之贵且贤者而宗之;其所宗之人,固非一定而不可易,如周之大宗、小宗也。周人嫡庶之制,本为天子诸侯继统法而设,复以此制通之大夫以下,则不为君统而为宗统,于是宗法生焉。周初宗法虽不可考,其见于七十子后学所述者,则《丧服小记》曰:"别子为祖,继别为宗,继祢者为小宗。有五世而迁之宗,其继高祖者也。是故祖迁于上,宗易于下,敬宗所以尊祖祢也。"《大传》曰:"别子为祖,继别为宗,继祢者为小宗,有百世不迁之宗,有五世则迁之宗。百世不迁者,别子之后也;宗其继别子者,百世不迁者也;宗其继高祖者,五世则迁者也。尊祖故敬宗,敬宗尊祖之义也。是故有继别之大宗,有继高祖之宗,有继曾祖之宗,有继祖之宗,有继祢之宗，是为五宗。其所宗者皆嫡也，宗之者皆庶也。此制为大夫以下设，而不上及天子诸侯。”郑康成于《丧服小记》注曰：“别子，诸侯之庶子，别为后世为始祖者也；谓之别子者，公子不得祢先君也。”又于《大传》注曰：“公子不得宗君。”是天子诸侯虽本世嫡，于事实当统无数之大宗，然以尊故，无宗名。其庶子不得祢先君，又不得宗今君，故自为别子，而其子乃为继别之大宗。言礼者嫌别子之世近于无宗也，故《大传》说之曰：“有大宗而无小宗者，有小宗而无大宗者，有无宗亦莫之宗者，公子是也。公子有宗道，公子之公为其士大夫之嫡者，宗其士大夫之适者。”《注》曰：“公子不得宗君，君命嫡昆弟为之宗，使之宗之，此传所谓有大宗而无小宗也。又若无嫡昆弟，则使庶昆弟一人为之宗，而诸庶兄弟事之如小宗，此传所谓有小宗而无大宗也。”《大传》此说，颇与《小记》及其自说违异。盖宗必有所继，我之所以宗之者，以其继别若继高祖以下故也，君之嫡昆弟、庶昆弟皆不得继先君，又何所据以为众兄弟之宗乎？或云：立此宗子者，所以合族也。若然，则所合者一公之子耳；至此公之子与先公之子若孙间，仍无合之之道。是大夫士以下皆有族；而天子诸侯之子，于其族曾祖父母、从祖祖父母、世父母、叔父母以下服之所及者，乃无缀属之法，是非先王教人亲亲之意也。故由尊之统言，则天子诸侯绝宗，王子公子无宗可也；由亲之统言，则天子诸侯之子，身为别子而其后世为大宗者，无不奉天子诸侯以为最大之大宗，特以尊卑既殊，不敢加以宗名，而其实则仍在也。故《大传》曰：“君有合族之道。”其在《诗·小雅》之《常棣序》曰：“燕兄弟也。”其诗曰：“傧尔笾豆，饮酒之饫，兄弟既具，和乐且孺。”《大雅》之《行苇序》曰：“周家能内睦九族也。”其诗曰：“戚戚兄弟，莫远具迩，或肆之筵，或授之几。”是即《周礼·春官宗伯·大宗伯》所谓以饮食之礼亲宗族兄弟者，是天子之收族也。《文王世子》曰："公与族人燕则以齿。"又曰："公与族人燕，则异姓为宾。"是诸侯之收族也。夫收族者，大宗之事也。又在《小雅》之《楚茨》曰："诸父兄弟，备言燕私。"此言天子诸侯祭毕而与族人燕也。《尚书大传》曰："宗室有事，族人皆侍终日。大宗已侍于宾奠，然后燕私。燕私者何也？祭已而与族人饮也。"是祭毕而燕族人者，亦大宗之事也。是故天子诸侯虽无大宗之名，而有大宗之实。《笃公刘》之诗曰："食之饮之，君之宗之。"《传》曰："为之君，为之大宗也。"《板》之诗曰："大宗维翰。"《传》曰："王者，天下之大宗。"又曰："宗子维城。"《笺》曰："王者之嫡子，谓之宗子。"是礼家之大宗限于大夫以下者，诗人直以称天子诸侯。惟在天子诸侯，则宗统与君统合，故不必以宗名。大夫、士以下皆以贤才进，不必身是嫡子，故宗法乃成一独立之统系。是以丧服有为宗子及其母、妻之服皆齐衰三月，与庶人为国君、曾孙为曾祖父母之服同。嫡子庶子祗事宗子，宗妇虽贵富，不敢以贵富入于宗子之家；子弟犹归器，祭则具二牲，献其贤者于宗子，夫妇皆齐而宗敬焉，终事而敢私祭，是故大夫以下，君统之外复戴宗统，此由嫡庶之制自然而生者也。

其次则为丧服之制。丧服之大纲四：曰"亲亲"，曰"尊尊"，曰"长长"，曰"男女有别"。无嫡庶，则有亲而无尊，有恩而无义，而丧服之统紊矣。故殷以前之服制，就令成一统系，其不能如周礼服之完密，则可断也。丧服中之自嫡庶之制出者：如父为长子，三年；为众子，期。庶子不得为长子三年。母为长子，三年；为众子，期。公为嫡子之长殇、中殇，大功；为庶子之长殇、中殇，无服。大夫为嫡子之长殇、中殇，大功；为庶子之长殇，小功。嫡妇，大功；庶妇，小功。嫡孙，期；庶孙，小功。大夫为嫡孙为士者，期；庶孙，小功。出妻之子为母，期。为父后者，则为出母，无服；为父后者，为其母，缌。大夫之适子为妻，期；庶子为妻，小功。大夫之庶子为嫡昆弟，期；为庶昆弟，大功；为嫡昆弟之长殇、中殇，大功；为庶昆弟之长殇，小功。为嫡昆弟之下殇，小功；为庶昆弟之下殇，无服。女子子适人者，为其昆弟之为父后者，期；为众昆弟，大功。凡此皆出于嫡庶之制；无嫡庶之世，其不适用此制明矣。又无嫡庶则无宗法，故为宗子与宗子之母妻之服无所施。无嫡庶，无宗法，则无为人后者，故为人后者为其所后及为其父母昆弟之服亦无所用。故《丧服》一篇，其条理至精密纤悉者，乃出于嫡庶之制既行以后，自殷以前，决不能有此制度也。

附录二

《吕氏乡约乡仪》①

[宋]吕大钧

乡约

德业相劝

德，谓见善必行，闻过必改。能治其身，能治其家，能事父兄，能教子弟，能御僮仆，能事长上，能睦亲故，能择交游，能守廉介，能广施惠，能受寄托，能救患难，能规过失，能为人谋，能为众集事，能解斗争，能决是非，能兴利除害，能居官举职。凡有一善为众所推者，皆书于籍，以为善行。

---

① 摘自陈俊民辑校：《蓝田吕氏遗著辑校》，中华书局1993年版，第563~567页。

业，谓居家则事父兄，教子弟，待妻妾；在外则事长上，接朋友，教后生，御僮仆。至于读书治田，营家济物，好礼乐射御书数之类，皆可为之。非此之类，皆为无益。

过失相规

过失，谓犯义之过六，犯约之过四，不修之过五。

犯义之过，一曰酗博斗讼。酗谓恃酒喧竞。博谓博赌财物，斗谓斗殴骂詈，讼谓告人罪慝，意在害人者。若事干负累，又为人侵损而诉之者非。

二曰行止逾违。逾违多端，众恶皆是。

三曰行不恭逊。侮慢有德有齿者，持人短长者及恃强陵犯众人者，知过不改闻谏愈甚者。

四曰言不忠信。为人谋事，陷人于不善，与人要约，过即背之，及诬妄百端皆是。

五曰造言诬毁。诬人过恶，以无为有，以小为大，面是皆非。或作嘲咏匿名文书，及发扬人之私隐，无状可求，及喜谈人之旧过者。

六曰营私太甚。与人交易伤于掊克者，专务进取不恤余事者，无故而好干求假贷者，受人寄托而有所欺者。

犯约之过，一曰德业不相劝，二曰过失不相规，三曰礼俗不相成，四曰患难不相恤。

不修之过，一曰交非其人。所交不限士庶，但凶恶及游惰无行、众所不齿者，若与之朝夕游从，则为交非其人。若不得已暂往还者非。

二曰游戏怠惰。游谓无故出入，及谒见人，止务闲适者。戏谓戏笑无度，及意在侮侮。或驰马击鞠之类，不赌财物者。怠惰谓不修事业，及家事不治，门庭不洁者。

三曰动作无仪。进退太疏野及不恭者，不当言而言、当言而不言者，衣冠太饰及全不完整者，不衣冠入街市者。

四曰临事不恪。主事废忘，期会后时，临事怠慢者。

五曰用度不节。不计家之有无，过为侈费者，不能安贫而非道营求者。

已上不修之过，每犯皆书于籍，三犯则行罚。

礼俗相交

凡行婚姻丧葬祭祀之礼，《礼经》具载，亦当讲求。如未能遽行，且从家传旧仪。甚不经者，当渐去之。

凡与乡人相接，及往还书问，当众议一法共行之。

凡遇庆吊，每家只家长一人与同约者皆往，其书问亦如之。若家长有故，或与所庆吊者不相识，则其次者当之。所助之事，所遗之物，亦临时聚议，各量其力，裁定名物及多少之数。若契分浅深不同，则各从其情之厚薄。

凡遗物婚嫁，及庆贺用币、帛、酒、蜡烛、雉、兔、果实之类，计所直多少，多不过三千，少至一二百。丧葬始丧，则用衣服或衣段以为襚礼，以酒脯为奠礼，计直多不过三千，少至一二百。至葬，则用钱帛为赙礼，用猪、羊、酒、蜡烛为奠礼，计直多不过五千，少至三四百。灾患如水火、盗贼、疾病、刑狱之类，助济者以钱、帛、米、谷、薪、炭等物，计直多不过三千，少至二三百。

凡助事谓助其力所不足者，婚嫁则借助器用，丧葬则又借助人夫，及为之营干。

患难相恤

患难之事七：

一曰水火。小则遣人救之，大则亲往，多率人救之，并吊之耳。

二曰盗贼。居之近者同力捕之，力不能捕，则告于同约者，及白于官司，尽力防捕之。

三曰疾病。小则遣人问之，稍甚则亲为博访医药。贫无资者，助其养疾之费。

四曰死丧。阙人干，则往助其事；阙财，则赙物及与借贷吊问。

五曰孤弱。孤遗无所依者，若其家有财可以自赡，则为之处理，或闻于官，或择近亲与邻里可托者主之，无令人欺罔。可教者，为择人教之，及为求婚姻。无财不能自存者，叶力济之，无令失所。若为人所欺罔，众人力与办理。若稍长而放逸不检，亦防察约束之，无令陷于不义也。

六曰诬枉。有为诬枉过恶，不能自申者，势可以闻于官府，则为言之；有方略可以解，则为解之。或其家因而失所者，众以财济之。

七曰贫乏。有安贫守分而生计大不足者，众以财济之；或为之假贷置产，以岁月偿之。

凡同约者，财物、器用、车马、人仆，皆有无相假。若不急之用，及有所妨者，亦不必借。可借而不借，及逾期不还，及损坏借物者，皆有罚。凡事之急者，自遣人遍告同约；事之缓者，所居相近及知者告于主事，主事遍告之。凡有患难，虽非同约，其所知者，亦当救恤。事重，则率同约者共行之。

罚式

犯义之过，其罚五百。轻者或损至四百三百。不修之过及犯约之过，其罚一百。重者或增至二百三百。凡轻过，规之而听，及能自举者，止书于籍，皆免罚。若再犯者，不免。其规之不听，听而复为，及过之大者，皆即罚之。其不义已甚，非士论所容者，及累犯重罚而不悛者，特聚众议，若决不可容，则皆绝之。

聚会

每月一聚，具食；每季一会，具酒食。所费率钱，合当事者主之。聚会则书其善恶，行其赏罚。若约有不便之事，共议更易。

主事

约正一人或二人，众推正直不阿者为之，专主平决赏罚当否。直月一人，同约中不以高下，依长少轮次为之，一月一更，主约中杂事。

人之所赖于邻里乡党者，犹身有手足，家有兄弟，善恶利害皆与之同，不可一日而无之。不然，则秦越其视，何与于我哉！大忠素病于此，且不能勉，愿与乡人共行斯道。惧德未信，动或取咎，敢举其目，先求同志，苟以为可，愿书其诺，成吾里仁之美，有望于众君子焉。熙宁九年十二月初五日，汲郡吕大忠白。

吕氏乡约终。

附录三

《策别安万民二》（节选）①

[宋]苏　轼

今欲教民和亲，则其道必始于宗族。臣欲复古之小宗，以收天下不相亲属之心。古者有大宗、有小宗。故《礼》曰："别子为祖，继别为宗。继祢者为小宗。"有百世不迁之宗，有五世则迁之宗。百世不迁者，别子之后也。宗其继别子之所自出者，百世不迁者也。宗其继高祖者，五世则迁者也。古者诸侯之子弟，异姓之卿大夫，始有家者，不敢祢其父，而自使其嫡子后之，则为大

① 摘自孔凡礼点校本《苏轼文集》（第一册），中华书局1986年版，第256～257页。

宗。族人宗之，虽百世而宗子死，则为之服齐衰九月。故曰：“宗其继别子之所自出者，百世不迁者也。”别子之庶子，又不得祢别子，而自使其嫡子为后，则为小宗。小宗五世之外则无服。其继祢者，亲兄弟为之服。其继祖者，从兄弟为之服。其继曾祖者，再从兄弟为之服。其继高祖者，三从兄弟为之服。其服大功九月。而高祖以外亲尽则易宗。故曰：“宗其继高祖者，五世则迁者也。”小宗四，有继高祖者，有继曾祖者，有继祖者，有继祢者，与大宗为五，此所谓五宗也。古者立宗之道，嫡子既为宗，则其庶子之嫡子又各为其庶子之宗。其法止于四，而其实无穷。自秦、汉以来，天下无世卿。大宗之法，不可以复立。而其可以收合天下之亲者，有小宗之法存，而莫之行，此甚可惜也。

今夫天下所以不重族者，有族而无宗也。有族而无宗，则族不可合。族不可合，则虽欲亲之而无由也。族人而不相亲，则忘其祖矣。今世之公卿大臣贤人君子之后，所以不能世其家如古之久远者，其族散而忘其祖也。故莫若复小宗，使族人相率而尊其宗子。宗子死，则为之加服，犯之则以其服坐。贫贱不敢轻，而富贵不敢以加之。冠婚必告，丧葬必赴。此非有所难行也。今夫良民之家，士大夫之族，亦未必无孝弟相亲之心，而族无宗子，莫为之纠率，其势不得相亲。是以世之人，有亲未尽而不相往来，冠婚不相告，死不相赴，而无知之民，遂至于父子异居，而兄弟相讼，然则王道何从而兴乎！

呜呼，世人之患，在于不务远见。古之圣人合族之法，近于迂阔，而行之期月，则望其有益。故夫小宗之法，非行之难，而在乎久而不怠也。天下之民，欲其忠厚和柔而易治，其必曰自小宗始矣。

第五章　中国古代文化的抉择与结晶——儒家经书与经学

第一节　中国古代文化的第一次大论争与大总结——百家争鸣与十家九流简介

中国古代社会历经夏、商、西周，到东周时，典型的宗法制社会已经难以维持。但是，中国文化至此已经具有了二千多年的历史，积淀已经相当深厚。很多志士仁人都纷纷总结二千年以来的各种思想文化成果。于是在春秋战国时代，就出现了中华文化第一次辉煌的文化争论运动——百家争鸣。各家各派都对社会发展提出了自己的见解，甚至对包括宇宙观、世界观、人生观等极其广泛的命题，纷纷发表自己的看法。

这些各自成家的哲学流派及他们的伦理观念、社会治理方略等，都对中华文化起了重要、深刻的影响，有些对某阶段或整个中华文化和中国社会发展的历史都曾产生极大的甚至是决定性的影响。汉代学者认为这些流派中最重要的有六家或十家九流。前者如司马迁的父亲司马谈，他对百家争鸣中最突出的六家进行过评价。司马迁在《史记·太史公自序》中对此作了如下记载：

太史公……乃论六家之要指曰：《易大传》："天下一致而百虑，同归而殊途。"夫阴阳、儒、墨、名、法、道德，此务为治者也，直所从言之异路，有省不省耳。尝窃观阴阳之术，大祥而众忌讳，使人拘而多所畏；然其序四时之大顺，不可失也。儒者博而寡要，劳而少功，是以其事难尽从；然其序君臣父子之礼，列夫妇长幼之别，不可易也。墨者俭而难遵，是以其事不可遍循；然其强本节用，不可废也。法家严而少恩；然其正君臣上下之分，不可改矣。名家使人俭而善失真；然其正名实，不可不察也。道家使人精神专一，动合无形，赡足万物。其为术也，因阴阳之大顺，采儒墨之善，撮名法之要，与时迁移，应物变化，立俗施事，无所不宜，指约而易操，事少而功多。儒者则不然。以为人主天下之仪表也，主倡而臣和，主先而臣随。如此则主劳而臣逸。至于大道之要，去健羡，绌聪明，释此而任术。夫神大用则竭，形大劳则敝。形神骚动，欲与天地长久，非所闻也。

夫阴阳四时、八位、十二度、二十四节各有教令，顺之者昌，逆之者不死则亡，未必然也，故曰"使人拘而多畏"。夫春生夏长，秋收冬藏，此天道之大经也，弗顺则无以为天下纲纪，故曰"四时之大顺，不可失也"。

夫儒者以六艺为法。六艺经传以千万数，累世不能通其学，当年不能究其礼，故曰"博而寡要，劳而少功"。若夫列君臣父子之礼，序夫妇长幼之别，虽百家弗能易也。

墨者亦尚尧舜道，言其德行曰："堂高三尺，土阶三等，茅茨不翦，采椽不刮。食土簋，啜土刑，粝粱之食，藜藿之羹。夏日葛衣，冬日鹿裘。”其送死，桐棺三寸，举音不尽其哀。教丧礼，必以此为万民之率。使天下法若此，则尊卑无别也。夫世异时移，事业不必同，故曰“俭而难遵”。要曰强本节用，则人给家足之道也。此墨子之所长，虽百家弗能废也。

法家不别亲疏，不殊贵贱，一断于法，则亲亲尊尊之恩绝矣。可以行一时之计，而不可长用也，故曰“严而少恩”。若尊主卑臣，明分职不得相逾越，虽百家弗能改也。

名家苛察缴绕，使人不得反其意，专决于名而失人情，故曰“使人俭而善失真”。若夫控名责实，参伍不失，此不可不察也。

道家无为，又曰无不为，其实易行，其辞难知。其术以虚无为本，以因循为用。无成埶，无常形，故能究万物之情。不为物先，不为物后，故能为万物主。有法无法，因时为业；有度无度，因物与合。故曰“圣人不朽，时变是守。虚者道之常也，因者君之纲”也。群臣并至，使各自明也。其实中其声者谓之端，实不中其声者谓之窾。窾言不听，奸乃不生，贤不肖自分，白黑乃形。在所欲用耳，何事不成。乃合大道，混混冥冥。光耀天下，复反无名。凡人所生者神也，所托者形也。神大用则竭，形大劳则敝，形神离则死。死者不可复生，离者不可复反，故圣人重之。由是观之，神者生之本也，形者生之具也。不先定其神(形)，而曰“我有以治天下”，何由哉?①

① 《史记》，中华书局1963年版，第3288~3292页。

到了东汉，班固在司马谈《论六家之要指》的基础上，又主要吸收西汉末年刘歆（？~前23年）在《七略》中提出的“诸子十家”的说法，进一步形成了“十家九流”的新认识。班固在《汉书·艺文志·诸子略》中是这样说的：

儒家者流，盖出于司徒之官，助人君顺阴阳明教化者也。游文于六经之中，留意于仁义之际，祖述尧舜，宪章文武，宗师仲尼，以重其言，于道最为高。孔子曰：“如有所誉，其有所试。”唐虞之隆，殷周之盛，仲尼之业，已试之效者也。然惑者既失精微，而辟者又随时抑扬，违离道本，苟以哗众取宠，后进循之，是以五经乖析，儒学浸衰，此辟儒之患。

道家者流，盖出于史官。历记成败存亡祸福古今之道，然后知秉要执本，清虚以自守，卑弱以自持，此君人南面之术也。合于尧之克攘，易之嗛嗛，一谦而四益，此其所长也。及放者为之，则欲绝去礼学，兼弃仁义，曰独任清虚可以为治。

阴阳家者流，盖出于羲和之官，敬顺昊天，历象日月星辰，敬授民时，此其所长也。及拘者为之，则牵于禁忌，泥于小数，舍人事而任鬼神。

法家者流，盖出于理官，信赏必罚，以辅礼制，易曰“先王以明罚饬法”，此其所长也。及刻者为之，则无教化，去仁爱，专任刑法而欲以致治，至于残害至亲，伤恩薄厚。

名家者流，盖出于礼官。古者名位不同，礼亦异数。孔子曰：“必也正名乎！名不正则言不顺，言不顺则事不成。”此其所长也。及警者为之，则苟钩𨱔析乱而已。

墨家者流，盖出于清庙之守。茅屋采椽，是以贵俭；养三老五更，是以兼爱；选士大射，是以上贤；宗祀严父，是以右鬼；顺四时而行，是以非命；以孝视天下，是以上同：此其所长也。及蔽者为之，见俭之利，因以非礼，推兼爱之意，而不知别亲疏。

纵横家者流，盖出于行人之官。孔子曰："诵诗三百，使于四方，不能专对，虽多亦奚以为？"又曰："使乎！使乎！"言其当权事制宜，受命而不受辞，此其所长也。及邪人为之，则上诈谖而弃其信。

杂家者流，盖出于议官。兼儒、墨，合名、法，知国体之有此，见王治之无不贯，此其所长也。及荡者为之，则漫羡而无所归心。

农家者流，盖出于农稷之官。播百谷，劝耕桑，以足衣食。故八政一曰食，二曰货。孔子曰："所重民食。"此其所长也。及鄙者为之，以为无所事圣王，欲使君臣并耕，誖上下之序。

小说家者流，盖出于稗官。街谈巷语，道听途说者之所造也。孔子曰："虽小道，必有可观者焉！致远恐泥，是以君子弗为也。"然亦弗灭也。闾里小知者之所及，亦使缀而不忘。如或一言可采，此亦刍荛狂夫之议也。

凡诸子百八十九家，四千三百二十四篇。

诸子十家，其可观者九家而已。皆起于王道既微，诸侯力政，时君世主，好恶殊方，是以九家之术蜂出并作，各引一端，崇其所善，以此驰说，取合诸侯。其言虽殊，辟犹水火，相灭亦相生也。仁之与义，敬之与和，相反而皆相成也。《易》曰："天下同归而殊涂，一致而百虑。"今异家者各推所长，穷知究虑，以明其指，虽有蔽短，合其要归，亦《六经》之支与流裔。使其人遭名王圣主，得其所折中，皆股肱之材已。仲尼有言："礼失而求诸野。"方今去圣久远，道术缺废，无所更索。彼九家者，不犹愈于野乎？若能修六艺之术，而观此九家之言，舍短取长，则可以通万方之略矣。①

应该注意的是，从西汉司马谈（？～前110年）到西汉末刘向（约前77～前6年）和他的儿子刘歆，再到东汉班固（32～92年），历时已近二百年。班固《汉书·艺文志·诸子略》中叙述的诸子的顺序与内容跟司马迁所记录的司马谈的《论六家之要指》已经有很大的变化。司马谈的《论六家之要指》以阴阳家始，以道家终，且文中有较明显的扬道抑儒的味道。而班固则是以儒家始，以道家、阴阳家继之，说得较多的也是儒家。另外对每一家的评述，班固几乎都要以孔子的话或者儒家经典的语句为依据，足见当时以及其个人都已对孔子和儒家经典崇奉有加。究其原因，恐怕是司马谈时代，人们还处于更喜欢阴阳家和道家学说的状态。儒家学说只是从司马谈时的西汉武帝时，才刚刚开始受到重视，被选定为全社会的主导学说的。到班固时代，则已经延续了近二百年之久。当时像班固这样的著名学者，一切以儒家学说为尺度则是很正常的了。

以上班固这段话，其中所采信的刘歆关于诸子皆出自王官之说，与事实恐怕不尽相符。但整体上对于了解东汉时代对"十家九流"的认识，仍具有十分重要价值。故有必要将其大体意思串讲如下：

---

① 《汉书》，中华书局1964年版，第1728～1746页。

儒家这一学派的学术渊源,或者它的开创者,是从周代朝廷里掌管教化的司徒官里面产生的。(按,在司马谈《论六家之要指》里,没有说明各家的来源。)或者说是在周王朝里掌管教育国子的老师们中间形成的。周天子及贵族的孩子叫国子。司徒就是掌管教育、文献的官员。班固说儒家学说的开创者就是这样一些"明教化"的人。他们学习了阴阳学说的长处,能够帮助人君,使社会和人的行为顺应大自然的阴阳规律。看起来,儒家学派的创始者们,一开始就注意吸收各种学说的长处。明教化必须有教科书,必须明白上古文化典籍的成果。因此他们规定出各种各样的经典,在著名的经典里学习,即所谓"游文于六经之中","六经"就是儒家学派最早认定的六种经典:《诗经》、《尚书》、《仪礼》、《乐经》(后佚)、《易经》(《周易》)、《春秋》。它们都是最早的文献典籍。原来叫"六艺",独尊儒术之后才被称为"六经"。它们的内容和来源有很大差别。《诗经》是经过孔子整理过的周代诗歌总集。《尚书》主要是记载尧、舜、禹、夏、商、周时代的一些重要文诰或重要文献。《仪礼》据说是记载周代一些礼仪制度的书。《乐经》(后佚)据说是记载周代音乐制度的书。《周易》是周代用来占卜的书。《春秋》是孔子按照其观点编著的一部记载东周历史的典籍。这六部经典都是中华文化最早的结晶。儒家强调礼的重要性,强调用仁义等道德规范社会,并且主张学习历史、学习古代的圣王先贤,树立一些学习的榜样,如尧、舜、禹、周文王、周武王等。"祖述"就是尊重和推行。"宪章文武,宗师仲尼"就是将周文王、周武王时的办法作为后世的宪章,把孔子作为一代宗师。可见儒家的一大特点就是:尊重历史、尊重文化、尊重先人的模范作用,以这些人作为榜样,树立全社会景仰的目标,并以他们那个时代和他们的行为作为后世的规范。班固评价儒家学说已不像二百多年前的司马谈了。司马谈把阴阳家放在前边,把儒家放在后边。班固则首先说到儒家,并赞扬儒家对于社会发展的一些规律性总结,认为它在百家学说当中为最高。班固举了孔子的说法,强调儒家学派重视文化的继承和传递。为什么他们祖述尧、舜,宪章文武,学习六经呢?因为孔子说这些东西都是经过先人们试验过了的,用它去治理古代社会都曾经是行之有效的,所以后世可以遵用。从一开始,儒家学派就注重历史文化的总结和继承。这就是班固给我们揭示的儒家的好处。然后,他也像司马谈逐一对各家进行批判一样,对后世儒家学说的继承者进行了批评。"然惑者既失精微"等句,就是说虽然儒家学说主张注重教育、注重经典的运用,推崇历史经验即古代圣贤的治理方法,为社会指出了前进方向;但是他们的后代继承者有的没有完全理解正道,惑于偏颇,失掉了创始学说的精髓和微妙之处。以至于邪僻不正和胡乱盲从,为了时俗的需要而做一些随世抑扬的改动,违背、脱离了原始儒家学说的根本道路,这些后世学者只是为了哗众取宠。再后来的学者,跟他们去学习的时候,原始儒家学说经典里的经义就不能明了了,因为已经被这些"惑者"背离和曲解了,儒家学说从此逐渐衰落。这是那些邪僻不正的辟儒给儒家学说造成的灾难。班固给我们阐述了原始儒家学派的主张,也批判了后代一些没掌握儒家学说根本的那些不端正的学者,在继承推广儒家学说的时候,使原始儒家学说变了味。

第二家,道家。班固说,道家大概是从古代掌管历史的官员当中产生的。因为他们负责记载历史,所以能够了解历史的成败和各个朝代生存、灭亡的原因以及各个朝代的祸福、大事,能够总结出统治天下、治理国家的古今之道。他们最了解决定历史发展的一些根本的事情。他们认为掌握了最重要的真理，这就是“清虚以自守，卑弱以自持”，认为这也是做帝王统治天下的最根本的方法。这种德行，合乎古代圣王唐尧的“允恭克让”，就是心怀恭敬，能够谦让。他们认为尧就是凭这种恭敬谦让的态度才使天下大治，并取得大家拥戴的。这种德行也符合《易·谦卦》中“谦谦君子”的说法。道德高尚的人，都不盛气凌人，都是非常谦虚，这样的人才称得上君子。可见道家的主张与《易经》是一脉相承的。“一谦而四益”，“四”，指“天、地、鬼神、人”。有了谦虚这种品德，就可以在宇宙、天地、人类社会、与鬼神的关系和人际关系等各方面，都获得极大益处。有的人甚至有的国家就不懂这一道理，狂妄自大，称王称霸、争强斗胜，结果往往以失败而告终。古代中华民族这种原始素朴的观念，至今还是有一定积极意义的。“及放者为之”句，是说到了后代，一些放纵自己想法的人，把原始道家的主张胡乱发挥。在继承道家学说时，“欲绝去礼学，兼弃仁义，曰独任清虚可以为治”。原始道家的最终目的还是“君人南面”、“一谦而四益”。而“放者”却不要统治天下、君人南面，宣称抛弃一切社会的法制、礼仪，也不要任何道德标准，不管天地人神，只求回到原始，听任清虚自守。认为仅仅“空虚、无为”就可以治理好天下。从而失去了原始道家学说的精髓。

第三家，阴阳家者流，也就是《论六家之要指》的第一家。班固说它“盖出于羲和之官”。据《尚书·尧典》记载，尧曾派出羲、和两个氏族，到东、西、南、北极远的地方驻扎，日夜不停地观测天象并加以记录。然后根据观测资料制定了最初的历法。其重要内容就是确定了一年有366天。据说当时最基本的观测方法是,竖立一根标竿,连续记录它在太阳下影子的长短。夏天太阳越来越高,影子越来越短。冬天太阳越来越矮,影子越来越长。这样坚持记录之,就会知道大约366天,是影子长短变化的一个周期。影子最短时,叫做日北至,即今夏至。日北至的第二天,太阳又开始向南运行,影子又开始变得越来越长。影子最长时,叫做日南至,即今冬至。日南至的第二天,太阳又开始向北运行,影子又开始变得越来越短。如此周而复始地循环。所以古人又以冬至为一年开始的第一天。即便是现在,冬至仍是中华民族重大的民俗节日。班固说,阴阳家学派的开创者,可能是羲和一类的官员,他们"敬顺昊天",因为他们负责观测天象,最懂得恭敬顺从伟大的上天。"历象日月星辰",是说观测日月星辰的运行轨迹,并把它画成图形。"敬授民时",恭恭敬敬地把上天运行的规律探索出来,制成历法并教授给人民。让人们根据太阳运行的规律去生活、劳动。昭示万事万物遵循春生、夏长、秋收、冬藏的规律,而不能违背这个规律。古代早有春天不许捕猎的规定,就是因为万物包括动植物,在春天正处于生长期,所以不能破坏它们的自然规律。这些就是阴阳家最擅长的事,他们最知道上天的规律和四时的变化不可逆转、不可违背。"及拘者为之","则牵于禁忌,泥于小数",是说后代阴阳家学派的一些学者,则变得禁忌太多,只知拘泥于小的规则,在顺从规律时制定了很多的禁忌。就像当今一些算卦、看风水的那样,号称是根据阴阳家学说行事的,却造作出了许许多多禁忌。企图让人们舍掉自身的主观能动性,而完全听凭鬼神的安排。这显然是不符合原始阴阳家思想学说的。

第四家,"法家者流,盖出于理官","理官"就是负责审理诉讼的官员,类似今天法院的法官和监狱的管理人员等。自古以来，国家对那些讲信用的人就要奖赏，对犯了法的人就一定要惩罚。用这种方法来辅助礼制的贯彻执行，《易·噬嗑卦》说，“先代的圣王都是用公开的惩罚来整治法律、治理国家的”。这是法家学者所擅长的东西。“及刻者为之”句是说，到后代那些刻薄的法家人物进而推行法家学说的时候，则一任刑法而不讲究礼制，不注重教化，抛弃仁爱，一味地强调刑法，想以此达到天下的治理。以至于对自己的亲人都加以残害，使恩爱受到伤害，使敦厚的人也变得浇薄起来，结果使社会风气愈加混乱。显然，班固认为法律只是国家制度中的一种手段，它还必须与教育和社会道德等相辅相成才行。

第五家，“名家者流，盖出于礼官”。班固认为，名家是从古代掌管朝廷礼仪活动的官员中产生的。在朝廷里，各种人员身份地位不同，所遵行的礼数也不同。名家的开创者们深谙此道，所以特别注重讲究名分。

必须指出的是，在名家学派产生之前，儒家创始人孔子就很讲究名分。《论语·子路》：“子路曰：‘卫君待子而为政，子将奚先？’子曰：‘必也正名乎！……名不正则言不顺，言不顺则事不成，事不成则礼乐不兴，礼乐不兴则刑罚不中，刑罚不中则民无所措手足。故君子名之必可言也，言之必可行也。’”可见，孔子认为端正名分是一切实践活动的基础，是治理国家和民众的首要任务。不讲究名分，社会就会陷于混乱。但是孔子的讲究名分是以礼乐为基础的。其后继学者、战国后期的荀子继承并进一步发扬了孔子的“正名”论，把“正名”的必要性提到了新的高度。《荀子》中以专篇论述了战国后期儒家学派的正名思想。其实质和内容与战国早些时候的名家学派的主张也存在本质的区别。

班固认为，名家学说的代表人物，一味地讲究名分，把事情搞得非常繁琐，“苟钩釽析乱”（“苟”，只，仅仅，随便的意思；“钩”是钩稽、考查；“釽”是破坏，“析”是分析；“乱”，混乱。巧立名目，陷于繁琐的考证）。这就是后代名家的弊病。“名家”在司马谈的《论六家之要指》里列在第五。司马谈评论说“名家使人俭而善失真”。大意是说，“名家要将事情搞得明白无误，使人简约，因而失去本性，显得过于苛刻”。班固这里也将其列在第五，说明它的影响力一直是比较小的。名家的代表人物，如《庄子》中的惠施，他专门搞一些概念的辨析。此外还有邓析、公孙龙子等等。

第六家，“墨家者流，盖出于清庙之守”。班固认为，墨家的开创者可能是给王室管理太庙、负责祖庙祭祀事务的官员。祭祀宗庙讲究朴实，祭品要洁净，因为古人认为鬼神喜欢朴素。所以清虚、朴素是祭祀活动当中要遵守的最重要的原则。新收的庄稼，从田地里拿来，带着泥土味，还有牺牲品的鲜血等，这些东西都是鬼神喜欢的祭品。把这些东西一烧，香气缭绕，鬼神以为馨香。做“清庙之守”的人懂得这些事情。他们“茅屋采椽，是以贵俭；养三老五更，是以兼爱”。不仅贡品朴素、原汁原味，不搞花里胡哨。房子、太庙也不搞雕梁画栋。祭祀祖宗的宗庙，是直接砍来树木搭起的房子，简单、干净。这些“清庙之守”者认为，这样才是鬼神喜欢的最好的德行。宗庙制度中还有重要的一点，就是要团结全宗族的人。虽然有大宗、小宗，但所有的宗族在祖宗面前都按昭、穆排列，都是一家人，因此自己族里的人既要尊卑分明，也要团结友爱。因此，“清庙之守”者主张要赡养老人，即所谓“三老五更”，也就是本家族的各种老人。墨家提倡“兼爱”，就是从宗族内部需要团结友爱发展而来的。墨家主张将此观点推广到全社会,全社会的人都应该互相友爱。但是实际上社会中长期讲究着大宗、小宗的制度,有的人早已与宗子的权利无缘了。选择宗内的有用人才时,周代有选士制度,内容是比赛射箭、比赛驾马车、比赛算术,通过这些考试选拔人才为家族、朝廷服务。墨家认为这种方法应该发扬,“选士大射,是以上贤”。这都是墨家学说的非常鲜明的主张。“上贤”就是尊尚贤人。此外,“宗祀严父,是以右鬼”。因为他们是管理祖庙的人,所以懂得祭祀活动中非常严格的程序,对鬼神非常尊敬,因此主张尊敬鬼神。“顺四时而行,是以非命”。同时,墨家又主张要顺从上天的规律而行动,不要仅仅相信命运的安排。另外还要“以孝视天下,是以上同”。大家都尊敬自己的祖先,在一个家族内大家地位都是相同的,不应该有特殊。因此墨家是希望取消社会等级、反对贫富差距太大、崇尚互相平等的。“尚贤”、“尚同”、“兼爱”、“非攻”、“节用”、“节葬”、“明鬼”、“非命”、“非儒”等,都是《墨子》中的章节题目,即墨家的典型主张和核心学说。“及蔽者为之”,到了后代的墨家学者,去推行该学说时,“见俭之利,因以非礼”,看见简朴很好,于是就反对儒家学派在礼制活动中繁琐的做法。他们认为穿礼服、戴礼帽、行礼、摆很多贡品等,都是浪费,因此他们反对儒家礼制。“推兼爱之意,而不知别亲疏”。一味主张兼爱,到了不分亲疏的地步,走到了另一个极端。

对于墨家,班固解释得比较仔细,篇幅也较大。实际上,春秋末期,最受人尊重的学问,一是儒,一是墨。墨家学说比较符合社会中下阶层的利益,因而受到社会中下阶层的拥护。而儒家学说是代表贵族阶层的,与老百姓关心的切身利益较远。所以在“百家争鸣”的时代,墨家是很受欢迎、势力很大的一个派别。这大概就是班固对墨家给予了较多论述的缘故。

第七家,“纵横家者流,盖出于行人之官”。这一家产生于战国时代。那时列国战争,强国逐渐吞并小国。强国就是指秦国,它要消灭东方各个小国家,各个小国力图联合抵制秦国的兼并。这样就产生了纵横家。所谓纵,就是合纵,是南方各国联合起来反对秦国的兼并;横就是通过秦国跟东方各国横向联合,来达到消灭各个小国的目的。游说家凭着一张嘴,或劝说各个国家跟秦国联合,叫“连横”;或劝说众小国“合纵”以联合抗秦。他们是一些有谋略和口才的人,是能够给别人出主意的人。他们到处劝说各个国家采用自己的策略,不是合纵反对秦国,就是连横消灭小国。追根溯源,这种人“盖出于行人之官”。周代掌管朝觐聘问的官员叫做“行人”,负责对外交流。《周礼》上有“大行人”、“小行人”,都是周王朝派出去联络各诸侯国的外交官员。这种人会办外交,口才好。譬如,外交场合通过随机应变的“诵诗”,与对方进行感情沟通,取得对方的理解,外交就办得成功。如果诗背诵错了,可能就会被误解,那样不仅使命完不成,还使双方产生矛盾,甚至有可能引发战争。古代的典籍,如《左传》中,多有外交场合诵诗的记载。所以孔子说:“诵诗三百……使于四方,不能专对。虽多,亦奚以为?”[①]通过背诵《诗经》三百篇,来出使四方。如果不能很好地独自应对外交场合的话,那你这个外交官又有什么用处呢?《论语》中孔子有很多次夸奖外交官的事。他们都能得体地逢场诵诗。班固引孔子的话来说明在周代外交官是很有用的。孔子的这些话“言其当权事制宜”,就是表明外交官都应当权衡事情的轻重,临时在现场制定

① 《论语·子路》。

合适的对策，解决外交上的困难。“受命而不受辞”，这些外交官，从国君那里得到指令，让你跟一个国家结盟或谈判，但具体怎么才能办妥，是无法交代的，所以“受命而不受辞”，接受帝王的任命去办理外交，都没有具体而微的命令。纵横家的先行者“行人之官”，就都有会说话的特点，“此其所长也”。“及邪人为之，则上诈谖而弃其信”。等到纵横家中的邪辟之人搞纵横之术时，他们崇尚欺诈、抛弃信誉。为谋取个人的官职，一会劝说别人联合，人家若不听，他又会马上掉过头来劝说双方交恶打架，毫无道义或立场。著名的苏秦、张仪都属于这类人。他们凭三寸不烂之舌到处游说，只是为了谋取个人的利益。

第八家，“杂家者流，盖出于议官”。“杂家者流”是《论六家之要指》里没有的一家。“议官”就是谏议之官，在帝王身边提意见，纠正帝王过失的官员。因为他对朝廷中的事都要管，因此其特点是“兼儒、墨，合名、法，知国体之有此”。既了解以礼义、道德见长的儒家学说，同时又知道代表的中下层主张的墨家学说，以及名家、法家等。因此杂家或议官的特点是“知国体之有此”，知道一个国家需要有各种各样的学问、主张。“见王治之无不贯”，杂家要兼收并蓄，需要诸子百家的学问，在治理国家的过程中，对这些学问无不包融、无不贯通。这是杂家的长处，“及荡者为之，则漫羡而无所归心”。到了肤浅的后代杂家人物来推行杂家学说时，“漫羡而无所归心”，则变得没有自己的见解，就像水到处乱流一样，流出来收不回去，没有一个最终的主张。其实“杂家”算不上一种学派，它没有特别的代表人物。只是有的书集合了各种学派的学说，比如说，《吕氏春秋》就是由秦相吕不韦集合各派学者，既有阴阳家，也有儒、道、法、墨等诸家学者，分头纂写而成。全书共160篇文章。高诱评价该书“大出诸子之右"①,意思是说它比诸子各家的单一著作都高明。因此《吕氏春秋》素有"一字千金"之誉。由此看来,杂家不必具体指哪一个人,但一部书可以包括诸子百家。实际上,晚周也并没有杂家这么一类人。

第九家,"农家者流,盖出于农稷之官"。这是主张人人都要从事农业生产的一个学派。他们认为只有人人自己种地自己吃,天下才能太平。这种学说的创始人大概是管理农业的官员。"后稷",本是周代先祖,他教会了先民种庄稼,所以后来管理农业的官员就叫农稷之官。《尚书》中记载国家的政事有所谓"八政",其中最重要的事情就是农业生产。可见中国古代对农业的重视程度。"孔子曰:'所重民食。'此其所长也。"农家重视农业生产是他们的特长。对于这一点孔子也是同意的。"及鄙者为之,以为无所事圣王,欲使君臣并耕,誖上下之序。"②但是到了卑陋的后世农家学者那里,荒唐地主张君臣并耕。认为即便是皇帝也要自己种地吃饭,要身体力行给大家作出榜样,才算得上好帝王。《孟子·滕文公上》中,描写许行原来是儒家学派的人,后来在楚国学习农家学说,并虔诚地接受了这种学说。孟子与他进行了一场精彩辩论,结果他被孟子批得体无完肤。文章真实地记录了当时农家者流的主张。

"小说家者流",看起来不是一个专门的学派。他们只是一些用文字记录所见所闻的人。这些人,一般是朝廷里负责记载闾巷风俗的"稗官"。"稗"是田地里的杂草,比喻官职微小或者

① 《吕氏春秋·序》,王利器著:《吕氏春秋注疏》,巴蜀书社2002年版,第29页。

② 《汉书》,中华书局1964年版,第1743页。

说非正式。朝廷里除安排一些人记载正事、大事，还安排一些人记载琐碎的事务，由稗官负责。他们记录的东西，都是民间的道听途说、街头议论、不正式的东西。但孔子这样说他们："虽小道，必有可观者焉！致远恐泥，是以君子弗为也。"①这些流传在民间的或街头巷尾的风言风语里面却透露着一些可供当权者借鉴、观测民风民意的内容。通过它们，可以了解人民想什么、喜欢什么、厌恶什么，是一种可供借鉴的舆论。"致远恐泥"，当然用这些街头巷尾的说法，想达到高远的目的，恐怕是很难的，"是以君子弗为也"，因此搜集这类信息是上层人士不屑干的事情。"然亦弗灭也"，但是要消灭这些东西也是不容易的，在民间总是有这类事情发生。"闾里小知者之所及，亦使缀而不忘。"这都是民间的、街头巷尾中有小聪明的人从事的事情。"如或一言可采，此亦刍荛狂夫之议也"，当权者通过观察、留神这些小道消息，看看有没有可以从中汲取的教训或可采纳的建议。这类意见都是来源于最下层民众之中的，对于改进统治是有用的。所以《诗经》里说，"先民有言，询于刍荛"②。古代的帝王总是向打柴的人、砍草的人调查和征求意见。

讲到这里，班固总结说，"凡诸子百八十九家，四千三百二十四篇"③。他所能见到的诸子文献有 4324 篇。"诸子十家，其可观者九家而已"。从儒家到小说家，十家当中，比较大的有九家。这九家的主张尽管不同，但并不是互相抵触的，相反都是一致而百虑、殊途而同归的。各推其所长，取其折中，就都会发挥出重要的作用。"方今去圣久远"，现在这个年代，离

①③ 《汉书》，中华书局 1964 年版，第 1745 页。
② 《十三经注疏》，中华书局 1980 年版，第 549 页。

圣贤帝王尧、舜、禹等所处的时代已经很久远了。“道术缺废，无所更索”，他们那时用以治理天下的办法，现在都已经废佚，没有办法仔细考察了。孔子曾教导说，“礼失而求诸野”。礼制失传了，不要担心，你可以到民间、到村野之人那里寻求。他们的生活表现了很多你要找的东西。“彼九家者，不犹愈于野乎？”如果能注意从这九家的主张中吸取精华，岂不比到毫无知识的村野之人那里询问强得多吗？“若能修六艺之术，而观此九家之言，舍短取长，则可以通万方之略矣。”班固反复强调要重视这九家之言。总结这九家的学说，就可以得到治理天下的大政方针。可见班固对十家九流学说的重视，也提醒我们，十家九流之说是中国古代文化两千多年积淀下来的文化精华的结晶。

通过司马迁、班固对十家九流的介绍，我们可以认识到：诸子百家特别是十家九流及其各自的学说，是春秋战国时期文化大论争的结果，是中华文化在第一个两千年时期的宝贵结晶。这批中华传统文化的成果，不仅是我们中华民族的思想文化财富，也是全人类共有的思想文化财富。它理应引起我们中华民族自身更加自觉和足够的重视才对。

十家九流中，儒家学说对于中国文化的影响最为深刻，后面章节也还多有涉及。而道家学说对于中国文化的影响及其永恒的普世价值，也应当给予足够的认识。

事实上，自汉代至清末，甚至直到当代，中华文化一直都在不断从诸子百家、十家九流学说中，特别是儒、道文化中，汲取着营养。可以肯定地说，诸子百家特别是十家九流学说，永远是中华文化继续发展和更新的取之不尽用之不竭的源泉。

第二节　罢黜百家与儒家经学的形成与发展

秦始皇运用严刑峻法的法家之术,最终统一了中国,可谓功高盖世。可惜的是,他排斥中国文化的多种文化成果,一味任用法术,甚至采取了消灭其他文化成果的极端举动。始皇三十四年(前213年),秦始皇同意了李斯的建议,诏令"非博士官所职,天下敢有藏《诗》、《书》、百家语者,悉诣守、尉杂烧之。有敢偶语《诗》、《书》者弃市。以古非今者族。……所不去者,医药卜筮种树之书。若欲有学法令,以吏为师"①。意思是说,除了朝廷任命的博士官以外,任何人不得收藏诸子百家的书,谁要偶尔谈及《诗经》、《尚书》,都要被杀死示众。只有医药的、算卦的、种田的书不在禁令内。从秦始皇发布的诏令原文可以看出,在他统一中国以后,使用的还是法家之术,不仅排斥儒家学说,同时也排斥除农医卜筮之外的百家语。这种做法严重隔断了中华文化的延续性,一度斩断了中华文化之根。始皇三十五年,秦始皇又借口将"犯禁者四百六十余人,皆坑之咸阳,使天下知之,以惩后"。据考证,从秦始皇禁止的东西来看,这个"诸生"仍泛指所有读书人。他大规模坑杀诸生的原因有几种说法,有一种说法是因为他让别人替他找长生不老的药,方士侯生、卢生为其求药不得,逃跑了;并且还到处散布秦始皇的坏话,说他"贪于权势至如此,未可为求仙药"②。于是触怒了秦始皇,他认为全天下读书人都对他心怀不满,于是下令集体坑杀了数百人。

---

① 《史记·秦始皇本纪》,中华书局1963年版,第255页。
② 《史记·秦始皇本纪》,中华书局1963年版,第258页。

这就是历史上所说的“焚书坑儒”。还有另外一种说法，说因为秦始皇仇恨一切读书人，于是就策划了一个骗局，种了一种不知名的果树，让读书人都去说明果树的名字，结果各人说的都不一样，借这个幌子，把他们集中在一个大坑里，将他们集体坑杀了①。总之，秦始皇切断文化的举动是十分愚蠢的，镇压、杀戮读书人的手段是心狠手辣、史无前例的。没了记载文化成果的典籍，没了读书人，文化的继承断绝了。由于这种倒行逆施，再加上他横征暴敛、大兴土木和兵役等等，使秦二世上台仅三年就断送了好不容易得来的秦朝江山。从秦始皇接替庄襄王做秦王，到秦朝灭亡，前后仅仅三十多年。尽管秦朝是中国历史上一个非常重要的朝代，但是由于秦始皇的失误，特别是在对待文化继承性上的失误，致使它成为一个非常短命的王朝。这一事实和教训，两千多年来，令多少后来之人警觉和深思。

汉朝建立之后，接受了秦朝灭亡的教训，不再施行秦代一味严酷的政策和消灭文化、割断文化的错误做法。据史籍记载，汉朝初期的统治者都信奉阴阳家和所谓“黄老学说”。“老”指道家，“黄”指轩辕黄帝。据说，阴阳家学说是轩辕黄帝创立的。因此“黄老学说”实际上是阴阳家和道家合流的一种学说。阴阳家讲究阴阳五行，主张通过顺应阴阳达到天下的治理。这是前边《论六家之要指》、《汉书·艺文志》中已说到的。从司马谈《论六家之要指》中可以看出，司马谈也非常推崇阴阳家学说。据说秦相吕不韦也是阴阳家。可见焚书坑儒之前，秦代除了朝廷推行严刑峻法之外，阴阳家学说也是一种非常得势的学说。汉王朝推翻了秦政权，头几十年基本仍是以阴阳家、黄老学说为

① 参见[宋]乐史《太平寰宇记》。

时尚的，这在历史上有明确记载。如《汉书·儒林传》说："孝文本好刑名之言，及至孝景，不任儒，窦太后又好黄老术，故诸博士具官待问，未有进者。"①这是说，汉文帝本来喜好刑名学说。到了汉景帝，也并不喜欢儒家学说，特别是由于景帝的母亲，即史上著名的窦太后喜好黄老学说，因此当时儒家学者都不被重用。"及窦太后崩"才"黜黄老、刑名百家之言"。《汉书·儒林传》这一段告诉我们，汉王朝建立之初，一直到汉武帝即位，并没有特别重视儒家学说。六七十年间，皆用黄老之术、刑名之术去治理汉王朝。不管是道家还是阴阳家，他们都不像儒家学说那样，既注重历史的继承，又注重对当代社会道德的规范和制度的建立等等。汉朝建立之后，收拾的是一个秦二世留下的民不聊生的烂摊子。用黄老之术、清静无为之术，让人民得到休养生息，也正好符合当时的社会要求。大家喜欢皇帝少打仗，不要再兴师动众，大兴土木。

汉武帝即位之后不久，窦太后也去世了。汉王朝要进一步发展，再一味使用黄老术，已无法开拓发展的道路。于是，汉武帝开始施行新的方略，"黜黄老、刑名百家之言，延文学儒者以百数"②。当时有个公羊派学者，叫做公孙弘（前200～前121年），他不仅以贤良对策拜博士，官至汉武帝的丞相，后来还被封了平津侯。历史上布衣平民凭儒学封侯拜相的，公孙弘为第一人。在这种变化中，学者们看到了朝廷的新动向，于是大家开始努力学习儒家学说。汉武帝也多次向读书人征求策略。在此机缘下，公羊学者董仲舒在皇帝向儒生征求治国方略的时候，以

① 《汉书》，中华书局1964年版，第3592页。
② 《汉书》，中华书局1964年版，第3593页。

贤良学士的身份上了三次对策，史称“天人三策”，由此受到汉武帝重视。这三次对策，对中国历史文化产生了巨大影响。在其第一策中，董仲舒提出了著名的“天人相与之际，甚可畏”的观点。他说：“《春秋》之中，视前世已行之事，以观天人相与之际，甚可畏也。”①意思是说，从《春秋》这部书中，可以看到前代历史事实和春秋各国的政治大事，观察到“天人相与之际”，即人类社会的发展不是孤立的，上天不是没有作为的，上天和人也不是没有关系的，而这种天和人的关系，“甚可畏也”。这与他在其他篇章中提出的“天人感应”说一样，都是中国古代文化和中国古代政治思想中十分重要的命题。在第三策中，董仲舒又说：“《春秋》大一统者，天地之常经，古今之通谊也。”②再次与第一策中提出的“天人相与之际”的观点相呼应。他借用孔子的《春秋》，提出“大一统”的理想，追求建立大一统国家。这不仅顺应了汉武帝的心思和要求，也顺应了时代的要求，指出了历史发展的方向，并认为，要继续发展，不能继续任由诸子百家争论不休。于是董仲舒在第三策里建议说：“今师异道，人异论，百家殊方，指意不同，是以上亡以持一统。”③意思是说，现在大家效法的是不同的政治主张，发表不同的议论，诸子百家治理社会的方式、方法都各不相同，因此皇上没有办法建立大一统的局面，实现大一统的理想。“法制数变，下不知所守”④，国家的法制制度也按各种学说建立起来，法制数变，使人们不知所守。怎么办呢？董仲舒明确提出：“愚以为诸不在六艺之科孔子之术者，皆绝其道，勿使并进。”⑤这句话是一条重要的历史记录，意

① 袁长江主编：《董仲舒集》，学苑出版社2003年版，第6页。
②③④⑤ 袁长江主编：《董仲舒集》，学苑出版社2003年版，第28页。

思是说，对那些不在儒家六部经典之列的典籍和学说，不符合儒家学说治理国家的法术，都应摒除不用。不要让异家邪说齐头并进，应该只尊崇和使用孔子的儒家学说，使其作为汉王朝封建国家的指导思想。这就是历史上著名的"罢黜百家，独尊儒术"。"罢黜百家"一语在《汉书·董仲舒传》中的原文是这样的："及仲舒对策，推明孔氏。抑黜百家，立学校之官，州郡举茂才孝廉。皆自仲舒发之。"①而在《汉书·武帝本纪》中，此语更明确出现："孝武初立，卓然罢黜百家，表章六经……而有三代之风。"②但"独尊儒术"之语，当时文献皆未见明确记载。盖此一命题，既非董仲舒所言，应当只是后人们总结阐发出的一句名言而已。

［笔者按，"独尊儒术"四字连用成语，似乎最早见于南宋史浩(1106～1194年)《鄮峰真隐漫录》卷三〇《谢得旨就禁中排当札子》一文："既而从游，幸至损斋，获亲陛下止息之所。圣语谈道，下陋释老，独尊儒术，臣与群臣所闻开悟。"③谨识之。］

汉武帝采纳了董仲舒的"天人三策"的意见，毅然"罢黜百家"，从此儒家学说大显于天下。董仲舒"天人三策"和他的另一部著作《春秋繁露》中的一系列观点——"罢黜百家"、"天人相与"、"天人合一"、"天人感应"、"大一统"、"君权神授"等等，都受到了朝廷的极大重视，并且成为西汉甚至后世多个封建王朝的政治理论依据。

汉王朝推翻并取代了秦王朝，它自己是否也会被别人推翻

① 《汉书》，中华书局1964年版，第2525页。

② 《汉书》，中华书局1964年版，第212页。

③ 《四库全书·集部·别集三》。

呢？董仲舒为此还提出了“五德始终”说。意思是说，朝代的更替是自然的规律，当一个朝代有德行，所作所为符合天意的时候，上天就把管理天下的责任给予你，这就叫“君权神授”。相反，当你失去了德行，上天就会让另外有德行的朝代代替你。“五德”是附会了阴阳五行家金、木、水、火、土的“五行”观念，它认为每一个朝代都具有表示自己属性的金德、木德、水德、火德、土德中的一种。公羊家融合借鉴阴阳家的说法，认为五德相生相克。《春秋繁露·五行之义》：“天有五行：一曰木，二曰火，三曰土，四曰金，五曰水。木，五行之始也；水，五行之终也；土，五行之中也。此其天次之序也。木生火，火生土，土生金，金生水，水生木。”①隋·萧吉《五行大义·论相克》具体解释说：“克者，制罚为义，以其力强能治弱，故木克土，土克水，水克火，火克金，金克木。”②可见，董仲舒是将阴阳家的观念用于政治、宣传社会的变更是自然而然的，是上天按照固有次序安排的。汉代推翻了秦王朝取得了政权，是上天授予汉代的权力，所以大家都不能反对。但是统治者也要小心，将来如果违背了上天的意志，上天一样替换你。这些理论对百姓有威慑力，使他们不敢反对皇帝；同时又对皇帝有威慑力，敦促他夙兴夜寐，勤政爱民，否则上天就更换他。董仲舒声称，“五德始终，君权神授”是孔子《春秋》里既有的含义。特别是《公羊传》，专门揭示这种“微言大义”。其实，《尚书·多士》里就有“殷革夏命”的说法③，那是商汤告诉夏朝的遗民：夏代违背了上天的意志，夏桀暴虐，上天要更

---

① 《春秋繁露义证》，中华书局2002年版，第321页。
② 《五行大义》，《丛书集成初编》第695册，商务印书馆1936年版，第39页。
③ 《十三经注疏》，中华书局1980年版，第220页。

换他，以殷代夏是上天的意志。所以“革命”这个概念，实际上是首先在儒家经典《尚书》里出现的。董仲舒等公羊学家，应用了公羊学的“大一统”思想和儒家学说的“殷革夏命”理论以及阴阳家的“五行”学说，进一步提出了他们的方略。总之，学习公羊学等儒家学说，至此已蔚然成风，儒家学说在政治上、学术上有了至高无上的地位。儒家所推崇的著作，到了董仲舒之后就越发被当做经典对待。并且，研究这些经典也成了专门的一门学问——经学。

远在孔子时代，诸子百家都是并列的、平等的，儒家只是其中比较有名的一家而已。但到了董仲舒时，罢黜百家，儒家就变成特别受尊崇的一家了，甚至获得了至高无上的地位。

从汉武帝独尊儒术开始，直到清代末年的两千多年，儒家学说一直是历朝历代的主导思想，经学也成为中国古代社会最显赫的学问之一，一直流传不衰。著名哲学史专家冯友兰先生在其《中国哲学史》中，曾把从先秦到清代末年的中国，分为“子学时代”和“经学时代”两部分。认为从孔子到淮南王（汉武帝时代）时代，属“子学时代”；从汉武帝接受董仲舒的建议独尊儒术，直到清末，都属“经学时代”。由此可见经学在中国古代文化中的重要地位。

1. 两汉今古文经学的对立

汉武帝时代，儒家学说受到重视，全社会掀起了学习研究的热潮。但是从焚书坑儒到秦灭亡、再到汉武帝时，已有几十年时间了。存世的儒家典籍已经很罕见，懂得儒家经典和儒家学说的人已经很少而且都已经年老。这时对儒家经典的研究学习有了新的迫切性。于是，为数不多的懂得儒家经典的人被请出来教授儒家经典，同时还用汉代流行的文字——隶书，认真记录下这些经典。这就是所谓今文经。同时,用秦代古文书写的经典这一时期也不断被发现。例如,景帝第三子河间献王刘德(? ~前130年),曾收集到多种用先秦篆书书写的经典。景帝第五子鲁恭王刘馀(? ~前128年),在孔子家的墙壁里也发现了许多古书,如《仪礼》、《左传》、《论语》、《孝经》。还有河内郡一女子在其墙壁中也发现了古文写的书,如《易》、《尚书》。这些古文经都是用秦代之前的古文字写的,但是朝廷已经使用的是用今文写成的今文经。因而古文经学者在西汉时长期未能得到征用。由此,原本只是书写文本不同的今古文经问题,逐渐发展成了两种学术派别,形成了今文经学与古文经学的对立。二者的发展和斗争甚至延伸到了思想政治领域,一直伴随着中国两千多年的封建社会而存在。由此构成了中国古代文化史上一项独特而举足轻重的内容。

清末今文经学者皮锡瑞著有《经学历史》一书。今人周予同在为该书所写的序中说道,今文经与古文经的主要对立点就是"今文学以孔子为政治家,以六经为孔子致治之说,所以偏重于'微言大义',其特色为功利的,而其流弊为狂妄。古文学以孔子为史学家,以六经为孔子整理古代史料之书,所以偏重于'名物训诂',其特色为考证的,而其流弊为烦琐"①。这一评价要言不烦,可以供我们提纲挈领地了解今古文经学时参考。

总之,今文经学认为"六经"是孔子亲手写的,所以他们认为先有孔子而后有"六经"。孔子是开辟经学的创始人。孔子著作"六经",目的是要治理天下,是伟大的圣人。"六经"寄托了孔子所有的政治思想,微言大义后面表达了孔子托古改制的

① 见《经学历史》,中华书局1959年版,第3页。

思想，这也是“六经”写作的主旨。因此，后代学者应当了解并进一步挖掘这种微言大义，将它应用于当今社会的改造。

古文经学认为，只有《春秋》是孔子作的，其他经典都是周公所作。这样就把孔子看成是历史学家，孔子只是对“六经”进行了整理。两种学说的对立一直延续了两千多年，成了伴随整个中国封建社会学术甚至是政治斗争的脉络。

2. 历代今文经学、古文经学的发展概况

皮锡瑞(1850～1908年)是晚清著名的今文经学家，《经学历史》是他的代表作。该书中，他将经学两千多年的发展演变分为如下十个时期：第一阶段，经学开辟时代(孔子删订“六经”为始)。第二阶段，经学流传时代(经学传于孔门)。第三阶段，经学昌明时代(经学至汉武始昌明)。第四阶段，经学极盛时代(经学自汉元成至后汉为极盛时代)。第五阶段，经学的中衰时期(汉亡而经学衰)。第六阶段，经学分立阶段(南北朝分立时代)。第七阶段，经学的统一阶段(隋唐至宋初)。第八阶段，经学的变古阶段(宋代)。第九阶段，经学的积衰阶段(元明二代)。第十阶段，经学的复盛阶段(清代)。皮锡瑞对经学的分期仅为今文学家的一家之言，可以供我们参考。

3. 关于儒家学派和儒家学说的价值

儒家学说的世界观、人生观强调中庸。中庸即中和，就是做事反对偏颇，反对极端。《礼记·中庸》：“中也者，天下之大本也；和也者，天下之达道也。致中和，天地位焉，万物育焉。仲尼曰：‘君子中庸，小人反中庸。’”朱熹：“中庸者，不偏不倚，无过不及，而平常之理，乃天命所当然……君子之所以为中庸者，以其有君子之德而又能随时以处中也。小人之所以反中庸者，以其有小人之心而又无所忌惮也。……游氏曰‘以性情言之，则曰中和；以德行言之，则曰中庸’是也。然中庸之中，实兼中和之义。”①儒家学说又强调积极入世。《礼记·大学》：“古之欲明明德于天下者，先治其国；欲治其国者，先齐其家；欲齐其家者，先修其身；欲修其身者，先正其心；欲正其心者，先诚其意；欲诚其意者，先致其知；致知在格物。物格而后知至，知至而后意诚，意诚而后心正，心正而后身修，身修而后齐家，齐家而后国治，国治而后天下平。”这里提出的“格物、致知、诚意、正心、修身、齐家、治国、平天下”的人生道路，集中反映了他们的主张。他们还强调后天学习的重要性。另外，儒家学说注意吸收其他历史文化成果，吸收诸子百家有益的东西，例如宗法制社会中的等级制度等。孔子还强调尊重人的本性，并从各个方面对人的本性作了大量阐述。这一点从《论语》中“仁”字出现了104次可以见其大概。“仁”就是做人的基本原则、人的本性。所有这些，都是儒家区别于其他诸子百家的特点，也是儒家对几千年来中华文化的总结和升华，是儒家对中华文化的杰出贡献。

孔子的儒家学说继承了夏商周文化，符合历史文化发展的进程。有人甚至认为，儒家文化具有推动中国古代社会前进的革命性。有人说它具有保守性，是说它总是要模仿古代先王的制度，不主张创新，但是儒家经典也强调注重社会变革。在最古老的《尚书》中就已谈到了夏商周三代接续的必然性、合理性。《尚书》中有“殷革夏命”的说法，肯定了殷王朝革故更新，推翻夏王朝的合法性、合理性。所以从一开始，儒家学说就表明了一定条件下革命的合法性。后来的儒学继承人继承了儒家经典中

① 《四书集注》，中华书局1957年版，第11页。

的这一思路，阐述历代王朝更替的合理性。因此，从这点来看，儒家学说绝不是后人所曲解的保守、腐朽，不愿接受新事物。相反，从一开始它就具有接受新事物的思想，只是因为我们现在的社会与儒家思想产生时所处的社会有了极大不同，因而与它产生了许多隔膜，容易忽略儒家的这种主张。总之，在中华古代上下五千年的历史中，儒家思想所提供的社会动力远比其他学说要多。中华民族重新审视并认真挖掘利用儒家学说中永恒的价值精华，无疑是明智和正确的。

儒家学说比较善于对其他学派进行吸收借鉴，如前所述，孔子、孟子、荀子、董仲舒，都对道家的学说有所吸收。孔子不仅亲自向老子请教，他对道家关于天地规律的认识也是持赞赏态度的，对阴阳家的天命观也进行了大胆吸收，这些都已经成了后世儒家学说的一部分。另外，儒家学说中关于国家制度、法律、等级制度等的阐发，也都注意借鉴了其他学说，可以说，儒家又是一个善于向其他学派学习的学术派别。

4.关于早期儒家学派的传承分化

儒家学说也是最有渊源的，不管是经学形成前还是形成后，也不管是今文经学还是古文经学，历代都有著名学者出现。独尊儒术之后，学者不断的记载，使得后代对儒家学说的传承有了更多的了解。这里我们仅就春秋战国时代儒家学派的情况作一简要介绍。

孔子创立儒家之初，虽说百家平等，但是其规模在各派中仍是最大的。后代传说孔子有“门徒三千，达者七十有二”。可见当时该学派的盛况。《论语·先进》则进一步记载了其中尤为优秀者：“德行：颜渊，闵子骞，冉伯牛，仲弓。言语：宰我，子贡。

政事:冉有,季路。文学:子游,子夏。"[1]这十个弟子传统上又被称为"四科十哲"。到了战国时代,儒家据说形成了八个学派。这在诸子百家当中是少有的。这又一次说明了儒家学说的繁荣情况。八个学派在《韩非子·显学》中是这样记载的:"自孔子之死也,有子张之儒、有子思之儒、有颜氏之儒、有孟氏之儒、有漆雕氏之儒、仲良氏之儒、有孙氏(按,即荀氏)之儒、有乐正氏之儒。"[2]但是对这八派的传承情况和学问主张,后世没有记载。

八派当中,后世比较熟悉的只有孟子和荀子。谈到对儒学的继承时往往首先提到他们,认为他们对传播儒学的贡献最大。《史记·儒林列传》:"自孔子卒后,七十子之徒散游诸侯,大者为师傅卿相,小者友教士大夫,或隐而不现……于威、宣之际,孟子、荀卿之列,咸遵夫子之业而润色之,以学显于当世。"[3]

孟子(约前372~前289年)名轲,战国时邹人。受业于孔子的孙子子思之门人。被公认为孔子学说的最直接的继承者。宋元时逐渐被奉为"亚圣"(参见第三节儒家经书简介"十三经"),并配享孔庙。

孟子对孔子的学说有许多深化和发展,提出许多著名的观点。例如他强调人的主观精神,主张"人性本善"。《孟子·公孙丑上》:"人皆有不忍人之心,先王有不忍人之心,斯有不忍人之政矣;以不忍人之心,行不忍人之政,治天下可运之掌上。所

① 《十三经注疏》,中华书局1980年版,第2498页。
② 陈奇猷:《韩非子新校注》,上海古籍出版社2000年版,第1124页。
③ 《史记》,中华书局2006年版,第3116页。

以谓人皆有不忍人之心者，今人乍见孺子将入于井，皆有怵惕恻隐之心，非所以内交于孺子之父母也，非所以要誉于乡党朋友也，非恶其声而然也。由是观之：无恻隐之心，非人也；无羞恶之心，非人也；无辞让之心，非人也；无是非之心，非人也。"①又《滕文公上》："孟子道性善，言必称尧舜。"②又《告子上》："人性之善也，犹水之就下也。人无有不善，水无有不下。"③这是他对仁义的观点进一步的深化。他还主张以"王道"治天下，明确提出"王道"、"霸道"的对立，不主张以武力统治天下，主张行"仁政"，认为统治者必须实行更高层次的仁义道德统治天下，霸道是等而次之的统治方法。他也像孔子一样主张法先王，注重继承。孟子学说吸收了道家和阴阳家的观点，具有唯心主义色彩。今有《孟子》七篇传世。

荀子（约前313～前238年）名况，字卿。汉代避宣帝讳，称孙卿。他博采众家之长，进一步发挥孔子、孟子学说中关注礼制的思想，主张法后王，主张"人性恶"。他认为"人之性恶，其善者伪也"（详见本章附录《荀子·性恶》）。荀子还主张尊礼重教，用"礼"治理天下，也就是用各种各样的规则和法治理天下。开始了从礼治到法治、从原来孔子和孟子的学说向法家迈进。荀子主张的不是抽象的道德规范，而是希望将这些变成可操作的措施，通过礼制确立每个人在社会中的地位、名位，强调"制名以指实"。著名的"约定俗成"命题，就是荀子提出的。这是一个重要的有关礼俗的、语言文字多方面成因与规范化等的命

① 《孟子正义》，中华书局1987年版，第222～233页。
② 《孟子正义》，中华书局1987年版，第315页。
③ 《孟子正义》，中华书局1987年版，第736页。

题。荀子提出“法后王”,认为社会如果要前进就要根据后代的新的情况来应对。商汤之所以比夏启治理得好,就是因为他采取了不同于启的方法,历代有作为的帝王都采取了符合当时的新措施。《荀子·天论》中有很多不同于孟子唯心成分的内容,提出了很多唯物主义的论点。例如,荀子认为人们不理解的一些罕见的自然现象是正常的、客观的,不值得害怕,而应该认识和利用这些自然现象。人们不应该总是相信天命,而应该把握自己的命运,发挥主观能动性。荀子的许多学说至今仍具有很高的认识价值。荀子对法家、名家产生了很大影响,是战国时代最后一位儒学大师。

第三节　儒家经书简介

两千多年来,有关儒家经典和研究这些经典的书籍浩如烟海,仅清代的《四库全书总目》收录的经部书籍就达一千七百多部,两万多卷。这些典籍是逐渐积累增多的。是从先秦时代儒家推崇的“六艺”和汉武帝独尊儒术时的“五经”发展而来的。到了宋代,儒家经典达到13部,习惯上被总称为“十三经”。

学习中国古代文化的一项重要内容,就是要更多地了解儒家学说对中华文化的影响和作用。而了解十三经和有关十三经的历代注解著作,无疑是达到这一目的的必要方法和捷径。

一、“四术”、“六艺”

据说,古代教授国子四门功课——《诗经》、《尚书》、《仪礼》、《乐》。秦汉儒家把这四门功课叫做“四术”或“四教”。《礼记·王制》:“乐正崇四术,立四教,顺先王《诗》、《书》、《礼》、《乐》以造士。”①另外,春秋战国时代还有“六艺”的称呼,指《诗》、《书》、《礼》、《乐》、《易》、《春秋》六种要求国子们学习的著作。《史记·滑稽列传》:“孔子曰:‘《六艺》于治一也。’《礼》以节人,《乐》以发和,《书》以道事,《诗》以达意,《易》以神化,《春秋》以义。”②显然这与周王朝教授国子的六种技术“礼、乐、射、御、书、术”不是一个概念。儒家把这六种书认为是学生必修的六种基本经典。李思敬先生形象地称这六部经典是当时教授学生的六门功课:文学、历史、政治、音乐、哲学、近现代史③。《诗经》是能背诵的,能用于外交活动的,相当于今天的文学课。《尚书》是记载上古帝王重要文诰和历史事实的,是有关历史的著作,相当于古代史教科书。《(仪)礼》是记载西周礼仪活动的,涉及等级制度等,实际上是政治制度,相当于今天的政治教育。《乐》是由于儒家认为音乐能陶冶情操,节制行为,规范活动,所以用它作为国子必修课的教材。《易经》是古人用于占卜的著作,其中用了阴阳、八卦等术数概念,里面包含了许多深奥的中华民族的哲理和朴素的辩证思想,是古代的哲学著作。《春秋》相当于当代和近代的历史。后来《乐》遗失,《春秋》变为“三传”。

总之,“六艺”和“四术”既有联系,又有区别。

---

① 《十三经注疏》,中华书局 1980 年版,第 1342 页。

② 《史记》,中华书局 1963 年版,第 3197 页。

③ 参见李思敬:《五经四书说略》,商务印书馆 1996 年版。

二、从“六经”到“十三经”

1. 六经

“六经”即原来的“六艺”，是儒家推崇的六部著作:《诗》、《书》、《礼》、《乐》、《易》、《春秋》的合称。早在战国时代已有此称,《庄子·天运》:“孔子谓老聃曰:‘丘治《诗》、《书》、《礼》、《乐》、《易》、《春秋》六经,自以为久矣,孰知其故矣,以奸者七十二君。’”①此外,《荀子》等先秦著作中也有记载。特别是近年又在湖北荆门郭店发现的战国楚简中,出现了与上述《庄子》中顺序相同的六经名称,再次充分证明了战国时代六经的真实存在。到汉武帝独尊儒术时,《乐》已经失传,所以只剩下五经。六经的作者和成书时代在经学史上从来是个争论不休的问题,今文经学家认为六经是孔子亲自著作的,古文经学家则认为六经在孔子之前就存在,是周公著作的,孔子只是对其进行过整理、删订。实际上,他们为了宣传各自的观点,都已经走向极端。六经既不像今文经学派说的是孔子所作,也不像古文经学派说的是周公所作。六种著作应该各有自己的成书过程。

2. 五经

战国之后,六经中的《乐》已经遗失,一般认为只有《礼记·乐记》和《周礼·春官宗伯·大司乐》的文字与其有些关联。特别是《礼记·乐记》,有人认为就是原《乐》的一部分。总之,汉武帝独尊儒术,已经仅剩《诗》、《书》、《礼》、《易》、《春秋》五部著作了。于是五部著作遂有了“经”的名分。“五经”的称

① 《庄子集释》,中华书局1985年版,第531页。

呼随之出现。《汉书·武帝本纪》:"(建元)五年春……置五经博士。"①历史上,从"五经"到"十三经"形成之前,只有"五经"与最后形成的"十三经"二者名称与所指内容最明确,而其他儒家经典的众多合称都多有歧义。

需要注意的是,汉代的《礼》指《仪礼》,而到唐代之后,单说"五经"时,"五经"所指的内容就变成了《诗经》、《尚书》、《礼记》、《周易》、《左传》五种。例如《新唐书·百官志三》:"国子学……五经博士各二人,正五品上。掌以其经之学教国子。《周易》、《尚书》、《毛诗》、《左氏春秋》、《礼记》为五经。"②唐太宗诏令颜师古考订的《五经》和孔颖达所撰的《五经正义》都是这五种典籍。

3. 七经

到东汉,儒家经典的数量又有增加,有所谓"七经"的说法。东汉蔡邕《玄文先生李子材铭》:"休少以好学,游心典谟,既综七经,又精群纬。"③但是"七经"所指有多种,有"五经"加《论语》、《春秋公羊传》的,如东汉熹平石经所刻七经,包括《鲁诗》、《尚书》、《周易》、《仪礼》、《春秋》、《春秋公羊传》、《论语》七种,有"六经"加《论语》的,如《后汉书·张纯传》:"乃案七经谶、明堂图……欲具奏之。"唐·李贤注:"七经谓《诗》、《书》、《礼》、《乐》、《易》、《春秋》及《论语》也。"④此外还有与"五经"加《仪礼》、《周礼》的,"五经"加《论语》、《孝经》的等多种。其中以"五经"加《论语》、《孝经》一种值得注意。因为汉代《乐》

① 《汉书》,中华书局1964年版,第159页。
② 《新唐书》,中华书局1975年版,第1266页。
③ 《汉魏六朝百三名家集·蔡中郎集》,江苏古籍出版社2002年版,第561页。
④ 《后汉书》,中华书局1973年版,第1196页。

已然亡佚，继续保留《乐》的经典地位已无基础，特别是朝廷已经只设"五经"博士。而汉代统治者特别强调"孝"的德行，主张以"孝"治天下，认为"孝"是所有德行的根本。所以东汉时又在"五经"之外把《论语》、《孝经》也定为儒家学者必读之书，合称"七经"。《汉书·艺文志》记载，汉武帝时，鲁恭王在孔子旧宅墙壁里得到了古本《论语》、《孝经》，可能从那时起《论语》、《孝经》就越来越受到重视。另外，从汉代附会经书而产生的大批谶纬著作可以发现，《论语》纬、《孝经》纬都很多。这两部书当时是"五经"之外最热门的两匹"黑马"。因此"七经"包括《论语》、《孝经》之说更可信。

总之，东汉以来的所谓"七经"，具体所指哪七部经典，后代已经出现了较大歧义。

4. 九经

"九经"所指，最通行的一种就是广义的"五经"。唐·陆德明《经典释文·序录》："辄撰集《五典》、《孝经》、《论语》及《老》、《庄》、《尔雅》等音，合为三帙三十卷，号曰《经典释文》。"①书中对应的所谓《五典》的内容实际是儒家的九部经典：《周易音义》、《古文尚书音义》、《毛诗音义》、《周礼音义》、《仪礼音义》、《礼记音义》、《春秋左氏音义》、《春秋公羊音义》、《春秋谷梁音义》，即后世所谓的"九经"。稍后的《初学记》卷二一《经典》就明确写道："《白虎通》曰：'五经：《易》、《尚书》、《诗》、《礼》、《乐》也。'古者以《易》、《书》、《诗》、《礼》、《乐》、《春秋》为六经，至秦焚书，《乐经》亡。今以《易》、《诗》、《书》、《礼》、《春秋》为五经。又《礼》有《周

① 《经典释文》，中华书局1983年版，第1页。

礼》、《仪礼》、《礼记》,曰三礼;《春秋》有《左氏》、《公羊》、《谷梁》三传;与《易》、《书》、《诗》通数亦谓之九经。"①可以看出,唐代已经把《礼》和《春秋》的传、记全部正式上升成了经典,所以自然就有了"九经"的说法。刻成于北宋嘉祐六年(1061年)的"嘉祐石经"就包括《周易》、《尚书》、《诗经》、《周礼》、《礼记》、《春秋》、《论语》、《孝经》、《孟子》"九经"。此石经后亡佚,今仅存部分残石。

不过,由于上述"七经"名实上的歧义,加之《春秋》和《礼》既可单指一经,又可分别指扩大后的三经,所以古人所说"九经"往往是种泛称。究竟具体指哪些典籍,需根据具体情况作具体分析。至少在五代北宋之际,"九经"实则已经包括了后世的所谓"十三经"。例如:宋·洪迈《容斋随笔》卷四《孟蜀避唐讳》:"蜀本石《九经》皆孟昶时所刻,其书'渊世民'三字皆缺画,盖为唐高祖、太祖讳也。"②清·杭世骏《石经考异》卷下"蜀石经":"杨慎《丹铅录》云:蜀刻《九经》最为精确,是时僭据之主惟昶有文学,故蜀不受兵,又饶文士,故其所制尤善。朱子《论语注》引石经者,谓'孟蜀石经'也。"③

上文洪迈、朱熹、杨慎、杭世骏等异口同声所说的"蜀本石《九经》"、"蜀石经"、"蜀刻《九经》"、"孟蜀石经"等,实际是五代后蜀孟昶广政年间开始镌刻、北宋皇祐元年刻成除《孟子》之外的12部经典,到徽宗宣和五年又补刻进《孟子》而最终告竣的我国古代第一部包括十三经的石经。宋·曾宏父《石刻铺叙》

① 《初学记》,中华书局1962年版,第497页。
② 《容斋随笔》,上海古籍出版社1978年版,第49页。
③ 参见文渊阁四库全书电子版《史部·目录类·金石之属·石经考异》。

卷上“益郡石经”条，对此有较详细的记载：“‘益郡石经’肇于孟蜀广政，悉选士大夫善书者模丹入石，七年甲辰，《孝经》、《论语》、《尔雅》先成，时晋出帝改元‘开运’，至十四年辛亥，《周易》继之，实周太祖广顺元年。《诗》、《书》、《三礼》不书岁月，逮《春秋三传》，则皇祐元年九月讫工，时我宋有天下已九十九年矣，通蜀广政元年肇始之日，凡一百一十二祀，成之若是其艰！又七十五年，宣和五年癸卯，益帅席贡始凑镌《孟子》，运判彭慥继其成……洪文敏公迈，谓孟蜀所镌，字体清谨，有正观遗风。”①

因此，“蜀刻《九经》”不仅是中国历史上首次将《孟子》与其他 12 部儒家经典并列刊刻的开始，也是十三部儒家经典首次汇集一处的开始。事实证明，后蜀至北宋，是儒家经典“十三经”正式形成的时期。对于这一事实，至今仍被学界忽略。这与古人往往把“九经”泛称为“七经”、“十三经”，又往往泛称为“九经”不无关系。

此外，还有“十经”、“十一经”、“十二经”的说法也与此相似(上述“蜀刻石经”就存在这些异称)。

5. 十经

“十经”的说法南北朝时期就已经出现，例：《宋书·百官志上》：“《周易》、《尚书》、《毛诗》、《礼记》、《周官》、《仪礼》、《春秋左氏传》、《公羊》、《谷梁》各为一经，《论语》、《孝经》为一经，合十经，助教分掌。”②

6. 十一经

“十一经”的说法出现在元初，例：《四库全书·经部》收有

① 《石刻铺叙》，《丛书集成》初编第 1600 册，第 4 页。

② 《宋书》，中华书局 1974 年版，第 1228 页。

题名“元何异孙撰”的《十一经问对》一书。“提要”认为作者是元初宋亡未久之人。《四库全书简明目录》：“《十一经问对》五卷，元何异孙撰。以《论语》、《孝经》、《孟子》、《大学》、《中庸》、《书》、《诗》、《周礼》、《仪礼》、《春秋三传》、《礼记》为十一经，颇为杜撰，先后亦无伦次……”①

7. 十二经

唐代中叶，唐文宗开成二年（837 年），朝廷把“九经”再加上《论语》、《孝经》以及《尔雅》都刻在石碑上，置于国子监门口，作为天下学子学习儒家经典的正式版本。这样，“九经”实际就成为“十二经”。值得注意的是，《旧唐书·文宗纪下》仍称“开成石经”为“石壁九经”②，可见彼时尚无“十二经”之说。

“十二经”之称的出现，盖滥觞于南宋初年，肇创者当是晁公武。宋·范成大《石经始末记》一文中，几乎全文载录了他在“石经堂”中所见的晁公武撰写的《石经考异序》。文中写道：“子止之《序》曰：‘鸿都《石经》，自迁徙邺、雍，遂茫昧于人间。“至唐太和中，复刊《十二经》，立石国学。……国朝皇祐中，田元均补刻公羊高、谷梁赤二传，然后《十二经》始全。至宣和间，席升献又刻孟轲书参焉……’”③

之后，上述晁公武始用“十二经”的这段话，被明代曹学佺《蜀中广记》以及清代朱彝尊《经义考》、顾炎武《石经考》、倪涛《六艺之一录》等后人著作屡屡沿用，从此广为人知。

① 《四库全书简明目录》，上海古籍出版社 1985 年版，第 128 页。

② 参见《旧唐书》，中华书局 1975 年版，第 571 页。

③ 周复俊：《全蜀艺文志》卷三六，文渊阁四库全书电子版《集部·总集类》。

8. 十三经

如上所述,这种说法最初应当是五代到宋代逐渐形成的。

上述始自五代后蜀、最终完成于北宋宣和年间的"蜀刻石经",已经首次将13部儒家经典刊石汇刻。在此之前,北宋"嘉祐石经"虽然已经将《孟子》刻入其中,但总数只有九经。宋太祖时期,孔子已经被奉为"先圣"、"玄圣文宣王"、"至圣文宣王"等。而孟子也开始被称为"亚圣",据说宋太祖还"亲撰《先圣亚圣赞》"①,但是孟子其人及《孟子》的地位,此时仍不够明朗。随着北宋神宗熙宁四年(1071年)《孟子》被正式作为经书列入科考内容,到元丰六年(1083年),孟子又被封为邹国公并开始配享孔庙,这样就使孟子其人以及《孟子》一书的地位又一次得到提高。宣和年间补刻《孟子》入石的举动,既进一步强化了《孟子》地位,同时也最先使儒家经典"十三经"之数凑齐。所以,到南宋·赵希弁《郡斋读书志·读书附志》中,出现"石室十三经"之称就是顺理成章、水到渠成的事了。再往后,元代至顺元年,孟子被始封为"邹国亚圣公"。明代初年,孟子及《孟子》又曾一度受到过打击否定,到嘉靖九年(1530年),孟子又重新被封为"亚圣",达到仅次于孔子的地位。直到清代末年,孟子与《孟子》一书的经书地位不再动摇。

清代康熙七年,将原唐"开成石经"的"十二经"增刻进《孟子》,使之也变为了"十三经"。乾隆年间又重刻"十三经"于北京。嘉庆二十一年,阮元首次将宋本十三经的原著和注疏汇刻《十三经注疏》成编。至此,"十三经"之称已经深入人心并凝固化,一直到现代,这一称呼再也没有改变过。

---

① 见《宋史》卷一〇五《礼八·文宣王庙》。

从汉代到唐宋,很多著名学者对“十三经”都做过大量研究和注释。有清一代,经学昌盛,大批学者在前人注疏基础上继续研究,又取得了许多辉煌的成果。阮元除汇刻《十三经注疏》之外,又将清人的成果辑合成书,名为《皇清经解》,实是“清人十三经注疏”的集大成者。《皇清经解》又称《学海堂经解》,共选录了清代七十多位著名经学家的名著一百八十多种,共计一千四百多卷,于道光九年汇刻成书。光绪十一年,王先谦又辑成《皇清经解续编》,搜集了乾嘉以后的后续经学名著以及乾嘉之前的《皇清经解》落下的共 209 部 430 卷新注解,是又一部“清人十三经注疏”的集大成者。

学习中国古代文化,不了解儒家学说不行,而要了解儒家学说和儒家文化,必须深入了解十三经以及从汉代到清代学者们的研究成果。这样,《十三经注疏》和“清人十三经注疏”就成为学习者必须参考的重要丛书著作。

二、十三经和四书五经简介

1.《易经》

原名叫《易》,后来成为经典被叫做《易经》。古人预测吉凶的方法,据说有卜和筮两种方式。在龟甲和牛肩胛骨上钻洞,然后在火上烧烤,出现裂纹,观测这些纹路的走势以预示吉凶,这种方法叫“卜”。用 49 根蓍草进行反复组合以确定阴或阳,并根据反复组合得到的卦去预测吉凶的方法叫“筮”,这种方法周代盛行。《易经》就是记载周代用蓍草占卜的书,所以又称《周易》。夏商两代据说也有类似《周易》的占卜书,叫《连山》、《归藏》,但都已失传。

《周易》中最重要的概念是阳爻和阴爻,把用筮法得到的阳爻或阴爻从下向上重叠，形成八种图象形式，即“八卦”，八卦传说是伏羲氏创造出来的，它们的名称和图象分别是乾（☰）、坤（☷）、震（☳）、巽（☴）、坎（☵）、离（☲）、艮（☶）、兑（☱）。传统上有描写八卦的口诀：“乾三连，坤六断，震仰盂，艮覆碗，离中虚，坎中满，兑上缺，巽下断。”可以直观地帮助人们认识八卦。八卦的每一卦都代表一个基本概念。如，乾为天，坤为地，震为雷，巽为风，坎为水，离为火，艮为山，兑为泽。这是最基本的，此外它们还可以代表其他概念，如乾代表天、父、君、男以及一切有阳气的东西；坤代表地、母、臣、女以及一切阴柔的东西。

据说周文王被拘羑里的时候，将八卦推演组合成六十四卦，每一卦都是八卦中任两卦的下上重叠而成。《周易》实际上就是记录古人用六十四卦占筮的书。《易经》中，每一爻都有独立的意义，解释一个卦的文字叫卦辞，解释每一爻的文字叫爻辞。传说卦爻辞都是周公所作。

据学者推测，《周易》是西周初年的作品，并不是一人所作，但作者究竟是谁，直到现在还有争论。

《周易》中解释卦辞、爻辞的注解叫“十翼”，实际上是十篇不同内容的文章，分别叫《彖》上、下，《象》上、下，《文言》，《系辞》上、下，《说卦》，《序卦》，《杂卦》，旧说出自孔子之手。加之前面提到的伏羲与周文王，有了所谓“《易》历三圣”之说。但是，“十翼”恐怕也并非一人一时所作，很可能是东西周时期逐渐累积形成的，历时可能长达数百年。汉代，《周易》被尊为“六经”之首。卦象、卦名和卦辞、爻辞称为“经”；“十翼”部分称为“传”，又称“大传”。

历代以来，《周易》被阴阳家、道家等用来解释自然运行和人类社会的更替变化，产生了象数之学和义理之学两大易学派系，也赋予了它更多的迷信化的预测吉凶的功能。其实，《周易》主要的价值是其中包含有中华民族先民的生活资料和朴素的哲学思想，应当把它当做一部伟大的代表中华文化的古老的哲学著作去研究，而绝不应该只把它作为一部纯粹的占卜著作去对待。

2.《尚书》

(1)关于《尚书》的内容和价值。

《尚书》又称《书》或《书经》，是我国上古时代残缺的历史资料汇编，记载了夏商周时代及更早时期的一些传说和一些可能真实的历史资料。

据考证，先秦时代时，《尚书》的篇目多达154篇之多。纬书《尚书璇玑钤》甚至称，孔子曾求得《尚书》3240篇，云云。透过这些真伪混杂的信息可以推见，《尚书》原本应很庞大，但是到底有多少篇，现在已无从确考了。

据说孔子曾经删订过《尚书》，并拿它作过教材。其中大体有三种不同的内容：一是夏商周及之前的帝王对臣下的训词和誓词；二是夏商周及之前的帝王接受臣下的一些建议；三是有关中国古代历史的其他一些可贵资料或传说材料。

今存《尚书》58篇，其中33篇是由先秦时代留下来的28篇衍变成的，另外25篇则是东晋时参考传说的佚《书》而编造成的伪书。下面就是《十三经注疏》本《尚书》58篇的篇目(为了便于说明，我们以加黑的篇目表示先秦时代留下的作品，以加括号的篇目表示该篇是前一篇不加括号篇目拆分后形成的)：

虞书：①**尧典**②(舜典)③大禹谟④**皋陶谟**⑤(益稷)

夏书：①**禹贡**②**甘誓**③五子之歌④胤征

商书:①**汤誓**②仲虺之诰③汤诰④伊训⑤太甲上⑥太甲中⑦太甲下⑧咸有一德⑨**盘庚**上(⑩盘庚中⑪盘庚下)⑫说命上⑬说命中⑭说命下⑮**高宗肜日**⑯**西伯戡黎**⑰**微子**

周书:①泰誓上②泰誓中③泰誓下④**牧誓**⑤武成⑥**洪范**⑦旅獒⑧**金縢**⑨大诰⑩微子之命⑪**康诰**⑫**酒诰**⑬**梓材**⑭**召诰**⑮**洛诰**⑯**多士**⑰**无逸**⑱**君奭**⑲蔡仲之命⑳**多方**㉑**立政**㉒周官㉓君陈㉔**顾命**㉕(康王之诰)㉖毕命㉗君牙㉘冏命㉙**吕刑**㉚**文侯之命**㉛**费誓**㉜**秦誓**

根据已故著名学者顾颉刚先生的权威研究,先秦留下的28篇"今文尚书",按各自成书年代的不同,又可分析为三种情况:

第一组(13篇),包括"商书"中的《盘庚》,"周书"中的《大诰》、《康诰》、《酒诰》、《梓材》、《召诰》、《洛诰》、《多士》、《多方》、《吕刑》、《文侯之命》、《费誓》、《秦誓》。

第二组(12篇),包括"夏书"中的《甘誓》,"商书"中的《汤誓》、《高宗肜日》、《西伯戡黎》、《微子》,"周书"中的《牧誓》、《洪范》、《金縢》、《无逸》、《君奭》、《立政》、《顾命》。

第三组(3篇),包括"虞书"中的《尧典》、《皋陶谟》,"夏书"中的《禹贡》。

顾先生认为,第一组的13篇,时代与内容、名称应当是一致的,确是商周时代的作品。第二组的12篇,已不是夏商当时的作品,而是东周时追记或翻译的作品。第三组的3篇更不是虞、夏时代的原作,而是晚至战国秦汉间的作品。

尽管如此,《尚书》28篇对于中国古代政治、历史、思想、文化,具有极其重要、无可替代的作用。

首先,由它展示的华夏民族最初的虞、夏、商、周历史进程,揭示了中国远古历史多角度的面貌，三千年来一直被中华民族所遵信，以致成为司马迁《史记》有关篇章的取资源泉。

其次，《尚书》28 篇蕴藏着十分丰富和宝贵的古代中华民族对政治历史经验的总结。这些经验一直被古代历朝历代所重视甚至模仿效法。

再次，《尚书》28 篇记载的三千多年前古代中华民族的思想文化精华，对之后中华民族三千多年的文化思想的发展，特别是古代中华民族对宇宙观、世界观、人生观等多方面的哲学思考，都起着重要作用。例如，“五行”（水、火、木、金、土）观念、“五福”（寿、富、康宁、攸好德、考终命）观念等等，都是中华民族几千年来最重要的哲学和生活理念。以“五福”为例：它的各个单项，都属于中华民族幸福观范畴之一。但是只有“五福”全备，才代表中华民族幸福观的最高境界。从“攸好德”被列为“五福”之一可以看出，自古以来中华民族就是一个十分重视道德修养的民族。

最后，《尚书》28 篇中的一些篇章，是至今能见到的最古老的汉字文献，对于研究汉语汉字，甚至对于研究世界文化都是十分可贵的文献宝藏。例如李思敬先生评价《盘庚》篇说：

> 这篇《盘庚》实在是难读极了。唐代大文学家韩愈曾经慨叹过“周盘殷诰，诘屈聱牙”，“殷盘”指的就是这篇《盘庚》。这是商代第 20 位君王盘庚迁都到殷（今河南安阳一带）后，安抚民众的训话……那就是在公元前 14 世纪。但是从文字风格看，和西周的铜器铭文很接近。所以也有可能是进入西周以后，商朝的后裔根据祖上的传说追记的。即使如此，距今也有 3000 年的历史。这篇可以和古巴比伦

的《汉谟拉比法典》(按,汉谟拉比,前1792～前1750巴比伦国王)媲美的《盘庚》篇能够经历3000年来无数次劫难而保存至今,真是珍贵极了。①

(2)关于《尚书》的流传情况。

《尚书》原来到底有多大规模,现在已经无法考知。《汉书·艺文志》说:"故《书》之所起远矣,至孔子纂焉,上断于尧,下讫于秦,凡百篇,而为之序。……汉兴亡失,求得二十九篇……"②可见《尚书》原来的规模是很大的。

经过秦始皇焚书坑儒,《尚书》已变得残缺不全。汉文帝时代,派晁错跟从济南伏生学习,并用当时通行的隶书记录下其传授的28篇尚书③,这就是"今文尚书"。从此之后,"今文尚书"开始流传下来。同时,《史记·儒林列传》:"孔氏有古文《尚书》,而安国以今文读之,因以起其家。逸《书》得十余篇,盖《尚书》滋多于是矣。"④《汉书·艺文志》也记载说:"武帝末,鲁恭王坏孔子宅,欲以广其宫,而得《古文尚书》及《礼记》、《论语》、《孝经》凡数十篇,皆古字也。……孔安国者,孔子后也,悉得其书,以考二十九篇,得多十六篇,安国献之。"又:"《尚书古文经》四十六卷。为五十七篇。"颜师古注曰:"孔安国《书·序》云:'凡五十九篇,为四十六卷。承诏作传,引序各冠其篇首,定五十八篇。'郑玄《叙赞》云'后又亡其一篇',故五十七。"⑤除此之外,《汉书·景十三王传》、《汉书·儒林传》还记载景帝、成帝时

---

① 李思敬:《五经四书说略》,商务印书馆1996年版,第63页。
② 《汉书》,中华书局1964年版,第1706页。
③ 《汉书·艺文志》说29篇。
④ 《史记》,中华书局1963年版,第3125页。
⑤ 《汉书》,中华书局1964年版,第1706页。

代以及《后汉书·杜林传》记载汉光武帝时代曾发现“古文尚书”。可见用先秦古文写成的“古文尚书”，在汉代是确实存在的。但可惜的是，“古文尚书”在历史变迁中都先后亡佚了。

直到东晋元帝时，豫章内史梅赜（又作梅颐或枚赜）利用“古文尚书”存在过的事实，拼凑编造了25篇“古文尚书”，又将原有28篇“今文尚书”拆分成33篇，凑成传说当中存在过的“古文尚书”58篇之数，并谎称各篇都附有孔安国的解说（孔传），共13卷。他将这一赝品上奏朝廷，竟骗过了当时所有人的眼睛与学识，“伪古文尚书”从此得到上下一致的承认。到唐代孔颖达作《尚书正义》以及清代编入《十三经注疏》的，都是这个真伪杂糅的“古文尚书”与伪孔传。

对于今天我们面对的真赝杂糅的《尚书》58篇文字，李思敬先生《五经四书说略》中有一段形象的描述：

《十三经注疏》本《尚书》58篇。总共有27134字。但是，这58篇经文里，只有33篇是从先秦时代传下来的……如果把这些篇章恢复原状，就只有28篇是从先秦流传下来的，其余全是后人，主要是东晋初的人利用先秦古籍中零星引用的《尚书》文句杂凑成文的，并非原物。打个比方：这58篇经文好比58件古器物。其中有33件是原来的古物，只不过有三件各被破成两件，有一件被破成三件，如果把它们复原起来，则实得28件完整的古物。另外的25件情况不同，一部分如同博物馆中用彩陶碎片复原的彩陶器，还有一部分则全是镶进古器物碎片的伪造的古董。说是假的，里面却又可能有一点真货；说是真的，却又并非全是原物，而且也未必是原形。今本《尚书》58篇就是这样一堆真伪参半的古史资料。我们开始接触《尚书》，只要了解那28篇(或33篇)真材料就够了，其余的伪篇可以置而不论。但是要注意伪篇也并非全无用处，要看我们怎么用。①

其实，从宋代到清代，“古文尚书”就已经不断遭到学者们的质疑，特别是到清代，阎若璩在其《尚书古文疏证》中，用128条无可辩驳的考据，将流传了1300年的“古文尚书”与“孔传”，铁板钉钉似地确定为赝品。今天，在学习和研究中，使用《十三经注疏》中的《尚书》及孔传时要特别留神，一定要注意区别哪些是“今文尚书”，哪些是梅赜的“伪古文尚书”和“伪孔传”。

值得特别一提的是，2008年7月，清华大学的一位海外校友捐赠给清华大学二千一百余枚战国中期(前4~前3世纪)竹简。根据权威专家们的初步整理和识别，一致肯定，其中有失传达两千多年的《尚书》的某些篇章文句，例如《傅说之命》的一些章句。也有一些与今本《尚书》某些篇章如《金縢》、《康诰》、《顾命》等文句详略互异的内容。甚至还有些古今均未见过的先秦《尚书》的内容。这无疑应当是件极具震撼性的世界级文化新闻和文化收获。这一极其重大的发现，不仅将大大丰富和补充两千多年来对《尚书》的认识，同时也是对中国文化甚至是全人类文化的又一重大贡献。除此之外，据说这批“清华简”中，还包含已经失传的《乐》书以及《仪礼》等许多前所未见的内容(详参见本章附录一)。

3.《诗经》

《诗经》是我国最古老的一部诗歌总集，它收录了西周初年

① 李思敬:《五经四书说略》，商务印书馆1996年版，第53~54页。

（前11世纪）至春秋中叶（前6世纪）五百年间的诗歌305篇，分为风、雅、颂三类。“风”又称“国风”，共160篇，包括周南、召南、邶、鄘、卫、王、郑、齐、魏、唐、秦、陈、郐、曹、豳15个地区的民歌。“雅”分“大雅”、“小雅”。“大雅”31篇，是周代的庙堂之歌。“小雅”74篇，既有贵族诗歌，也有下层知识分子的诗歌。“颂”分为周颂、鲁颂、商颂三部分，共40篇，都是庙堂祭祀的诗歌。此外，“小雅”中还有6篇有名无词的“笙诗”，大概是吹奏乐的题目。传说西周时代定时派人到民间收集诗歌，即所谓“采诗”。通过“采诗”，可以观察到各地人民的生活和情绪，这是《诗经》“国风”最主要的来源。即便现在，通过《国风》，我们仍然可以窥见周代民众的各种生活概况。孔子特别重视督促学生对《诗经》的学习。他曾对学生和儿子说：“小子何莫学夫《诗》，《诗》可以兴，可以观，可以群，可以怨，迩之事父，远之事君，多识于鸟兽草木之名。子谓伯鱼曰：‘女为《周南》、《召南》矣乎？人而不为《周南》、《召南》，其犹正墙面而立也与！’”①孔子又曾对儿子伯鱼谆谆教导说：“学《诗》乎？……不学《诗》，无以言。”②

从《左传》、《韩诗外传》等多种典籍中可以发现，《诗经》在古代的政治、军事、外交等多种重要场合，都发挥着独特的重要作用，它是两千多年来中华文化取资的渊薮。由此我们不难理解，孔子为什么那么看重《诗经》了。今天的青年一代，由于学校课堂教学的局限性，往往仅把《诗经》理解成为“古代第一部诗歌总集”，特别是仅仅了解其中部分男女恋爱的少数篇章内

---

① 《十三经注疏》，中华书局1980年版，第2525页。

② 《十三经注疏》，中华书局1980年版，第2522页。

容。从而有意无意地忽略甚至是抹杀了《诗经》在中华文化中重大和深远的影响与作用。当今的大学生,特别是文科的大学生,尤其应当在这方面有所纠正。

《诗经》的写作方法有"赋"、"比"、"兴"三种。"赋"就是直截了当地进行叙事或抒情,例如:《卫风·氓》:"氓之蚩蚩,抱布贸丝。匪来贸丝,来即我谋。"直接描述负心男子在初恋时对自己的迷恋。"比"就是"以彼物比此物",用比喻的方法展开叙事抒情,例如:《周南·螽斯》:"螽斯羽,揖揖兮,宜尔子孙,蛰蛰兮。"用螽斯的繁多,比喻子孙的众多。"兴"就是用写景状物为先导,引出后面叙事抒情的内容。例如:《魏风·伐檀》:"坎坎伐檀兮,寘之河之干兮,河水清且涟猗。不稼不穑,胡取禾三百廛兮?不狩不猎,胡瞻尔庭有县貆兮?彼君子兮,不素餐兮。"又如:《唐风·蟋蟀》:"蟋蟀在堂,岁聿其逝。今我不乐,日月其迈。"

传统上,古人将《诗经》的"风"、"雅"、"颂"与"赋"、"比"、"兴"称为"六诗"或"六义"。按照今天的观点,这"六义"其实是分属于两个不同范畴的概念,"风"、"雅"、"颂"是属于诗歌的体裁、类别的概念;"赋"、"比"、"兴"是属于创作方法或技巧的概念。然而,古人既然为之说,将其作为研究《诗经》的一种重要理论,我们也就只好对它们进行了解和认识了。

《诗经》的流传有鲁、齐、韩、毛四家,其中毛诗属古文经,其他三家属今文经。关于《毛诗》的传承,《四库全书总目》载:"《毛诗正义》四十卷,汉毛亨传,郑玄笺,唐孔颖达疏。案《汉书·艺文志》:'《毛诗》二十九卷,《毛诗故训传》三十卷。'然但称毛公,不著其名。《后汉书·儒林传》始云'赵人毛长传《诗》,是为《毛诗》'。其'长'字不从'草'。《隋书·经籍志》载'《毛诗》二十卷，汉河间太守毛苌传，郑氏笺’，于是《诗传》始称毛苌。然郑玄《诗谱》曰：‘鲁人大毛公为《训诂传》于其家，河间献王得而献之，以小毛公为博士。’陆玑《毛诗草木虫鱼疏》亦云：‘孔子删《诗》授卜商，商为之序。以授鲁人曾申，申授魏人李克，克授鲁人孟仲子，仲子授根牟子，根牟子授赵人荀卿，荀卿授鲁国毛亨，毛亨作《训诂传》以授赵国毛苌。时人谓亨为大毛公，苌为小毛公。’据是二书，则作传者乃毛亨，非毛苌……今参稽众说，定作传者为毛亨，以郑氏后汉人，陆氏三国吴人，并传授《毛诗》，渊源有自，所言必不诬也。”①齐诗、鲁诗、韩诗魏晋之后逐渐衰亡，版本也渐渐丢失。唐·陆德明《经典释文》说，东汉郑玄作《毛诗笺》之后，齐诗、鲁诗、韩诗三家遂废。之后，历代通行的都是毛诗。

总之，《诗经》是中华文化的宝藏，是我们多角度了解古代先民生活状况的宝贵资料，也是我们研究《诗经》时代语言的最为可靠的珍贵材料。梁启超先生说：“现存先秦古籍，真赝杂糅，几乎无一书无问题。其真金美玉，字字可信可宝者，《诗经》其首也。”②我们应当从著名国学大师的这番话语中，进一步觉悟到《诗经》对于中华文化的重要性。

4.《仪礼》

秦汉时称《礼》。又称《士礼》、《礼经》，是“六经”（六艺）、“五经”之一。并与《周礼》、《礼记》合称“三礼”。东晋之后有《仪礼》之称，唐代才成为通称。

《仪礼》是记载周代贵族阶层（主要是士阶层）的各种典礼

---

① 《四库全书总目》，中华书局1965年版，第119～120页。

② 《要籍解题及其读法》，《饮冰室合集》，中华书局1989年版，第69页。

仪式的著作，展示了当时社会行为、政治、等级的严密次序。由于所述礼仪制度都是周代的，历来被视为正统的中华礼仪的蓝本，由此受到特别的重视，并分别被古、今文学派说成是周公或孔子所作。但据考证，该书实际上大约是在春秋时代由儒家学者纂集成书的，部分篇章的形成甚至可能晚至西汉。原始儒家是以重视礼仪见长的，孔子从小就演习周礼，一生孜孜以求的理想也是“恢复周礼”。这些周礼的具体内容，当然既包括政治制度、道德行为，同时也应当包括周代各类典礼仪式、礼仪规范等。西汉初年，《仪礼》17 篇由鲁国的高堂生传授并保存下来，这就是今天我们从《十三经注疏》所见到的《仪礼》17 篇 50 卷（详参见本书第九章）。

西汉中期，传授《仪礼》之学的著名学者有戴德（大戴）和侄子戴圣（小戴）、庆氏等，他们都属于今文经学派，在流传过程中，《大戴礼》、《小戴礼》、《庆氏礼》都未能存世，今天《十三经注疏》中我们看到的《仪礼》篇章顺序仅与汉代刘向《别录》所载的相同，而注解则是东汉郑玄调和今古文经的成果。周代实际的礼仪，似乎比今天我们看到的《仪礼》内容还要繁缛得多。根据《汉书·艺文志》记载，汉代之前还有古文经学 56 篇本的《仪礼》，但在流传过程中已经失传，被后世叫做“逸经”。《礼记·礼器》说：“故《经礼》三百，《曲礼》三千。”孙希旦集解：“《经礼》者，常行之礼，如《仪礼》、《冠礼》、《昏礼》之类，其目有三百也。《曲礼》者，仪文之委曲，如《冠礼》有三加，《昏礼》有六礼之类，其目有三千也。”①由此可以想象，当时上层社会生活几乎举手投足皆有礼仪规范。而且，这些礼仪规范又是历代制定礼制的

① 《礼记集解》，中华书局 1989 年版，第 651～652 页。

依据。因此,《仪礼》对于了解中国古代的政治文化以及古代人们的日常生活都具有极其重要的意义。也正因为此,礼学在各个朝代都是受到朝廷重视的显学。

5.《周礼》

《周礼》是记载上古政治制度特别是西周王朝官制最早的也是唯一的典籍,孙诒让《周礼正义》称“经世大法,咸粹于是”,因而深受历代王朝所重视。汉代至清,各朝代的官职制度几乎无一不参照《周礼》制定。由此可以看出该书在中国古代政治文化各方面的价值。传说《周礼》又名《周官经》,《汉书·艺文志》:“《周官经》,六篇。王莽时刘歆置博士。”颜师古注:“即今之《周官礼》也,亡其《冬官》,以《考工记》充之。”①这就是说,《周礼》原有6篇,秦焚之后仅发现5篇,即今天《十三经注疏》所载《周礼注疏》中的“天官冢宰”、“地官司徒”、“春官宗伯”、“夏官司马”、“秋官司寇”5篇。而另一篇“冬官考工记”,是汉代补进去以凑足6篇之数的。据有人统计,仅原来5篇所载的周王朝五大机构,就有三百多部门,二万多官员。以此推论,原来6篇所有,应在360部门、25000名官员左右。② 三千多年前的西周国家机构复杂细致如此,不仅足见该书重要的史料价值,同时古代中华文明的发达程度也令人惊叹。

《周礼》的作者和成书年代已难以确定,历来众说纷纭。古文经学认为它是周公所作,今文经学则认为它是刘歆所伪造,当代学者有人也认为其成书于汉初。我们认为李思敬先生的分析值得注意,他说:“虽然《周礼》未必是实录,但也必定有某种现

① 《汉书》,中华书局1964年版,第1710页。

② 参见李思敬:《五经四书说略》,商务印书馆1996年版,第93页。

实和史料的依据。比如《周礼》记载‘春官宗伯’主管祭典，而据考古研究，有一件春秋时代的铜器叫洹子孟姜壶的，铭文上记着鲁君曾派人到周朝廷向‘宗伯’请教丧礼。可见《周礼》的记载并非向壁虚造。”①今后随着更多的考古成果的出现，《周礼》作者和成书年代的悬案必定能得到最终的解决。

6.《礼记》

《礼记》是战国到秦汉时儒生们学习或阐释《仪礼》（实际也包括《周礼》）的心得笔记汇编。“记”就是学习者在“经”文后记下的笔记或心得。

分析《十三经注疏》中所收录的《礼记正义》49 篇，其包括的内容十分丰富，主要有如下若干种：(1)记述周代某种礼仪仪程细节的篇章，如：《投壶》、《奔丧》等。(2)记述周代某种政令的篇章，如：《月令》等。(3)对《仪礼》有关内容进行解释的篇章，如：《冠义》、《昏义》、《乡饮酒义》等。(4)记述孔子言论的篇章，如：《表记》、《缁衣》、《孔子闲居》等。(5)记述孔子弟子言行的篇章，如：《檀弓》等。(6)对古代制度的记录，如：《王制》、《玉藻》等。(7)对古代制度的考证，如：《礼器》、《祭法》、《祭统》等。(8)儒家思想和学说理论等，特别是儒家礼制主义的阐发以及对教育、音乐等作用的阐发，如《礼运》、《乐记》、《大学》、《中庸》、《学记》等篇。(9)儒家学派的格言杂记等，如：《儒行》等。(10)记录古代掌故的篇章，如：《文王世子》等。

由上述内容不难看出，《礼记》堪称先秦儒家学说的集大成作品，自汉代就受到历代统治者的重视，特别是汉末经郑玄注解

① 参见李思敬：《五经四书说略》，商务印书馆 1996 年版，第 93 ~ 94 页。

"三礼"之后,《礼记》已经与《仪礼》、《周礼》受到同样的重视。到唐代,孔颖达奉命作《五经正义》,《礼记》更进一步取代《仪礼》,跻身"五经"之列,与《周易》、《尚书》、《毛诗》、《左传》成为科举考试的科目之一。此后的一千多年,《礼记》在各代得到了更广泛的传播,从而也给中华文化以广泛深刻的影响。梁启超先生指出:"《小戴记》四十九篇,自唐以来,号为'大经'……诵习之广,次于《诗》《书》,久已形成国民常识之一部,其中精粹语有裨于身心修养及应事接物之用者不少,故吾辈宜宝而读之。"①

关于《礼记》的规模与写成的时代,《汉书·艺文志》说:"《礼古经》五十六卷。《经》十七篇。《记》百三十一篇。七十子后学者所记也。"②《隋书·经籍志》进一步说:"汉初,河间献王得仲尼弟子及后学者所记一百三十一篇献之,时亦无传之者。至刘向考校经籍,检得一百三十篇,向因第而叙之。而又得《明堂阴阳记》三十三篇、《孔子三朝记》七篇、《王史氏记》二十一篇、《乐记》二十三篇,凡五种,合二百十四篇。戴德删其烦重,合而记之,为八十五篇,谓之《大戴记》。而戴圣又删大戴之书,为四十六篇,谓之《小戴记》。汉末马融,遂传小戴之学。融又定《月令》一篇、《明堂位》一篇、《乐记》一篇,合四十九篇。而郑玄受业于融,又为之注。今《周官》六篇、古经十七篇、《小戴记》四十九篇,凡三种。唯《郑注》立于国学,其余并多散亡,又无师说。"③孔颖达《礼记正义》说得更详细:"其《礼记》之作,出自孔

① 《要籍解题及其读法》,《饮冰室合集》,中华书局1989年版,第95页。
② 《汉书》,中华书局1964年版,第1709页。
③ 《隋书》,中华书局1982年版,第925~926页。

氏……至孔子没后，七十二之徒共撰所闻，以为此《记》。或录旧礼之义；或录变礼所由；或兼记体履（按，‘体、履’指《周礼》、《仪礼》）；或杂序得失；故编而录之以为《记》也。《中庸》是子思伋所作，《缁衣》公孙尼子所撰。郑康成云：‘《月令》吕不韦所修。’卢植云：‘《王制》谓汉文时博士所录。’其余众篇皆如此例，但未能尽知所记之人也。”①当代学者往往怀疑《礼记》是晚到秦汉、最早也是战国末期才有的东西。但是，近年来的考古发现对这种怀疑提出了严峻的挑战。裘锡圭先生指出：“‘疑古派’对于《礼记》的看法是有问题的。过去认为《礼记》各篇最早是战国末年的，甚至有不少是秦汉时代的，现在看起来并不是这样的。因为好多看起来很晚的东西并不是战国末期或秦汉时代的，在比较早的时候就已经有了。比如说根据考古学上的证据，根据我们的常识，出上博简（按，上海博物馆所藏湖北楚简）、郭店简（按，湖北荆门郭店出土楚简）的楚墓，还不是晚到战国末期的墓葬——当然不是很早，或许战国中期偏晚，或许就是中期。这些墓里埋的书，时代当然更早。而这些书里，就有《缁衣》和其他一些见于《礼记》和《大戴礼记》的内容。”②因此，《礼记》的成书年代，很可能是早至战国中期甚至更早时候，即古人所说的“出自孔氏”、“七十二之徒共撰所闻”的产物。

7.《春秋》与“三传”

《春秋》曾是东周各个诸侯国史书的通称，但旧说孔子著鲁国《春秋》，此书是东周各国重大历史事件的真实记录，时间跨度从

---

① 《十三经注疏》，中华书局1980年版，第1226页。

② 裘锡圭、曹峰：《“古史辨”派、“二重证据法”及其相关问题——裘锡圭先生访谈录》，载《文史哲》2007年第4期，第9页。

鲁隐公元年(前722年)至鲁哀公十四年(前481年)共242年,是一部十分著名的历史著作,后升格为"六经"之一。从此《春秋》一名就专指孔子编著的这部著作了。《春秋》全书仅有一万六千余字,文笔极为简略。它的字字句句都被古人特别是今文经学家们认为有很深的含义或倾向性,这种寄寓很深的含义被称作"微言大义"。古人把《春秋》的这种写作方法称作"《春秋》笔法"。

今天看来,《春秋》的价值在于它真实记录了公元前8世纪到公元前5世纪鲁国在政治、军事、文化等各方面的真实历史;记载了当时各种天文、地理、气候、灾荒的情况。今天,这些都已经成为全世界共同享用的不可多得的宝贵资料。

由于《春秋》过于简略,要弄清其含义或史实都需要补充扩展。战国时代的左丘明作《春秋左氏传》,又叫《左氏春秋》或《左传》,属于古文经。《左传》是我国历史上第一部编年体的叙事详尽完整的历史名著。

《左传》对《春秋》所述历史事件进行了大量补充订正,翔实地反映了那个时代的面貌,如《春秋·隐公元年》"郑伯克段于鄢",《左传》给我们展示了郑武公与其母亲姜氏和弟弟共叔段之间相互斗争的细节,使我们能深入了解经文"郑伯克段于鄢"的意思。正如东汉·桓谭《新论·正经》指出的那样:"《左氏传》于经,犹衣之表里,相待而成。经而无传,使圣人闭门思之,十年不能知也。"

同时,《左传》还是一部优秀的史学著作和一部优秀的文学著作,也是历代所公认的古代散文作品的典范。

专门挖掘《春秋》中"微言大义"、解释原文褒贬意义的《春秋公羊传》和《春秋谷梁传》,都属今文经。二者都是阐发"微言大义"的典型著作,特别是《春秋公羊传》,更是今文经学家最推崇的经典。二者内容虽冗长驳杂，但代表了汉代人对历史的看法和当时的思想方法，因而对研究中国哲学史、思想史、文化史有不可替代的价值。汉代之后，今文经学特别是《公羊学》，在中国历史、中国文化多种研究领域中，其微言大义的方法得到进一步深入运用和发扬。甚至可以说，模糊、笼统、微言大义式的表达方式，逐渐成为中国古代文化的一种重要特色，以致在许多中国文化样式中都可以若隐若现地发现它的影子。总之，以微言大义为特色的公羊学，从汉代到清代，与中国历代的变革以及古代的哲学、思想、文化、学术等都有极其密切的关系。所以，今天不宜将《公羊传》一类典籍简单化地斥为荒诞或无用。

8.《论语》

孔子是儒家学派的创始人，是联合国教科文组织认定的"世界十大文化名人"之一。

《论语》是孔子弟子和再传弟子记录孔子本人和少数学生言行的著作。"论"是编纂的意思，"语"指孔子的话语。《论语》成书于春秋末至战国初。《汉书·艺文志》说："《论语》者，孔子应答弟子时人及弟子相与言而接闻于夫子之语也。当时弟子各有所记，夫子既卒，门人相与辑而论纂，故谓之《论语》。"①西汉时孔子被称为"素王"，《论语》也并未作为经典列入"六经"，东汉开始被列入"七经"。唐玄宗开元二十七年，孔子被追谥为文宣王，之后历代皆累有加封，元代孔子被奉为"大成至圣文宣王"，到明代嘉靖九年(1530 年)，又被改封为"至圣先师"。孔子是儒家学说创始人，而《论语》是记录和保存孔子言行最多最可靠的典籍，因此它是研究儒家学说和孔子思想最直接的资料，

① 《汉书》，中华书局 1964 年版，第 1717 页。

也是研究中国古代政治、思想、伦理、文化最重要的资料。

《论语》传到汉代有三个本子,即鲁论、齐论、古论。东汉末年郑玄曾对三个本子进行过综合整理,但后来不传。今天所见《十三经注疏》中的《论语》20 卷,是西汉末年安昌侯张禹以《鲁论语》为基础并吸收《齐论语》而成的"张侯论"本。

《论语》篇幅不大,仅有 20 篇、512 章、一万三千字左右,但是其内容十分丰富:既有孔子关于个人道德修养的感悟和对弟子的教训,也有孔子关于社会伦理的准则和看法;既有孔子对于人生哲理的揭示,也有孔子关于政治理想的阐述。此外,他对弟子们循循善诱、因人施教的精彩记录以及孔门弟子们对他的评价,无不惟妙惟肖地记录和表现了一个万世师表的光辉形象。

《论语》对于中华文化及汉语的影响是极其巨大深刻的。其中许多原文两千多年来早已成为家喻户晓的格言。今天的汉语常用成语中,竟有三百六十多个成语都是源自《论语》。

梁启超先生评价《论语》为"人类千古不磨之宝典","关于个人人格修养之教训……殆全部有历久不磨的价值"、"读之别有会心,可以作终身受持之用也"。他向青年学子推荐说:"吾深望青年勿蔑弃此家宝也。"①

可以毫不夸张地说,不了解《论语》,就不了解中国和中国文化。

9.《孟子》

《史记·孟子荀卿列传》:"孟轲,驺人也。受业子思之门人……退而与万章之徒序《诗》、《书》,述仲尼之意,作《孟子》七篇。"②

---

① 《要籍解题及其读法》,《饮冰室合集》,中华书局 1989 年版,第 5 页。

② 《史记》,中华书局 1963 年版,第 2343 页。

一般认为,《孟子》是记录亚圣孟轲言论、行为及其与弟子谈话的著作。据说该书由孟子的学生万章和公孙丑记录整理,且得到过孟子本人的润色,因而《孟子》更能代表孟子本人的思想。孟子是孔子之孙子思门人的学生,所以儒家学派认为孟子是孔子学说的忠实继承者,以至于在后世被封为仅次于孔子的"亚圣"。他也确实发展了儒家学说,但又不完全等同于孔子的主张。这主要是指《孟子》中"人性善"以及"仁政"、"民为贵,君为轻"等学说。一般又认为其学说属于唯心主义的思想体系。

历代对孟子的重视和研究是一步一步加强的。秦汉时,《孟子》一直属于诸子著作。汉代赵岐将《孟子》7 篇各分上下并作注,即:《梁惠王章句》上下、《公孙丑章句》上下、《滕文公章句》上下、《离娄章句》上下、《万章章句》上下、《告子章句》上下、《尽心章句》上下。实际将 7 篇变成了 14 篇。赵岐题词称:"七篇二百六十一章,三万四千六百八十五字。"旧题宋代孙奭为赵岐注所做的疏,即《十三经注疏》中收入的《孟子注疏》。从唐代开始,《孟子》受到越来越高的重视,到宋代首次将《孟子》列入了十三经的行列(参见前"二、从'六经'到'十三经'")。南宋大儒朱熹更把《大学》、《论语》、《孟子》、《中庸》合编为"四书",并加上注释,从此成了历代读书人的必读书。《孟子》对于中华文化的影响与《论语》相似,在语言文学方面,由于其语言有"文理精密,气势磅礴,长于辩论,善于比喻(全书比喻达六十余处),明畅犀利,富有说服力"等特点,因而对汉语的影响也是巨大的。总之,《孟子》一书对中华文化具有极重要的多方面价值。

10.《孝经》

《孝经》一书仅一千九百余字,18 章。据说是孔子为学生讲解孝道的结集，也有人说是曾子或孟子的学生所作。当代学者彭林则认为，《孝经》“先于《孟子》而有，当是子思作之”①。虽然各种说法都不可确考，但可以确定的是，《孝经》最晚也是孔子后学们的著作，成书应不晚于战国末期。

“孝”是人类社会一种自然共通的情感和美德，更是中华民族特别是儒家伦理道德的源头和核心内容。先秦儒家认为，孝是德之本，始于侍亲，中于侍君，终于立身。《尚书·尧典》：“有鳏在下，曰虞舜……瞽子。父顽，母嚚，象傲，克谐，以孝烝烝。”②《论语》中则有19次谈到“孝”的问题，仅《为政》篇，就连续四章记载学生或者时人向孔子请教“孝”的问题。由此可见，孝敬父母早成为中华民族的优秀道德传统。这种优秀的道德传统，既与儒家创始人孔子的大力宣传提倡有关，同时也与历朝对《孝经》的重视有关。

《孝经》在西汉文帝时就已被立博士。在东汉曾被列入过七经。此后一直受到各朝代的普遍重视，历代多个皇帝都曾亲自整理注解过《孝经》。《十三经注疏》中的《孝经正义》三卷，就是由唐玄宗注、宋·邢昺疏。

11.《尔雅》

《尔雅》是古代训诂资料的汇编，是中国古代第一部解释典籍字词意义的专著，也被认为是中国古代第一部词典。所谓训诂即以今语释古语。研究古代汉语的人十分重视《尔雅》提供的资料。

《尔雅》共有19篇，13113字。前三篇《释诂》、《释言》、《释

① 《十三经说略》，北京燕山出版社2003年版，第281页。
② 《十三经注疏》，中华书局1980年版，第123页。

训》是解释一般的词语,其他 16 篇则按类解释词语。由于该书汇释了典籍中大量的词和名物,因而被视为解经、通经的重要工具书,很早就被视为经书的附庸,甚至被抬到了与群经相等的地位,并最终进入了十三经的行列。《十三经注疏》中的《尔雅注疏》十卷,晋·郭璞注,宋·邢昺疏。

关于《尔雅》的作者和成书年代,古代有人说它是周公所作,又有人说它是孔子及其学生所作,还有人说是汉儒所作,这些说法都不可靠。现在研究一般认为,《尔雅》是历代资料的汇编,不是一人一时之作,而是逐步完善而成,大约在战国末期已初具规模,并最终由儒生汇纂成编,汉代又进一步整理成正本。

12. 四书

南宋朱熹把《礼记》中的《大学》、《中庸》两篇抽出来,与《论语》、《孟子》合编为"四书",并为之作注。明清两代科举取士的试题,也全部从"四书"中产生。从南宋到清末的七八百年间,"四书"成为天下从士子到学童的必读书、精读书,影响甚至远不限于读书人。梁启超先生说:"其盛乃驾'六经'而上之,六七百年来,数岁孩童入三家村塾者,莫不以'四书'为主要读本。其书遂形成一般常识之基础,且为国民心理之总关键。"①

《中庸》是《礼记》中的第 31 篇。旧说为孔子的孙子子思所作并传给孟子的。全篇 3667 字,朱熹将其分为 33 章,并说:"中庸者,不偏不倚,无过不及,而平常之理。乃天命所当然,精微之极致也。"②

---

① 《要籍解题及其读法》,《饮冰室合集》,中华书局 1989 年版,第 1 页。

② 《四书章句集注》,中华书局 1983 年版,第 18 ~ 19 页。

两千多年来，中庸被封建统治者运用于封建统治，作为维持社会统治的法则，使人们不要采取极端，犯上作乱，从而达到维护封建统治的目的。

中庸之道，既是儒家最高的道德标准，也是儒家处理一切事情的行为准则。它追求对事物不偏不倚的准确把握，反对过激。在复杂的社会生活中，这种尺度有其一定合理性，是处理社会、人生、政治等一切活动的较好的准则。所以该篇对于研究中国古代哲学史有极高的价值。

《大学》是《礼记》中的第42篇，近两千字。据朱熹说，其中的第一大段205字是“孔子之言而曾子述之”，其他10段共1546字，则是“曾子之意而门人记之”①。

任继愈先生说：《大学》“是汉初综合先秦孔、孟、荀儒家各派思想，协调封建宗法制度的政治纲领”②。

《大学》的主要内容是阐述了可以代表儒家学说政治纲领的“三纲八目”。其中的“在明明德”、“在亲民”、“在止于至善”，即所谓“三纲”。它提出理想化的修身、学习、治国的过程，即“格物、致知、诚意、正心、修身、齐家、治国、平天下”。传统上称作“八目”。除此之外，《大学》中还有不少具有普世永恒价值、可资个人身心修养的格言警句，如“君子必慎其独也”、“富润屋，德润身”、“仁者以财发身，不仁者以身发财”等等。

我们应当把《大学》、《中庸》看做是中华文化精华的一部分。正如梁启超先生所说：“要而论之，《大学》、《中庸》不失为

---

① 《四书章句集注》，中华书局1983年版，第4页。

② 转引自李思敬：《五经四书说略》，商务印书馆1996年版，第151页。

儒门两篇名著，读之甚有益于修养，且既已人人诵习垂千年，形成国民常识之一部分，故今之学者亦不可以不一读。"①

三、汉唐十三经注疏与清人十三经注疏

《四库全书》一千七百多种儒家著作都是围绕13部经典展开的。清代阮元把从汉唐宋以来的儒家经典的最重要的注解合编为一部书——《十三经注疏》。之后，该书遂成为研读儒家经典最普及和最方便的版本。现将《十三经注疏》所包括的内容开列如下：

《周易正义》十卷　三国魏·王弼　晋·韩康伯注解　唐·孔颖达正义

《尚书正义》　伪古文尚书　汉·孔安国传　唐·孔颖达正义

《毛诗正义》　汉·毛亨传　汉·郑玄笺　唐·孔颖达正义

《周礼注疏》　汉·郑玄注　唐·贾公彦疏

《仪礼注疏》　汉·郑玄注　唐·贾公彦疏

《礼记正义》　汉·郑玄注　唐·孔颖达正义

《春秋公羊传注疏》　汉·何林解诂　唐·徐彦疏

《春秋谷梁传注疏》　晋·范宁注　唐·杨士勋疏

《春秋左传正义》　晋·杜预注　唐·孔颖达正义

《论语注疏》　三国魏·何晏集解　宋·邢昺疏

《孝经注疏》　唐·玄宗注　宋·邢昺疏

《尔雅注疏》　晋·郭璞注　宋·邢昺疏

《孟子注疏》　汉·赵岐注　宋·孙奭疏

---

① 《要籍解题及其读法》，《饮冰室合集》，中华书局1989年版，第11页。

该书有叶圣陶先生所作《十三经注疏索引》与之配合，十分便于今天的使用者检索。

清代经学大盛，各经的研究和再注疏都超越了前人，数量可达数百种。阮元又将其中最具价值的部分编辑成《皇清经解》，王先谦继其后，编辑《皇清经解续编》。二编皆是清人十三经注疏的集大成者。《皇清经解》又称《学海堂经解》，共选嘉庆之前清代经学家的名著一百八十多种，七十多个著名学者，共计一千四百多卷，道光九年刻成书。光绪十一年，王先谦继续编成的《皇清经解续编》，搜集了乾嘉以后的后续经学名著以及乾嘉之前的《皇清经解》落下的共209部430卷新注解。今天要全面了解十三经著作及清代的研究成果，仍然必须参考这两部丛书。

另外，中华书局为方便今天学习，整理编辑了"十三经清人注疏"，大部分都由当代著名研究家校注标点。因而该丛书是当今学习研究者可以优先选用的、也是最为常见的参考书了。现将"十三经清人注疏"书目开列如下，以供参考：

《毛诗传笺通释》　马瑞辰撰

《诗三家义集疏》　王先谦撰

《尚书今古文注疏》　孙星衍撰

《今文尚书考证》　皮锡瑞撰

《周易集解纂疏》　李道平撰

《周礼正义》　孙诒让撰

《礼记训纂》　朱彬撰

《礼记集解》　孙希旦撰

《大戴礼记解诂》　王聘珍撰

《春秋左传诂》　洪亮吉撰

《春秋谷梁经传补注》　钟文烝撰

《论语正义》刘宝楠撰

《孟子正义》　焦循撰

附录一

李学勤:初识清华简[摘要]

清华大学最近入藏的一批战国时期的珍贵竹简,现在已经广为学术界以及社会公众所知了。

这批竹简是由清华校友捐赠抢救回来的。记得竹简来到清华的那一天是 7 月 15 日。

据在清理中的初步统计,清华简共约 2100 枚,其中整简的比例很大,而且简上一般都有文字。

10 月 14 日,清华邀请了李伯谦、裘锡圭等 11 位专家,对这批竹简进行观察鉴定,"一致认为,这批战国竹简是十分珍贵的历史文物,涉及中国传统文化的核心内容,是前所罕见的重大发现,必将受到国内外学者重视,对历史学、考古学、古文字学、文献学等许多学科将会产生广泛深远的影响",这是鉴定专家们在《鉴定意见》中作的论断。

由于集中力量做简的保护工作,还来不及详细审视简的文字内容,更谈不上释读研究了。不过通过清理间的大致浏览,以下三点是可以确定的:

第一,这批简的性质是书籍。

第二,这批简中的书籍大多与历史有关。如果按照传统的四部分类,有的属于经部,但其内涵仍是富于历史价值的。这与过去发现的战国竹简书籍,如著名的郭店简、上博简以儒、道著作占多数不同。

第三,这批简里有《尚书》。《尚书》本为古代历史文献的汇编,列于经典,是研究古史最重要的依据。秦代焚书,禁止《诗》、《书》、百家语,《尚书》大多佚失。清华简中已发现有多篇《尚书》,有些篇有传世本,如《金縢》、《康诰》、《顾命》等,但文句多有差异,甚至篇题也不相同。更多的是前所未见的佚篇,在传世本里没有,或虽见于传世本,但后者是伪古文,如《傅说之命》,即先秦不少文献引用过的《说命》,和今天流传的《说命》伪古文不是一回事。

清华简还有一项重要内容,是一种编年体的史书,所记史事上起西周之初,下到战国前期,与《春秋》经传、《史记》等对比,有许多新的内涵。特别要指出的,是这种史书体裁和已看到的一些文句,都很像《竹书纪年》。

《尚书》和类似《纪年》的史书,对于历史研究的意义,是关注中国历史文化的人们都知道的,其重要确实难于估计。

王国维1925年7月在清华作的一次讲演,题目是《最近二三十年中中国新发现之学问》。这一讲演非常著名。

王国维在讲演开头就说:“古来新学问起,大都由于新发现。”接着,王国维举出历史上三项新发现,即孔壁中书、汲冢竹简和宋代出土的青铜器,然而在讲演的后面,他不再提及宋代青铜器,只说“自汉以来中国学问上之最大发现”有两次,“一为孔子壁中书,二为汲冢书”。为什么他把这两者推为学术史上的“最大发现”,需要在此简单说明一下。

孔壁中书,是西汉前期在曲阜孔宅壁中发现的竹简书籍,《汉书·艺文志》载:“《古文尚书》者,出孔子壁中。武帝末,鲁共王坏孔子宅,欲以广其宫,而得《古文尚书》及《礼记》、《论语》、《孝经》,凡数十篇,皆古字也。”这些书籍应该是在秦代焚书时藏匿壁中的，其内容以《尚书》为主，其中有十六篇是汉初伏生所传今文《尚书》没有的，由于系以战国古文书写，称为《古文尚书》。

《古文尚书》和当时出现的其他古文典籍一样，长期未能列于学官，没有取得官方认可的地位。西汉晚年，刘歆为此移书责让太常博士，开启了经学的今古文之争，成为学术史上的大事。

汲冢竹书，是西晋之初在汲县一座战国时魏国墓葬里发现的竹简书籍，事见《晋书》等文献及汲令卢无忌所建《齐太公吕望碑》。发现的时间，有武帝咸宁五年（279年）等异说，共有书十九种，七十五篇。其中最重要的，是魏人所撰史书《纪年》十三篇（有学者校正为十二篇）。

汲冢书发现的意义也很重大。王国维前述讲演说："惟晋时汲冢竹简，出土后即继以永嘉之乱，故其结果不甚著，然同时杜元凯（即杜预）注《左传》，稍后郭璞注《山海经》，已用其说，而《纪年》所记禹、益、伊尹事，至今成为历史上之问题，然则中国纸上之学问赖于地下之学问者，固不自今日始矣。"实际上《纪年》的影响远不止此，即以从钱穆到杨宽等先生利用《纪年》校正《史记·六国年表》一事而言，贡献就已很大，这些成果自然是王国维不及见的。

王国维讲的这两项"最大发现"都是战国时期的竹简书籍，都在学术史上造成了重大影响。但是，不管是《古文尚书》还是《纪年》，其原貌今人都看不到了。《古文尚书》在东汉已归散佚，东晋时梅赜所献，唐代孔颖达《尚书正义》所收，如今见于《十三经注疏》的，前人已论定是"伪古文"。《纪年》同样于唐代散佚，明以后整本流传的所谓今本《纪年》，如王国维等先生论证，也是伪书。朱右曾、王国维等学者辑录的古本《纪年》，尽管定贵，保留的佚文究竟不多。这久已成为学术界似乎无法弥补的历史遗憾。

今天，幸能在清华简中又看到真正原本的古文《尚书》和近似《纪年》的史籍，给我们研究古代历史和文化带来了新的希望，也一定会在学术界造成深远长久的影响。有关《尚书》、《纪年》的一些悬疑不决的问题，很可能由于新的发现获得解决。

清华简还有不少来不及深入了解的内容，比如类似《仪礼》的礼书，前所未见的乐书，与《周易》有关的占书，近于《国语》的史书等。

（据《光明日报》2008－12－01 所载摘录）

附录二

2100 枚"清华简"揭开面纱

专家："清华简"可媲美"孔壁中经"与"竹书纪年"

2008 年 11 月 24 日 08:09:17 来源：《人民日报》海外版

入藏清华的战国竹简（郭海军摄）

日前，清华大学对外公布了收藏的一批数量巨大的战国竹简，引起海内外学界的轰动和关注。记者为此专访了著名历史学家、清华大学出土文献研究与保护中心主任李学勤教授，请他揭开"清华简"神秘的面纱。

清华校友重金购得捐赠母校

今年7月，清华大学意外收到一批战国竹简，最长的有46厘米，最短的不到10厘米。较长的简都是3道编绳，固定编绳的切口及一些编绳遗迹清楚可见。竹简上文字大多精整，很少潦草，多数至今仍然清晰。经初步统计，竹简数量约为2100枚，是迄今为止我国发现的最大批量的战国竹简之一。据了解，这批竹简是由清华大学校友赵伟国在境外拍卖会上重金购得后捐赠给学校的。在这之前，这批珍贵的竹简已几经转手流散海外多年，它的确切出土时间还待研究。

竹简抵达清华时，部分已经发生菌害霉变。李学勤教授回忆说："有的是用塑料布包成一捆一捆，有的就泡在水里。还有一部分是用现代的竹片衬上，再用保鲜膜包裹，而这种方法极易受到污染。因为时间过于久远，有些竹简已经软得就像豆腐干一样，保护工作迫在眉睫。"

为此，清华大学迅即组织研究人员对霉变组织进行采样、化验和分析，明确霉菌的性质和种类，制定积极稳妥的保护办法。同时成立清华大学出土文献研究与保护中心，聘请专家学者参与竹简的研究和保护。经过3个月紧张的抢救和保护，至10月初，第一阶段的保护工作基本完成。

从形制文字看应是楚地出土

今年10月，清华大学邀请来自北京大学、复旦大学、吉林大学、武汉大学、中山大学、香港中文大学和国家文物局、中国文化遗产研究院、上海博物馆、荆州博物馆的11位学者专家对“清华简”进行观察鉴定，他们一致认为：“从竹简形制和文字看，应是楚地出土的战国时代简册，是十分珍贵的历史文物，涉及中国传统文化的核心内容，为一项罕见的重大发现，对历史学、考古学、古文字学、文献学等许多学科将会产生广泛深远的影响。”

“这批简，我们推测，最大可能出土于楚国境内，即今湖北、湖南、河南南部、安徽等地都有可能。”李学勤说：“为什么推测是楚国出土的竹简呢？一是从文字上看，竹简中有些文字十分接近于楚国的文字；另外，与竹简同时收到的还有一个书箱的残片，称为‘漆绘木笥’，上面有漆绘的画，与楚国的风格比较接近。所以初步推想，在楚地出土的可能性是最大的。”

“不过，从目前已经证明是楚器的容器里面，还没找到跟它完全一样花纹的容器。”李学勤补充说。

“书”的内容可能改变历史

李学勤表示，“清华简”的发现足以与中国学术史上的两次重大发现——汉武帝时期在孔子故居墙壁中发现的“孔壁中经”和西晋时期在今河南汲县战国时魏国墓中发现的“竹书纪年”相媲美。

他说，“这批简都是属于跟历史有关的古代文献，年代在公元前4世纪到3世纪的战国中晚期。过去发现的简主要是两种内容，一种是‘书’，真正的书，另一种是文书。这批竹简的内容都是‘书’，它的特点就是历史性。而‘书’的大批发现，近年有两次。第一次是湖北荆门的‘郭店竹简’，大概有800多支；另一批‘上博简’是上海博物馆从香港抢救的，当时公布数量是

1200 多支,事实上可能更多。相比较‘郭店竹简’和‘上博简’,‘清华简’‘书’的内容不一样。”

李学勤介绍,“清华简”的内容以“经”、“史”为主,已知最重要内容之一是《尚书》。《尚书》位于六经之首,可以说是中国最古的历史文献。清华简中已发现的多篇《尚书》,都是秦始皇“焚书坑儒”以前的写本。且其中多篇都是前所未见的佚篇,传世本《尚书》里没有。例如“傅说之命”,即先秦文献引用的《说命》,和传世古文不是一回事。这些“古文尚书”对古史研究的意义难以估计。同时,竹简中还发现有编年体的史书,所记历史上起西周初,下至战国前期,与传世文献《春秋》经传、《史记》等对比,有许多新的内涵。此外,类似《国语》的史书,类似《仪礼》的礼书,前所未见的《乐书》,与《周易》有关的书等,都是两千余年无人见过的。(记者张东伟)

附录三

荀子卷第十七
性恶篇第二十三

人之性恶,其善者伪也。今人之性,生而有好利焉,顺是,故争夺生而辞让亡焉;生而有疾恶焉,顺是,故残贼生而忠信亡焉;生而有耳目之欲,有好声色焉,顺是,故淫乱生而礼义文理亡焉。然则从人之性,顺人之情,必出于争夺,合于犯分乱理而归于暴。故必将有师法之化,礼义之道,然后出于辞让,合于文理,而归于治。用此观之,然则人之性恶明矣,其善者伪也。故枸木必将待檃栝、烝、矫然后直,钝金必将待砻、厉然后利。今人之性恶,必将待师法然后正,得礼义然后治。今人无师法则偏险而不正,无礼义则悖乱而不治。古者圣王以人之性恶,以为偏险而不正,悖乱而不治，是以为之起礼义，制法度，以矫饰人之情性而正之，以扰化人之情性而道之也。始皆出于治，合于道者也。今之人，化师法，积文学，道礼义者为君子；纵性情，安恣睢，而违礼义者为小人。用此观之，然则人之性恶明矣，其善者，伪也。孟子曰："人之学者，其性善。"曰：是不然。是不及知人之性，而不察乎人之性、伪之分者也。凡性者，天之就也，不可学，不可事；礼义者，圣人之所生也，人之所学而能，所事而成者也。不可学、不可事而在人者谓之性，可学而能、可事而成之在人者谓之伪。是性、伪之分也。今人之性，目可以见，耳可以听。夫可以见之明不离目，可以听之聪不离耳，目明而耳聪，不可学明矣。

孟子曰："今人之性善，将皆失丧其性故也。"曰：若是，则过矣。今人之性，生而离其朴，离其资，必失而丧之。用此观之，然则人之性恶明矣。所谓性善者，不离其朴而美之，不离其资而利之也。使夫资朴之于美，心意之于善，若夫可以见之明不离目，可以听之聪不离耳，故曰目明而耳聪也。今人之性，饥而欲饱，寒而欲暖，劳而欲休，此人之情性也。今人饥，见长而不敢先食者，将有所让也；劳而不敢求息者，将有所代也。夫子之让乎父，弟之让乎兄，子之代乎父，弟之代乎兄，此二行者，皆反于性而悖于情也。然而孝子之道，礼义之文理也。故顺情性则不辞让矣，辞让则悖于情性矣。用此观之，然则人之性恶明矣，其善者伪也。

问者曰："人之性恶，则礼义恶生？"应之曰：凡礼义者，是生于圣人之伪，非故生于人之性也。故陶人埏埴而为器，然则器生于工人之伪，非故生于人之性也。故工人斲木而成器，然则器生于工人之伪，非故生于人之性也。圣人积思虑，习伪故，以生礼义而起法度，然则礼义法度者，是生于圣人之伪，非故生于人之性也。若夫目好色，耳好声，口好味，心好利，骨体肤理好愉佚，是皆生于人之情性者也，感而自然，不待事而后生之者也。夫感而不能然，必且待事而后然者，谓之生于伪。是性、伪之所生，其不同之征也。故圣人化性而起伪，伪起而生礼义，礼义生而制法度。然则礼义法度者，是圣人之所生也。故圣人之所以同于众，其不异于众者，性也；所以异而过众者，伪也。夫好利而欲得者，此人之情性也。假之人有弟兄资财而分者，且顺情性，好利而欲得，若是，则兄弟相拂夺矣；且化礼义之文理，若是则让乎国人矣。故顺情性则弟兄争矣，化礼义则让乎国人矣。凡人之欲为善者，为性恶也。夫薄愿厚，恶愿美，狭愿广，贫愿富，贱愿贵，苟无之中者，必求于外；故富而不愿财，贵而不愿埶，苟有之中者，必不及于外。用此观之，人之欲为善者，为性恶也。今人之性，固无礼义，故强学而求有之也；性不知礼义，故思虑而求知之也。然则生而已，则人无礼义，不知礼义。人无礼义则乱，不知礼义则悖。然则生而已，则悖乱在已。用此观之，人之性恶明矣，其善者伪也。

孟子曰："人之性善。"曰：是不然。凡古今天下之所谓善者，正理平治也；所谓恶者，偏险悖乱也。是善恶之分也已。今诚以人之性固正理平治邪？则有恶用圣王，恶用礼义矣哉！虽有圣王礼义，将曷加于正理平治也哉！今不然，人之性恶。故古者圣人以人之性恶，以为偏险而不正，悖乱而不治，故为之立君上之埶以临之，明礼义以化之，起法正以治之，重刑罚以禁之，使天下皆出于治，合于善也。是圣王之治，而礼义之化也。今当试去君上之埶，无礼义之化，去法正之治，无刑罚之禁，倚而观天下民人之相与也，若是，则夫强者害弱而夺之，众者暴寡而哗之，天下悖乱而相亡不待顷矣。用此观之，然则人之性恶明矣，其善者伪也。故善言古者必有节于今，善言天者必有征于人。凡论者，贵其有辨合，有符验，故坐而言之，起而可设，张而可施行。今孟子曰“人之性善”，无辨合符验，坐而言之，起而不可设，张而不可施行，岂不过甚矣哉！故性善则去圣王，息礼义矣；性恶则与圣王，贵礼义矣。故檃栝之生，为枸木也；绳墨之起，为不直也；立君上，明礼义，为性恶也。用此观之，然则人之性恶明矣，其善者伪也。直木不待檃栝而直者，其性直也；枸木必将待檃栝、烝、矫然后直者，以其性不直也。今人之性恶，必将待圣王之治，礼义之化，然后始出于治，合于善也。用此观之，然则人之性恶明矣，其善者伪也。

问者曰：“礼义积伪者，是人之性，故圣人能生之也。”应之曰：是不然。夫陶人埏埴而生瓦，然则瓦埴岂陶人之性也哉？工人斲木而生器，然则器木岂工人之性也哉？夫圣人之于礼义也，辟则陶埏而生之也，然则礼义积伪者，岂人之本性也哉？凡人之性者，尧、舜之与桀、跖，其性一也；君子之与小人，其性一也。今将以礼义积伪为人之性邪？然则有曷贵尧、禹，曷贵君子矣哉？凡所贵尧、禹、君子者，能化性，能起伪，伪起而生礼义。然则圣人之于礼义积伪也，亦犹陶埏而生之也。用此观之，然则礼义积伪者，岂人之性也哉？所贱于桀、跖、小人者，从其性，顺其情，安恣睢，以出乎贪利争夺。故人之性恶明矣，其善者伪也。天非私曾、骞、孝已而外众人也，然而曾、骞、孝已独厚于孝之实而全于孝之名者，何也？以綦于礼义故也。天非私齐、鲁之民而外秦人也，然而于父子之义，夫妇之别，不如齐、鲁之孝共敬文者，何也？以秦人之从情性，安恣睢，慢于礼义故也。岂其性异矣哉？

“涂之人可以为禹”，曷谓也？曰：凡禹之所以为禹者，以其为仁义法正也。然则仁义法正有可知可能之理，然而涂之人也，皆有可以知仁义法正之质，皆有可以能仁义法正之具，然则其可以为禹明矣。今以仁义法正为固无可知可能之理邪？然则唯禹不知仁义法正，不能仁义法正也。将使涂之人固无可以知仁义法正之质，而固无可以能仁义法正之具邪？然则涂之人也，且内不可以知父子之义，外不可以知君臣之正。不然。今涂之人者，皆内可以知父子之义，外可以知君臣之正，然则其可以知之质、可以能之具，其在涂之人明矣。今使涂之人者以其可以知之质，可以能之具，本夫仁义之可知之理，可能之具，然则其可以为禹明矣。今使涂之人伏术为学，专心一志，思索孰察，加日县久，积善而不息，则通于神明，参于天地矣。故圣人者，人之所积而致矣。曰："圣可积而致，然而皆不可积，何也？"曰：可以而不可使也。故小人可以为君子而不肯为君子，君子可以为小人而不肯为小人。小人、君子者，未尝不可以相为也，然而不相为者，可以而不可使也。故涂之人可以为禹则然，涂之人能为禹，未必然也。虽不能为禹，无害可以为禹。足可以遍行天下，然而未尝有能遍行天下者也。夫工匠、农、贾，未尝不可以相为事也，然而未尝能相为事也。用此观之，然则可以为，未必能也；虽不能，无害可以为。然则能不能之与可不可，其不同远矣，其不可以相为明矣。尧问于舜曰："人情何如？"舜对曰："人情甚不美，又何问焉？妻子具而孝衰于亲，嗜欲得而信衰于友，爵禄盈而忠衰于君。人之情乎！人之情乎！甚不美，又何问焉？"唯贤者为不然。有圣人之知者，有士君子之知者，有小人之知者，有役夫之知者，多言则文而类，终日议其所以，言之千举万变，其统类一也，是圣人之知也。少言则径而省，论而法，若佚之以绳，是士君子之知也。其言也谄，其行也悖，其举事多悔，是小人之知也。齐给、便敏而无类，杂能、旁魄而无用，析速、粹孰而不急，不恤是非，不论曲直，以期胜人为意，是役夫之知也。有上勇者，有中勇者，有下勇者：天下有中，敢直其身；先王有道，敢行其意；上不循于乱世之君，下不俗于乱世之民；仁之所在无贫穷，仁之所亡无富贵；天下知之，则欲与天下同苦乐之；天下不知之，则傀然独立天地之间而不畏：是上勇也。礼恭而意俭，大齐信焉而轻货财；贤者敢推而尚之，不肖者敢援而废之：是中勇也。轻身而重货，恬祸而广解，苟免，不恤是非、然不然之情，以期胜人为意：是下勇也。繁弱、钜黍，古之良弓也，然而不得排檠则不能自正。桓公之葱，大公之阙，文王之禄，庄君之曶，阖闾之干将、莫邪、钜阙、辟闾，此皆古之良剑也，然而不加砥厉则不能利，不得人力则不能断。骅骝、骐、骥、纤离、绿耳，此皆古之良马也，然而必前有衔辔之制，后有鞭策之威，加之以造父之驭，然后一日而致千里也。夫人虽有性质美而心辩知，必将求贤师而事之，择良友而友之。得贤师而事之，则所闻者尧、舜、禹、汤之道也；得良友而友之，则所见者忠信敬让之行也。身日进于仁义而不自知也者，靡使然也。今与不善人处，则所闻者欺诬诈伪也，所见者污漫、淫邪、贪利之行也；身且加于刑戮而不自知者，靡使然也。传曰："不知其子视其友，不知其君视其左右。"靡而已矣，靡而已矣。

第六章 科举制度简介

科举制度是一种在封建社会中后期的一千三百多年中，深刻影响中国古代政治、经济、思想、文化、社会习俗等各方面的重要制度。从政治角度说，科举制度通过相对公平的考试，为封建社会源源不断地选拔了大批人才，使社会下层的读书人得以有了跻身社会上层、实现忠君治国抱负的机会，从而使封建社会得以极大的巩固和延续。从思想、文化的角度说，科举制度使儒家思想和儒家文化得以极大的普及、传播和强化，使中国古代文化的儒学化程度进一步加深。科举制度造就了中国古代社会中一个特殊的文人阶层，他们不论出身贵贱，只讲科场比试的高低胜负，以科举为实现理想的必由之阶。中试则春风得意，衣锦还乡，平步青云，甚至可拜相封侯，青史留名，由此实现治国平天下的人生理想和人生价值。下第则淹屈落魄，只好苦读再战；若屡试不售，则只能抱恨终生。从风俗文化的角度说，科举制度还深刻影响了全民的生活，很多人从童年到成人，无论是恋爱婚姻还是生老病死，人生的各个环节无不受其制约。而家庭生活、社会生活、风俗人情的方方面面，也无不受到科举的深刻影响。正如钱穆先生评价说:“唐代科举制度同样为宋元明清四代所传袭,沿续达千年之久。这是建筑中国近代政治的一块中心大柱石,中国近代政治全在这制度上安顿,同时亦是中国文化机体一条大动脉。在此制度下,不断刺激中国全国各地面,使之朝向同一文化目标而进趋。”[①]正因为如此,科举制度对于学习中国古代文化史来说,便成为不可或缺的重要内容。

第一节 科举制度产生之前的选才方法

科举制度是了解和把握中国古代文化的一个重要窗口。但是它是从隋代才产生的。在这之前,中华民族已经有了几千年的历史。那么,在科举制度产生以前的数千年中,社会所需要的各种各样的人才又是怎样被选拔出来的呢?这就有必要对中国原始社会、奴隶社会以至封建社会前期的人才产生情况作些简单介绍。因为它们和科举制度的人才选拔方法都有着千丝万缕甚至密切的关联。

原始社会的人才产生方法与原始社会的生产力、生产方法密切相关。由于生产力极其低下,物质财富极端匮乏,生存环境极端恶劣,人们努力与自然界奋争,才能取得生活资料,占有生存环境。按照社会学家的说法,原始社会人们生活极端艰难,这种艰难包括两个方面:一方面是在跟自然界斗争、跟一些威胁人类生存的现象斗争时会遇到许多困难;另一方面,是跟其他族团争斗时,也会遇到许多困难。这都需要人们团结一致、齐心合力地去应付。与此相适应,那时的生活资料等社会财富是大家共

① 钱穆著:《中国文化史导论》,上海三联书店1988年版,第128页。

有共享的。事实上，原始社会的人们都是以族群形式存在的。族群中需要一个能干的人作为首领。这时没有后世社会的各种政治色彩、经济色彩或其他意识形态等约束影响领导人的产生。唯一的标准是谁有能力领导整个族群生存，谁有办法使自己的族群适应或战胜自然，躲避灾害；战胜威胁本族群的其他族群。如果一个人有这方面的办法和能力，大家就拥护和推举他作为首领。据说原始社会又先后分为母系氏族和父系氏族两个阶段。由于那时的婚姻状况是群婚，人们只知其母、不知其父，所以族团中的“领导人”开始都由一些有能力的女性担当。随着社会生产力的提高，物质财富开始有了剩余，男性比女性显示出了更大的能力，社会逐渐向男性做首领的阶段过渡，于是父系氏族社会便开始了。古代文献大量记载了这种情况。前面章节中所论述的中华民族的始祖“三皇五帝”，几乎都是男性。所以可以说，中华民族五千年文明史，也是从父系氏族社会开始的。

《淮南子·天文训》载，“共工与颛顼争为帝”①。《列子·黄帝》篇载，“炎帝、黄帝战于阪泉之野”②。晋·皇甫谧《帝王世纪》也载：“炎帝戮蚩尤于中冀。”“黄帝……与神农氏战于阪泉之野，三战而克之。”③这都表明男性领导的父系氏族社会，曾经有过相互争夺土地和势力范围的激烈斗争。这种斗争，要求男性领导必须既有智慧，又孔武有力，并以能使自己的族团战胜敌人、取得胜利为最高原则。因此原始社会的领导者都是通过

① 《淮南鸿烈集解》，中华书局 1989 年版，第 80 页。
② 《列子注》，上海书店出版社 1986 年版，第 27 页。
③ 《帝王世纪》，《二十五别史》，齐鲁书社 2000 年版，第 5 页。

与自然和社会斗争的检验，然后以公认的形式产生的。这跟动物中的现象相似，比如动物园中的猴王，肯定是一群当中最厉害的一只。当然人类更具有社会性，族团的领导人还得有创造性，引导社会前进，同时还要有牺牲精神，会协调关系，团结大家，甚至创造工具等等。《韩非子·五蠹》对此有精彩的描述："上古之世，人民少而禽兽众，人民不胜禽兽虫蛇；有圣人作，构木为巢，以避群害，而民悦之，使王天下，号之曰'有巢氏'。民食果蓏蚌蛤，腥臊恶臭而伤害腹胃，民多疾病；有圣人作，钻燧取火，以化腥臊，而民悦之，使王天下，号之曰'燧人氏'。""尧之王天下也，茅茨不翦，采椽不斲，粝粢之食，藜藿之羹，冬日麑裘，夏日葛衣，虽监门之服养不亏于此矣。禹之王天下也，身执耒臿，以为民先，股无胈，胫不生毛，虽臣虏之劳不苦于此矣。"①《韩非子·五蠹》篇给我们描述的正是原始社会公推部落首领的情况。据此可知，古代认为教会大家用火的是"燧人氏"，教会大家在树上搭巢居住的是"有巢氏"。篇中还说了做首领的困难所在，其艰苦卓绝是一般人不可想象的。后代人往往想当然地误解他们，认为他们跟后代的帝王一样，尽享荣华富贵，养尊处优。韩非子揭示说，公推出来的帝王实际的辛苦程度远超常人。所以贪图安逸的人若被推举，他们就会坚决推辞。可见那时能出来做首领的人应该都是一些不辞辛苦、忘我高尚的人，所以后人才赞扬他们。在那个时代，寻找并推举族团的领导人是一个族团兴旺发达的重要保证，使用公推的方法是时代使然。

《尚书·尧典》等篇记载，当尧老了的时候，他让大家推选

① 《韩非子集解》，中华书局1998年版，第442、443页。

一个接替他的人，经过推举和考察，最后选择了舜。舜老了，又用同样的方法选择了禹。它较真实地反映了中华民族上古社会权力交接的情况，受到后代特别是儒家学派的推崇。多种典籍对此也皆有阐发，并把这种一代接一代选拔新领导人，主动把族团领导权交由新人接替的方法，美化成了一种特别高尚的事情。这就是许多先秦文献中宣扬的“禅让”制度。所谓“禅让”，就是帝王不把掌握天下的权力据为己有，谋取私利，特别是不把它传给自己的后代或家人；而是出以公心，通过考察、选择出接班人，把最高权力传给一个跟自己没有血缘关系的他姓之人。这与后代封建社会的“家天下”是截然不同的。经过中国古代典籍对于“禅让”反复地描写与美化，它已经成了中国古代文化中一个特有的概念。晚到战国之后的多次改朝换代，虽然多属于篡权夺权，但往往都以“禅让”诡称之（参见本章附录一）。

儒家学派对“禅让”的记载最多也最经典。如：《论语·尧曰》：“尧曰：‘咨！尔舜！天之历数在尔躬，允执其中。四海困穷，天禄永终。’舜亦以命禹。”又《论语·泰伯》：“巍巍乎，舜禹之有天下也，而不与焉。”《孟子·万章》说：“孔子曰：‘唐虞禅，夏后殷周继，其义一也。”①

墨家也赞扬古代的“禅让”。《墨子·尚贤中》说：“古者舜耕历山，陶河濒，渔雷泽，尧得之服泽之阳，举以为天子，与接天下之政，治天下之民。”②顾颉刚先生甚至认为，墨家是“禅让”的最早倡导者。

道家代表人物庄子，也承认上古时代的权力交接方式曾经

① 《十三经注疏》，中华书局 1980 年版，第 2535、2487、2738 页。
② 《墨子校注》，中华书局 2006 年版，第 76 页。

是禅让。《庄子·秋水》篇中说："昔者尧舜让而帝，之哙让而绝……帝王殊禅，三代殊继。"①

从以上资料可以证明，"禅让"是我国原始社会确实存在过的一种权力交替和人才选拔方式。然而后人往往想当然地把它误解，认为上古的帝王也如后世般有特权，有很多一般人不可企及的利益可获取，从而又把"禅让"说成了是种很高尚的行为。实际上，"禅让"仅仅是与原始社会相适应的一种权力轮替方法而已。《韩非子·五蠹》中对它的认识比较接近于实际，它说："夫古之让天子者，是去监门之养而离臣虏之劳也，古传天下而不足多也。今之县令，一日身死，子孙累世絜驾，故人重之。是以人之于让也，轻辞古之天子，难去今之县令者，薄厚之实异也。"②

原始社会中，社会分工尚不明确，没有很多层次的职务和职位。因此，除了最高权力和职位采用禅让之外，其他人才的选用也是根据帝王的需要和考察而确定，史料记载不多。

夏商周三代，人才的选拔与原始社会相比，越来越复杂和多样化了。夏王朝，从大禹开始，就不再像尧、舜那样把权力禅让给异姓的人，而是把权力传给了自己的儿子启。从此以后，中华民族进入了"家天下"的阶段。社会的权力以及其他一些职位也多采取世袭的方法，特别是最高权力更是如此。但是这种方法开始并不那么严格，而是经历和摸索过兄弟相传的方式。在奴隶社会和封建社会中，兄弟相传的方式不如父传子的方法可以使权力和社会更加稳定。于是，到西周初时，终于确立了严格

① 《庄子集释》，中华书局 2006 年版，第 580 页。
② 《韩非子集解》，中华书局 1998 年版，第 444 页。

的嫡长子继承制的宗法制度。

在宗法制度下，天子、诸侯、卿大夫都有许多公私事务要处理，都需要众多得力助手来辅佐。所以，仍然需要选贤任能作为宗法制的补充。《周礼·地官·乡大夫》："以岁时登其夫家之众寡，辨其可任者。……三年则大比，考其德行、道艺，而兴贤者、能者。"①《礼记·文王世子》："凡语于郊者，必取贤敛才焉：或以德进，或以事举，或以言扬……三而一有焉，乃进其等，以其序。"②可见，"三年大比"、"选贤进能"，已经是周代次要的、但已制度化的选才方式。从文献记载中发现的这类办法大致有以下几种：

第一，任用前代的遗民，以借鉴前代的政治经验，也借以减少他们的反抗。周王就曾经重用殷纣王的叔叔箕子和庶兄微子。据《尚书》记载，周武王曾向箕子请教治理天下的策略，箕子则贡献了商王朝治理天下的宝贵经验"洪范九畴"。对微子的信用，不仅对稳定周朝的统治起了重要作用，同时更对中华文化继承性的发展发挥了重要作用。

第二，在家族内部选择跟自己有血缘关系的亲属承担社会责任，担任各种官职。《周礼·地官司徒》所说的"三年则大比"，就是对贵族子弟每三年进行一次考试考核，考核的内容有德行，有六艺——"礼、乐、射、御、书、数"。王室对经过考核、一时又不用的人，组织他们继续学习，然后再分配任职。周王朝设有小学、大学等教育机构，这在儒家经典中经常被提到。"三年大比"给后代提供了一种借鉴模式，科举制度的"乡试"、"省

① 《十三经注疏》，中华书局 1980 年版，第 716 页。
② 《十三经注疏》，中华书局 1980 年版，第 1406 页。

试”和“殿试”都采取三年一考的方法，民间还袭用了“三年大比”、“大比之年”的说法。“大比之年”就是指举行最高一级科举考试的一年。

第三，选拔外姓中有特殊才能的人为周王室服务，担任一定官职。夏商周三代，“先亲亲”的优先任人方式，是由宗法制度决定的，“尊贤”则是对“亲亲”必要的补充，是被后人赞扬的又一种重要用人方法。《孟子·告子下》：“舜发于畎亩之中，傅说举于版筑之间，胶鬲举于鱼盐之中，管夷吾举于士，孙叔敖举于海，百里奚举于市。”①记载的都是一些异姓的人，因特殊才能，被从社会的底层擢拔出来，并最终作出了很大贡献。但这种用人方法，始终是“先亲亲”用人方法的补充而已。

战国至秦代，列国争雄。没有人才国家就不能强大，就要被别人兼并。所以各个国家都需要探讨新的人才选拔方式，对旧的人才选拔方法进行改革。这种要求，集中表现在诸子百家不同的人才观上。其中主要的有四家。

儒家学说主张法先王，主张恢复周礼，维护宗法制，赞扬西周的礼乐制度。但在选拔人才上，他们更加主张选拔贤能的人。孔子认为，一个人是不是优秀人才，要从他的德性、技艺等方面全面考察；人才必须经过学习，然后才可以为社会服务，主张“学而优则仕”。仅有高贵血统的人不见得能够担当社会责任，出身低贱的人也不见得没有政治才能。《论语·先进》：“子曰：‘先进于礼乐，野人也；后进于礼乐，君子也。如用之，则吾从先进。’”②“先进于礼乐”，是指先学习后做官，“后进于礼乐”是指

---

① 《十三经注疏》，中华书局1980年版，第2762页。

② 《十三经注疏》，中华书局1980年版，第2498页。

先做官，然后学习。孔子说，如果这两种人让我挑选的话，我更愿意挑选那些“先进于礼乐”的人。显然他不注重出身，更注重才能。从他的教育观看，也表明他愿意教育一些平民出身的人。所谓“有教无类”就表明他的做法。事实上他的弟子中有很多人都是出身卑贱的。之后，孟子、荀子的人才观在孔子的基础上又有所进步。

墨家学派的人才观是反映中下阶层利益的。《墨子》中有“尚同、尚贤”等明确的主张。他们深刻感受到自己代表的阶层所受到的压迫，因此要求“尚同、尚贤”的呼声比儒家更强烈。

道家学派是一个主张使社会回到原始状态的学派。他们所主张的治理社会的方法是清静无为，否定智慧，希望人们无知无欲。在这种主张下，道家反对社会进步，反对文明，公然主张愚昧。例如，《老子》二章：“天下皆知美之为美，斯恶已；皆知善之为善，斯不善已。……是以圣人处无为之事，行不言之教。”又，三章：“不上贤，使民不争。”又，十九章：“绝圣弃智，民利百倍。”①其后庄子也有类似的观点。《庄子·胠箧》：“圣人不死，大盗不止。”②可见，道家的人才观在愚民的追求上是一致的。

法家和以上各家又不一样，由于它活跃在战国末期，它要求建立新的封建国家，因而主张彻底扫除世卿世禄制度，希望人们听从新兴帝王的命令，这样新兴国家才能建立和发展。所以它主张打倒旧制度，主张用法律治理社会。认为凡是能执行帝王法律的人，就是优秀人才。人才不需要什么学问，就算是无能、

① 《老子校释》，中华书局2000年版，第9~10、14、74页。

② 《庄子集解》，上海书店出版社1992年版，第59~60页。

很愚蠢的人,只要他能原原本本地贯彻帝王的指令,就是有用的人。所以法家主张"量能授官"。主张凡是能在战场上建立功勋、在农业生产中多贡献粮食的人就都是有用之人。这种主张完全符合当时社会的需要,跟儒家学说有着较大区别。当时,秦国法家学说得到较好的使用和推广,变法也最彻底,所以变法之后的法律制度也相对健全。著名的法家代表人物商鞅(约前390~前338年)就是以战功而受封于商的。他主张取消分封制和世袭制;主张有军功受爵,无军功无爵位;耕织得粟帛多者免徭役等等,都能透视出法家的人才主张。

战国末期,各国更加迫切需要人才,进一步竞相不拘一格展开了对人才的争夺。最著名和最具时代特色的,就是这个时期各国的养士现象。战国时代的"士",不同于西周和春秋时代的士阶层,后者属于宗法制度最低一层的贵族。战国时代各国所养的士,已没了宗法制度的等级观念,而是一些有一技之长的人。不管你的身份,哪怕是鸡鸣狗盗之徒,只要能为我所用,就一概收养,待关键时刻委以重任,去完成一些特殊任务。当时所谓的"战国四公子"——魏国信陵君无忌、齐国孟尝君田文、楚国春申君黄歇、赵国平原君赵胜,都是最著名的善于养士的人物。其多者甚至养至数千人之众。《战国策》记载了不少有关四公子养士的精彩故事,并为后代熟悉和广为传颂。贾谊《过秦论》中说:"此四君者,皆明智而忠信,宽厚而爱人,尊贤而重士。"这里,也透露出当时养士的一点信息。总之,养士确实是战国时期一种特殊的选才方法。

秦国的情况又有所不同,秦始皇与他之前的几个国君,较之其他国家更加注重人才的选拔和使用。首先,他们不讲究身份、国籍,大量使用"客卿"。这成为战国时秦国使用人才的一大特点。上面所说的各国的养士，多是指养本国之士，而秦始皇及其之前七代国君，都累代不断地选拔外国人才为秦国效力。这一策略成就了秦国的霸业，并最终统一了中国。其次，秦国选拔人才的另一个特点是采纳法家的策略，重视战功和农耕。《通典》卷一三《选举一》："秦自孝公纳商鞅策，富国强兵为务，仕进之途唯辟田与胜敌而已。以至始皇，遂平天下。"①秦国的做法是战国时代一个突出代表。只是由于秦始皇统一中国后采取了错误政策，如割断文化、焚书坑儒等，才导致了它的迅速灭亡。

汉王朝建立后，接受了秦朝灭亡的教训，注意政治、经济、文化等方面政策的继承性，采取了所谓"汉承秦制"的方法。在开始的几十年里，均以清静无为的黄老思想为主导，使人民得以休养生息恢复元气。直到汉武帝时代，西汉的治国方略才逐渐有了新的大的变化。在选拔人才方面，西汉主要施行开办太学、察举、征辟等方法。

首先，朝廷为贵族子弟开办学校，进行教育。"太学"就是专门给贵族子弟设的学校。这实际是模仿周代以来对贵族青少年的教育方法。让贵族青少年在"太学"受教育之后，再选拔分配去承担官职。开办"太学"甚至成为历代王朝总是要有的一种培养人才的渠道。

其次，汉代采取"察举"和"征辟"两种选拔人才的办法。所谓"察举"又叫"荐举"，就是朝廷里的主要官员或地方负责官员每年按时把自己发现的品德优秀、有才能的人推荐给朝廷。"察举"的类别则有"孝廉"、"茂才异等"、"贤良文学"、"贤良方

① 《通典》，中华书局1988年版，第310页。

正”、“直言极谏”、“明经”等多种。“孝”、“廉”是儒家道德观念中最基本也最重要的人生准则，孝敬父母、行为廉正之人，为官才能忠贞，才能廉洁。“贤良方正”、“茂才异等”、“明经”等科目，都分别指熟悉儒家典籍和朝廷政治的文学之士。这些科目的设置，表现了汉代对儒家学说的重视。其中“孝廉”、“贤良文学”、“贤良方正”等，为汉代选拔出的人才最多，也最重要。《汉书·董仲舒传》：“武帝即位，举贤良文学之士前后百数，而仲舒以贤良对策焉。”又：“自武帝初立，魏其、武安侯为相而隆儒矣。及仲舒对册，推明孔氏，抑黜百家。立学校之官，州郡举茂材孝廉，皆自仲舒发之。”①《文献通考》卷三四“选举考”则说：“汉世诸科虽以贤良方正为至重，而得人之盛则莫如孝廉……名士多出于其中。”②

此外，汉代的一些官职，例如，三司、郡守等二千石以上的官员，都需要自己开办衙门，叫做“开府”。因此高官需要征用自己的幕僚。于是汉代又有“征辟”一种选人才方法。具体说来，“征辟”就是由朝廷或地方的负责官员直接征召一些自己认为可用的人。而这种人往往分散在地方或隐居于山林之中，又颇有名望。朝廷或高官慕名直接征用他们，委以重任。这种征辟方式，可以使士人一举成名，于是也刺激了古代一些沽名钓誉的文人，故意躲进山林做隐士，等待这种机会的到来。最有名的例子是唐代卢藏用隐于终南山中等待征召，以求一举成名的故事，后人把他这种行为称作“终南捷径”。总之，征辟主观色彩很浓，更加缺乏客观标准。

① 《汉书》，中华书局1964年版，第2495、2525页。

② 《文献通考》，万有文库本。

到了东汉末年，世家大族逐渐兴盛起来，察举、征辟被世家大族所把持，因此察举、征辟出现了极大的不公正。以至于出现了《抱朴子外篇·审举》中说的那样："举秀才，不知书；察孝廉，父别居。"①意思是推举出的"秀才"竟不会写字，察举出的"孝廉"，实际上却是和他父亲分家过日子的不孝之子。

汉代初期还曾经有过另外一种较为次要的用人方式——任子之法。其方法是年俸二千石以上的官员，做满三年任期，可以举荐一位子侄辈到朝廷做廊官（郎吏）。所谓廊官，实际就是在朝廷廊庑上，为皇帝做侍从，或职掌杂务的下级官吏。皇帝的许多生活杂务、生活起居，多由廊官负责。从事这种职责看上去很低下，很琐碎，但能直接接触皇帝，皇帝想什么干什么，廊官都能知道。皇帝对这些年轻廊官也能直接考察，因此廊官级别虽然很低，但是升迁往往很快。西汉从廊官里确实也出了很多优秀人才，比如苏武、刘向、汲黯等不少著名的历史人物都是廊官出身。因而廊官一途曾被社会十分认可和看重，以致后来人们把有前途的年轻人都泛称作郎（廊）。姑娘们也愿意找在朝廷当廊官的小伙子做对象。发展到后代，"郎（廊）"在汉语中演化成了女子对情人、丈夫的一种爱称，甚至成了对一般男子之称。然而，任子制度缺乏才智标准，对没有背景的下层知识分子更是缺乏公平。对此，董仲舒就曾经给汉武帝建议说："夫长吏多出于郎中、中郎、吏二千石子弟，选郎吏又以富訾，未必贤也。"但是这种担心当时并没有引起重视。之后，郎官制度越来越显现出弊病，汉宣帝时，王吉上言说："今使吏得任子弟，（子弟以父兄任为郎也）率多骄骜，不通古今，至于积功理人，无益于人，此

① 《抱朴子》，上海书店出版社 1986 年版，第 127 页。

《伐檀》所为作也。① 宜明选求贤,除任子弟之令。”②西汉末年,任子制得以废止。《汉书·哀帝纪》:“除任子令及诽谤诋欺法。”③

上述种种情况说明,汉代末年,选拔人才的方法逐渐出现了偏颇,真正德才兼备的人无法脱颖而出。所谓“寒素清白浊如泥,高第良将怯如鸡”④。出现了居高位和有才能相背离的矛盾局面。旧有的选拔人才的方法已不能适应社会的需要。

三国时期,权力纷争,对人才的需求大增。魏武帝曹操开始摸索以九品之法论人才优劣。沈约《宋书·恩幸列传序》说:“汉末丧乱,魏武始基,军中仓卒,权立九品,盖以论人才优劣,非为世族高卑。因此相沿,遂为成法,自魏至晋,莫之能改。”⑤到魏文帝曹丕,正式采纳尚书陈群制定的“九品官人之法”。《三国志·魏书·陈群传》:“制九品官人之法,群所建也。”⑥

《通典》卷一四《选举二》所载这一制度的始末较为详细:

> 魏文帝为魏王时,三方鼎立,士流播迁,四人错杂,详核无所。延康元年(按,220年),吏部尚书陈群以天朝选用不尽人才,乃立“九品官人之法”,州郡皆置中正,以定其选,择州郡之贤有识鉴者为之,区别人物,第其高下。又制:郡口十万以上,岁察一人,其有秀异,不拘户口。……按,九品之制,初因后汉建安中天下兵兴,衣冠士族多离本土,欲征

① 《伐檀》,《诗经》篇名,刺不用贤也。
② 《通典》卷一三《选举一》,中华书局1988年版,第314页。
③ 《汉书》,中华书局1964年版,第336页。
④ 《抱朴子》,上海书店出版社1986年版,第127页。
⑤ 《宋书》,中华书局1974年版,第2301页。
⑥ 《三国志》,中华书局1964年版,第635页。

源流，虑难委悉，魏氏革命，州郡县俱置大小中正，各取本处人任诸府公卿及台省郎吏有德充才盛者为之，区别所管人物，定为九等……南朝至于梁、陈，北朝至于周、隋，选举之法，虽互相损益，而九品及中正至开皇中方罢。①

这种"九品官人之法"或"九品中正制"，存在很多弊病，西晋时已经对它有不少批评。但它确是中国历史上从魏晋迄南北朝近四百年间中古主导地位的选拔人才制度。《通典》卷一四《选举二》对此也作了较具体的说明：

晋依魏氏九品之制，内官吏部尚书、司徒、左长史，外官州有大中正，郡国有小中正，皆掌选举。若吏部选用，必下中正，征其人居及父祖官名。

其后，中正任久，爱憎由己，而九品之法渐弊。遂计官资以定品格，天下惟以居位者为贵。尚书仆射刘毅以九品者，始因魏初丧乱，是军中权时之制，非经久之典也，因用土断，复古乡举里选之法，上疏曰：……臣以为宜罢中正，除九品，弃魏氏之弊法，立一代之美制。司空卫瓘又表请除九品，复古乡议里选。时始平王文学李重复上疏曰："九品始于丧乱军中之政，诚非经国不刊之法也。"

梁初无中正制……敬帝太平二年，复令诸州各置中正，仍旧访选举，皆须中正押上，然后量授，不然则否。

后魏州郡皆有中正掌选举，每以季月，与吏部铨释可否。……中正所铨，但在门第，吏部彝伦，仍不才举。

① 《通典》，中华书局 1988 年版，第 326～328 页。

> 自太和以前，精选中正，德高乡国者充。其边州小郡，人物单鲜者，则并附他州。其在僻陋者，则阙而不置。当时称为简当，颇为得人。及宣武、孝文之时，州无大小，必置中正。既不可悉得其人，故或有蕃落庸鄙操铨核之权，而选叙颓紊。至正始元年冬，乃罢诸郡中正。
>
> 北齐选举，多沿后魏之制，凡州县皆置中正。①

具体说来，"九品官人之法"或"九品中正制"，就是将被审察的人物分成上上、上中、上下，中上、中中、中下，下上、下中、下下，三个层次九个等级，中央在各州郡选派"贤有识鉴者"做中正官，由中正官给各地的人才评等，然后报告朝廷。朝廷根据各地中正官的评审结果和需要情况，按品第选拔其中的优秀人才使用。

曹魏开创的这种制度，相对于汉末那种仅靠主观的察举征辟任用人才的方法大有进步。它继承和发扬了曹操唯才是举的原则，选拔出了一批相对有真才实学、品行端正的人。这恐怕也是曹魏能够战胜蜀、吴的原因之一。

司马氏统一中国，建立晋朝，又兴起另一种与九品中正制并行的制度，即崇尚"阀阅"的制度。当时社会讲究出身和家族，重视本家族在历史上出现过什么著名人物，并标榜这些著名人物。当时习尚把家族谱系以及著名人物的事迹刻写在石柱上，把石柱立在自己家族的大门前。这种石柱就叫做"阀阅"，即《玉篇·门部》所谓"在左曰阀，在右曰阅"。每个家族的子弟出门游历、做官，阀阅是扛不走的，人们就把这些内容写在谱牒上，

① 《通典》，中华书局1988年版，第328、330、335、336~337、340页。

随身携带，以随时拿出来证明自己的出身。国家在任用人时也越来越追究、考察人们的谱系。为此，国家还成立谱牒机构，将社会各家族的谱系像档案一样收集成来，以供检索。九品中正制受到了谱牒制度的影响，也越来越以门第高低为标准，违失了原来选拔人才的初衷。从大小各级中正官，直到品评出来的各级人物，几乎全是高门世族的人了。因为中正官本身就出身高门世族，中正官给一个人划定品第时，变成主要以家庭出身的高低为标准。豪门势族子弟，被品评的等级就高；出身寒门的人，就算德才兼优，等级也只能被品评为下等。这样，九品中正制完全变成了巩固世族特权的工具。这种局面一旦形成，就出现了“上品无寒门，下品无世族”的现象。西晋文学家左思(约 250 ~ 305 年)的《咏史诗》之二，对这种不公平现象曾发出过强烈感慨。诗歌以无奈而又悲愤的语言借古讽今道：“郁郁涧底松，离离山上苗。以彼径寸茎，荫此百尺条。世胄蹑高位，英俊沉下僚。地势使之然，由来非一朝。”①诗中揭露的就是当时九品中正制所造成的世象。它是魏晋南北朝九品中正制下扭曲、不公正的人才状况的逼真写照。世世代代的贵胄们持续占据着高位，而真正有才能的寒门子弟只能在社会下层中挣扎。他们即便偶尔得到一官半职，也不可能得到重视和充分发挥才能。

经历了魏晋南北朝，到了隋代，历史已经从封建社会前期进入一个更加成熟的时代。长达三百六十多年的战乱终于结束，中原王朝再次得到统一。中华民族获得了重新发展的机遇。

---

① 逯钦立辑校：《先秦汉魏晋南北朝诗》，中华书局 1988 年出版，第 733 页。

隋文帝、隋炀帝统一中国之后，急需大量人才，因而必须采取新的选拔人才的方法。于是，科举制度便应运而生了。

第二节　科举制的产生及其发展演变过程(上)

一、隋代的科举制度——萌芽和创始阶段

581年，隋文帝杨坚统一了中国。中国封建社会进入了一个新的发展阶段。封建王朝对人才的需求随之有了大规模的增加。同时，随着封建社会的发展，寒门子弟的势力逐步上升，九品中正制此时已经成了大批寒门子弟跻身统治阶层、为封建王朝效力的绊脚石。在此情势下，隋文帝杨坚从即位之初就开始了新的人才选拔工作的尝试。《隋书·高祖纪上》："(开皇)二年春正月……甲戌，诏举贤良。"①开皇十八年(598年)秋七月丙子，文帝又下诏："诏京官五品已上，总管、刺史，以志行修谨、清平干济二科举人。"②

从文帝的诏书可以看出，这时的选拔人才，虽然仍由官员推举，但已经不再沿用原来九品中正制时的品级，甚至也没有沿用"秀才"、"贤良方正"、"孝廉"、"明经"等旧的名目，而是开始尝试以不同于前代的"某某几科"的新名称来荐举选拔人才了。这一举动，标明隋文帝时代，已经开始废止实行了长达三百多年的九品中正制。

隋炀帝即位之后，延续并进一步扩展了这种改革。炀帝大

---

① 《隋书》，中华书局1973年版，第16页。

② 《隋书》，中华书局1973年版，第43页。

业元年(605年)正月戊申,诏曰:“若有名行显著,操履修洁,及学业才能,一艺可取,咸宜访采,将身入朝,所在州县,以礼发遣。”①同年闰七月丙子,又下诏曰:“诸在家及见入学者,若有笃志好古,耽悦典坟,学行优敏,堪膺时务,所在采访,具以名闻,即当随其器能,擢以不次。若研精经术,未愿进仕者,可依其艺业深浅,门荫高卑,虽未升朝,并量准给禄。庶夫恂恂善诱,不日成器,济济盈朝,何远之有!其国子等学,亦宜申明旧制,教习生徒,具为课试之法,以尽砥砺之道。”②隋文帝、隋炀帝求才心切,连续发出诏书,特别是隋炀帝,即位仅半年,就连续发出了两次选拔人才的诏书。从中不难看出,隋代选拔人才的方法正在发生着重大变化。果然,过了两年,大业三年夏四月甲午,隋炀帝再次下诏,曰:

> 天下之重,非独治所安,帝王之功,岂一士之略。自古明君哲后,立政经邦,何尝不选贤与能,收采幽滞。……夫孝悌有闻,人伦之本;德性敦厚,立身之基。或节义可称,或操履清洁,所以激贪厉俗,有益风化。强毅正直、执宪不挠、学业优敏、文才美秀,并为廊庙之用,实乃瑚琏之资。才堪将略,则拔之以御侮;膂力骁壮,则任之以爪牙。爰及一艺可取,亦宜采录。众善毕举,与时无弃。以此求治,庶几非远。文武有职事者,五品以上,宜依令十科举人。有一于此,不必求备。朕当待以不次,随才升擢。③

又过了两年,到大业五年(609年)六月,隋炀帝又一次下诏以

① 《隋书》,中华书局1973年版,第63页。
② 《隋书》,中华书局1973年版,第64~65页。
③ 《隋书》,中华书局1973年版,第67~68页。

“学业该通、才艺优洽，膂力骁壮、超绝等伦，在官勤奋、堪理政事，立性正直、不避强御，四科举人”①。

以上诏书反复表明，隋代的选才科目和标准，已经不同于汉代的察举、征辟，特别是它已经完全抛开了魏晋南北朝时期九品中正制的品评标准。在这种选才科目和标准之下酝酿的是一种不论选拔对象的出身，人人都有可能符合标准的、多科目的新的选才方法和制度。诏书中，以“科举人”的字眼多次出现，“科举”二字频频连用。因而，后代遂将隋文帝、隋炀帝时代视为古代传统选才方法废止和科举制度开始的时代。例如，唐·沈既济《选举论》说：“自隋变选法，则虽甚愚之人蠕蠕然，第能乘一劳，结一课，获入选叙，则循资授职。……按前代选用，皆州府察举，及年代久远，讹失滋深。至于齐隋，不胜其弊……是以罢州府之权而归于吏部。”又说：“自古至隋，数百千年，选举之任皆分郡国。……自隋罢外选，招天下之人聚于京师，春还秋往，鸟聚云合。”②

综上所述，可以认定，隋朝文帝、炀帝时代就是科举制度萌芽和创始的时期。

在这种新的科举选才方法的初始阶段，隋炀帝也借鉴古称，设置了“明经”、“进士”二科，并由此成为后代科举中很重要的两个科目。《旧唐书·杨绾传》写道：“炀帝始置进士之科，当时犹试策而已。”③清·顾炎武《日知录》卷一六《明经》：“唐制有六科，一曰秀才，二曰明经，三曰进士，四曰明法，五曰书，六曰

① 《册府元龟》卷六四五《贡举部》，中华书局 1960 年版，第 7727 页。
② 《全唐文》卷四七六，中华书局 1983 年版，第 4869、4870 页。
③ 《旧唐书》，中华书局 1975 年版，第 3430 页。

算。(原注)《大唐新语》:'隋炀帝置明经、进士二科。国家因隋制,增置秀才、明法、明字、明算,并前为六科。'当时以诗赋取者谓之进士。(原注)《金史·移剌履传》:'进士之科,隋大业中始试以策。唐初因之,高宗时杂以箴铭赋诗,至文宗始专用赋。'以经义取者谓之明经。"①

其实,"明经"、"进士"两科,并不是隋炀帝的首创。"明经"就是精通一门儒家经典,是汉代察举的科目之一,而"进士"一语,《礼记》当中已经出现。《礼记·王制》:"大乐正论造士之秀者,以告于王,而升诸司马,曰进士。"②本来的意思是指可以上进做士、享受官职、爵位的人物。最初的科举制度选用了《礼记》中的这一词语做科目名称,以说明这种人的才能优秀,可以做皇帝的臣下,为朝廷服务。后代一直沿用并重视进士科。后代的进士科,除了精通儒家经典之外,还要会写文章、作诗,甚至还要求应试者必须应对一些治理国家的问题,用"试策"的方法,让读书人按儒家的思想写出自己的治国方略。可以看出,无论从名称上还是方法上,科举制度从一开始就渗透着对前代文化的继承。

总之,隋代创立的科举制度,是由吏部主持的,通过考试,特别是考察儒家经典和儒家学说,择优选拔人才的一种制度。其基本方法,一是公开考试,一是原则上人人可以参加。此后的中国历代封建王朝,都对这种制度效法并不断改进,使这一制度一直沿续了一千三百多年。这期间,科举制度不仅对读书人的心态、生活、理想等起着重要的甚至是决定性的作用,

① 《日知录集释》,岳麓书社 1994 年版,第 574 页。
② 《十三经注疏》,中华书局 1980 年版,第 1342 页。

同时，对中国封建社会的政治、经济、文化等，包括从习俗到语言的中国古代社会生活的方方面面，都有着重要影响。所以说，科举制度的确是对中国文化和所有中国人都有巨大影响的一种制度。

隋代创立的科举制度，历经唐、宋、元、明、清各代。在一千三百多年的过程中，经历了“产生—确立发展—完善改革—承上启下的过渡—鼎盛僵化—腐朽废除”等阶段，走过了其完整的发展过程。从而也在中国古代文化发展史上留下了许多需要我们追述和探讨的话题。

二、唐代的科举制度——确立和发展阶段

唐朝建立之后，坚持施行隋代创立的科举制度，并在争论和斗争中逐渐对其加以完善。《通典》卷一五《选举三》载：“初，武德中（按，武德，唐高祖年号，618～626年），天下兵革方息，万姓安业，士不求禄，官不充员。吏曹乃移牒州府，课人应集，至则授官，无所退遣。四五年间，求者渐多，方稍有沙汰。”①又“大唐贡士之法，多循隋制。上郡岁三人，中郡二人，下郡一人，有才能者无常数。其常贡之科，有秀才，有明经，有进士，有明法，有书，有算。自京师郡县皆有学焉。每岁仲冬，郡县馆监课其成者，……其不在馆学而举者，谓之乡贡。”“（贡士）到尚书省，始由户部集阅，而关于考功课试，可者为第。”②后来在摸索实践中，逐渐删汰了“秀才”科，从此“明经”、“进士”两科成为科举考试中的主要科目。《通典》卷一五《选举三》：“初，秀才科等最高，试方略策五条，有上上、上中、上下、中上，凡四等。贞观中，有举而不第

①② 《通典》，中华书局2003年版，第353、354页。

者，坐其州长，由是废绝。自是士族所趣向，唯明经、进士二科而已。其初止试策，贞观八年，诏加进士试读经史一部。”①可见，太宗年间（627～683年），科举制度已经被坚持下来并得到许多改进。经过连续的科举选拔，庶族知识分子越来越多地进入封建官僚机构。读书人通过科举考试入仕已经蔚然成风，并很快呈现了“大者登台阁，小者任郡县”的局面。而且逐渐形成了最看重进士科的氛围。五代·王定保《唐摭言》卷一“散序进士”载：“进士科始于隋大业中，盛于贞观、永徽之际；缙绅虽位极人臣，不由进士者，终不为美，以至岁贡常不减八九百人。其推重谓之‘白衣公卿’，又曰‘一品白衫’；其艰难谓之‘三十老明经，五十少进士’。其负倜傥之才，变通之术，苏张之辨说，荆聂之胆气，仲由之武勇，子房之筹划，弘羊之书计，方朔之诙谐，咸以是而晦之，修身慎行，虽处子之不若。其有老死于文场者，亦所无恨。故有诗云：‘太宗皇帝真长策，赚得英雄尽白头！’”②可见科举制度至此已经成为稳定封建王朝并为其提供源源不断的知识人才的得力工具。封建统治者尝到了用科举制度笼络人才的甜头，对于这种制度及其达到的局面自然十分满意。《唐摭言》卷一“述进士上”说道：“进士，隋大业中所置也。如侯君素、孙伏伽，皆隋之进士也明矣。然彰于武德而甲于贞观。盖文皇帝修文偃武，天赞神授，尝私幸端门，见新进士缀行而出，喜曰：‘天下英雄入吾彀中矣！’”③

但是，这种原则上人人可以参加、通过考试择优选拔人才

① 《通典》，中华书局2003年版，第353、354页。
② 《唐摭言》，上海古籍出版社1978年版，第5页。
③ 《唐摭言》，上海古籍出版社1978年版，第3页。

的科举方法，必然触犯南北朝以来形成的豪门世族的利益。从唐初到唐中叶，一些豪门世族的代表人物不断反对并企图削弱甚至取消新的科举制。唐代宗宝应二年（763年），礼部侍郎杨绾，上书请求停止科举，要求恢复按古代察举方法选拔人才。由于翰林学士们的反对，最终改成既用科举选拔"明经"、"进士"等人才，同时也恢复原来的"察举"之法，二者并行选拔人才。类似的反对与维护科举制的斗争，甚至直到唐代中后期依然没有停止。例如唐文宗时代（826～840年），豪门世族的代表、宰相郑覃又多次要求停止科举。他认为考试选拔的进士浮薄，言外之意只有察举才能选出合适的人才。唐文宗反对郑覃的这种说法，认为考试选拔出的人才"敦厚浮薄，色色有之"，"科举不能遽废"。最终，争论以皇帝胜利而告终，科举制度再次得以维护并延续。虽然科举制这一新生事物当时也显现出一些弊端，但由于它与察举和九品中正制比较，依然还是进步的，是符合封建社会发展要求的。所以唐代的科举制度最终没有被豪门世族的反对所冲垮，相反却越来越巩固和发展起来了。

关于唐代的科举制度，《旧唐书·职官二》记载说："凡举试之制，每岁仲冬，率与计偕。其科有六：一曰秀才，试方略策五条。此科取人稍峻，贞观已后遂绝。二曰明经，三曰进士，四曰明法，五曰书，六曰算。凡此六科，求人之本，必取精究理实，而升为第。其有博综兼学，须加甄奖，不得限以常科。其弘文、崇文馆学生，虽同明经、进士，以其资荫全高，试取粗通文义。其郊社斋郎简试，如太庙斋郎。其国子监大成十二员，取明经及第人聪明灼然者，试日诵千言，并口试，仍策所习业，十条通七，然后补充。各授散官，依旧令于学内习业，以通四经为限。"①由此可见唐代科举之一斑。

根据多种文献综合，唐代科举可以分为定期分科考试与临时考试两类。定期分科考试称为常科，临时考试称为制科。制科的灵活性较大。如贤良方正科，是皇帝随时下诏，临时举行，并一般由皇帝亲自主持。据宋代王应麟的统计，唐代制科达 86 科之多。但是，制科终不及进士科受重视。常科的考生来源有两个，生徒和乡贡。生徒就是每年冬天由国子监、弘文馆、各州县官学等国家开办的学校，经过考试把合格的学生送到尚书省参加吏部主持的考试。不在各级学校学习的读书人，如果自认为有能力通过考试，也可以在州县报名，然后到尚书省参加考试，这种考生叫做乡贡。常科科目原分为秀才、明经、俊士、进士、明字、明算、一史、三史、开元礼等。如前所述，由于秀才科要求很高，各州县选送的这类考生如果考不中，还要追究本州官员的责任。因此各地选送这一科学生的数量便越来越少。到唐高宗时，秀才科已基本停止。

明字、明算、一史、三史、开元礼等，多属于选拔一技之长的科目，所以也不大被人看重。只有明经、进士两科最受欢迎，而尤以进士科特别受读书人的青睐。明经科只考察儒家经典的经文、经义，进士科则还要求精通诗、赋、文章以及对策。明经科录取的名额也远多于进士，二者的录取比例有时高达 10:1 左右。后来随着报考人数的增加，这一比例有时更大。进士科录取的人数少，一般每年只有 30 ~ 40 人被录取，但进士及第后得到的官职高，升迁速度也快，所以吸引力也比其他科要大得多。于是参加进士科考试的人数也越来越多。很多人只考进士，不考明

---

① 《旧唐书》，中华书局 1975 年版，第 1829 页。

经，即便屡败屡考也在所不惜。五代·王定保《唐摭言》卷八“放老”载，唐昭宗天复元年（901年）“曹松、王希羽、刘象、柯崇、郑希颜等及第……松、希羽甲子皆七十余。象，京兆人；崇、希颜，闽虫人，皆以诗卷及第，亦皆年逾耳顺矣。时谓五老榜。”①据此看来，当时所谓“三十老明经，五十少进士”的说法，绝非夸张之辞。所以人们又将考中进士比喻为“登龙门”。一是表示其困难，二是表示其荣耀。至今流传的许多耳熟能详的诗文。如，孟郊的《登第》诗：“昔日龌龊不足夸，今朝旷荡思无涯。春风得意马蹄疾，一日看尽长安花。”还有后代人唱的：“朝为田舍郎，暮登天子堂”等，都是对这一事件的形象描写②。

唐代进士及第者，须要经过礼部的再次考试审核才能授官。进士及第者受到上至帝王、下至民间的普遍重视。以致庆贺新进士及第的相关活动，成了当时颇具影响的庆贺活动，如，曲江会、杏园宴、雁塔题名等等。有些活动甚至皇帝也亲临参加。随着科举制的发展，这些活动无论是规模还是形式都愈加丰富多彩，甚至具有了一种特殊的节日气氛和浪漫色彩。由此，科举制度又持续不断地为中国文学、中国语言乃至中国民俗、中国文化等，制造出了大量精彩的独特的内容。它们经过后代的不断加工、改造，有些至今还广泛流传于民间。

由于科举及第的考生是由主管考试的官员选拔决定的，他们自然非常感谢主考官，于是自认为是主考官的门生。这既不合皇帝笼络人才的初衷，又容易产生各种弊端。后来，随着殿试

① 《唐摭言》，上海古籍出版社1978年版，第91页。

② 高明：《琵琶记》。

的出现并最终制度化，这种弊端才得到了遏制。《通典》卷一五《选举三》载："武太后载初元年(按，690年)二月，策问贡人于洛成殿，数日方了。殿前试人自此始。"①这被认为是殿试的开端。殿试经过了自唐代到宋代的发展，最终成为制度化的一级。从此考生们又都进一步变成了"天子门生"。科举制度就这样在无形之中巩固着封建王朝的统治。

为了增加及第的把握或可能性，唐代允许考生在省试前将自己得意的作品投给官场或文坛上的知名人士，请他们向礼部公荐自己，这种方法叫做"投行卷"或"行卷"。这种方法使一些真正有才能的人在考试中得到了较好的名次。如，韩愈、白居易、杜牧，就都是凭这种方法得赏识并中进士的。但是，这种方法也带来许多流弊，因为它无疑给一些善于弄虚作假、趋炎附势的人提供了可乘之机，所以之后投行卷之法便被废止了。除了取消"投行卷"，唐代还开始实行了试卷糊名等做法。《通典》卷一五《选举三》载："武太后又以吏部选人多不实，乃令试日自糊其名，暗考以定等第。糊名自此始也。"②

唐高宗到武则天时代，由于科举制度发展过快，参选人数由唐太宗时每年的数千人，迅速膨胀至数万人。各种营私舞弊现象也随之大量产生，从而对朝廷造成了很大压力，《通典》卷一五《选举三》又载："及武太后临朝，务悦人心，不问贤愚，选集者多收之……其后，诸门入仕者猥众，不可禁止，有伪立符告者，有接承他名者，有远人无亲而买保者，有试判之日求人代作者，如此假滥，不可悉数。"③可见，唐代的科举制度在摸索中不断发

① 《通典》，中华书局1988年版，第354页。
②③ 《通典》，中华书局1988年版，第364页。

展着，同时也暴露出诸多不健全的地方甚至是弊病。可以说，在封建制度下，官场中的营私舞弊现象以及科场作弊现象，从一开始就是科举制度的伴生物。如，玄宗时代，杨国忠不学无术的儿子杨暄，在科考中大肆作弊，却被擢明经上第，成了当时一件著名丑闻。权贵们作弊的恶劣程度有时到了皇帝都无法容忍的地步。《旧唐书》卷一六八《钱徽传》载："（段文昌）内殿面奏，言徽所放进士郑朗等十四人，皆子弟艺薄，不当在选中。穆宗以其事访于学士元稹、李绅，二人对与文昌同。遂命中书舍人王起、主客郎中知制诰白居易，于子亭重试，内出题目《孤竹管赋》、《鸟散馀花落》，而十人不中选。"①此事件中，若不是皇帝亲自过问，该年的科举几乎就真正成为"每岁册名，无不先定"的骗局。

三、宋代的科举制度——改革完善阶段

宋代的科举制度，在唐代基础上得以进一步巩固和发展。其表现是多方面的。

第一，宋代最高统治者继续注意改革科举制度中的弊端，强化皇帝对科举取士的控制，增设殿试并将其制度化，使科举考试的层级从二级增加为三级。

北宋伊始，宋太祖及太宗、真宗三朝皇帝连续大张旗鼓地整顿科举，使科举制度进入了一个新的改革完善阶段。

宋太祖赵匡胤登基后第三年，建隆三年（962 年）九月，首先下诏禁止考生与考官拉拢关系："国家悬科取士，为官择人，既擢第于公朝，宁谢恩于私室？将惩薄俗，宜举明文。今后及第举

① 《旧唐书》，中华书局 1975 年版，第 4383 ~ 4384 页。

人,不得辄拜知举官子孙弟侄。如违,御史台弹奏……兼不得呼春官为恩门、师门,亦不得自称门生。”①就此拉开了治理和改革科举制度的序幕。紧接着第二年又下诏停止公荐:“礼部贡举人,今后朝臣不得更发公荐,违者重置其罪。”②仅仅过了两年,乾德三年(965 年),为了杜绝官宦子弟参加科举时凭借权势营私舞弊,又再次下诏:“食禄之家,有登第者,礼部具姓名以闻,令覆试之。”③即便如此,开宝六年(973 年),翰林学士李昉知贡举,还是假公济私录取了同乡武济川和材质很差的宋准、刘睿等 11 人,以致下第者不服,击登闻鼓控告李昉用情取舍。于是皇帝命宋准等人,与下第者 195 人一起于御殿重新考究。宋太祖赵匡胤亲临现场监督,最终录取了 26 个新科进士,而宋准等 11 人皆被黜落。李昉等负责贡举的官员也皆被治罪。《宋史》卷一五五《选举一》载此事说:“昉等寻皆坐责。殿试遂为常制。帝尝语近臣曰:‘昔者,科名多为势家所取,朕亲临试,尽革其弊矣。’”④

隋代创立科举制度之初,只有一级考试。自唐至北宋初,科举考试逐渐发展为解试与省试两级,而殿试只是偶尔举行。至此(开宝六年,973 年)之后,殿试开始成为制度,并一直延续被后代所采用。从此,形成了科举制度中所谓解试(乡试)、省试(会试)、殿试三级考试制度的基本格局。

接下来的两朝皇帝也同样重视科举制度的改革。《宋史》卷一五五《选举一》载,宋太宗赵炅(匡义)曾对近臣说:“朕亲选

① 《全宋文》第一册,巴蜀书社 1988 年出版,第 30 页。
② 《全宋文》第一册,巴蜀书社 1988 年出版,第 35 页。
③④ 《宋史》,中华书局 1977 年版,第 3606 页。

多士，殆忘饥渴，召见临问，观其才技而用之，庶使田野无遗逸，而朝廷多君子尔。"又记载说："凡廷试，帝亲阅卷累日。"③宋真宗景德四年（1008 年）则"寻又定《亲试进士条制》"④。由于皇帝亲临殿试考场，并亲自阅卷和决定人选，使进士及第者进而成了"天子门生"。但是这样又有了新的问题，有的人省试通过多次，到殿试却屡试屡败。甚至有的人一生参加了 10 到 15 次的省试，却最终没有通过殿试得到官职。由此引发个别人心怀不满，甚至背叛宋朝，跑到周边政权中去当官了。例如，有一个叫张元的人屡试不中，便跑到西夏去做官。另一名岭南进士徐百祥，也因为屡举不中第而怀恨在心，后来竟勾结交趾发兵入寇⑤。他们都给宋王朝造成极大损失。鉴于此，嘉祐二年（1057 年），宋仁宗规定凡是通过进士者，经过殿试皆不黜落，殿试只是起排定名次的作用。

宋王朝开国之初的这些举措，不仅有利于科举制度更加公正地选拔人才，有效地杜绝了主考官与及第者结为朋党和官僚阶级营私舞弊行为的发生。更重要的是，也有效地消除了封建统治的隐患，笼络了士子之心，大大强化了皇帝的至高无上的权威。同时，也有力地标志着科举制度在宋代的进一步巩固和发展。

第二，加强官办学校教育。强化学校教育与科举考试的关联，以及考试内容与儒家经典和儒家学说的联系。

在唐代，科举考试无论是乡贡生或是官学的生徒都可以参

③ 《宋史》，中华书局 1977 年版，第 3607 ~ 3608 页。

④ 《宋史》，中华书局 1977 年版，第 3610 页。

⑤ 参见《涑水记闻》卷一三，中华书局 1989 年版，第 248 页。

加。这表明当时科举制度与学校教育还没有紧密地联系。实际上，唐初还比较重视官学教育；中唐之后，官学教育则处于衰落状态。造成这种局面的原因，一定程度上是因为科举考试更重视考察诗赋文章的进士科，而轻研读儒家经书的明经科。直到宋初，这种局面仍未改变。所以学子们宁可选择在家学习诗赋文章，以博取进士及第的前途，也不愿意进官学、走读经书应举的道路。

宋仁宗（1023～1063年）即位后，开始重视学校教育与科举的结合，采信范仲淹、宋祁等人的倡导，开始了兴办官学、改革科举的尝试。《宋史》卷一五五《选举一》："时范仲淹参知政事，意欲复古劝学，数言兴学校，本行实。诏近臣议，于是宋祁等奏：'教不本于学校，士不察于乡里，则不能核名实。有司束以声病，学者专于记诵，则不足尽人材。参考众说，择其便于今者，莫若使士皆土著，而教之于学校，然后州县察其履行，则学者修饬矣。'乃诏州县立学，士须在学三百日，乃听预秋赋，旧尝充赋者百日而止。"①据此，参加科举者必须经过官办学校学习。官学考察的内容，显然偏重于与儒家思想相关的道德学问和执政能力等，而不仅仅是赋诗作文的能力。这一举措，既开始了科举与官办学校教育密切结合的先河；也使科举制度、教育内容更方便地成为封建统治所控制的工具；同时也大大促进了官学的发展。从此，很快形成了中央有太学和国子监，州县有官学的重视官办学校的局面。

到了神宗朝，继续大办官学，进一步把学校教育与科举取士密切结合起来。王安石创立了"三舍法"，扩大了太学的规模，

① 《宋史》，中华书局1977年版，第3613页。

把太学生由低到高分为外舍生、内舍生、上舍生三级。最高的上舍生又分为三等，前两等可以参加殿试，最优秀者甚至可以免去殿试直接成为状元并授官。此外，王安石还在官学中颁发统一教材，重视统一儒家经典的训释。通过一系列改革，进一步加强了官学教育与科举制度的关系，突出了学校在选拔人才方面的地位，推动了中国古代学校教育的发展。到了宋哲宗时代（1086～1100年），王安石所创立的"三舍法"甚至还被改造运用到了各级地方官学的管理之中。

第三，宋朝特别是开国之初，治理科举舞弊行为的力度也是比较大的。为确保科举考试的公平公正，接连采取了许多切实可行的措施。

宋太祖赵匡胤开始，就规定科举考试前不得拜访主考官；禁止投卷；不得呼考官为恩门、师门，不得自称门生；礼部不得公荐等。违者重治其罪。《宋史》卷一五五《选举一》载："故事，知举官将赴贡院，台阁近臣得荐所知之负艺者，号曰'公荐'。太祖虑其因缘挟私，禁之。"①

宋太宗淳化三年（992年），则将唐五代开始的"锁院"制度化。所谓"锁院"，即当年任命主考官员之后，立即将其隔离，以避免走漏考题和请托等弊病发生的制度。《续资治通鉴》卷一六："（淳化）三年春正月，……诸道贡举人万七千三百，皆集阙下。辛丑，命翰林学士承旨苏易简等，同知贡举，既受诏，径赴贡院，以避请求。后遂为常制。"②欧阳修《归田录》卷二也记载了他本人作主考官时被锁院的事："嘉祐二年（按，1057年），余与

① 《宋史》，中华书局1977年版，第3605页。

② 《续资治通鉴》，上海古籍出版社1987年版，第76页。

端明韩子华、翰长王禹玉、侍读范景仁、龙图梅公仪同知礼部贡举,……凡锁院五十日。"①

"糊名"又称弥封或封弥。它的起源可以上溯到唐武则天时代。唐·刘悚《隋唐嘉话》卷下:"武后以吏部选人多不实,乃令试日自糊其名,暗考以定等第。判之糊名,自此始也。"②显然这一做法还比较简略,同时又是种偶尔措施,并未坚持下来。到宋太宗时,也曾使用过这一方法,《续资治通鉴》卷一六载:"(淳化三年春)三月……戊戌,覆试合格进士。帝纳将作监丞莆田陈靖疏,始令糊名考校。"③直到宋真宗和仁宗时代,这一措施得以重新施行并制度化。《宋史》卷一五五《选举一》载真宗景德四年(1007 年)所定《亲试进士条制》:"试卷,内臣收之,付编排官,去其卷首乡贯状,别以字号第之;付封弥官誊写校勘,用御书院印,付考官定等毕,复封弥送覆考官再定等。"④仁宗明道二年(1033 年)进一步规定诸州的举人考试试卷也都要糊名:"诏诸州,自今考试举人并封弥卷首。"⑤

仅仅糊名还不行,为了防止考官凭熟悉考生的字迹去作弊,同时还采取了不让考官直接评阅考生原试卷,而只能评阅由封弥官用朱砂重新誊写之试卷的"誊录"制度。宋真宗时甚至还专门组建了"誊录院(所)"之类的机构。《宋史》卷二九《选举二》:"(大中祥符)八年(按,1016 年),始置誊录院,令封印官封试卷付之,集书吏录本,监以内侍二人。"⑥王安石

---

① 《归田录》,中华书局 1981 年版,第 31 页。
② 《隋唐嘉话》,中华书局 1979 年版,第 35 页。
③ 《续资治通鉴》,上海古籍出版社 1987 年版,第 76 页。
④ 《宋史》,中华书局 1977 年版,第 3610 页。
⑤ 《文献通考》,万有文库本。
⑥ 《宋史》,中华书局 1977 年版,第 3611 页。

《送陈谔》诗写道“有司昔者患不公，糊名誊书今故密。”此外，对殿试者的试卷，宋代采取了由初考官和复考官分别定等第的评卷方法。

以上这些，都是宋代对科举制度进行完善改革的真实记录。

值得一提的是，其中许多行之有效的方法，都被后代所继承，有些甚至被现代考试制度所沿用。

第四，像唐代一样，宋代皇帝也通过给予进士及第者崇高荣誉等手段，如御前释褐赐服、仪仗、赐宴、簪花等（唐代有探花宴、曲江会、雁塔题名等），一方面笼络读书人，另一方面也借此继续强化科举制度在全社会的地位。

褐，指粗布短衣。古代百姓衣褐。宋代科举考试进士及第后，朝廷为及第者举行一个“释褐”的典礼仪式，及第者从此脱下民装，穿上官服，正式由平民进入官僚阶层。“释褐礼”就特指朝廷为进士及第者们举行的这一典礼。宋代开始，这一典礼有时由皇帝亲自主持。宋·高承《事物纪原》“释褐”载：“太平兴国二年（按，977 年）正月十二日，赐新及第进士诸科吕蒙正以下绿袍、靴笏，非常例也。御前释褐，盖自是始。”①

宋真宗时还下诏为中状元者特派御林军做护卫仪仗，“自今第一人及第，金吾给七人当直，许出两对引喝”②。

这些享受到无上荣耀的状元及第、进士及第者们，自然会成为全社会关注的对象。每逢殿试后发榜的时候，几乎变成了全社会的盛大节日。据宋·田况《儒林公议》载：“每殿廷胪传第

① 《事物纪原》，中华书局 1989 年版，第 171 页。

② 参见江少虞《宋朝事实类苑》卷二五。

一，则公卿以下无不耸观，虽至尊亦注视焉。自崇政殿出东华门，传呼甚宠。观者拥塞通衢，人摩肩不可过……至有登屋而下瞰者。”“状元登第，虽将兵数千万，恢复幽蓟，逐强虏于穷莫凯歌劳还，献捷太庙，其荣亦不可及也！”①

宋代的科举科目设置和唐代相同，一般分为常科、制科和武举等。宋太祖时进士录取最多达到三十多人，其他的科目考中者最多76人。宋太宗时期，殿试复试进士达107人，其他的科目最多达200人，又将多次参加了10～15次殿试的170多人赐同进士出身。宋仁宗时期，礼部又规定每次录取进士以400名为限。

从以上若干方面可以看出，宋代科举制度的完善和健全以及重视科举的程度，都已经赶上并远远超过了唐代。

但是，连续的科举取士，不仅造成了宋代的官员冗滥，而且各种营私舞弊的现象也层出不穷。特别是南宋时期，弊端愈来愈严重。《宋史》卷一五六《选举二》：“至理宗朝，奸弊愈滋。有司命题苟简，或执偏见臆说，互相背驰，或发策用事讹舛，故士子眩惑，莫知适从，才者或反见遗。所取之士既不精，数年之后，复俾之主文，是非颠倒逾甚，时谓之缪种流传。复容情任意，不学之流，往往中第。而举人之弊凡五：曰传义，曰换卷，曰易号，曰卷子出外，曰誊录灭裂。”又：“绍定元年（按，1228年），有言举人程文雷同，或一字不差。其弊有二：一则考官受赂，或授暗记，或与全篇，一家分传誊写；一则老儒卖文场屋，一人传十，十人传百，考官不暇参稽。”又：“时场屋士子日盛，卷轴如山。有司不能遍睹，迫于日限，去取不能皆当。盖士人既以本名纳

① 《儒林公议》，商务印书馆1937年版，第3页。

卷，或别为名，或易以字，一人而纳二三卷。不禁挟书，又许见烛，闽、浙诸郡又间日引试，中有一日之暇，甚至次日午方出。于是经义可作二三道，诗赋可成五六篇。举人文章不精，考官困于披阅。幸皆中选，乃以兄弟承之，或转售同族，奸诈百端，真伪莫辨。”①

许多有识之士当时就已经对科举制度的弊端予以揭露，对这种制度选拔出的人才的质量，就已经开始提出了质疑并发出了改革的呼吁。文天祥在他著名的答理宗的《对策》中写道：“陛下以为今之士习如何邪？今之士大夫之家，有子而教之，方其幼也，则授其句读，择其不戾于时好、不震于有司者，俾熟复焉。及其长也，细书为工，累椟为富，持试于乡校者。以是较艺于科举者，以是取青紫而得车马也。以是父兄之所教诏，师友之所讲明，利而已矣。其能卓然自拔于流俗者，几何人哉？心术既坏于未仕之前，则气节可想于既仕之后。以之领郡邑，如之何责其为卓茂黄霸？以之镇一路，如之何责其为苏章何武？以之曳朝绅，如之何责其为汲黯望之？奔竞于势要之路者，无怪也！趋附于权贵之门者，无怪也！牛维马絷，狗苟蝇营，患得患失，无所不至者，无怪也！悠悠风尘，靡靡偷俗。清芬消歇，浊滓横流。惟皇降衷，秉彝之懿，萌蘖于牛羊斧斤相寻之冲者，其有几哉！厚今之人才，臣以为变今之士习而后可也！”②

可惜当时南宋已是末世，已根本无法顾及科举改革这种事情了。

---

① 《宋史》，中华书局 1977 年版，第 3636 ~ 3638 页。

② 《文天祥全集》，中国书店 1985 年版，第 48 页。

第三节 科举制度的产生及其发展演变过程(下)

四、元代的科举制度——承上启下的过渡阶段

辽、金、元三代,虽然都是少数民族统治中国时期,但总体上说来,仿效中原,学习、推崇儒家文化,并基本延续了科举制度,是这一时期的共同特征。

特别是元朝(1271～1368年),虽然运祚仅有百年,而且也实行歧视汉人的各种政策,但是它重新统一中国之后,不仅很快学习采用了科举制度,而且在某些方面还有重要的创新和发展。因此,客观地讲,元代的科举制度,是整个科举制度发展过程中不可或缺的承上启下的过渡阶段。对于这一点,至今还被许多人所忽视或误解。

例如,元太宗时期(1229～1241年),虽然当时他尚未入主中原,但是其即位后就采用耶律楚材的意见,并任命耶律楚材为必阇赤(中书令)掌管有关事务,开始推崇儒学,举用士人,任用官员,封孔子后代孔元措为衍圣公。元太宗即位第二年,就在燕京设立国子学。第十年(1238年),开始考试中原诸儒生,将中试者编入儒户籍,一部分人还授以官职。同样,元成宗时期(1294～1307年),也在即位之初就下诏令,命"中书省议行贡举之法。其无学田去处,量拨荒闲土地,给赡生徒。所司常与存恤"①。到元仁宗时代,则在即位的第二年,皇庆二年(1313年)

① 《全元文》第22册,江苏古籍出版社2001年版,第221页。

十一月,就颁布了《行科举取士诏》。该诏书曰:“惟我祖宗以神武定天下,世祖皇帝设官分职,征用儒雅,崇学校为育材之地,议科举为取士之方,规模宏远矣。朕以眇躬,获承丕祚,继志述事,祖训是式。若稽三代以来,取士各有科目,要其本末,举人宜以德行为首,试艺则以经术为先,词章次之。浮华过实,朕所不取。爰命中书,参酌古今,定其条制。其以皇庆三年八月,天下郡县,兴其贤者能者,充赋有司。次年二月会试京师,中选者朕将亲策焉。”①该诏书不仅标志着元朝正式开始实行科举,更重要的是其中还有多项在科举史上具有重要意义和影响的规定,例如规定不管是蒙古人、色目人的考试,还是受歧视的汉人、南人的考试,经问题目均从“四书”中出,并一律以朱熹的《四书章句集注》为标准,且规定所答试卷限三百字以上。其他经义科也都指定了考试用书范围。其诏书曰:“考试程式:蒙古、色目人,第一场经问五条,《大学》、《论语》、《孟子》、《中庸》内设问,用朱氏章句集注。其义理精明,文辞典雅者为中选。第二场策一道,以时务出题,限五百字以上。汉人、南人,明经、经疑二问,《大学》、《论语》、《孟子》、《中庸》内出题,并用朱氏章句集注,复以己意结之,限三百字以上;经义一道,各治一经,《诗》以朱氏为主,《尚书》以蔡氏为主,《周易》以程氏、朱氏为主。已上三经,兼用古注疏,《春秋》许用《三传》及胡氏《传》,《礼记》用古注疏,限五百字以上,不拘格律。”②这些规定,充分表现了元代对儒家经学特别是宋代理学的自觉继承。虽然这些规定中也不免含有元代对汉人的歧视,但仍不失为中华文化汉蒙一家的最有

① 《全元文》第36册,凤凰出版社2004年版,第44页。

② 《全元文》第36册,凤凰出版社2004年版,第44~45页。

力证明之一。事实上，这些规定，也是对唐宋科举制度的新发展，同时也对明清两代的科举制度产生了重要影响。因此可以说，元代科举制度是科举制度承上启下的过渡阶段，是科举制度发展史上重要的一环。

五、明代的科举制度——成熟并走向僵化腐朽的阶段

科举制度经过了隋唐宋元七百多年的发展与演进，到明代不仅已经十分成熟，并且逐渐进入了“物壮则老”的僵化状态。这种局面的形成，除了与整个中国封建社会的发展有一定的伴生关系，同时也有其内部的发展规律和原因。我们从下面几方面，对明代科举制度的情况作一大略说明。

(1)朱元璋登基的前一年(1367 年)，就要求各地选拔官员。京城与各个行省举行乡试，其中直隶录取 100 人，两广 200 人，其余 40 人。甚至高丽、安南等国也举行乡试，所取举人共赴京师。洪武四年，再次举行会试。皇帝亲自制定题目，录取 120 人。此后各省又连续多年举行乡试，所有举人皆免会试，直接听候选官。但是很快发现，这样录取的人才缺乏实际任职经验，于是于 1373 年暂停此法。直到 10 年之后，才又重开科举。

朱元璋特别重视封建教化，登基之后，他迅速下令大力加强各级官办学校的开设。《明史》卷六九《选举一》：“洪武二年，太祖初建国学，谕中书省臣曰：‘……朕惟治国以教化为先，教化以学校为本……宜令郡县皆立学校……’于是大建学校。……此明代学校之盛，唐、宋以来所不及也。”①开始，明朝廷特别重视最高学府，即国子监的建设，分设并扩大了南北国子监。其目

① 《明史》，中华书局 1974 年版，第 1686 页。

的是为了笼络和培养更多经过会试但落第的举人，让他们进入国子监继续学习，以便他们积累在学学历，直接给予出身或再次参加会试。明代从中央到地方各级政府都设立了学校，中央一级的叫国子监，分设于南京和北京，所谓南监、北监。地方一级有府学、州学、县学。举人入国子监叫举监，官宦子弟入监叫荫监，捐款入监叫例监。明初，监生可以直接选为官员。但到永乐年间，如果监生不能通过会试，就不能考取进士，选官也会大受影响。

可以看出，直接通过科举考试获取进士的人，更容易被朝廷所看重、更容易出人头地，前途无量，因此也被社会上下愈加看重。而国子监出身的举人则越来越被看轻。所谓"一再传之后，进士日益重，荐举遂废，而举贡日益轻。……众情所趋向，专在甲科。宦途升沉，定于谒选之日。监生不获上第。即奋自镞砺，不能有成，积重之势然也"①。这样，学子们进入官办州府县学学习，以便按部就班、亦步亦趋地参加科举考试，逐渐成为明代读书人不约而同的，甚至是不可逾越的人生之路。所以，明代初叶，"无地而不设之学，无人而不纳之教"的局面逐渐形成并不断发展。这种局面，无疑正适合了统治者加强封建伦理及儒家思想教育的目的，实现了将科举制度与社会主流教育牢固捆绑的愿望。从此，全社会凡是读书之人，从青少年开始，便被纳入了科举考试所必须的教育和训练之中。除此之外，青少年别无所谓教育，青年别无所谓前途。

明代府州县学的优秀学生，每日按六斗粮食颁发廪银，有资格拿廪银的生员称廪生。地方学校由各省的提学官主持考试，

① 《明史》，中华书局 1974 年版，第 1679 页。

学官与布政使官提学，三年一任。每年两次考试，称作“岁考”和“科考”。考试成绩分成六等，科考中能考一二等的学生叫科举生员，他们具有资格继续参加省一级的大考——乡试。乡试又称乡闱，每三年一次，逢子、卯、午、酉年的秋天开考，故又称“秋闱”。每次三场，每场三天，即俗话所谓“三场定终身”。实际上只要第一场过关，二三场也大都能过关。乡试过关的人就是举人，意思是地方为朝廷所贡举之人。举人的第一名又俗称“解元”。所有举人在乡试的第二年（丑、辰、未、戌年）春天，都要赴京参加由礼部主持的全国性考试，称为会试，又称“春闱”或“礼闱”、“礼部试”。会试第一名称“会元”。通过会试者可以参加殿试，统称为“进士”。明代进士参加殿试廷试不黜落，分三次发榜，所谓三甲。一甲为“赐进士及第”，只有前三名，分别为状元、榜眼、探花，合称三鼎甲。二甲为“赐进士出身”若干人，第一名称传胪。三甲为“赐同进士出身”若干人。

虽然殿试是科举考试的最高端，但是并不是所有通过者都能立即获得官职，大部分人往往还要进翰林院继续进修培养，逐渐选拔任用。以上就是明清时代科举入仕的大致过程。

（2）由于愿意接受教育和通过科举步入仕途的人越来越多，而各级官办学校的规模和能力却十分有限，于是，这一时代便出现了青少年别说是参加科举考试，即便是想进入官办学校学习，也都成了越来越困难的事情了。

与上述所有读书人皆须要从官学进入科举考试相适应，明代（包括清代）科举考试的制度在袭用前代成规的同时，层级程序进一步复杂化、制度化。为了便于说明，我们特将这种复杂化、制度化情况列表如下：

A.明清科举考试层级示意图。

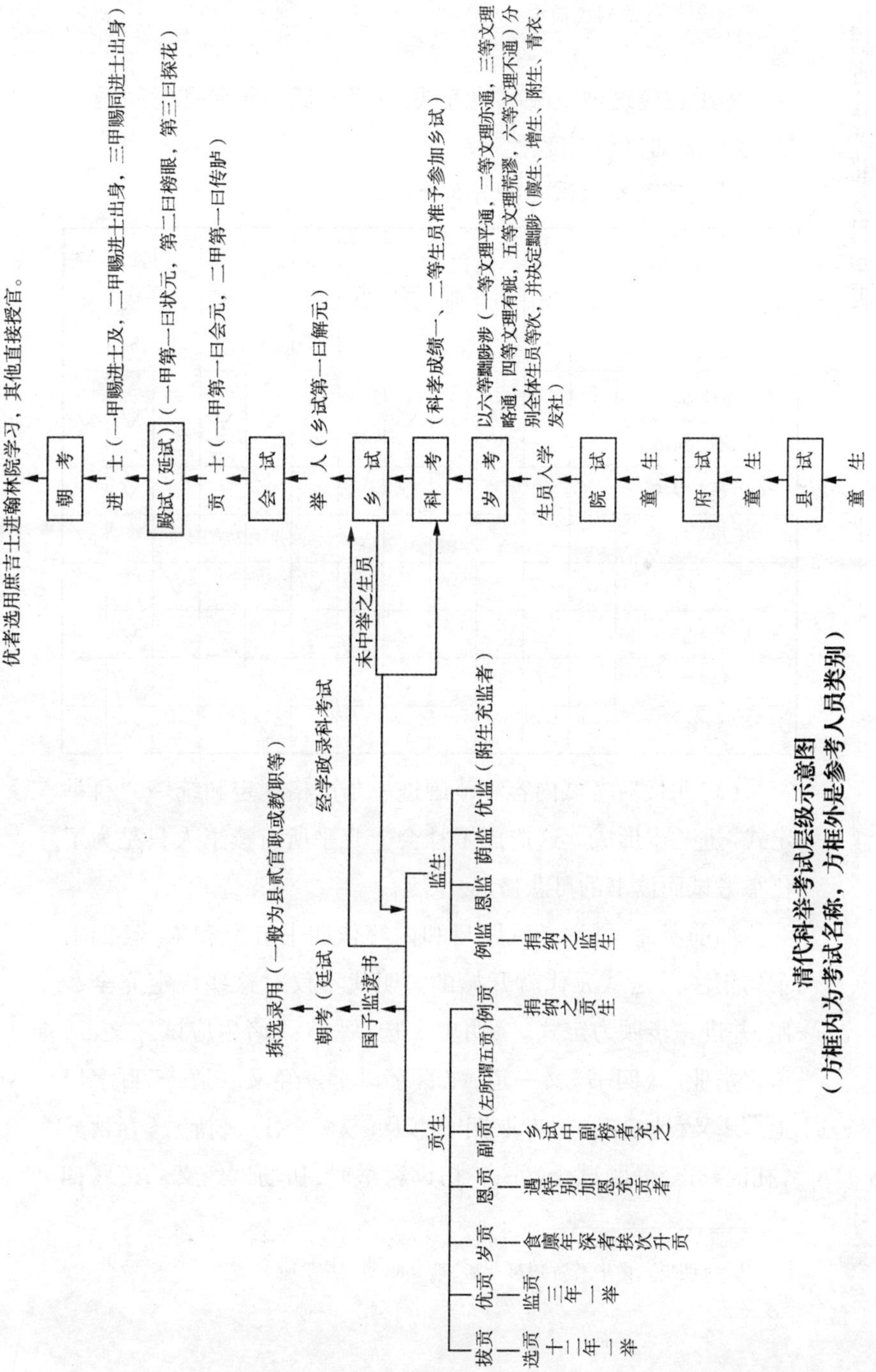

清代科举考试层级示意图

（方框内为考试名称，方框外是参考人员类别）

为了适应这种多层次的考试，各级考试的年份和时间的安排，也更加细化和制度化。

B. 明清科举考试安排分布年份。

科举考试类目＼年份地支	子	丑	寅	卯	辰	巳	午	未	申	酉	戌	亥
童生试（县、府、院试）		√	√		√	√		√	√		√	√
（生员）岁考		√			√			√			√	
（生员）科考			√			√			√			√
乡试	√			√			√			√		
会试		√			√			√			√	
殿试		√			√			√			√	
朝考		√			√			√			√	

（3）明代对考试内容和范围进一步严格规定和统一，“科举定式”进一步形成。这造成了社会上几乎所有读书人只是为了科举考试而读书的可悲格局。

如前所述，科举考试题目和内容依四书五经和朱熹《四书章句集注》，是从元代就开始的。明代不仅对这些规定完全袭用，并进一步颁为定式。《明史 · 选举一》：“诸生应试之文，通谓之举业。《四书》义一道，二百字以上。经义一道，三百字以上。”[①]又《选举二》：“专取四子书及《易》、《书》、《诗》、《春秋》、《礼记》五经命题试士。……初设科举时，初场试经义二道，《四

① 《明史》，中华书局1974年版，第1689页。

书》义一道；二场，论一道；三场，策一道。……后颁科举定式，初场试《四书》义三道，经义四道。《四书》主朱子《集注》，《易》主程《传》、朱子《本义》，《书》主蔡氏《传》及古注疏，《诗》主朱子《集传》，《春秋》主左氏、公羊、谷梁三传及胡安国、张洽《传》，《礼记》主古注疏。永乐间，颁《四书五经大全》，废注疏不用。"①

这些记载显示，明代科举在内容和题目范围方面已毫无创新和改进。

不仅如此，明代连官方所颁布的科举考试参考书都不再新编，而是仅仅抄袭宋元人著作。例如，明初永乐年间，胡广奉敕编纂了《四书大全》。朝廷将其颁布，作为全天下各级科举考试的唯一课本和参考书。但是，该书无论是内容还是形式，几乎全部都是抄袭学宗朱熹的元代学者陈栎的门生倪士毅所编写的《四书辑释》。

《四库全书简明目录》评价此书说："其书因倪士毅《四书辑释》，稍加点窜。然有明取士，惟重四书义，四书义惟尊此书。坊间讲章，千汇万状，皆此书之支流，亦不能不谓之一朝典制焉。"②明末清初的著名学者顾炎武也对此书以及明代其他同类型的科举用书，表示了极大蔑视和猛烈抨击。《日知录》卷一八"四书五经大全"条说道：

> 陈氏（原注：栎，字寿翁，号定宇先生。）作《四书发明》。胡氏（原注：炳文，字仲虎，号云峰先生。）作《四书通》。而定宇之门人倪氏（原注：士毅，字仲宏，号道川先生。）合二书为一，颇有删正，名曰《四书集释》。（原注：有汪克宽序，

---

① 《明史》，中华书局1974年版，第1693～1694页。

② 《四库全书简明目录》，上海古籍出版社1985年版，第144页。

至正丙戌。)自永乐中命儒臣纂修《四书大全》,颁之学官,而诸书皆废。

倪氏《辑释》今见于刘用章(原注:剡)所刻《四书通义》中。永乐中所纂《四书大全》特小有增删。其详其简或多不如倪氏。《大学中庸或问》则全不异。而间有舛误。(原注略)至《春秋大全》则全袭元人汪克宽《胡传纂疏》(原注:字德辅,隐居不仕,以十年之功为此书。)但改其中"愚按"二字为"汪氏曰",及添庐陵李氏等一二条而已。《诗经大全》则全袭元人刘瑾《诗经通释》(原注:此书与《胡传纂疏》予今并有之)而改其中"愚按"二字为"安成刘氏曰"。其(余)三经后人皆不见旧书,亦未必不因前人也。当日儒臣奉旨修《四书五经大全》,颁餐钱,给笔札。书成之日,赐金迁秩,所费于国家者不知凡几。将谓此书既成,可以章一代教学之功,启百世儒林之绪。而仅取已成之书抄誊一过,上欺朝廷,下诳士子,唐宋之时有是事乎?岂非骨鲠之臣已空于建文之代?而制义初行,一时人士尽弃宋元以来所传之实学,上下相蒙,以饕禄利,而莫之问也。呜呼!经学之废,实自此始,后之君子欲扫而更之,亦难乎其为力矣。①

从以上资料不难看出,明代在科举考试的内容和范围上,已经丝毫没有什么发明创新,而是只知袭用宋元人的成果和规定而已了。其结果,也诚如顾炎武所揭示的,"将谓此书既成,可以章一代教学之功,启百世儒林之绪",无奈"仅取已成之书抄誊一过,上欺朝廷,下诳士子"而已。

① 《日知录集释》,岳麓书社 1994 年版,第 650 ~ 651 页。

可以说，科举制度至此已如一个老之将至的中风瘫痪病人般，正无可挽回地向死亡日复一日地迈进着。

(4)明代科举制度僵化的另一个重要标志，就是"八股文"在科举考试中的应用。

明代规定，各级科举考试必须以八股文应试，即上文顾炎武所谓"制义初行"。这就促使明代的学风每况愈下，出现了所谓"一时人士，尽弃宋元以来所传之实学，上下相蒙，以饕禄利，而莫之问也"的可悲局面。

所谓"八股"，是指明清科举时规定使用的一种应试文体。《明史·选举志二》："专取四子书及《易》、《书》、《诗》、《春秋》、《礼记》五经命题试士。盖太祖与刘基所定。其文略仿宋经义，然代古人语气为之，体用排偶，谓之八股，通谓之制义。"①

对于今天的人们，上面这段话有必要进一步加以解释。

这种所谓"八股文"，其题目和内容都是模仿宋代朱熹等学者讲解儒家经义文章的样子，而且要用古代圣贤们的口气写成，所谓"代圣人立言"。文章格式，规定必须用排偶句写作。结构上，完整的八股文主要是开头有"破题"、"承题"、"起讲"、"领题"等几个小部分组成，中间则由八组排偶句组成四个段落。每个小段落各用两组对偶句，说明同一个意思。清·阮元解释说："时文曰八股者，宋元经义四次骈俪而毕，故八也。今股甚长，对股仿此，偶之极也。""四书文之体，皆以比偶成文，不比不行……且洪武、永乐时四书文甚短，两比四句，即宋四六之流派。"②启功先生特别解释说："两条相对，好比人有两股(腿)，

① 《明史》，中华书局1974年版，第1693页。

② 转引自启功等：《说八股》，中华书局2000年版，第39页。

一篇最多不过八条,所以称为八股。……大约有人嫌股字不雅,便称八股为'八比',殊不知八比便是十六股,名实不符了。"①启功先生的说法很有道理,《说文·比部》:"二人为从,反从为比。"言"比"必有二。所以俗称一股为"一比"是错误的。完整的"八股文"只有"四比"——起比,中比,后比,束比。"四比"是全篇的核心。末尾还有"收结",即全文的结束语。"八股文"是皇帝命令参加科举者作的,皇帝的命令叫做"制",因此"八股文"又称"制义"或"制艺"。它是明清时代读书人中间最时兴、最需要学习的文体,所以又俗称"八股文"叫做"时文"、"时艺"。又因其题目内容皆在"四书"范围之内,故又被称为"四书文"。(典型的八股文举例,请参看本章附录。)

"八股文"是在明成化、弘治年间定型并推广施行的。但其结构格式实际上是对古代文体的一种继承和发展。所以有人又将"八股文"的源头追溯到宋代甚至更远。清·梁章钜《制义丛话·例言》:"制义始于宋而盛于明。自洪、永以逮天、崇,三百年中体凡屡变。"②启功先生也说:"八股文的远源,一般地常追溯到北宋的王安石、苏辙诸家的'经义'……到了明代初年刚有雏形,到了弘治以后,才渐渐具备八股文的各项条件而成了定型。"又说:"概括说来,自北宋到明中叶,是八股逐渐成形时期;自明中叶至清末叶是挤压以致萎缩时期。光绪三十一年,这位姓八名股先生的肉体,正式寿终。"③

明代科举考试规定一律使用"八股文",除了政治和意识形

① 启功等:《说八股》,中华书局2000年版,第4~5页。

② 《制义丛话》,上海书店出版社2001年版,第7页。

③ 启功等:《说八股》,中华书局2000年版,第36~38页。

态的原因，在一定程度上也是适应考生越来越多、评卷标准不易统一的现实情况的一种应对措施。由于它可以使考生的试卷内容和形式都严格趋向程式化，所以从形式上就可以更客观地判断合格与否，从而降低了评卷难度，增加了评卷的公正性。但是，内容的狭窄与形式的束缚，使考生们如同站在方桌上戴着枷锁跳舞，从而也促使它成为科举制度僵化并走向腐朽的标志和明证。

"八股文"不仅其题目、内容对考生具有极大的束缚性，而且明代各级科举考试对元代仁宗朝开始规定的试卷字数再次作了严格的规定（一般是以三百字或五百字为限），在这有限的字数内写好符合规定的八股文，无疑已经大大提高了难度。更有甚者，为了增加难度，防止互相抄袭，考试题目开始使用所谓"割截题"。清·梁章钜《制义丛话》卷二四："近时好出割截题，欲以杜抄录成文之弊……前明即尚此巧法矣。"①

所谓"割截题"，又叫"截搭题"，就是任意割裂截取"四书"中某一句或某一段相连甚至不相连的几个字组成的题目。例如《论语·学而》"学而时习之，不亦说乎？有朋自远方来，不亦乐乎"一句，一般用它出题可能是《学而时习之》，但"割截题"则可能出成《习之不亦》或《学而有朋》，甚至可能是《习之远方来》或《不亦说乎有》，总之都是些如同儿戏、毫无理性的题目。试想科举考试仅从题目上就到了如此荒唐的地步，它的僵化和腐朽也就可见一斑了。

总之，八股文的应用，逐渐使科举考试沦为一种为考试而考试的文字游戏竞争，严重束缚和阻碍了学习者的思想，从而成为

① 《制义丛话》，上海书店出版社 2001 年版，第 459 页。

明清封建王朝控制读书人的又一工具。

(5)针对日益严重的作弊,明代的科举考试管理方法更加严密烦琐。但是日益严重的科场弊窦愈演愈烈,科场文字事件也不断发生,朝廷官员借此互相指责,成为官场斗争的又一种工具。《明史·选举二》:“指摘科场事者,前后非一……其贿买钻营,挟夹倩代,割卷传递,顶名冒籍,弊端百出,不可穷究。”①

上述几方面清楚地显示,明代的科举制度已经深陷僵化与危机之中,不可自拔。

六、清代的科举制度——腐朽并最终废除阶段

清代是中国两千多年皇家专制社会的最后一个阶段。这个阶段尤其是康熙、乾隆之后的清王朝,虽然表面上依然轰轰烈烈,但内里已经像《红楼梦》第二回冷子兴所描写的贾府那样,“外面的架子虽没很倒,内囊却也尽上来了”。它外强中干,盲目自大,不思变革。各种制度大都因袭成法,看似完备严密,但实际上已是腐朽不堪。道、咸之后直至清代灭亡,由于国势日衰,朝廷对科举制度的管理更是日渐荒废,致使科举的腐朽态势日甚一日。此时科举所表现出的种种光怪陆离的情况,即便一般人都会感到窒息,感到痛恨,感到啼笑皆非。可以说,两千多年封建社会实行的各种制度,没有哪一种能像清代的科举制度那样,彻底地向历史表明着封建社会的不可救药和中华民族革故鼎新的必然与急迫了。

下面我们从四个方面简要说明科举制度最后阶段的情况。

1.清代科举考试的层级烦琐复杂,它像一张无法突破的魔

① 《明史》,中华书局1974年版,第1705页。

网,把读书人全部变成了科举考试的俘虏与囚徒

从我们所列出的“明清科举考试层级示意图”中不难看出,明清两代的科举考试制度,为了减轻官办学校的压力和控制科举及第者的数量,除了增加考试的“难度”,还有一个画地为牢式的方法,就是不断增加考试层级。二者将绝大部分人屏蔽于学校和科举考试之外。从示意图中可以看出,清代的科举考试层级,从科举启蒙和预科班式的童生试算起,直到殿试之后的朝考,实际上已经达到八九级不止。在貌似公平严密的考试制度下,一般人连入学都成了奋斗终生也无法实现的事情,遑论参加更高一级的科举。全社会的读书人实际上都被绑架成了科举考试的俘虏与囚徒。这种看似公正和严密的做法,将绝大部分人挡在了学校和科举考试之外,表面上它仅阻碍了一般读书人受教育的机会和仕进从政的机会,实际上,它却加剧了读书人对社会的不满,反过来也打击了病入膏肓的科举制度自身,甚至加快了清王朝的腐朽和灭亡。这种状况曾被历史和反映它们的文学作品反复展现和揭露过。从大家熟知的小说人物范进,到真实的历史人物、科举一生却终不成功、穷困潦倒的蒲松龄,再到鲁迅笔下的孔乙己(甚至包括鲁迅先生本人),无不是被这种不断增加层级和难度的科举考试制度屏蔽于正统仕进之途之外的落魄者或叛逆者。

2. 清代的科举考试,不仅内容禁锢腐朽,而且形式愈加荒唐、恶质化

如上文所述,明代已经开始规定科举考试全从“四书五经”中出题并全以朱熹《四书章句集注》为立言标准。同时,又严格规定必须用“八股文”作为试卷文体。这一切,都已经是科举制度开始走向穷途末路的标志。到了清代,科举考

试制度不仅对这些桎梏毫无改革和创新，反而变本加厉地沿着这条饮鸩止渴的道路继续前行，以致愈后而陷得愈深，直到寿终正寝为止。

我们从清初到清末朝野上下一致的许多议论、感喟或愤怒的讽刺中，可以深切感受到科举制度愈来愈恶质化的情况。

顾炎武(1613～1682年)对明末清初的科举考试已经异化蜕变成一种赌博式的作文交易痛心疾首。他在《日知录》卷一六《十八房》一节中写道："十八房之刻，自万历壬辰《钩玄录》始。……至乙卯以后，而坊刻有四种：曰程墨，则三场主司及士子之文；曰房稿，则十八房进士之作；曰行卷，则举人之作；曰社稿，则诸生会课之作。至一科房稿之刻有数百部，皆出于苏杭，而中原北方之贾人市买以去。天下之人惟知此物可以取科名，享富贵，此之谓学问，此之谓士人，而他书一切不观。昔丘文庄当天顺、成化之盛，去宋元未远，已谓士子有登名前列，不知史册名目、朝代先后、字书偏旁者。举天下而惟十八房之读，读之三年五年，而一幸登第，则无知之童子俨然与公卿相揖让，而文武之道弃如弁髦。嗟乎！八股盛而《六经》微，十八房兴而《廿一史》废……若乃国之盛衰，时之治乱，则亦可知也已！"①在《拟题》一节中又写道："今日科场之弊，莫甚乎拟题。且以经文言之，初场试所习本经义四道，而本经之中，场屋可出之题不过数十。富家巨族延请名士馆于家塾，将此数十题各撰一篇，计篇酬价。令其子弟及僮奴之俊慧者记诵熟习。入场命题，十符八九……发榜之后，此曹便为贵人，年少貌美者多得馆选，天下之士靡然风从，而本经亦可以不读矣。……故愚以为八

①《日知录集释》，岳麓书社1994年版，第584页。

股之害等于焚书，而败坏人材有甚于咸阳之郊所坑者，但四百六十余人也！"①

蒲松龄(1640～1715年)是清代科举制度典型的受害者和牺牲品。他应试一生也未能中举，直到70岁才勉强得到一个贡生的称号。可以说比小说中的范进有过之而无不及。因而他对清代的科举制度深恶痛绝，批判揭露得也最为深刻彻底。《聊斋志异》中有许多这方面精彩的篇章。例如他在《王子安》一文的评论中，这样揭露讽刺了醉心于科举考试的秀才们：

> 异史氏曰：秀才入闱有七似焉。初入时，白足提篮似丐。唱名时，官喝吏骂似囚。其归号舍也，孔孔伸头，房房漏脚，似秋末之冷蜂。其出闱场也，神情惝恍，天地异色，似出笼之病鸟。迨望报也，草木皆惊，梦想亦幻。时作一得意想，则顷刻而楼阁俱成；作一失意想，则瞬息而骸骨已朽。此际行坐难安，则似被絷之猱。忽然而飞骑传人，报条无我，此时神色猝变，嗒然若死，则似饵毒之蝇，弄之也不觉也。初失志，心灰意败，大骂司衡无目，笔墨无灵，势必举案头物而尽炬之；炬之不已，而碎踏之；踏之不已，而投之浊流。从此披发入山，面向石壁，再有以"且夫"、"尝谓"之文进我者，定当操戈逐之。无何，日渐远，气渐平，技又渐痒，遂似破卵之鸠，只得衔木营巢，从新另抱矣。如此情况，当局者痛苦欲死。而自旁观者视之，其可笑孰甚焉。②

林则徐的学生、清代著名思想家冯桂芬(1809～1874年)，

① 《日知录集释》，岳麓书社1994年版，第590～591页。
② 《聊斋志异》，齐鲁书社1981年版，第589页。

在其著名的变法思想著作《校邠庐抗议·改科举议》一节中,借转述林则徐的朋友饶廷襄酒后发出的议论,充分揭露了科举制度的实质,婉转表达了他甚至林则徐等,对当时科举制度的评价。他写道:

昔年侍饮先师林文忠公署,客或曰:"时文取士,所取非所用"。坐有龙岩饶孝廉廷襄,夙有狂名,公故人也。已被酒,谩曰:"君为明祖所绐矣。明祖以枭雄阴鸷猜忌驭天下,惧天下瑰伟绝特之士起而与为难,以为经义诗赋皆将借径于读书稽古,不啻傅虎以翼,终且不可制。求一途可以禁锢生人之心思材力,不能复为读书稽古有用之学者,莫善于时文,故毅然用之。其事为孔孟明理载道之事,其术为唐、宋英雄入彀之术,其心为始皇焚书坑儒之心。抑之以点名、搜索防弊之法,以折其廉耻;扬之以鹿鸣、琼林优异之典,以生其歆羡。三年一科,今科失而来科可得,一科复一科,转瞬而其人已老不能为我患,而明祖之愿毕矣。意在败坏天下之人才,非欲造就天下之人才。君为此论,明祖得毋胡卢地下乎?"于是文忠举杯相属曰:"奇论,宜浮一大白。君狂态果如昔。"一笑而罢。①

中国共产党的早期领导人陈独秀(1879~1942年),青少年时代也曾参加过科举考试。他的自传体著作《实庵自传》,记录了他参加清末乡试的真实过程。这一经历,竟促使他坚定了革命的决心,同时也给我们留下一份了解清末腐朽的科举制度最后阶段的一些珍贵、不可多得的资料。他写道:

① 《校邠庐抗议》,上海书店出版社2002年版,第37页。

大概是光绪二十三年(按,1897年)七月罢,我不得不初次离开母亲,初次出门到南京乡试了……到了八月初七日,我们要进场考试了。我背了考篮、书籍、文具、食粮、烧饭的锅炉和油布,已竭尽了生平的气力,若不是大哥代我领试卷,我便会在人丛中挤死。一进考棚,三魂吓掉了二魂半,每条十多丈长的号筒,都有几十或上百个号舍,号舍的大小仿佛现时警察的岗棚,然而要低得多,长个子站在里面是要低头弯腰的,这就是那时科举出身的大老以尝过"矮屋"滋味自豪的"矮屋"。矮屋的三面七齐八不齐的砖墙,当然里外都不曾用石灰泥过,里面蜘蛛网和灰尘是满满的,好容易打扫干净,坐进去拿一块板安放在面前,就算是写字台,睡起觉来,不用说就得坐在那里睡。一条号筒内,总有一两间空号,便是这一号筒的公共厕所,考场的特别名词叫做"屎号";考过头场,如果没有冤鬼缠身,不曾在考卷上写出自己缺德的事,或用墨盒泼污了试卷,被贴出来,二场进去,如果不幸座位编在"屎号",三天饱尝异味,还要被人家议论是干了亏心事的果报。那一年南京的天气,到了八月中旬还是奇热,大家都把带来的油布挂起遮住太阳光,号门都紧对着高墙,中间是只能容一个半人来往的一条长巷,上面露着一线天,大家挂上油布之后,连这一线天也一线不露了,空气简直不通,每人都在对面墙上挂起烧饭的锅炉,大家烧起饭来,再加上赤日当空,那条长巷便成了火巷。煮饭做菜,我一窍不通,三场九天,总是吃那半生不熟或者烂熟或煨成的挂面。有一件事给我的印象最深:考头场时,看见一位徐州的大胖子,一条大辫子盘在头顶上,全身一丝不挂,脚踏一双破鞋,手里捧着试卷,在如火的长巷中走来走去。走着走着，上下大小脑袋左右摇晃着，拖长着怪声念他那得意的文章，念到最得意处，用力把大腿一拍，翘起大拇指叫道："好！今科必中！"

这位"今科必中"的先生，使我看呆了一两个钟头。在这一两个钟头当中，我并非尽看他，乃是由他联想到所有考生的怪现状；由那些怪现状联想到这班动物得了志，国家和人民要如何遭殃；因此又联想到所谓抡才大典，简直是隔几年把这班猴子、狗熊搬出来开一次动物展览会；因此又联想到国家一切制度，恐怕都有如此这般的毛病；因此最后感觉到梁启超那班人们在《时务报》上说的话是有些道理呀！这便是我由选学妖孽转变到康、梁派之最大动机。……我此次乡试，本来很勉强，不料其结果却对于我意外有益！①

以上，我们选取了从清初到清末的学者们对科举制度的一些论述、描写和分析。从中我们可以强烈地感受到，这一曾经带给中国封建社会和中国文化以重要影响的制度，至此已经完全失去了它当初的积极作用，彻底走向了它的反面。

3. 清代科举制度愈晚愈衰，纪纲废弛，弊端丛生，无可救药

一个腐烂的躯体，必然逐渐散发出恶臭的气息。一个腐败的制度，也必然逐渐败象丛生。前文所罗列的数位学者自清初至清末对当时科举制度的一些真实记录和感受，已经为我们展示了许多表征。但是，造成清代科举制度愈晚愈衰，弊端丛生的深层次的原因，是清王朝的政治统治越晚越腐败无能，因而越晚，科举制度的纪纲也就愈废弛。

① 《实庵自传》，亚东图书馆油印本，第31～34页。

我们查证《续文献通考》和《清朝续文献通考》的相关资料可以发现,清初、中叶的顺治、康熙、雍正直到乾隆几代皇帝,时常甚至年年都发布谕旨,整饬科举考场纪律。但是道、咸之后,特别同、光时代,竟再也没有这种声音。显见最高统治者此时已顾此失彼,对科举事务已经逐渐无力过问甚至放任自流。史书的有关记载,可以印证上述的说法。《清史稿·选举三》:"顺治十五年,帝以顺天、江南考官俱以贿败,亲覆试两闱举人,是为乡试覆试之始。……康熙三十八年,帝以北闱取士不公,命集内廷覆试。列三等以上者许会试,四等黜之。五十一年壬辰,顺天解元查为仁以传递事觉而逸,帝疑新进士有代倩中式者,亲覆试畅春圆,黜五人。会试覆试自是始。乾隆间,或命各省督、抚、学政于乡试榜后覆试,或专覆试江苏、安徽、江西、浙江、广东、山西六省丙午前三科俊秀贡监中式者,或止覆试中式进士,或北闱举人,临期降旨,无定例。……旨诏严切,谓'礼闱非严行覆试,不足拔真才、惩倖进'。至嘉庆初,遂著为令。……洎末造益趋宽大,光绪十九年,北闱倩作、顶替中式者至数十人,言官劾举人周学熙、汤宝霖、蔡学渊、陈步銮、黄树声、万航六人,下所司举出录科中卷不符者,学渊、树声、航三人俱斥革,余覆试无一黜者,监临各官均免议,而侥幸者接迹矣。"①

其他野史资料的记载,也旁证了这种状况。徐珂《清稗类钞·考试类·搜检》:"考试功令,不许夹带片纸只字,大小一切考试皆然。康熙庚子顺天乡试,特命十二贝子监外场,露索②綦严。……道、咸前,大小科场搜检至严,有至解衣脱履者。同治

① 《清史稿》,中华书局1976年版,第3161~3162页。

② 露索,搜检也,见《大金国志》。

以后，禁网渐宽，搜检者不甚深究，于是诈伪百出。入场者，辄以石印小本书济之，或写蝇头书，私藏于果饼及衣带中，并以所携考篮酒鼍与研之属，皆为夹底而藏之，甚至有帽顶两层靴底双屜者。更或贿嘱皂隶，冀免搜检。至光绪壬午科，应京兆者至万六千人。士子咸熙攘而来，但闻番役高唱搜过而已。及壬辰会试后，搜检之例虽未废，乃并此声而无之矣。”①

可见，此时上至朝廷，下到官府，对于科举纪律都已经是“大撒把”式的放任不管了。各种匪夷所思或登峰造极的作弊手段，层出不穷并蔓延，也就可以理解了。仅此而言，科举制度无可救药，行将就木也只是早晚之事了。

4. 清末科举制的改革

同治光绪年间，科举制度在清王朝面临灭顶之灾的挣扎中和有识之士拯救民族危亡的呼声中，不得不做一些治标不治本的改革，以求找到一根可以救命的稻草。但是这种政治赌博远水不解近渴，无济于事。光绪三十一年八月四日（1905 年 9 月 2 日），清廷在万般无奈中匆忙宣布了废除科举。

对于最后这一阶段的一些情况，我们简单介绍如下。

以英帝国主义发动的第一次鸦片战争（1840 ~ 1842 年）为标志，中国两千多年的封建社会，开始转入了半封建半殖民地社会。此后的六七十年间，清王朝统治下的中华民族，接连经历了第二次鸦片战争（1856 ~ 1860 年）、太平天国运动（1851 ~ 1864 年）、中日甲午战争（1894 ~ 1895 年）以及 1900 年八国联军入侵等一系列血腥劫难。中华民族饱受欺凌，清王朝也已经是奄奄待毙。在苟延残喘当中，朝廷应对内忧外患不及，又遑论包括科

① 《清稗类钞》，中华书局 1984 年版，第 586 页。

举制度在内的治国方略的经营与改革呢。

由于列强的坚船利炮屡屡撞开国门，西方的新技术新学问强烈刺激了部分权贵的神经。于是他们操办起效法西洋、学习西洋的“洋务运动”，提出了“采西学”、“制洋器”、“办学堂”的主张。为了培养相应的人才，洋务运动的领导人李鸿章等，曾提出对科举制度进行一些适应性的改革。例如1862年，李鸿章的幕府、著名学者冯桂芬曾提出，借科举之名“特设一科以待能者”的建议。同治元年(1862年)，为了培养懂外语的翻译人才，由恭亲王奕䜣与李鸿章等奏请，成立了中国第一个“洋务学堂”——京师同文馆，由李鸿章管辖的总理各国事务衙门管辖。后来还开设了广方言馆等。1864年，李鸿章再次上书，希望通过科举学堂培养“觅制器之人”。直到1867年，当权者恭亲王才接受建议，同意选五品以下进士出身的京外官员，充送同文馆、天文算学馆去学习培养。但是想不到，就是这么一个缓慢而又微不足道的变革也无法实行，由于抵制者众多，此议最终不了了之。1874年，李鸿章再次建议对科举考试进行变通，希望增加“洋务进取”的名目，以培养所需人才。建议提出后，虽然得到朝野的一些附和，但最终依然无果而终。就这样，在国势日危中又过了十多年，直到1887年，朝廷终于才正式批准总理各国事务衙门可以“算学取士”。于是，1889年乡试，中国第一次通过科举，用西方数学考试录取了一名“算学举人”。

试想在帝国主义列强侵华的汹汹背景下，科举制度这种蜗牛爬行式的变动，又怎能有助于病入膏肓的清王朝呢！

随着1895年中日甲午战争的爆发与彻底失败，洋务运动也受到毁灭性打击，他们主张的对科举制度小打小闹的改革也宣告彻底失败。然而，即便在甲午战争彻底失败这样惨痛的国难降临之际，指望顽固腐败的清廷幡然觉悟、锐意改革仍然是不可能的。在与日本签订了丧权辱国的《马关条约》后，1895 年 5 月 2 日，康有为联合一千三百多名在北京会试的举人，发起了著名的"公车上书"，联名要求朝廷拒绝执行条约，并提出四项挽救民族危亡的建议。其中一点明确提出了废除八股文的要求。但是这些建议，完全被清王朝拒绝。废除八股文，也直到 1898 年(戊戌年)光绪皇帝"百日维新"时才得以施行。

1900 年，八国联军攻入北京。清王朝再次陷入灭顶之灾的窘境。在愈加紧迫的国内外形势下，袁世凯、张之洞等人不得已提出了"分科递减"科举取人的方案。计划用 10 年时间，逐步减少科举取人，最终停止和废除科举。在此同时逐步增办新式学堂，以补科举的空缺。

然而，形势不等人。仅仅过了 5 年，到 1905 年，"分科递减"的如意算盘已经无法应对愈加严峻的内忧外患的局势。于是，在袁世凯、端方、张之洞等人的反复奏陈下，慈禧太后最终不得不接受谏议，同意下诏废除科举。对于实行了近一千三百年的科举制度被废除的时间，一般都以清朝政府下诏之日起为准。我们从《清史稿·德宗(光绪)本纪》的字里行间里，好不容易才找到几个轻描淡写的不相连贯的有关文字："(光绪)三十一年八月，甲辰，诏废科举。"①据此，科举制度被正式废除的准确时间，应当是：光绪三十一年八月四日(1905 年 9 月 2 日)。

相对《清史稿》的简略，《清稗类钞·考试类·废科举》，对此事的记载则稍翔实："自日俄战役告终……袁世凯……乃密

① 《清史稿》，中华书局 1976 年版，第 952 页。

陈孝钦后，谓宜乘日俄之惫，亟变法以图强。孝钦韪之。时端忠愍公方，为湖南巡抚，入觐，倡废除科举制，孝钦遂下诏废科举，设学堂。时光绪乙巳七月也。盖乡、会试及各省岁科生童考试，至是均一体停罢矣。”①两段文字虽然都很短小，但联系起来阅读，其中意味足供后人咀嚼并唏嘘不已。

仅仅过了6年，清王朝就被辛亥革命的浪潮所推翻，长达两千多年的中国帝王制度和帝王国家轰然倒塌，变成了历史的遗迹。中华民族从此步入了一个新的发展阶段。

第四节　小结——科举制度对中华文化的影响和利弊得失

科举制度从607年萌芽到1905年被废除，历经近一千三百年。它给中华民族培养了大量封建知识人才的同时，也深刻地影响了中国古代文化和中国古代社会的方方面面。然而要想客观准确地评价科举制度的功过，与评价一切历史人物和历史事件一样，往往容易犯主观主义或以今律古的毛病，不是一件容易的事情。限于学识，我们仅简单对科举制度对中华文化的影响和利弊得失小结如下：

科举制度的积极影响，大致可以总结如下几点：

(1)科举制度是对从西周典型宗法制到魏晋南北朝的九品中正制的极大的反动和变革。它是一种封建社会中能够做到的最大公平和公正的制度。通过原则上人人可以参加的科举考试，不讲出身，只凭考试成绩，使一些平民读书人因此得以改变

① 《清稗类钞》，中华书局1984年版，第595～596页。

社会地位，甚至进入统治集团，施展个人抱负。科举制度实行后，造就了大量优秀的中华文化和杰出人物，是影响中华传统文化的一种重要制度。

(2)科举制度为封建王朝造就了大批高学历官吏，提高了管理水平，从而极大地巩固和延长了封建社会的统治，是中国古代封建社会最重要的政治制度之一。

(3)通过科举科目和考试范围的规定，科举制度普及了儒家经典和儒家思想理念的学习和传播。通过上千年持续不断的普及学习和深入研究，科举制度大大提高了儒家思想对中国文化的影响力。

(4)科举制度促进了中国古代封建社会重视教育、重视学习风气的形成和兴盛，促进了封建社会中文化事业的发展，大大提高了知识分子的社会地位。

(5)科举制度创造使用的许多方法和经验，为现代中外各国的教育和管理提供了有益的借鉴。现代考试制度中至今仍然使用的一些环节和方法，都源于科举考试制度的创造和启发。

科举制度的消极影响可以概括为如下两方面：

(1)科举考试制度只注重书本，特别是只注重儒家经典的学习和研究，使得社会精英阶层的知识结构越来越狭隘。这大大阻碍了中国读书人注重实际、研究经济、钻研科技的兴趣和热情，导致了数百年持续忽视国家和民族所需的大批科技专业人才的培养，在一定程度上，是造成近代中国积弱积贫、落后挨打的民族垂危局面的原因之一。

(2)科举制度把知识分子引入了“读书做官”和自私自利的歧途，大批读书人变成了封建统治者的御用工具和奴隶。

这一点，从科举制度早期唐太宗“天下英雄入吾彀中”的炫耀中，已然可以看出。而后世流传甚广的宋真宗的《劝学文》，更是最高统治者唆使读书人追名逐利的教材。《劝学文》说："富家不用买良田，书中自有千钟粟。安居不用架高梁，书中自有黄金屋。出门莫恨无人随，书中车马多如簇。娶妻莫恨无良媒，书中自有颜如玉。男儿欲遂平生志，六经勤向窗前读。"

在历代皇帝们赤裸裸的宣传鼓动下，大批读书人丧失了中华民族读书人的气节，变成书虫禄蠹而不知悔改。诚如文天祥所言，社会风气由此变得"清芬消歇，浊滓横流"，读书人大都变成了"狗苟蝇营，患得患失，无所不至者"。而对于科举制的恶果，顾炎武在《生员论》中也痛心疾首地指出："故败坏天下之人才，而至于士不成士，官不成官，兵不成兵，将不成将。夫然后寇贼奸宄得而乘之，敌国外侮得而胜之。"①

然而，这些警告未能阻止科举制度弊病的继续发展，志士仁人们所预言的恶果，也只好屡屡被历史所见证了。

附录一

战国之后一些所谓"禅让"的权力更迭一览表

前316年	燕王哙禅位于燕相子之
8年	西汉孺子婴禅位于王莽（新朝）
220年	东汉献帝刘协禅位于曹丕（魏文帝）
265年	魏元帝曹奂禅位于司马炎（西晋武帝）

① 《顾亭林诗文集》，中华书局1983年版，第25页。

420 年　东晋恭帝司马德文禅位于刘裕（南朝宋武帝）
479 年　南朝宋顺帝刘准禅位于萧道成（南朝齐高帝）
502 年　南朝齐和帝萧宝融禅位于萧衍（南朝梁武帝）
557 年　南朝梁敬帝萧方智禅位于陈霸先（南朝陈武帝）
550 年　北朝东魏孝静帝元善见禅位于高洋（北齐文宣帝）
556 年　北朝西魏恭帝元廓禅位于宇文觉（北周孝闵帝）
581 年　北周静帝宇文阐禅位于杨坚（隋文帝）
618 年　隋恭帝杨侑禅位于李渊（唐高祖）

附录二

关于县考、乡试、会试、殿试的记录或描写

甲. 关于县考:《周作人回忆录》（湖南人民出版社 1982 年版）

十九　县考（节录）

县考是件小事，似乎没有什么值得讲的，这在清朝还举行科举的时代，每年在各县都有一次，并不是希（稀）罕的事情。但是它的意义却很是重大。这是知识阶级，那时候称作士人或读书人的，出身唯一的正路，很容易而又极其艰难的道路。这有如彩票，人只要有几毫钱就可以去买，也有人居然得中了头二彩，顷刻发了大财，但有人而且这是大多数，连末尾也没有份。这样可以一年年地考下去，到得须发皓白了，还是提了考篮做“考相公”，外号被不客气的称作“场楦”，言其长在考场里混过日子，

正如鞋匠用以楦大鞋子的“鞋楦”相似。这考试的本钱是什么呢？买彩票还得要几个银角子，这却更是省事，只要会诌几句半通不通的烂时文就成了。说起时文来，现在的人大半要不懂得了，或者要误会是对时髦文章上去也说不定吧。换句话说，时文便是八股文章，四书读熟会得背诵了，学做“破题”以及“起讲”，一直加到“后股”，共成八股，算是“完篇”了，这便有进考场的资格，够得上“文童”或童生的称号。这时文里的奥妙没有穷尽，我们这里只能姑就“破题”一件事，略为谈谈吧。八股文里题目都是出在四书上面，所以说这是“代圣人立言”，是非常可尊贵的。破题是开头的两句话，须将题目的意思讲说清楚，这便叫做“破”。俗语说初次遇着的事情，是破题儿第一回，也就是借用这个意思。因为八股文里出来的尽是圣贤，所以破题上也有一个规则，便是破孔子时务必称“圣人”，孟子等人则称大贤或先贤，此外无名之辈一律号为“时人”。我现在引用一个故事，来说明破题是怎么一回事，这虽然是用诙谐的说法，当不得真，但是它把题意破得极妙，可以说是无以复加的了。题目是《三十而立》，这是孔子说的一句话，所以“破题”说道：“圣人两当十五之年，虽有板凳椅子而不敢坐焉。”此外还有一个正经的例，是八股名家章日价所作《父母惟其疾之忧》的文中的两股，发挥尽致，并且音韵铿锵，读起来兼有音乐之美。其文曰：“罔极之深恩未报，而又徒遗留不肖之肢体，贻父母以半生莫殚之忧。百年之岁月几何，而忍吾亲以有限之精神，更消磨于生我劬劳之后。”

……

文章居然“完篇”了，凑足有三四百字，试帖诗也勉强可以做成六韵，这样便可去“观场”了，这是一句“术语”，也是说得颇为谦虚的。天下的文风未必真是在“敝邑”，但是应考的人实在不少；在当时山阴会稽还未合并为绍兴县的时候，会稽一县的考生总有五百余人，当时出榜以五十人为一图，写成一个圆图的样子，共有十图左右，若在邻县诸暨恐怕还要多些，而每“进学”就是考取秀才的定额只有四十名，所以如考在第十图里，即使每年不增加来考的人，只就这些人中拔取，待到自己进学，也已在十多年以后了。这些被淘汰下来的人，那么哪里去了呢？他们如不是改变计划，别寻出路，便将“场楦”进而为“街楦”，——在街上游荡的人，落到孔乙已的地位里去了。

二十　再是县考(节录)

上边所说是关于县考的一般情形，底下却要讲自己所经历的事了。考试既然是士人出身的正路，那么我们那时没有不是从这条路走的，等得有点走不下去了，这才去找另外的道路，那自然都是后话，如今且表过不提。日记里记戊戌年(一八九八)十一月初六日，我同大哥往应县试，但是以后便不再记，而且也于廿四日回南京去，等我的第二册日记于戊戌年十一有廿六日重写开头，县考的“招复”悉已过去，均不及记，但于廿九日项下，记有往看“大案”一事而已。“大案”云者，县考初试及四次复试之后，再将总应考的人数计算一遍，出一总榜，只要榜上有名的人，便可以去应府试，再经过院试，就决定名额，算是合格的秀才了。当时大案的情形如下：

“会稽凡十一图，案首为马福田，予在十图三十四，豫才兄三图三十七，仲翔叔头图廿四，伯文叔四图十九。”这里须得说明，马福田即是浙江的名流马一浮，仲翔伯文乃是我们的族叔，不过已经很疏远，只是和我们同太高祖，即是同五世祖而已。这里鲁迅着实考的不坏，只是考了一次，也不曾去复试，还是已在三图里，所以一同去考的叔辈竭力怂恿母亲，府试的时候找一个人，去枪替一下子，明年可以去院试，这很有希望。因为请人当“枪手”，是要花钱的，其实也只两三块钱吧，所以母亲不愿意；后来撺掇再三，这才答应了，便请仲翔的妻弟莫与京去，这我还记得很清楚，是十二月初二日府试，四更进场，会稽“已冠”的题目，首题是《孔子尝为委吏矣曰会计》，次题是《未有义而后其君者也》，诗题《赋得既雨晴亦佳》，得晴字。“未冠”的首题是《有事弟子》，次题是《能竭其力》，诗题同“已冠”。当时童生分已冠未冠两种，二十岁以上的人称作已冠，以下的则为未冠，题目略分难易，但是这未冠的也是“截搭题”，便是文句没有完全，只截取一半，搭在上面，原文是“有事弟子服其劳”，这里却把“服其劳”半句截去了，实在并不好做，但是比那已冠的好一点罢了。初七日去看榜，我在六图廿七名，那位枪手先生却不知在哪里，不曾记得，总之是没有考掉。廿四日大案出来，我在四图四十七，大哥八图三十，伯文叔二图廿二，仲翔叔二图第四。

次年己亥（一八九九）十月初五日院试，周姓三人前去应考，鲁迅不曾回来，因为那时他已经考进了矿路学堂，总办是讲维新的俞明震，空气比较开明，他就安定下来了。考试的首题是《四海之内》，注明是“皆举首而望之”的上边的，次题则是《则不如无书》，诗题《赋得诗中定合爱陶潜》，得潜字。初八日出榜，结果是仲翔以“周开山”的官名，考取了四十名即末名的秀才，也是清朝以八股文取士的最后一次考试了。庚子年后废止八股，改用策论，不过那也是换汤不换药的办法，假如前者是土八股，那么这后者也无非是洋八股罢了。

二一　县考的杂碎

关于县考已经写了两节，要说的话都已说过了；但是有些另碎的事情，至今还是记得，似乎也值得顺便记了下来。第一是“下考场”的情形。我们住在府城里的人，比起乡下或是外县的住民来，实在要方便的很多。他们前来应试，须得坐船进城，在船里过些日子，或者是到试院左近人家暂时租住，我们却只是走了去便成了。从我们所住的东昌坊口向西北走去，大约有十里以上的路，就是“大街”，也就是试院所在的地方。东昌坊口是个十字路，向北拐弯一直走过长庆寺和马梧桥，到大坊口再往西走，经过开元寺，到清道桥再北折，这就是“大街”，直到小江桥为止。不过往“新试前”（这即是试院的名称）去，不必走得那么远，过了水澄桥往西，不久就到了。或者在大街入口的清风里口就转了弯，走那仓桥直街，过了仓桥，在路北的就是。民国以前，在科举既废之后，试院就改作了绍兴府中学堂，到了民国改称浙江第五中学校，我在那里教过英文有四五年，这条路几乎每天要走，也走熟了。大街上毂击肩摩，拥挤得不大好行走，所以那条后街倒还清爽的；不过是在那考试时候也无所谓，因为那时是在后半夜，行人本来是稀少的了。这条路平常走起来，共总要花一个钟头的样子，但是夜间可以减少三分之一的时间吧。只须步行这三刻钟的时候，就可以省去寄寓的麻烦，那岂不是很便宜的事情吗？

县考大抵阴历十一月初，府试则在十二月中旬，正是大寒的时节，考试的前一天在半夜里起床，洗脸吃过什么油炒饭之后，便准备出发了。将考篮托付给同去的工人，自己只提着一盏考灯，是四方的玻璃灯，中间点着一枝洋蜡烛；周身是一副“考相公”装束，棉袍棉马褂棉鞋，头上披着“风兜”，是一种呢制的风帽，普通多用红色呢，下连肩背，前面包住两颊下巴，仿佛古人踏雪寻梅的高士所戴的那样。没路阒寂无人，只有塔子桥马梧桥等地方，设有冬防民团，才有几个人半醒半睡的坐着，在一个铜鼓的旁边。走近“新试前”的时候，人就多起来了，反正都是与考试有关的。不是院试，考场的关防是照例不严密的，所以人们都可以进去，找适宜的位置坐定，叫人代去点名接了卷子回来，一面安排考具。这是甬道两旁的东西两个大的厂子，里边又用短墙隔开，每一区域可以容得两三排长饭桌，每排可以坐一二十个人吧，这在院试时节才有坐号，现是不妨乱坐的。不久便封门了，是时天色也已是鱼肚白，快要天亮了，题目也就发下，这是写了贴在一块板上，由人佚擎着走的。题目有了便要开始作文，于是场中一时便静了下来，但闻咿唔之声随之而起；不过这与前回的很有不同，以前的喧嚣是热闹的，现在则有点凄凉之感罢了。

九十点钟光景，听见外边有人传呼道：“盖戳！”此盖是一种监察制度，凡考生作文到一个段落，便须经“学老师”在卷子上文句完处，盖上一个戳记；这在县府考时是由考生自由去盖，所以往往延长至中午；若在院试时乃由学老师亲自光临，挨名盖去，有的只做得“破题”，也就盖上了；虽然一般的情形是要盖在“起讲”的末尾，这才算是合格的。盖戳以后，便任你自由安排，将两篇四书文，一首五言六韵诗做好誊正，就算完事了。

二二　县考的杂碎（续）（节录）

说到考场中的吃食，这一天的食粮原应由本人自备，有的只带些干粮就满足了，如松子糕枣子糕红绫饼等，也有半湿的茯苓糕，还有咸的茶叶鸡子，也有带些年糕薄片，到那里用开水一泡，就可以吃了；水果则甘蔗桔子也可以多少带得。不过开水在考场很是名贵，这其实也是难怪的，因为考场算是禁地，在里边做生意，当然要费用的，自然“水涨船高”了。平常泡一壶茶，用水不过一二文,现在差不多要四十文,至少加了二十倍,所以如泡一碗年糕也要花不少的钱。此外茶摊上也有东西可吃,这便是粉丝煮汤,可以当面,但看去既不好吃,价钱也贵,始终没有请教过它。此外也有个阔人去洗脸的,那自然要比沏茶更贵,一般的人也是不敢去领教的。

冬天日短,快近冬至了,下午的太阳特别跑的快,一会儿看看就要下山去了。这时候就特别显得紧张,咿唔之声也格外凄楚,在暮色苍然之中,点点灯火逐渐增加,望过去真如许多鬼火,连成一片;在这半明不灭的火光里,透出呻吟似的声音来,的确要疑非人境。但是过了这个时候,情形便又一变,忽然的现出活气,仿佛"考先生"的精神便又复活了。这是有些人文章已经做了,要求赶快出去的时候。这些人大抵多是少年,气盛好闹,把卷子交了,随来到甬道上高呼道,"放班来!"或者溜到大堂上去,把那里放着的铜鼓冬冬的敲上两三声,这时文章还没有做完的人便大声嚷道:"打!打!"这样的闹着,等到真正放班了,才算了结,自放头班以至溜四班,场内的人悉数出去了。

乙.关于乡试会试:

见《儿女英雄传》(略)

丙.关于殿试:

见商衍鎏《清代科举考试述录及有关著作》第三章第三、四节(略)(百花文艺出版社 2004 年版)

附录三

明·艾南英《应试文自序》

(略)(见《制义丛话·卷六》,第 97～99 页,上海书店出版社 2001 年版)

附录四

八股文范文举例

提示：

题目　**不亦说乎　　有朋**

一、破题　说以学而深,即可决其朋之有矣。

二、承题　夫说生于时习,即生于学也。以学及人,而朋之有也。不可必乎?

三、起讲　且夫人果能说诸心而研诸虑,则亦何至朋从尔思哉?虽然津津有味,固足征闭户之功,而落落无徒,奚以集出门之益。勿云:适我愿兮;遂不必云:与子偕臧也。

四、提比　如学之贵乎时习也,昔吾门有参也。尝以传之不习,与为人谋之不忠,交朋友之不信,一日之间,三致意焉。习之不可已如是夫。而今既习矣,且时习矣。

斯其情不觉其可厌,而觉其可欣矣。孜孜于学问之途,而优焉游焉,自有无形之判渔,虽锡以朋贝,未若此衷情之愉快也。

斯其意不觉其甚苦,而觉其甚甘矣,勤勤于行习之地,而怡然涣然,常多不尽之低徊,虽飧以朋酒,未若此意味之深长也。

五、中比　　顾吾思《周易》六十四卦，而说之象独见于兑，故曰兑说也。又曰说言乎兑，盖一阴进乎二阳之上，有说之象焉。

而吾为象传则曰丽泽，兑君子以朋友讲习。然则说之生也，固由于习；而习之讲也，又赖乎朋。惟然而朋之有也，可进念矣。

以朋而浅言之，则缟纻之杂投，可以悦吾目焉。笙簧之并鼓，可以说吾耳焉。苟非有朋，将处里巷而寂寥谁语。未免抱凉凉踽踽之悲。

以朋而深言之，则感发吾善，心所谓动而说焉。纠绳吾过，举所谓止而说焉。苟非有朋，将入修途而孤陋自伤，何以收切切偲偲之效。

以云有朋，非说之后所不可少者哉？

六、结束语　　夫说非可幸致，宜先勤尔宝之修，而朋必以类招，乃可集他山之助。

（束股）　　吾学成朋之来也，无远弗届矣。又岂止悦焉而已哉！

［选自俞樾《曲园课孙草》（转引自邓云乡《清代八股文》）］

附录五

清代童生、秀才欲跻身乡、会、殿试之前必须经过的官学考试情况简表

级别	类目	参考人员	考试年份	考生条件	主考官员	考试时间场次等情况	考试科目与内容	试后名次作用、身份待遇与出路去向等
童生试	县试	童生(儒童)	逢丑、寅、辰、巳、未、申、戌、亥诸年	无冒籍、无匿丧、无顶替、无假姓名、身家清白、非倡优隶卒子孙、不限年龄的童生	县官	岁科考之后,约在春天二月,一般考五场,第一场为必考,每场一天	正试,四书文二篇,小学论。复试:乾隆中叶后,书艺、经艺各一篇,五言六韵诗一首,背录《圣谕广训》一条等	通过者准予参加府试,各场成绩排名第一者俗称县案首
	府试		同上		州知府	县试之后,约四五月间,每场一天	同上	通过者可参加院试,五场总成绩排名第一者,俗称府案首
	院试(道试)		同上		省学政	县府试之后接考	考前先经观风之试(考童认选、默选、背经等一项),然后参加正试与复试。科目内容同县、府试	第一名者俗称案首,学政公布新入学者(生员)名单,入学新生行簪花礼,着蓝袍,往孔庙谒圣。"凡优恤诸生,例免差徭。"
生员的岁、科考	岁考	生员(秀才)	逢丑、辰、未、戌诸年	1. 同童生试。 2. 所有在学生员(入学30年以上或年满18岁或有重病者可免岁试)	省学政		1. 同院试。 2. 四书文一篇,200字以上经文一篇,300字以上书一、经一	以六等成绩试诸生[廪生、增生、附生、青衣、发社(指发往社学学习)],学政考查优劣。生员一等可充补廪生或增生;四等廪生免责,停饩,增生、附生、青衣、发社扑责;五等则递降生员等次;六等,廪生十年以上发社,六年以上与增生十年以上者,发本处充吏,余黜为民
	科考		逢寅、巳、申、亥诸年				四书文二、经文一,经一、书一、策一,书一、策一、诗一	考一、二等可准送乡试,并充补廪生

第七章　佛教文化的演变和发展

第一节　佛教文化的基本概念

佛教起源于南亚次大陆北部的迦毗罗卫国，其位置在今印度与尼泊尔之间，时间大约在前 11 世纪至前 5 世纪间，相当于我国西周、春秋时代。这样说，是由于学术界和佛教界对佛教创始人释迦牟尼的生卒年代等问题一直存有争议的原因。

佛教的创始人释迦牟尼实有其人。释迦，是种族名；牟尼，是尊称；合起来意思是“释迦族的圣人”。有时就简称其为“释尊”。“释尊”本姓乔答摩，意译是“最好的牛”。名字叫悉达多，意译是“达到了目的的人”。关于悉达多·乔答摩的生平及其创立佛教的情况，并无信史资料可据，而是依靠佛经中记载的几百个有关他的故事反映并流传下来的。这些故事在佛经中分为两类：一种是描述释迦牟尼在其降生为悉达多之前的若干世中，就已经经历了若干次“轮回”，以各种动物和人物的身份积善修行，并终于在人世间成佛，从此吸引信徒，讲述佛法，创立了佛教，并在 80 岁时“涅槃”，又重归天界的所谓“佛传故事”。这些故事，既折射反映了佛教的创始情况，又可以帮助一般人了解佛教的基本知识和基本概念。

当然，要想较深入系统地了解佛教的基本概念和基本知识，仅靠这些故事是远远不够的。因为佛教在两千多年的发展中，已经成为当今世界三大宗教之一。它不仅形成了一套成系列的宗教崇拜偶像，而且具有了深邃的富含哲理和学术意味的教义、教规和与之相联系的大批佛教典籍；同时还具有了不同层次、不同系统、遵守繁琐严格清规戒律的信徒。以上这些内容，一般可以用佛、法、僧三个字概括。下面我们就按这一线索简要介绍佛教的有关概念和知识。

一、佛

佛是"佛陀"（梵语 Buddha）的简称，意思是"觉者"、"智者"。因他是"乘真如之道而来者"，故又简称"如来"（梵语 tathagata）。其实，"如来"也就是"佛"的别名。

原始佛教后来有小乘、大乘两大流派。小乘佛教认为，只有释迦牟尼一人能成佛，其他信徒都达不到释尊这种成就，而只能成为最终脱离轮回之苦、超生天界的"阿罗汉"，简称"罗汉"。可见，小乘佛教是以证阿罗汉果为最终目标。大乘佛教则仅以罗汉为佛灭度后承担住世弘护佛法任务的使者，并进而认为，"一切众生，皆有佛性，有佛性者，皆得成佛"。大乘佛教主张除了释迦牟尼之外，过去、现在、未来三世，东南西北、四维上下、十方无量无边世界当中，还有许多别的佛。当然，释迦牟尼是众佛之首，其佛中之佛的地位是无可替代的。我国中原地区的佛教（学者们称为"汉化佛教"）以及西藏的佛教属于大乘佛教，因此对佛教的认识也都属于这一系统。而我国西南地区傣族的佛教则属于小乘系统。

佛传中关于悉达多“八相成道”的故事，介绍他成佛并建立佛教的经过，可以帮助我们初步了解佛与佛教的基本内容。情况大致如下：当释尊经历了本生故事中的“无量数劫”（无数次轮回转生）后，与诸天神在兜率天讨论，决定再次降生人间。于是，乘白象进入迦毗罗卫国王后摩诃摩耶夫人右胁，投胎在她腹中。在胎中，他依旧为诸天说法。分娩前，摩耶夫人按当时风俗回娘家生产。结果，刚刚走到蓝毗尼花园，悉达多便从母亲的右胁降生了。他落地便走了七步，七步生出七朵美丽的莲花，并且一手指天，一手指地说：“天上地下，唯我独尊。”这时天上出现了两条龙，口中分别吐出温凉香水为他沐浴。这一天，汉化佛教认定是四月初八日；西藏佛教认定是四月十五日；南传的傣族佛教则认定是清明后十天。后来，这天就成了傣族节日“泼水节”。

悉达多出生后7天，母亲就去世了。他是由他的姨母兼庶母摩诃波阇波提夫人抚养长大的。他的父亲净饭王一心让儿子成为接班人。在他19岁时给他娶了美丽贤惠的表妹耶输陀罗公主为妻。二人生下一个儿子，取名罗怙罗。但悉达多王子眼见当时人民的痛苦生活，暗自立志寻求彻底解脱世界苦痛的真理，而无心继承王位，终于不顾父王的阻止，于一个夜晚乘白马越城墙，偷偷离家出走。净饭王无可奈何，只好派五名亲族随从追随侍奉他。悉达多按当时婆罗门教修道者的方式虔诚苦修六年，几乎饿死，却一无所获。于是他明白了苦修无益，决心洗心革面，重辟他径。他挣扎着在尼连禅河中洗去苦修留下的积垢，接受并喝了一位牧女给他的乳糜，渐渐恢复了气力，走到一棵毕钵罗树下（这种树后来被称为“菩提树”，“菩提”意为“觉”），在一团吉祥草上盘腿东面而坐，并发出誓言：不证“无上大觉”（意即成佛），不起此座。结果经过七天七夜，他战胜了各种魔障，终于觉悟佛法而成佛陀。成佛后的悉达多站起身，绕树18步，步步生莲花，其情境犹如降生之时。这一天，汉化佛教定为农历腊月初八，而南方各国则定为农历四月十五。据说，这一年悉达多30岁（一说35岁）。悉达多成佛后，立即想到把自己悟出的佛法传给他人。他首先找到五名亲族随从，向他们说法。五人听后，欣然皈依，初次显示了佛法战无不胜的感召力，这就是著名的“初转法轮”，从此“法轮常转”。至此，佛、法、僧俱足，标志着佛教的正式诞生。之后，释尊说法不止，包括他的姨母、妻子、儿子在内的众多人都随他出家，皈依了佛教。过了50年（一说45年），释尊80岁时，他告知弟子们自己将要涅槃。他来到一条河边洗过澡，躺在两棵娑罗树之间的绳床上，面朝西枕着右手侧身而卧，给守候在身边的弟子留下遗言，叮嘱他们今后应当以佛法为师，以僧为友，努力信奉和传布佛教。半夜时分，释尊安然去世，进入了“大般涅槃”（又称“大入灭”、“大解脱”、“大圆寂”等）。佛教又把此称为“双林入灭”。

二、法

释尊涅槃之后，他的弟子们分成了小乘、大乘两个派别。他们分别结集（集会），将释尊生前所说佛法记诵并编辑成经、律、论“三藏”。所谓“藏”，就是当时用来存放东西的竹箧。小乘派的三藏结集包括阿难陀诵出的释尊所说的佛法理论，优波离诵出的释尊制定的佛教戒律，摩诃迦叶诵出的对佛法的解释和研究论述。大乘派的三藏结集则是由文殊师利、弥勒菩萨等和阿难陀诵出的。据记载，从释尊涅槃到20世纪50年代中的二千五百年间，仅小乘佛教就发起过六次结集，每次都对用较通俗的巴利语写成的小乘"三藏"进行补充修订。而我国的汉化佛教和藏译佛教的"三藏"，则基本上都是根据古代典雅的梵文翻译而成的。不管哪种"三藏"，后来都汇编成书，全都被称为"大藏经"。其中，尤以汉文大藏经对佛教以致世界文化影响最大，因为它是一部十分庞大的佛教大丛书。以清代雍正乾隆年间所刻的"乾隆版大藏经"（通称"龙藏"）为例，其中就收入 1670 部，7240 卷各种佛教典籍，全书多达 724 函之巨。① 再以近年出版的《中华大藏经（汉文部分）》为例，正续两编所收经律论总计更是多达四千二百余种，两万三千余卷。

总之，释尊入灭之前所说佛法，都是后来弟子们记诵下来的。这些记诵以及弟子们阐发的与佛法有关的全部内容，都集中保存在《大藏经》中。因此，若要详细了解佛法内容，非得研究《大藏经》不可。

在此，我们只能就佛法最基本的内容稍微作一点概括的介绍。

简言之，佛教最基本的教义就是：

（一）四圣谛——苦、因（或集）、灭（或尽）、道

所谓"苦"，是指佛法认为人类社会生活的一切，包括人生的全过程，都是无量之苦。所谓"因"（或集），是指佛法揭示了人们由于贪、嗔、痴、慢、疑、恶见这"六根本烦恼"，还有行为（身）、言语（口）、思想（意）"三业"所造成的因果报应，使自己陷入了无休止的生死轮回的痛苦中。所谓"灭"，是佛法指出了

① 参考中国佛教协会编：《中国佛教》（一），知识出版社 1980 年版，第 124 页。

只有信奉佛法最后达到涅槃,才是彻底实现苦的消灭的唯一出路。所谓“道”,是教给信奉佛法者达到涅槃、实现灭苦的一系列理论和具体方法。

(二)“缘起论”与“四法印”

所谓“缘起”,是指“诸法因缘生”,或“诸法因缘而起”。“缘起论”在佛经中有许多具体内容,但概括起来主要有四个论点:(1)无造物主。(2)无我。(3)无常。(4)因果相续。[①] 其中,“无造物主”意思是说,世界万事万物都无主宰,都不是神仙创造的,而只是“果从因生”的。而“因又有因,缘又有缘”。换句话说,就是一切事物的生成,都是由相互依存的关系和条件决定的,是受因果规律支配的,而不是靠造物主。“因果相续”则是进一步说明,由因缘而产生的一切事和物,譬如流水一般,是永不间断的,而且又像“种瓜得瓜,种豆得豆”一样,总是因果相符相顺的。

“无造物主”和“因果相续”这两点的内容,又可以被“无我”和“无常”两个论点所涵盖。因为“无我”就是指万物没有主宰。“万物”指包括自身之“我”在内的宇宙世界。“无常”是指任何事物都不存在永恒的固定的状态。而仅只是“因果相续”的“刹那生灭”。因此可以说,“无我”、“无常”是佛法的真谛和总法则。懂得了这两条总法则,其他佛法便一通百通。它们就如同一张印有佛陀印鉴的通行证一般,所以被称为“法印”。在佛法的宣传中,通常又把“诸行无常,诸法无我,有漏皆苦(或‘诸受皆苦’),涅槃寂静”四句话,称作概括佛法的

① 参见赵朴初:《佛教常识答问》,中国佛教协会1983年,第22页。

“四法印”。

“诸行无常,诸法无我”之义已如上述,剩下的二法印还需稍作解释。

“有漏皆苦,涅槃寂静”与“四圣谛”有密切联系。

所谓“有漏皆苦”,是说人们不明白世界和人生是“无常无我”和“因果相续”、“刹那生灭”的道理,却总是被贪、嗔、痴(不懂佛法的愚痴状态)这“三毒”,再加上慢(傲慢)、疑、恶见(各种不信佛法的见解)形成了“六根本烦恼”。这些烦恼就叫做“漏”。由于染有这些烦恼,人们又通过自已的行为、言语、思想而造种种“业”。这样,人们无可救药地在天、人、阿修罗(一种好斗的神)、地狱、饿鬼、畜生这些生命类别中永无休止地生死轮回。每一次轮回,若不能信奉佛法,就又有烦恼,又造业。如此循环,没有尽头。总之,这些不信佛法,在生死轮回中无法脱离烦恼(漏)的生命都是极痛苦的。这些痛苦就人类而言有八种:生苦(受胎于娘腹中的蜷屈之苦、出胎时之剥离之苦等)、老苦、病苦、死苦、爱别离苦(与所爱的人物分离)、怨憎会苦(与所怨憎者会聚)、所求不得苦、五取蕴苦(按,“五取蕴即五蕴,取就是烦恼。人的色、受、想、行、识以烦恼为因而生,又能生烦恼,所以叫取蕴。五蕴刹那迁流变化,为生老病死等所集,所以是苦”①。)所以说人生有无量之苦,这就叫做“有漏皆苦”。

对人生这些无量之苦,佛法又进行了深入的哲理性思考,提出了“十二缘起”说:

(1)无明缘:指不明佛法的愚痴不智。佛法认为这是造成

① 参见赵朴初:《佛教常识答问》,中国佛教协会 1983 年,第 29 ~ 31 页。

人生痛苦最根本的原因或源头。

(2)行缘:指种种行为、行动。实际就是指人们造的身、口、意三业。由于人们积习成性,所以就像暗中有种力量在驱使他们,使他们无休止地在“行”——即“造业”。不管是现在的行还是过去的行,“它们都是在有因果联系的不停的运动中形成的”①。而这种情况都是由于“无明”才产生的。

(3)识缘:指依存于身心(相当于下文的“名色”)而存在的对事物的哲理性认识能力。反过来,这种认识能力又是身心组织的中心和领导。

(4)名色缘:简单地说,名色就是身心组织。其中,“名”指精神要素(包括五蕴中的受、想、行、识);“色”,指组成身体的物质要素。名色是“六入”存在的基础,有名色所以有六入。

(5)六入缘:又叫“六处”、“六根”,指眼、耳、鼻、舌、身、意六种感官。它们的感知对象分别是色、声、香、味、触、法,叫六境。

(6)触缘:指依存于六入而存在的感官与对象间的各种接触,如视觉、听觉、触觉……

(7)受缘:指感官与头脑对客观事物的各种感受,如快感、不快感等。

(8)爱缘:指各种本能的欲望。这种欲望使人执著追求而造业。

(9)取缘:又叫“爱执”,意即执著追求,以满足各种欲望。

(10)有缘:指由于造业而积累的一种将导致潜在后果的力量。

(11)生缘:指现实生活中生命的产生及其后的生活、生存。

(12)老死缘:指衰老和最后又进入下一个轮回的死亡。

---

① 白化文:《佛光的折射》,台湾“中华书局”1989 年版,第 19 页。

佛法认为,“十二缘起”说明了人们在生死痛苦中无休止地轮回,是“有漏皆苦”的。而“有漏皆苦”的本源就在于不相信佛法,即“无明”造成的。所以,“有漏皆苦”实际上包含了苦、集二谛的内容。

灭谛的内容,包含在“涅槃寂静”之中。涅槃是佛教修行的最高境界和最终目的,其意思是“智慧福德圆满成就的、永恒寂静的、最安乐的境界”①。只有达到寂灭涅槃才能解脱烦恼,永无生死患累。涅槃是苦的消灭,世俗一般可以解作逝世,但涅槃与逝世并不完全等同。不信佛法者,逝世后还要生死轮回,所以不是涅槃。而释尊成佛之日就已证得涅槃,但因那时他还有肉体存在,故称“有余涅槃”,至其80岁去世时,则是进入了“无余涅槃”。

至于如何达到涅槃,其理论与方法都包括在道谛之中。具体说来,要研修佛法佛理,就必须研究三藏中所有的佛教经典。而日常具体的修行方法,则有所谓“戒、定、慧”三学。

(1)戒学:指遵守佛教僧团组织所规定的许多清规戒律,以保僧众在共同的准则下笃信佛法,防止造身、口、意三业。戒律在释尊逝世前就已开始制定,并已达到二百余条。此后,不同时代、不同地区、甚至不同派别又各有新的增改。所以,时、地、派别不同,戒律的内容、数量都会有差别。如:我国汉化佛教的比丘戒250条,比丘尼戒348条②,藏传佛教的比丘戒则为253条③,而南传佛教则为227条。此外,不同级别不同层次甚至不

① 赵朴初:《佛教常识答问》,中国佛教协会1983年,第30页。
② 详见《四分律》。
③ 详见《律经》。

同性别的信徒，所应遵守的戒律多寡也不同，因此，就有了四戒（包括不杀生、不偷盗、不邪淫、不妄语四根本戒，这是一切信徒必须严加遵守的起码戒律）、五戒（四戒再加不饮酒，也是一切教徒均应遵守的最基本戒律）、十戒（沙弥戒）、六法戒、具足戒（大戒）、菩萨戒等各种戒法。此外还有专为俗人准备的八关斋戒。应当指出的是，戒学既包括许多戒法、戒条，还包括许多研究戒律的佛经著作和传戒、受戒的仪规等内容。所以戒学不仅是约束佛教徒的纪律之学，同时也是一套系统化的律学仪规和律学理论之学。

（2）定学：定，即坐禅入定。指佛教徒在日常修行时静坐息虑，专心不二，不瞌睡，思想集中不开小差地参悟佛理佛法。通过定，就可远离并进而断除爱、欲、乐、触等苦恼，获得无漏的智慧。所以，定必须以离欲守戒为前提和基础，又以离欲生慧为目的。佛教中定又有多种修习等次，如四禅定、四无色定、九次第定、三昧正定等等，不一而足。

（3）慧学：指按照闻、思、修的程序，努力领悟佛法以洞彻四谛的道理，达到无漏和正常的解脱。

以上只是对戒、定、慧三学的简介，在佛教中它们还有许多具体繁琐的修行法门。例如四念住、四正勤、四神足、五根、五力、七觉支、八正道等三十七道品。对此，一般人就没有详细了解的必要了。

三、僧

僧是僧伽（梵语 Sangha）的简称。意为“和合众”，即信奉佛法的出家僧人集团。四人以上就可称僧伽。

释尊成道后，为了使佛法久住，立刻开始“初转法轮”，使他原来的五名亲侍憍陈如、跋提、跋波、摩诃男拘利、阿说示皈依了佛法，从而建立了第一个僧伽集团。后来又有了所谓十大"声闻弟子"（亲自聆听过佛的言教弟子），他们是：舍利弗、目犍连、摩诃迦叶、须菩提、富楼那、摩诃迦旃延、阿那律、优波离、罗怙罗、阿难陀。之后，"法轮常转"，僧伽不断壮大。涅槃前，释尊又郑重将弘扬佛法的责任嘱托给弟子阿难等僧伽成员。可见，僧伽对佛教的弘扬住持有着至关重要的作用。这也就是为什么佛教要将佛、法、僧并列为三宝的原因。

后来佛教在发展过程中，僧伽制度逐渐完备，佛教成了具有出家、在家两种类型，三个半层次，共计七种男女信徒的大宗教。下面，就以汉化佛教为例，简要介绍一下各类信徒的情况：

（一）出家五众

1. 男性僧人

（1）比丘，意译为"乞士"。指出家受过"具足戒"的男性僧人。

（2）沙弥，意译为"勤策男"。指 7 岁以上 20 岁以下，仅受过"十戒"的青少年男性僧人。可以算是在预备期内的"比丘"成员。

2. 女性僧人

（1）比丘尼，意译为"乞女"。指出家受过"具足戒"的女性僧人，也即女性比丘。"尼"为梵语女性词语的词尾译音。

（2）沙弥尼，意译为"勤策女"。指 7 岁以上 18 岁以下，仅受过"十戒"的青少年女性僧人。

（3）式叉摩那尼，意译为"正学女"或"学戒女"。指 18 岁以上的沙弥尼，在成为比丘尼之前，要用两年时间受"六法戒"，是女僧人成为正式比丘尼之前的一个特别预备阶段。

（二）在家二众

1. 优婆塞

意译为“近事男”或“信士”。汉语通常又敬称“居士”，指经由法师受“三皈”、“五戒”仪式的在家男性佛教信徒。

2. 优婆夷

意译为“近事女”或“信女”。汉语通常敬称“女居士”，指经由法师受“三皈”、“五戒”仪式的在家女性佛教信徒。

综上，佛教共有出家五众与在家二众七种信徒。广义地说，七众皆属僧伽。狭义地说，在家二众属白衣，只有出家五众才属正式僧伽。

另外，汉语中还有“和尚”、“喇嘛”的叫法。其中，“和尚”来源于梵语，而“喇嘛”来源于藏语。二者语源虽然不同，但意义相近，都是指有一定修行，堪为师傅的僧人。因此，并非任何僧人都可配得上这两个称号。另外，这两个称呼本来也不分性别，男、女出家的僧人，凡有资格的都可被称呼。然而在民俗中早已将这两个称呼当做了对所有男性出家人的通称。当然，汉语中一般只称“和尚”，而藏蒙等地则称“喇嘛”。这种俗称法，是与它们的原义不相符合的。

四、与释尊有关的佛教胜地

佛教的基本概念，本来只介绍佛、法、僧“三宝”的有关内容就可以了。但作为一种形态完备的宗教，还应当具备固定的传教地点或独具特点的宗教场所。在汉化佛教、藏蒙佛教甚至南亚各国中，这些宗教场所都以寺庙、名山、祖庭的形式存在着

(有关内容第三节将提到)。在释尊创立佛教的时代,这类宗教场所是从无到有逐渐出现的。今天在南亚次大陆保存着8处与释尊生平有关的佛教胜地。它们不仅与佛教的创立有密切关系,而且对理解佛教的基本知识也有帮助。现根据白化文先生《佛光的折射》所述,整理并简要罗列如下:

(1)蓝毗尼花园,释尊诞生处。在今尼泊尔王国南部梯罗拉柯提。

(2)迦毗罗卫国(Kapilavastu),意译“妙德城”。释尊的父亲净饭王为其国王。地处今印度、尼泊尔交界处。

(3)菩提伽耶(Buddhagaya),意为“证成觉处”。即佛成道处。在今印度东北部比哈尔邦加雅城南11公里处。唐玄奘到此参拜时,曾因万感归心,昏倒于此。

(4)鹿野苑(Mrgadava),释尊“初转法轮”处。在今印度北方邦东南部瓦腊纳西城西北约10公里处。1910年创建博物馆于此。今有说法台、初转法轮佛坐像等。

(5)舍卫城(Sravasti)“祇树给孤独园”,简称“祇园精舍”。传说是由“给孤独长者”与太子祇陀共同献给释尊做“根据地”用的第一处佛教寺院。在今印度西北部拉普地河南岸。

(6)王舍城(Rajagrha)竹林精舍与灵鹫山(Grdhrakuta),佛教第二处大寺院。在今印度比哈尔邦底赖雅附近。

(7)那烂陀(Nalanda)释尊说法处。在王舍城东。此处5世纪建有佛教“大学”,极盛时期有学僧万名以上。唐玄奘曾在此留学多年。

(8)拘尸那迦(Kusinagara),佛涅槃处。在今印度联合省伽夏城,距印度名城哥拉克浦尔55公里。

第二节 佛教文化的演变和发展

据研究，佛教创建时，南亚次大陆尚处在奴隶制后期到封建社会萌芽的阶段。长期占统治地位的婆罗门文明已发生了许多变化，生产有了新的发展，社会矛盾加剧，人民生活痛苦，思想苦闷，无所寄托。原来严格的四种姓（按，指享有特权的婆罗门僧侣，掌握世俗统治权的刹帝利，由商人、手工业者和农民组成的吠舍，奴隶身份的首陀罗）制度，受到反婆罗门教的各种新思想的怀疑和冲击。社会各阶级普遍渴望征服四方、战无不胜的"转轮王"的出现，以拯救社会。所有这些情况，从佛传故事和本生故事中都隐约可见。在此背景下，释尊吸收了许多宗教的教义，创立了"佛法广大"的佛教，主张不分男女、不分种姓皆可成佛。这显然符合当时社会各个阶层的思想需要。所以，佛教一创立，很快就受到广泛欢迎，不仅释尊的亲人、近侍纷纷皈依，就连众多婆罗门教僧侣也都心悦诚服地改换门庭，弃旧图新。通过释尊几十年的努力，到他涅槃前，佛教已得到极大发展，信奉佛教在南亚次大陆已蔚然成风。正是在此基础上，佛教才逐渐发展为世界三大宗教之一。然而，后来的发展变得复杂起来。下面，就对释尊涅槃后，佛教在南亚次大陆的演变情况和在中国的传播发展情况，分别作些简要介绍。

一、佛教在南亚次大陆的发展、衰亡与重建

从佛灭之后到12世纪末，佛教在南亚次大陆，特别是在印度本土，经历了戏剧性的变化。首先，在这期间有众多佛教派别曾轮番兴起，相互促进。这不仅使佛教得到了进一步的发展，同

时也加剧了内部的分化。如前所述,在佛灭百年时,又分化成了具有众多比丘的大众部与上座长老们组成的上座部的对立。前者博学多闻,致力于宣传佛法。而后者则严守戒律,注重自身的修持。此后几百年,分裂愈演愈烈,以致使两派在对佛法的认识上和实际修行方法上都产生了很多差异。公元前 3 世纪上半叶,摩揭陀国孔雀王朝的阿育王统一了全印度,并且以佛教为国教大弘佛法。佛教得到佛灭后的第一次极大的发展和传播,得以先后传入亚洲、欧洲、北非许多地区,并且深深扎根在中亚许多国家中。从此,佛教一跃而成为世界性大宗教。特别值得一提的是,得力于阿育王的大弘佛法,佛教后来向东经过路上和海上丝绸之路进入中国。后来中国更变成了佛教的东方根据地和大本营,并使它大大发扬光大起来。但是不幸的是,在阿育王之后,佛教在印度本土渐渐遭到了冷遇。孔雀王朝被崇信婆罗门教者篡得王位,印度进入了南北分裂时期。直到二三世纪,北印度的迦腻色迦王又重新振兴佛教,南印度龙树大师也使大乘学说重新兴盛发展起来。这样,到四五世纪的笈多王朝时,大乘佛教得到了进一步发展,并具有了中观、瑜伽两大派系。后来,由于白匈奴的入侵,笈多王朝被消灭,印度又一次陷入分裂。六七世纪之间,戒日王朝重新统一印度,佛教再度大盛。可惜之后印度很快又陷入了混乱和分裂,婆罗门教重新抬头,佛教渐趋衰微。从 7 世纪到 11 世纪数百年间,只有东印度一直是信奉佛教的,并且逐渐产生了大乘佛教的另一个重要宗派——密宗。同时从 7 世纪中叶开始直到 11 世纪,印度从西到东逐渐受到外来的突厥族的入侵。入侵者所到之处,佛教便受到毁灭性打击。因此,到 12 世纪末,佛教在印度全境基本上已被彻底消灭。

直到1891年,斯里兰卡的达摩波罗到印度瞻仰佛教圣地菩提伽耶,了解并目睹了印度佛教的破败情况,便发起成立了振兴印度佛教的摩诃菩提会。从此,印度才又开始重新有了佛教的传播。特别是近几十年来,印度佛教又有了飞速的发展,佛教徒据说有数千万人。

二、佛教在中国的传播与发展

(一)佛教的传入

佛教到底是什么时候开始传入中国的,已经很难确考。有的佛教文献说三皇五帝时已经听说了佛教;有的说"孔子以佛为圣"、"孔子深知佛为大圣"①;还有的说在秦代或秦代之前,中土已有了阿育王寺或阿育王塔;等等。这些说法都是不可信的。

南朝梁·刘义庆《世说新语·文学》"殷中军见佛经云:'理亦应阿堵上。'"南朝梁·刘孝标注曰:"佛经之行中国尚矣,莫详其始。《牟子》曰:'汉明帝夜梦神人,身有日光。博问群臣,通人傅毅对曰:"臣闻天竺有道者号曰佛,轻举能飞,身有日光,殆将其神也。"于是遣羽林将军秦景、博士弟子王遵等十二人之大月氏国,写取佛经四十二部,在兰台石室。'刘子政《列仙传》曰:'历观百家之中,以相检验,得仙者百四十六人,其七十四人已在佛经,故选得七十。可以多闻博识者遐观焉。'如此,即汉成、哀之间已有经矣。与牟子传记便为不同……《汉武故事》曰:'昆邪王杀休屠王,以其众来降,得其金人之神,置之甘泉宫。金人皆长丈余,其祭不用牛羊,唯烧香礼拜。上便依其国俗

① 见《广弘明集》。

祀之。'此神全类于佛,岂当汉武之时,其经未行于中土,而但神明事之邪。……盖明帝遣使广求异闻,非是时无经也。"①

从刘孝标所引牟融的说法和《汉武故事》可以看出,汉代人就已经认为佛教是从汉初才传入中国的。至西汉末成、哀之间,刘向已经见到过佛经。但官方正式引进佛教,则是东汉明帝时的事情。对此,出于东汉人之手的《四十二章经·序》也有类似记载。《后汉书·西域传》对此也基本予以肯定,说:"世传明帝梦见金人,长大,顶有光明,以问群臣。或曰:'西方有神,名曰佛,其形长丈六尺而黄金色。'帝于是遣使天竺问佛道法,遂于中国图画形像焉。楚王英始信其术,中国因此颇有奉其道者。后桓帝好神,数祀浮图、老子,百姓稍有奉者,后遂转盛。"②

此后,汉明帝时佛教正式传入中国的说法,长期得到了学术界包括佛学界较一致的认同。汉明帝派出访求佛法的使者,于67年带领两位僧人迦叶摩腾和竺法兰回到都城洛阳。二人带来了佛经和佛像,受到汉明帝的接待。汉明帝还专门给他们建立了中土的第一座寺院,这就是后来的洛阳白马寺。他们便在那里译出了《四十二章经》等中国佛教史上第一批佛经。就这样,佛教开始在中国正式大规模传播开来。

根据最近几十年的研究发现,佛教除了从陆路的丝绸之路一条主要途径传入中土之外,还曾通过古身(yuān)毒国和我国西南川滇等边远地区传入。此外,广东—江苏—山东一线沿海地区的早期佛教,则还存在通过海路传进内地的迹象。

至于藏蒙系统的佛教,是从7世纪中叶松赞干布受到他的两

---

① 余嘉锡:《世说新语笺疏》,上海古籍出版社1993年版,第213~214页。

② 《后汉书》,中华书局1973年版,第2922页。

个妻子——尼泊尔尺尊公主和唐代文成公主的影响，终于皈依佛教后开始的。西南地区傣族、布朗族的佛教则是更晚的时代（北宋时期）由缅甸巴利语上座部佛教的传入而传播下来的。

（二）佛教在中国历代的发展概况

佛教在中国传播与发展之初，适逢东汉至魏晋时期。政治腐败和连年战乱、饥荒，使得民不聊生。早就向往神仙方术的中土民众，渴望能有神人仙术救自己于水火之中。而主张神仙方术的道教此时还处在萌芽状态，形态尚不完备。相反，佛教这时在南亚次大陆经过了数百年的发展已十分成熟，并且它已经通过几个世纪和各种途径，对中土有所渗透。所以，到汉明帝遣使西迎佛法，在最高统治者的倡导下，佛教在中国的迅速传播就是自然而然的了。

当然，造成佛教在中国的迅速传播，还有一个重要原因。这就是：大批中外高级知识分子的介入。他们积极参与了翻译和注释佛典的工作，使中国人有了直接了解佛教教义的教科书。特别是中国本土的翻译家翻译的作品，更是为消除语言文字障碍、加速佛教的传播创造了条件。这一阶段中，著名翻译家除首先来华的迦叶摩腾、竺法兰二人外，还有东汉时的安息国太子安世高（名清）、大月氏国支娄迦谶、中土沙门严佛调、三国时中天竺的昙柯迦罗、中土第一出家受戒沙门朱士行、月支血统的支谦、康居血统的康僧会。西晋有月支僧人竺法护，东晋则有中土僧人释道安和天竺的鸠摩罗什等等。这期间，前后三百余年，著名翻译家不下数十人之多。可以说，西晋之前的佛教其主要成就就是佛经的翻译。正是由于译经的发展，才促使佛教信仰在朝野的普及。到东晋时代的鸠摩罗什，更使佛教经典的翻译跻身于文学殿堂。

同时，东晋时代随着佛教的深入人心，造像绘画艺术、佛寺及佛寺建筑、石窟艺术、佛教音乐（包括佛曲、呗赞）等，也都得到了长足的发展。

南北朝时期，佛教在汉地得到了更大的发展，主要表现在以下几方面①：

1. 译经事业相继不绝

其中，南朝宋继承了前代的译经传统，前后共有22名中外著名僧人共译出各种经典465部。萧齐一朝佛经翻译虽稍为逊色，但有些有意义的收获。如：西域僧人伽跋陀罗于永明七年（489年）译出《善见律毗婆沙》，依照佛灭后僧伽每年结集并在律藏上加一点记为记号的成法，该年结集之后，共得975点。据此，佛教界推算佛灭当在公元前486年。梁代的译经也取得了瞩目的成就，编辑了三次《众经目录》，并且有著名的真谛大师译出49部142卷重要经律论著作，对佛教义学产生了重要影响。陈代也依靠外族译师，译出各类佛典40部。

北魏、东魏两朝，合计共有著名僧俗译家12人，译出经论等83部。仅著名的翻译家菩提流支，一人就译出三十余部经典。加上北周、北齐译出的23部，北朝译经总数也逾百部。

2. 以皇帝为首的最高统治者大多笃信佛教

南朝历代帝王几乎无不崇信佛教，他们不仅大造佛寺、翻译佛经，有的甚至还亲自讲论佛法。特别是梁武帝，更是佞佛达到极点。他不仅重视译经，亲自著作佛法，大造佛寺、佛像，大设水陆道场，更有甚者，其在位四十余年，竟四次舍身佛寺为僧，众臣下不得不一次次花重金将他赎回。由此大大刺激了佛教的发展，同时也引发了许多弊端。其后，陈代也深受其影响，不仅诸

---

① 参见中国佛教协会编：《中国佛教》（一），知识出版社1980年版，第29～53页。

帝皆好佛法,而且陈武帝也曾如梁武帝一样舍身佛门,后来由群臣上表才还俗回宫。在各朝各代帝王的倡导下,南朝佛教空前兴盛。汉化佛教的许多仪规戒律,如出家人的受戒持斋,即由南朝始。至于佛教徒禁食酒肉的戒条,则是梁武帝所亲制。

北朝时,除了北魏太武帝和北周武帝,由于种种原因曾相继两次"灭佛"近20年,其余各朝帝王在位总计150年间,则全部崇信佛教,而且情况与南朝大同小异。

3. 大建佛寺,大凿佛窟,僧人数量空前增加

说到南北朝大建佛寺的情况,不禁使人想到唐朝诗人杜牧的著名绝句:"南朝四百八十寺,多少楼台烟雨中。"乍一听很可以想象南朝佛教繁盛的情景,殊不知,杜牧所言南朝佛寺的数目,还远不及当时实际数量的几十分之一。下面,就是根据北魏·杨衒之《洛阳伽蓝记》、北齐·魏收《魏书·释老志》、唐·道世《法苑珠林》、唐·法琳《辩正论》等著作提供的部分情况,对南北朝佛寺、僧尼数量所作的一个粗略统计表:

	朝代的时间或地点	寺院数量(座)	僧尼人数(人)
北朝	1. 北魏太和年间	6478	
	2. 北魏首都洛阳	1367	77258
	3. 北魏延昌年间隔	13727	
	4. 北魏末年	三万余	二百余万
	5. 北齐邺都	四千余	七万余
	6. 北齐末年	四万余	二百余万
	7. 北周	931	
南朝	1. 宋	1913	36000
	2. 齐	2015	32500
	3. 梁	2846	82700
	4. 陈	1232	32000

除了佛寺、僧尼数量空前增多，南北朝（特别是北朝）佛教兴盛的另一个标志就是大兴开凿石窟，镌刻佛像、佛经。著名的敦煌莫高窟、山西云冈石窟、河南龙门石窟、甘肃麦积山石窟、新疆拜城克孜尔石窟、山西晋阳天龙山石窟、河北响堂山石窟、山东泰山经石峪石经、四川成都万佛寺石雕造像、南京栖霞山石窟，等等，都是这个时代的产物。

4. 佛教向民间普及的趋势

南北朝时期，佛教从原来在统治者和高级知识分子阶层中的译经讲经为主，迅速变为在民间的普及性的宗教信仰活动。由此而产生的，主要是汉化佛教所特有的菩萨信仰和对阿弥陀佛的信仰日益扩大。在菩萨信仰中，又有观音、文殊、普贤、地藏、弥勒、大势至等多名菩萨，其中尤以前四名最为有名。有关内容下一节还将提及。

隋代祚命短促，立国仅 37 年，但由于南北朝长期分裂的局面得以结束，政治上得到了统一。这样，使得原来相对隔绝的南北两朝的佛教也得到了相互补充借鉴，进而进一步融合。加之文帝、炀帝都笃好佛教，所以佛教在隋代总起来说还是进一步向前发展的。首先，北方原来受到北周武帝灭佛影响的佛教得以恢复。其次，官私两家都大力缮写和收藏佛经，其数量竟然比经世治国的儒家经典还要多出若干倍。又据记载，整个隋代三十几年中，延请译师新译经论 59 部，同时编辑整理了佛经目录，撰成《众经目录》等书。再次，大规模的造像活动更加炽盛。几十年间新建和修缮佛像共计近 200 万尊。南北朝开凿的许多石窟，此时也都继续开凿。著名的北京房山石经就是从隋代大业年间开始动工凿镌的。另外，汉化佛教的各宗派，此时也已开始陆续形成。较早的，当推浙江天台山智颚和尚创立的天台宗；吉藏和尚创立的三论宗。由于汉化佛教的发展至隋代已颇有时日，对海外特别是对东亚地区的影响日渐显现，所以，北朝与隋代之交，日本、高丽、百济、新罗等国就已陆续派僧人来华学习佛法。从此开始了与这些国家的佛教文化的交流历史。

唐代是我国封建社会发展的高峰时期，各种文化形态往往在唐代达到鼎盛或达到阶段性高峰。但就佛教文化而言，情况却有些复杂。因为它在接近中晚唐时渐遭排斥，以致衰落。

自唐初至唐中叶的200年中，佛教的发展尽管也有些波折，但总的说来，多方面的成就蔚为大观。唐初，玄奘西行求法17年，终于成功归来。文成公主入藏带去佛教。这两件事不仅是中国佛教史，也是世界佛教史和整个中国文化史上值得一提的事情。由此为契机，促进了初唐汉地佛教的发展和藏地佛教的建立。玄奘回国后，在近20年中共译出佛典75部，并以他住过的慈恩寺为名建立了新的宗派慈恩宗。在国家的支持下，有唐一代共有著名译师26人，共译出佛经372部，这在汉化佛教译经史上仅次于南北朝时期。而这些翻译家，几乎全都是初唐、中唐时期的人。佛教宗派也在隋代有天台、三论两宗的基础上，继玄奘成立慈恩宗之后，又有律宗、贤首宗、密宗、净土宗、禅宗等适应社会各阶层需要的宗派最终成形。随着这些宗派的建立和日臻成熟，佛教与标榜和李唐王朝同姓的道教展开了生存角逐。为了适应与道教的激烈竞争，唐代佛教采取和利用了许多面向广大群众的布教活动。如各种俗讲、斋会、诵经、水陆法场、庙会游览等形式，以扩大佛教的影响，加速佛教的传播。这些方式也确实促进了佛教的发展，前代已逐渐形成的汉化佛教四大菩萨崇拜和对四大名山（祖庭）的向往膜拜就得力于群众的广泛参与，到唐代进一步普及和更加受欢迎。佛教的寺庙建筑、雕塑、绘画、音乐等水平也因此大大提高。在中土佛教进一步发展的影响下，东亚各国入唐求法之风也盛极一时，汉化佛教全面传入日本、新罗等国。这不仅进一步奠定了汉化佛教在国际宗教界的地位，同时也大大加强了中国与这些国家政治经济文化各方面的交流。总之，唐代的佛教在中唐之前，特别是“安史之乱”之前，一直都是处于发展之中的。“安史之乱”爆发后，佛教也遭到了破坏，特别是北方地区，破坏就更加严重。战乱还使下层群众背上了沉重的徭役负担。由于出家为僧或入寺为奴，成了人们逃避徭役的办法，加之僧人与权贵加紧勾结，对抗征收赋税，使得佛教与国家的矛盾日益加深，反佛灭佛的舆论日益高涨。于是唐武宗会昌二年到五年(842~845年)，终于爆发了中国佛教史上最严重的一次“灭佛”运动。据记载，这次“法难”，共拆毁大小寺院近五万所，勒令僧尼还俗者达二十六万余人。同时，还没收了大量寺产，解放了各寺中的奴婢十几万人。更严重的是，这次灭佛，还使佛教典籍遭受了极大损失。经过这次“法难”，唐朝的佛教便从兴旺走向了衰落，并严重影响了佛教以后的发展。五代时期，佛教在北方继续受到限制，特别是后周世宗显德二年(955年)，又一次发动灭佛，则使北方佛教更是雪上加霜，愈趋凋敝。而在南方，由于社会相对较安定，佛教也得以继续有所发展。主要表现是某些宗派，如天台宗、禅宗等均有新的分化和发展。

宋代之后，虽没有再发生“三武一宗”那样的法难，但佛教也没有如南北朝、隋、唐时期那样炽盛。各代对佛教大都采取保护和促使其发展的政策。所以也就分别表现了一些不同的特点。

由于雕版技术的日益发展，宋代官私两家刻印佛经都很踊跃。截至南宋末，三百年间共有五种版本的藏经问世。这是以往各代所没有过的现象。另外，禅宗在唐已很兴盛，并且分裂为北宗神秀、南宗慧能两支。其中，南宗由于提倡顿悟，尤其讲究机锋，不尚仪规，而深受士大夫阶层的欢迎。发展到宋代，禅宗更给理学家和许多著名文人以极大影响。反过来，由于众多著名文人的参与，禅宗本身也愈加壮大发展，成了汉化佛教中历久不衰的最有影响力的宗派。净土宗在宋代也有新的发展。净土宗始于东晋竺法旷、慧远等人。它倡言信徒只要随时念诵阿弥陀佛，临终便可被接引往生西方极乐净土。因其简单易行，号为简易成佛法门，而深受广大普通群众欢迎。自晋至唐，已颇有市场，到宋代，这种修习方法更进一步被许多宗派如禅宗、天台、律宗等共同接受，成了汉化佛教最具特色的号召信众的旗帜。汉地的民风、民俗，甚至语言、文学都深受此宗的影响。于是，净土宗自宋代之后也得以绵延不绝。由于佛教的发展，也使唐五代以来流行的禅宗语录、俗讲变文等佛教文学更加发展。同时的俗文学如唱词、话本、小说等也发展起来。

辽、金、元时代少数民族入主中原，各代对佛教基本上都采取保护信奉的政策。所以佛教在这几代得以继续发展。特别是辽、金对《大藏经》都进行了编刻，辽代刻有《契丹藏》（已佚），金代刻有《赵城藏》。同时，两代都坚持了房山石经的增刻工作，使所刻石经不断增加。元代对各种宗教一视同仁，忽必烈即位后即奉西藏名僧帕思巴为帝师，掌管全国佛教，以后诸帝皆效仿此例，以藏僧为帝师。由此，佛教特别是藏传佛教在元代得到较大发展，汉化佛教与藏传佛教在许多方面（如佛像艺术等）得到相互交流和借鉴。历史上第一次刊印藏文《大藏经》便是元代初年的事情。

明代建国之后，改正了元代崇奉藏传佛教的做法，恢复以汉化佛教为正统。明初，曾对佛教进行过大力整顿，僧尼必须经过考试才可领得度牒。到明中叶，控制渐弛，僧、尼数量渐渐增多，寺庙也相应递增，数量甚至超过了前代。明代知识分子喜好佛教，往往以居士身份研修净土法门和禅宗，并有许多研究佛学的著作传世。明代除了净土宗、禅宗之外，天台宗、律宗、华严宗等一些宗派都不发达，有的甚至已渐渐沉寂，以至于最后消失。佛教的对外交流活动在明代得到加强，与南亚、东亚、西域许多国家都有友好往来。刻印《大藏经》的工作也取得较大进展，二百多年间共有五种版本的汉、藏文《大藏经》刊行。

清代的佛教政策一仍明制，很少建树。特别是道光之后，佛教更是日渐衰微。但据《中国佛教》载，清初康熙年间全国寺庙尚有79622处，僧尼共计118907人。至清朝末年，全国僧尼不减反增，约计有80万人。① 可见，清代佛教依然还是具有相当规模的。佛教宗派，清代仍以净土、禅宗为盛，天台宗、华严宗、律宗、慈恩宗等也有传承者。清代雍正、乾隆年间刻印成汉文《大藏经》，称《龙藏》，凡724函，1670部，7240卷，是一部流传至今的佛教三藏宝典。同时，清初还刻印过《西藏大藏经》和蒙、满文《大藏经》，不过后者经版已在八国联军入侵时被焚毁。

第三节　佛教文化的人生模式

释尊生前创立佛教，为僧伽讲法，是和弟子们在信徒所捐

① 参见中国佛教协会编：《中国佛教》（一），知识出版社1980年版，第122页。

献的住处或在山崖石窟小龛中从事一切活动的。他禁止弟子们为他造像。涅槃前，他又谆谆嘱咐他们，在他入灭后，要以佛法为师，勤修佛法。但他涅槃后，弟子们因为崇拜和怀念他，便不顾导师的遗教，先是将他的生身舍利（佛火化后的遗骨）分成十份，分给予其关系亲密的十国起塔供奉（塔，梵文stupa的音译，意为高坟。当时的原形为覆钵形，上立长柱形标志物——“刹”），供信众绕塔进行巡礼追思。后来，佛身舍利也曾传入中国。塔则随原始佛教传入中土，渐渐演变成了多层“宝塔”状建筑物，并且成了佛寺主要组成部分和象征性建筑物之一。再往后，僧人们又开始礼拜释尊的其他遗物、遗迹和释尊的造像，并由此收到了弘扬佛法的良好效果。于是，造像、供像之风大兴，而且愈演愈烈，一发而不可收。本来不准崇拜偶像的佛教，逐渐变成了各式偶像繁多的“像教”。所以，汉化佛教也才形成了建有多层宝塔、供奉众多佛像的佛寺。禅宗兴起之后，汉化佛寺的布局结构、房舍功能、佛像配置等，都逐渐固定化、程式化，有所谓“七堂伽蓝”建制（伽蓝，梵语samgharama的译音略称，意为僧众居住的庭院）。汉化佛教的僧人们，就是在这种寺院中，同时在各种仪规戒律的约束规范下，过着佛教僧伽生活的。下面，我们就从典型的汉化佛寺的建筑布局及其功能配置和佛僧的生活与佛教活动两方面，对佛教的人生模式稍作介绍：

一、典型汉化佛寺的建筑布局及其功能配置

汉化佛寺是民族风格的建筑群落与汉化佛教内容完美结合的产物。从东汉洛阳修建白马寺开始，汉地佛寺从名称到建筑就都是中国式的（寺，在东汉是政府机构的通名），而不是像基

督教、天主教教堂那样标新立异，非要显出自己是外来户的东西不可。正如白化文先生在《佛光的折射》中指出的：在后来的发展中，佛教从多方面被汉文化改造，佛寺也更加体现了彻头彻尾的中国气派和中国风格。具体说，典型的汉化佛寺是在中国的四合院（或加廊庑相联系）基础上组建的，有些干脆就是民宅或官府等其他用途的建筑物改造的。把民宅改造为寺院，"不必新造，只要'舍宅为寺'，住户迁出，和尚、佛像迁入，略加改造便可。《洛阳伽蓝记》中记载的许多王公'舍宅为寺'的实例，便是此种情况的反映"①。可见，佛寺与民宅风格一致，相互代替，自南北朝时就已如此了。

北京广济寺是始建于宋末，重建于明代的著名古刹，现今是中国佛教协会所在地。该会 1981 年编印的《广济寺》画册中有幅古代广济寺影像图（见本章附录一），它给我们提供了古代典型的汉化佛寺结构布局情况。根据该图并着重参考白化文先生《佛光的折射》中"汉化佛寺配置模式图"（见本章附录二），简要介绍一下汉化佛寺的布局和配置情况。

（一）山门、天王殿、钟楼、鼓楼

中国建筑一般以坐北朝南为正方向。图中中轴线南端是影壁或牌楼。从这里起表明已经进入了寺院的范围。院落的南端首先是山门。山门前有一块石碑，上书"不许荤酒入山门"。山门是座带有两个旁门的三门三开间殿堂，中间为"空门"。步入空门，象征开始步入佛门。山门殿中塑两尊金刚力士像，二人一张口一合口，俗称"哼哈二将"，是寺院和佛法的保护神。山门

① 白化文：《佛光的折射》，台湾"中华书局"1989 年版，第 30 页。

里面第一重殿堂叫天王殿。所谓天王,即弥勒菩萨。按佛教的说法,他的任务是在释尊之后引度众生,然后自己再成佛。所以他有时也被当做“未来佛”,供在某些寺院的大雄宝殿中作为如来佛的陪同。在民间,从弥勒菩萨到弥勒佛,后来又演化成了笑口常开的大肚弥勒佛。这一形象据说是由五代时一个俗称“布袋和尚”的僧人演化而来。寺院以天王殿开头并安置弥勒菩萨像在其中,似乎意在向信徒们展示,入佛寺、信佛法者,将来都会有被他引度往生西天的美好前景。弥勒两旁的塑像是北方多闻天王,西方广目天王,南方增长天王,东方持国天王。他们本来都是南亚次大陆传说中的天神,后来都成了佛教的护法神。汉化佛教对他们做了彻底的改造,创造了许多关于四大天王的传说,使他们变成了掌管人间风调雨顺的监护神(欲详细了解有关内容,务请参阅白化文先生《佛光的折射》或《佛寺漫游》)。在弥勒天王座像的隔壁背面,是韦驮的塑像,他是佛寺的守护神。通常,把他塑成双手合十者,表示该寺可接纳游方僧人,若塑成手拄兵器金刚杵者,则表示该寺不接纳游方僧人。天王殿前面左右两侧,分别是钟楼、鼓楼,佛寺每天早晨破晓时先击钟,后击鼓,晚上则相反。击钟每次三通,共计108次。此即所谓“晨钟暮鼓”,又所谓“晨钟暮鼓,警醒世上名利客”!

(二)大雄宝殿

大雄宝殿是佛寺的正殿,是每座佛寺不可缺少的主体殿堂。“大雄”,是对佛的尊称,含有盛赞其法威力无边的意思。殿中所供佛像的数目有一、三、五、七尊不等。供一尊的,为释迦牟尼佛或阿弥陀佛(一般为净土宗寺院),供三尊的则有多种组合,常见的方式有：

1. 三身佛

(1)法身佛(毗卢遮那佛)，体现佛法的佛。居中。

(2)报身佛(卢舍那佛)，修道后获得佛身的佛。居右。

(3)应身佛(释迦牟尼佛)，为度众生而现身的佛。释尊两侧常有左右胁侍的塑像，一般是老迦叶、少阿难，或文殊、普贤二菩萨，两厢还站立有天王、力士等。

2. 横三世佛

(1)娑婆世界的释迦牟尼佛。居中。

(2)东方净琉璃世界的药师佛。居左。胁侍是日光、月光菩萨。有的寺院药师佛设独立殿堂供奉，称"药师殿"或"药王殿"。

(3)西方极乐世界的阿弥陀佛。居右。胁侍是观音、大势至菩萨，或无着、天亲二菩萨。

3. 竖三世佛

(1)现在佛释迦牟尼佛。居中。

(2)过去佛，燃灯佛。居左。

(3)未来佛，弥勒佛。居右。

供五尊佛的一般是毗卢遮那佛，居中；南方宝生佛，表福德居左；东方阿閦佛，表觉性居最左；西方阿弥陀佛，表智慧居右；北方不空成就佛，表事业居最右。供七尊佛的寺院不多见，所供的是释迦牟尼佛、毗婆尸佛、尸弃佛、毗舍婆佛、拘楼孙佛、拘那含佛、迦叶佛。

所有佛像在一般人看起来都差别不大。这是因为佛教典籍对佛的造像有规定，即一定要符合"三十二大人相"和"八十微妙种好"，简称"相好"，实际是佛教公认的佛的种种体态特征。

但这些特征在塑像中不可能全部表现，加之汉化佛教中匠人们又做了一些原则允许之下的变通改造，所以佛像既让人觉得和蔼可亲，又让人觉得千佛一面。但是，各个佛像到底有根本的不同，这除了“相好”的不同外，最主要的区别在各个佛像所做出的手势（手印）、身姿、所持物品等综合表现出的“印相”各不相同。不同的“印相”，表示佛对人们所展示的意义不同。

大雄宝殿中除了佛像及其胁侍之外，两侧往往还有罗汉、诸天的塑像或壁画。罗汉即阿罗汉（Arhat）的简称，原指小乘佛教的最高果位。得此果位就可不再受生死轮回之苦。原来跟从释尊修行的弟子大都证得罗汉果，最早的不同经典中记载有不同的罗汉，有四大罗汉、十六罗汉以至于五百罗汉不等。汉化佛教对此更有所发展，五代时遂将十六罗汉改为十八罗汉。后代又将济颠和尚、乾隆皇帝等也列入其中。总之罗汉数量越来越多，难以确指。大雄宝殿常将众罗汉塑像陈列两侧，也有的寺院把众罗汉另立一殿供奉，称作“罗汉堂”。“诸天”是诸位天神的总称。原始佛教中他们多是婆罗门教神话中的人物，后来都变得拥护佛法。一般有“二十诸天”或“二十四诸天”之说，细说皆可一一指实。“罗汉”或“诸天”本是南亚次大陆原始佛教中的人物，其长相穿着都不同汉地。所以，汉化佛教不可能囫囵吞枣地搬用他们，而是进行了大幅度改造。使他们面目全非，变成了纯汉人模样和装束的中国人喜闻乐见的形象。大雄宝殿后壁与佛像背靠背的墙上，往往还塑有海岛观音像或壁画。此外，佛寺中各种陈设装饰也以大雄宝殿最多最盛，以衬托出佛的尊严和神圣。其主要的是“庄严”和供具。“庄严”包括宝盖、幢、幡、欢门（悬在佛前的幔帐），供具则有香案、供台、香炉、花瓶、烛台、净水、烧香、饭食供品、长明灯、雕绘长檠以及木鱼、檀香盒、钟、磬、鼓等等。

大雄宝殿外常有伽蓝殿和祖师殿组成的东西配殿。伽蓝殿中供奉的是最早向佛教施舍土地和房屋的祇陀太子和给孤独长者以及另一位护持佛法的波斯匿王。祖师殿多是供奉菩提达摩、六祖慧能、百丈禅师等禅宗创始人。

(三)法堂与藏经楼

大雄宝殿后面依次为法堂和藏经楼。它们也是佛寺中轴线上的组成部分,特别是法堂,更是一般寺院所必设。它是供该寺僧人演法集会之处,置讲法台和多个绣墩听法席。法台上往往设释尊说法图像。藏经阁是佛寺收藏《大藏经》或其他图书资料的地方,大型佛寺才有。藏经阁一般是两层阁楼,下层设万佛阁,象征众佛结集诵经,上层沿壁设橱柜以藏经。也有的设计成楼阁式的"天宫藏"或由安装在一根大转轴周围的抽屉组成的能转动的"转轮藏"。

典型佛寺,中轴线上的几组建筑多是全备的。而小型佛寺只要有山门、天王殿、大雄宝殿即可。

至于东西侧轴上的建筑,也视佛寺的规模大小而设置不等。越大型寺院独立性殿堂区越多,其中常见的有三大士殿(观音、文殊、普贤菩萨)和地藏王(菩萨)殿,或者各个菩萨单独供奉设殿,其他还有罗汉堂、伽蓝殿、戒坛殿(大型寺院才有,为一独立殿堂区。一般谢绝外人参观)等。僧人生活区位于寺院左(东)侧,有僧房、香积厨(厨房)、斋堂(僧人食堂)、职事堂(库房)、茶堂(接待室)等。外来僧人接待区位于寺院右(西)侧,一般也只有大寺院才有。

对于菩萨和汉化佛教的菩萨信仰,还必须特别作些介绍。

菩萨,是菩提萨埵(梵文 Bodhisattva 的音译)的简称。意为抱着广大的志愿,要把自己和一切众生从不相信佛法的愚痴苦恼中解救出来,使他们都得到彻底的觉悟和安乐的人,或者叫做“觉有情”、“道众生”,又叫“大士”、“大圣”、“开士”、“超士”、“无双”、“法臣”等。它是佛教中对仅次于佛的“善男子”的一种敬称。由于“佛”的境界过高,所以一般俗人更喜欢菩萨,于是汉化佛教就逐渐兴起了对菩萨的单独信仰,并且把菩萨改造成了既有南亚次大陆贵族风范又有唐代贵族妇女面庞和体态的极富人情味的形象。隋唐之后,汉化佛教把佛教的著名菩萨一一改造,让他们在中土自立道场,完成出莲座、历下界、化愚痴、度众生、登彼岸、往净土的光荣任务。其中最著名的是:文殊师利(梵文 Manjusrikumarabhuta)、普贤(梵文 Samantabhadra)、观世音(梵文 Avalokitesvara)、地藏(梵文 Ksitigarbha)四位菩萨。文殊菩萨为智慧辩才第一,法像作手持宝剑、坐莲花宝座、骑狮子状,有“大智文殊”的美名。山西五台山(佛光寺)是其道场。普贤菩萨为德行第一,法像作坐莲台、手执如意、骑六牙白象状,有“大行普贤”的美名。四川峨眉山(万年寺)是其道场。地藏菩萨以安忍静谧著称,据说他受释尊嘱托,负责释尊入灭后弥勒降生前引度众生的任务,为此他立下誓愿,故有“大愿地藏”的美名。其法像作比丘状,结跏趺坐(脚背压在大腿上盘腿而坐),右手持锡杖,左手持如意宝珠状。传说安徽九华山为其道场。而最为著名的莫过于观音菩萨,因为自南北朝以来,汉化佛教就开始兴起了单独的观音信仰,至宋元则更加炽盛。究其原因,是因为据《妙法莲华经·观世音菩萨普门品第二十五》中记载:释尊告诉人们说,观世音菩萨可以现 33 种化身,救 12 种大难。只要众生紧急时刻称诵其名号,观世音菩萨便即刻前往搭救,使人们化险为夷、平安无事、万事遂心。如此一来，观音菩萨便逐渐在中国成了妇孺皆知的大慈大悲、救苦救难的救世主。其33种化身无法一一尽述，简言之，可说是无所不能变化。民间最常见的形象有柳枝观音、送子观音、鱼篮观音、水月观音、读经观音等等，不一而足。但一般以头戴天冠，结跏趺坐在莲座上，右手持一枝半开莲花，左臂横当胸侧，左手结“大悲施无畏印”（拇指与食指尖相接成中空圆圈形，其他三指微分而朝上指），所谓“圣观音”的形象，为观音菩萨的标准法像。浙江普陀山（普陀寺）是其道场。除了上述最著名的四位菩萨外，汉化佛教中还有许多菩萨，如大势至菩萨、日光菩萨、月光菩萨、弥勒菩萨、药王菩萨、圆觉菩萨、金刚手菩萨，等等。这些菩萨，特别是观音等四位菩萨，不仅在一般佛寺中常单设殿堂供奉，而且单以其中某一菩萨为名号的寺院也常见到。

二、佛教七众的生活与佛教活动

要成为一名正式的佛教徒，成为七众中任何一众的成员，都必须通过严肃的正式传戒仪式，进行某一层次的受戒，然后才能被认可成为某一层次的信众。因此，传戒、受戒就是做佛教徒、开始佛教生活的第一步。出家五众的传戒和受戒分三个级别，在不同地点和场合举行：

（一）初坛

传沙弥和沙弥尼必须遵守的十戒，十戒内容是在五戒基础上再加：(1)不涂饰香鬘（按：意谓不用化妆品化妆和不穿僧服之外的漂亮衣服）。(2)不自作也不听歌舞（按，意谓除做法事时演奏佛教音乐之外不参加其他娱乐活动）。(3)不坐高广大床(按,僧房宿舍一般是睡通铺非夜晚就寝不许躺卧)。(4)不非时食(按,僧人有"过午不食"的规定,即一天只在午前吃一次饭。汉化佛教根据僧人参加劳动的实际情况,变通为下午加一餐"药食",除此之外的进食皆为"非时食")。(5)不蓄金银财宝。初坛一般在法堂等场所进行。由传戒和尚向受戒者就能否奉守各戒条一一询问,受戒者则须一一作答。

(二)二坛

传具足戒。这是传戒活动中最严肃、最隆重的一种。如前所述,具足戒多达二三百条之多,在此无法一一叙述。传受具足戒,一定在戒坛殿举行。戒坛殿大型寺院才有。一般位于该寺院后面东北或西北角上另辟出的一所独立性院落中。此院也有山门殿,殿中供奉着"持律第一"优波离。受戒信徒至此不禁要肃然扪心立志,决意真心遁入空门,从此坚守优波离诵出的律条。戒坛殿中央的戒坛一般是多层方形坛台。每层的四面立壁上都布满小神龛。龛内和龛外的坛沿上都雕塑着形态各异的戒坛守护神。坛上供释尊像,像下设负责传戒的三师七证的座位。传二坛戒一般每次一至三人,且不许俗人参与。传戒开始,鸣钟集受戒人于法堂,三师七证入戒坛,然后受戒者进入戒坛殿。由负责教授戒律的教授师走下戒坛向受戒者讲授"衣钵"涵义并一一询问他们是否犯过各种妨碍出家的罪行和问题,如杀父母、强奸僧尼、在职为官等。受戒人一一如实作答。然后教授师上坛,受戒者也依次上坛,再次接受询问。然后由三师七证表决通过授予具足戒。通过后,再由传戒和尚讲授"四根本戒"对于戒条的重要性,告诫若犯"四根本戒"之一,即失去比丘、比丘尼资格,然后命受戒者下坛。仪式至此完毕。受戒者从此自行学习和持行具足戒，并成为正式高级佛教僧人比丘、比丘尼。

（三）三坛

三坛是大乘佛教对在家二众和出家二众比丘、比丘尼所授的戒法，叫做“菩萨戒”。在家菩萨戒的戒条包括“六重戒”，即五戒外加“说四众过戒”（四众，指在家二众和比丘、比丘尼四种信徒）和二十八轻戒。出家菩萨戒的戒条包括出家菩萨戒的六重戒外加“自赞毁他戒”、“故悭戒”、“故慎戒”、“谤三宝戒”，共十种重戒和四十八轻戒。传菩萨戒一般在大雄宝殿中集体举行。由传戒法师带领受戒者向释尊施礼，表示以释尊为导师，并向释尊胁侍菩萨及十方如来行礼，拜他们为三师七证。然后在传戒法师教导下，受戒者忏悔发愿，最后传戒法师一一宣说菩萨戒戒条，并一一询问受戒者能持否，对方一一作答。然后仪式告毕。

出家人从出家之日起，就要像释尊成道之前那样“落发”，即剃净头发，表示发誓从此断除烦恼习障之意。从元代开始，汉族受比丘、比丘尼的僧人，还在受三坛戒前，在头顶上燃香烧成12个疤痕，称为“爇顶”。当代佛教界已将此举废止。受戒后，僧人由传戒寺院和三师七证签发“戒牒”，以资证明自己的僧人身份。

出家僧日常在寺院中学习佛法，研修戒、定、慧三学，而寺院都有一整套的组织和管理制度，所谓“清规”或“禅规”。一寺的负责僧人是住持。因其住室兼办公室仅一丈见方，由此住持也被称为“方丈”。在住持领导之下，所有僧人各司其职，分工细致复杂，大的寺院可有八十多种僧职。但主要职僧各寺大同小异，可以归纳为以下八种：

监院:地位仅次于方丈,负责协助方丈管理全寺日常实际工作,特别是财务经济事务。

知客:负责接待来访的僧俗客人。

维那:负责管理僧人和禅堂事务。

僧值:负责检查僧众威仪。

典座:负责香积厨和斋堂事务。

寮元:负责外来挂单僧人在本寺的事务。

衣钵:方丈的助手。

书记:掌管寺院文秘工作。

僧人每天在寺院中修行、生活,或是随法师学习讨论佛法,或是自修禅定。汉化佛教通常又有每天内容固定的五堂功课。即早殿二项、晚殿三项的诵经拜佛活动。其中早殿功课从凌晨至天亮前后,晚殿功课则在黄昏之后开始。

僧人的日常生活从早上睁眼醒来,到晚上上床睡觉,抬手投足一举一动,几乎都要随时念诵各种咒语,可谓不胜其烦。下面即几则咒语的例子①:

(一)早觉(按,指早上醒来):睡眠始寤,当愿众生,一切智觉,周顾十方。

(二)睡眠:以时寝息,当愿众生,身得安稳,心无动乱。

(三)饮水:佛观一钵水,八万四千虫,若不持此咒,如食众生肉。唵嚩悉波罗摩尼莎诃(三遍)。

(四)登厕:(……上槽后当三弹指,默念此偈咒)大小便时,当愿众生,弃贪嗔痴,蠲除罪法。

---

① 慧舟法师等编述:《佛教仪式须知》,北京大学图书馆藏本 1987 年复印,第 574 ~ 575 页。

依据佛法，南亚次大陆僧人每年雨季在寺内集中坐禅修学，称为“安居”。而汉化佛教规定，僧人每年有两次“安居”。夏安居，从阴历四月十六至七月十五日。冬安居，从阴历十月十五日至来年正月十五日。两次安居，夏讲经律论，冬则坐禅修行，谓“冬参夏讲”。

另外，僧人在寺中还要参加许多重大佛事和宗教仪式活动。这些佛事主要指各种节日，如众多的佛、菩萨的诞辰、成道、涅槃等纪念日以及各种经忏法事，如水陆法会、放焰口、盂兰盆会等等，此不一一赘述。

第四节 汉化佛教的标志性派别及汉化佛教对中华文化的深刻影响

佛教在中国两千年的传播过程中，形成了许多派别。主要的有八个，即三论宗（又名法性宗）、瑜伽宗（又名法相宗）、天台宗、贤首宗（又名华严宗）、律宗、密宗（又名真言宗）、净土宗、禅宗。简称性、相、台、贤、律、密、净、禅八大宗派。其中，自魏晋以降，特别是唐宋以来，流传最广、影响最大的则是禅宗与净土二宗。明清两代，除了禅宗和净土两宗，中土的其他各派更是日渐凋零。

禅是梵语禅那（dhyana）的简称，意为静中思虑，一般叫做禅定。方法是把心思专注于佛法上，一心参究，用以证悟本自心性，又叫参禅。参禅有问师访道、参究禅理、静坐禅思等方式。它们本是原始佛教固有的一些基本修习方式。禅而称宗，则是汉化佛教的一大标志和一大成果。禅宗创立之后，为了适应中国人讲究名正言顺的习惯，更好地弘扬本宗的势力，以利发展，于是为本宗的来源与传承做了刻意的描述。据《五灯元会》卷一载:"世尊在灵山会上,拈花示众。是时众皆默然,唯迦叶尊者破颜微笑。世尊曰:'吾有正法眼藏……付嘱摩诃迦叶。'"此即禅宗所传的迦叶尊者作为禅宗第一祖的"拈花微笑"公案。据说,自释迦牟尼将禅宗衣钵传于迦叶,经二十八传,至中国禅宗初祖菩提达摩。菩提达摩,南天竺国人,北魏或者南朝宋梁时期经海路到达中土。寓于嵩山少林寺传授禅学,传说曾面壁九年。收弟子慧可,是为禅宗二祖,从此创立中土禅宗。直至七八世纪间,禅宗共经历了菩提达摩(？～536年)/慧可(487～593年)/僧粲(？～606年)/道信(580～651年)/弘忍(602～675年)五代祖师,已是盛极一时。弘忍有主张渐修的弟子北宗神秀(约606～706年),又有主张顿悟的弟子南宗慧能。最终弘忍将衣钵传与慧能,是为禅宗六祖。关于这段公案,《坛经·行由品第一》及《景德传灯录》卷三皆有记载。北宗神秀有偈子说:"身是菩提树,心如明镜台。时时勤拂拭,莫使惹尘埃。"南宗慧能则有另一偈子说:"菩提本无树,明镜亦非台。本来无一物,何处惹尘埃。"二者显示了渐修与顿悟的差别,从禅宗的精神来说,显然有高下之别。此后三四百年中,禅宗又发展为"五家七派"等许多派别。直到清代中期,禅宗才渐渐衰落。

禅宗用"顿悟"的方法指引信徒"见性成佛"、"教外别传",不仅把大乘佛教"人人皆有佛性"的理论向前推进了一大步,而且提出了实现这一理论的方法。由于大乘佛教"人人皆有佛性"、"人人皆可成佛"的说教,与儒家学说"人人皆可以为舜尧"有异曲同工之妙,加之禅宗的修习提倡顿悟,讲究机锋,不尚仪规等原因,从而大受历代知识分子士大夫们的欢迎。不少封建士大夫都游心于佛学,热衷于参禅。这样,又大大促进了儒释二道的融合,扩大了佛教对中国文化全面而深刻的影响。

“净土”信仰源于古印度,佛教中的净土信仰也不止一种。汉化佛教的净土宗,相传是以东晋慧远和尚在庐山东林寺创立“莲社”为源头,后来逐渐发展并势力大增。它是以《阿弥陀经》、《无量寿经》、《观无量寿佛经》为根据,提倡观佛、念佛,以求往生阿弥陀佛所在的西方极乐净土为宗旨的宗派,故名“净土宗”。此宗的特点是简单易行,修习者不必通晓佛经,也不用禅坐专修;只要随时随地称念“南无阿弥陀佛”,就可在临终时由阿弥陀佛“来迎”、“接引”、“往生”于西方净土极乐世界。宋代之后,汉化佛教的各个宗派无不兼习净土法门。由于此宗简单易行,故在中国民众中得到特别广泛的流行与普及。这就是常见的僧俗众人往往口诵“阿弥陀佛”的原因。民间所谓“家家弥陀佛,户户观世音”的说法,就是对汉化佛教净土宗和观音信仰深入流行的一种写照。

佛教传入中国两千年来,经历了本土化的转变。它不仅吸收了中华传统文化,例如儒家、道家学说以及民间诸多文化营养,同时也反过来给予了中国传统文化广泛深刻的影响。佛教文化已经渗透到了中华传统文化的各方面,以至于一般人习焉不察,很难确指。思想方面,宋明理学和晚清时的启蒙运动,都曾受到过佛教的影响,把佛教的某些教义当做自己的思想武器或宣传工具。文学方面,自魏晋南北朝至唐宋元明清的许多著名文学家、诗人,他们的经历与作品,往往与佛教有密切的关系,其中最为著名的如:陶渊明、李白、王维、白居易、苏轼等等皆是。佛教对语言文字、文化艺术的影响是多方面的。音韵学特别是反切的发明,就曾受到佛经翻译的启发。中国古代的绘画艺术,特别是壁画艺术,更是直接与佛教绘画有关。著名的唐代画家阎立本、吴道子都是佛教绘画的大师。中国画中的写意山水画流派,也与佛教特别是禅宗思想有着密切关系。此外,中国古代的雕塑艺术也与佛教的造像艺术密不可分。还有遍布各个佛教旅游胜地的标志性建筑——塔,如济南的四门塔、灵岩寺的辟支塔,苏州的报恩寺塔,杭州的雷峰塔、六合塔,泉州的镇国塔、仁寿塔,开封的铁塔,西安的大雁塔,上海的龙华寺塔,镇江金山寺的七层宝塔等等,都是佛教文化的遗存。至于著名的敦煌、龙门、云冈、麦积山、克尔克孜等处的石窟,更是佛教绘画、雕塑、建筑等集大成的艺术文化宝库。此外,佛教在音乐、医药以及天文历法等各方面,都有自己独特的成就,并对中国传统文化产生了重大影响。

总之,佛教在其两千年的传播过程中,佛教文化已经全方位地融入了中华民族文化之中,成了灿烂辉煌的中华文化不可分割的重要组成部分。

附录一

古代广济寺影像图

附录二

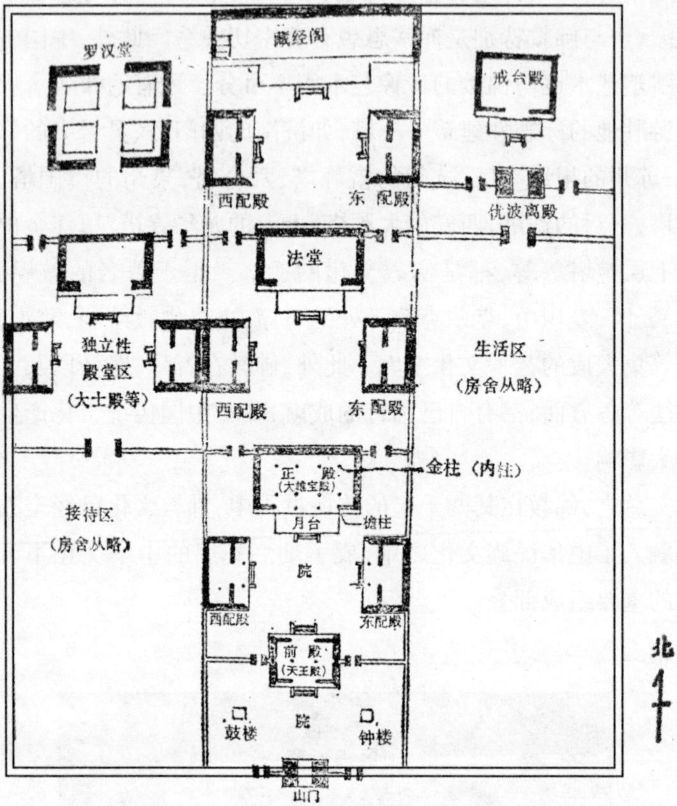

汉化佛寺配置示意图①

① 载白化文:《佛光的折射》,台湾"中华书局"1989 年版,第 31 页。

第八章　道教与道教文化简介

道教是我国土生土长的宗教。两千多年来，它经历了孕育、产生、发展和衰微的过程。它对中华民族传统文化有着巨大影响。

第一节　道教的渊源及其形成与发展

道教不像佛教等其他宗教那样，有一个教主或始祖创立而成。但它作为土生土长的本土宗教，有自己的文化渊源。学者们认为，它是通过三种古老的宗教意识逐渐演变、结合而成的。这三种古老的宗教意识就是：(1)鬼神崇拜，(2)仙术信仰，(3)黄老学说。

鬼神崇拜可以追溯到原始人对自然的崇拜。发展到殷周时代，人们对上天和鬼神的信仰进一步完善。大量出土的甲骨卜辞以及《诗经》中大量描写梦兆、祭祀神、祖的诗篇，如：《大雅》中的《旱麓》、《行苇》、《既醉》，《小雅》中的《楚茨》、《信南山》以及其他许多篇，都是对鬼神崇拜的典型记录和描写。《礼记·表记》："殷人尊神，率民以事神，先鬼而后礼……周人尊礼尚施,事鬼敬神而远之。"①《周礼·春官宗伯·大宗伯》:"大宗伯之职,掌建邦之天神、人鬼、地示之礼。"②都是这种信仰形成系统化的记载和证明。而这种崇拜中的诸多神鬼地祇,为后来道教诸神的建立提供了基础。

仙术信仰。面对现实生活的严酷、人生的短暂等等社会、人生因素,促使自然崇拜向另一方面发展,人们向往美好的人生和幸福的生活。于是,中国古代很早就产生了关于仙人、仙境的遐想、传说和构拟。早在春秋战国时代,这些虚无缥缈但美丽而神奇的传说已屡屡见诸各类作品。例如:《离骚》:"朝发轫于苍梧兮,夕余至乎县圃,欲少留此灵琐兮,日忽忽其将暮。吾令羲和弭节兮,望崦嵫而勿迫。路曼曼其修远兮,吾将上下而求索。饮余马于咸池兮,总余辔乎扶桑。折若木以拂日兮,聊逍遥以相羊。前望舒使先驱兮,后飞廉使奔属。鸾皇为余先戒兮,雷师告余以未具。"《庄子·逍遥游》:"藐姑射之山有神人居焉,肌肤若冰雪,绰约若处子,不食五谷,吸风饮露,乘云气,御飞龙,而游乎四海之外。"

同时代其他著作,也多有对仙人仙境的类似描写。

虚构的仙境和生活于其中的长生不老、超尘脱俗的仙人,对生活在种种痛苦中的凡人有极大的吸引力。各阶层的人因种种不同原因,无不神往企求之,于是修仙、成仙之术在战国之时便应运而生了。齐威王、齐宣王时,齐人驺衍"乃深观阴阳消息……称引天地剖判以来,五德转移"③。"自齐威、宣之时,驺子

① 《十三经注疏》,中华书局1980年版,第1642页。
② 《十三经注疏》,中华书局1980年版,第757页。
③ 《史记·孟子荀卿列传》,中华书局1963年版,第2344页。

之徒论著终始五德之运，及秦帝而齐人奏之，故始皇采用之。而宋毋忌、正伯侨、充尚、羡门高最后皆燕人，为方仙道，形解销化，依于鬼神之事。驺衍以阴阳主运显于诸侯，而燕齐海上之方士传其术不能通，然则怪迂阿谀苟合之徒自此兴，不可胜数也。"① 其中最受秦始皇宠信的方士是徐市(福)，"既已，齐人徐市等上书，言海中有三神山，名曰蓬莱、方丈、瀛洲，仙人居之。请得斋戒，与童男女求之。于是遣徐市发童男女数千人，入海求仙人。"②此后又有多人鼓动秦始皇寻求仙人仙药，其结果虽然都可想而知，但秦始皇乐此不疲，以求一逞。其后，帝王们大都如此。汉武帝也曾遣数千方士入海求仙方，并曾在长安、甘泉等地设立台观祈求神仙降临。这样就大大刺激了众多方士和多种方术的出现。如却老、候神、望气、导引、谷道以及人主微行方、重道延命方、按摩方、芝菌方、烧炼方……这些方术虽然多属虚妄或骗术，但为道教的仙术信仰奠定了基础。其中的一部分也为传统的气功和中医中药所继承，从中吸收了许多有益的东西。

至魏晋时期，这种对仙人仙境的描述更加成熟、更加系统，也更加神奇。如《列子·汤问》：

> 滨北海之北，不知距齐州几千万里，其国名曰终北……当国之中有山，山名壶领，状若甔甀，顶有口，状若员环，名曰滋穴。有水涌出，名曰神瀵，臭过兰椒，味过醪醴。一源分为四埒，注于山下，经营一国，亡不悉遍。土气和，亡札厉。人性婉而从物，不竞不争柔心而弱骨，不骄不忌；长幼

① 《史记·封禅书》，中华书局 1963 年版，第 1368～1369 页。
② 《史记·秦始皇本纪》，中华书局 1963 年版，第 247 页。

侪居，不君不臣；男女集游，不媒不聘；缘水而居，不耕不稼；土气温适，不织不衣；百年而死，不夭不病；其民孳阜亡数，有喜乐，亡衰老哀苦。其俗好声，相携而迭谣，终日不辍音。饥倦则饮神瀵，力志和平，过则醉，经旬乃醒。沐浴神瀵，肤色脂泽，香气经旬乃歇……

渤海之东不知几亿万里，有大壑……名曰归墟……其中有五山焉：一曰岱舆，二曰员峤，三曰方壶，四曰瀛洲，五曰蓬莱。其山高下周旋三万里，其顶平处九千里，山之中间相去七万里以为邻居焉。其上台观皆金玉，其上禽兽皆纯缟，珠玕之树皆丛生，华实皆有滋味，食之皆不老不死。所居之人皆仙圣之种，一日一夕，飞相往来者不可数焉。①

又，《列子·黄帝》：

华胥氏之国在弇州之西、台州之北……其国无帅长，自然而已；其民无嗜欲，自然而已。不知乐生，不知恶死，故无夭殇。不知亲己，不知疏物，故无爱憎。不知背逆，不知向顺，故无利害。都无所爱惜，都无所畏忌。入水不溺，入火不热，斫挞无伤痛，指擿无痟痒。乘空如履实，寝虚若处床。云雾不硋，其视雷霆不乱，其听美恶不滑。其心山谷不踬，其步神行而已……列姑射山在海河洲中，山上有神人焉。吸风饮露，不食五谷。心如渊泉，形如处女。不偎不爱，仙圣为之臣；不畏不怒，愿悫为之使。不施不惠而物自足，不聚不敛而已无愆。阴阳常调，日月常明，四时常若，风雨常

① 《二十二子》，上海古籍出版社1986年版，第210、209页。

均，字育常时，年谷常丰。而土无札伤，人无夭恶，物无疵厉，鬼无灵响焉。①

关于黄老学说与黄老道。黄，指轩辕黄帝，他是中华民族的人文始祖。老，指老子。他是春秋百家争鸣中道家的创始人。二者本不相干。先秦只有“道家者流”和“阴阳家者流”，并无黄老学说或黄老学派。但阴阳家者流驺衍等创说，以为“言阴阳五行，以为黄帝之道也”②。《史记·孟子荀卿列传》也说：“（驺衍）乃深观阴阳消息而作怪迂之变……先序今以上至黄帝，学者所共术。”③秦汉之际，道家与阴阳家的说法渐相融合，形成既推崇黄帝又尊崇老子的“黄老之学”。汉代初年，特别是文景时代，皆崇尚以黄老之术治天下，因此使黄老之学进一步得以发展。之后，汉武帝等历代帝王，多喜好神仙，奢望长生之术。于是，带有浓厚宗教色彩的黄老道，到东汉时期便逐渐形成了。

在上述三种宗教意识发展的影响下，两汉时期，几种与道教最终形成有密切关系的民间宗教都在进一步传播和发展。

西汉成帝（前32～前7年在位）时，齐人方士甘忠可将黄老道与儒家谶纬学说相融合，诈造《天官历》、《包元太平经》十二卷，宣称“天帝使真人赤精子，下教我此道”④，后人称它为“原始太平道”。

到哀帝时，信奉此道者仍大有人在。到东汉顺帝（126～144年在位）时，琅邪人于吉及其弟子宫崇又增广《包元太平

① 《二十二子》，上海古籍出版社1986年版，第198页。

② 《汉书·艺文志》颜师古注引刘向《别录》语。

③ 《史记》，中华书局1963年版，第2344页。

④ 《汉书》，中华书局1962年版，第3192页。

经》,纂集成170卷的《太平清领书》(后简称《太平经》),并献给皇帝。至灵帝熹平年间(172~178年),巨鹿张角自称“大贤良师”,创“太平道”,其名称及各种宗教行为,皆以《包元太平经》和《太平清领书》为根据。十余年间,其徒众即达数十万之多。后来由于其领导的黄巾起义以失败而告终,太平道才逐渐衰微。

东汉顺帝时,还有著名的张道陵开创的“五斗米道”(后世又称“天师道”)。张道陵原名张陵,据《后汉书·刘焉传》载,张陵“顺帝时客于蜀,学道鹤鸣山中,造作符书,以惑百姓。受其道者辄出米五斗”。又:“陵传子衡,衡传于鲁,鲁遂自号‘师君’。其来学者,初名为‘鬼卒’,后号‘祭酒’。祭酒各领部众,众多者名曰‘理头’。皆校以诚信,不听欺妄,有病但令首过而已。诸祭酒各起义舍于路,同之亭传,县置米肉以给行旅。食者量腹取足,过多则鬼能病之。犯法者先加三原,然后行刑。不置长吏,以祭酒为理,民夷信向。”李贤引《典略》为此段做注,说:“熹平中……(张)角为太平道,(张)修为五斗米道。太平道师持九节杖,为符祝,教病人叩头思过,因以符水饮之。病或自愈者,则云此人信道,其或不愈,则云不信道。修法略与角同,加施净室,使病人处其中思过,又使人为奸令祭酒,主以《老子》五千文,使都习,号‘奸令’。为鬼吏,主为病者请祷。请祷之法,书病人姓字,说服罪之意。作三通,其一上之天,著山上,其一埋之地,其一沈之水,谓之‘三官手书’。使病者家出米五斗以为常,故号‘五斗米师’也。实无益于疗病,但为淫妄,小人昏愚,竞共事之……及鲁自在汉中,因其人信行修业,遂增饰之。教使起义舍,以米肉置其中,以止行人。又教使自隐,有小过者,当循道百步，则罪除。又依《月令》，春夏禁杀。又禁酒……”①

综上，自西汉成帝甘忠可造作《包元太平经》，创原始太平道，到东汉顺帝时，于吉、宫崇增广为《太平清领书》，特别是张道陵建立“五斗米道”，张修等人继续发展它，并以“《老子》五千文”为教内修习的经典，并因此流传下了后来的道教重要经典、五斗米道祭酒宣讲《老子》的结集《老子想尔注》。可以说，道教经典、教义、组织等至此都已经有所酝酿或初步具备。道教界和学术界因此或把此时视为道教的诞生或创立时间。

但是实际上，无论在神仙理论上还是在宗派组织的统一，抑或在教规科仪、经典的创作、积累分类等，关乎宗教的各个要素上，直至汉末，道教都还远不够完备。这些方面的进一步完成，是直到魏晋南北朝才逐步实现的。

东晋时期的葛洪（284～364年），对神仙体系、神仙方术等道教理论进行了系统构拟。他的主要著作有《抱朴子》、《神仙传》、《集异传》、《金匮药方》等。在这些著作中，他不仅构拟了各种神仙的类别，极力论证了他们的存在与可求，而且，他还对达到与神仙沟通以至于最终成仙的各种方术、仙药、金丹、经符的获取与修炼方法等进行了具体阐述，成为道教中两大派系之一的“丹鼎派”的创始者。葛洪也因此被视作道教神学理论的集大成者。

南北朝时期，北魏的嵩山道士寇谦之（365～448年）对五斗米道进行了改革并取得了成功，他自称得太上老君之命，继承张陵的天师之位，清整道教。据《魏书·释老志》载，神瑞二年十月乙卯，寇谦之于嵩岳忽遇大神即太上老君，命他曰：“自天师

① 《后汉书》，中华书局1965年版，第2435～2436页。

张陵去世以来,地上旷诚,修善之人,无所师授。嵩岳道士上谷寇谦之,立身直理,行合自然,才任轨范……授汝天师之位,赐汝《云中音诵新科之诫》二十卷”云云。寇谦之通过对张陵的五斗米教的诸多改革,建立了适应封建统治的新天师道,受到魏太武帝的信任和上层士族的欢迎,使道教得到了新的发展。

南朝刘宋时期的陆修静(406~477年),对以往的道经进行了整理,并分其为三洞共计1228卷,首次建立了与佛教类似的经典体系,奠定了后世《道藏》的基础,形成了道教的另一大派系“经箓派”。他还参照佛教的仪规戒律,编著了《道门科略》等道教科仪著作,从而使道教形态更趋完善,足以与佛教争衡。

南朝齐梁时代,道士陶弘景(456~536年),博学多才,兼通医学、算学、地理及天文历法等学科。他主张儒道释三教合流,不仅把世俗的官阶等级制度引入神仙体系的构拟,还把佛教的轮回转生说也纳入道教理论之中,遂有道教自己的“转轮五道”之说。另外,他在炼丹、服气、食药、炼气等诸多方面都对道教作出了突出贡献,对后世道教的发展有极大影响。

总之,魏晋南北朝时期,通过诸如葛洪、寇谦之、陆修静、陶弘景等众多道教人物的努力,道教从教义理论、神仙系统、清规戒律、威仪制度、道术符箓等各个方面,都逐渐得以完备,使道教终于走向了成熟并大大发展起来。

唐宋时期,道教得到了更大的发展。特别是唐朝,由于皇帝自认为是老子后裔,高宗乾封元年(666年),追封老子为“太上玄元皇帝”。玄宗时代,甚至以高祖至睿宗五祖做陪祀,视天下道士为皇室宗亲。由于道教备受皇帝的尊崇,道教由此得到极大发展,道观遍及全国都邑与名山大川,多达两千余处。宋朝的道教虽不及唐代，但也十分兴盛，依然是仅次于佛教的宗教。教理教义方面，唐宋两代都有新的较大的发展，斋醮仪式更加完善。特别是注意吸收佛教各宗派的经验，使道教教义的阐发更加理性。更值得一提的是，唐玄宗开元年间敕编的《三洞琼纲》，是道教典籍的第一次汇总，这一总集又称《开元道藏》。这一时期道教的代表人物，唐代有司马承祯、孙思邈、成玄英等，宋代如陈抟、张伯端(紫阳)、张君房等。

辽金元时期，道教依然相当活跃，宗派纷出。偏重于符箓斋醮的南派，以张道陵三十六代孙张宗演所传的天师道(正一道)为代表。而偏重于丹鼎(清修)的北派，内部又分为因王重阳(嚞)的全真道而著名的北宗和以张伯端(紫阳)为代表的南宗。全真道士为出家道士，住宫观内，不茹荤腥、不娶妻室，以清修炼养为主。正一道士为在家道士，可取妻室，但也有严格斋戒律条，以从事符箓斋醮等宗教活动为主。这些教派当中，又尤以王重阳的弟子丘处机(长春子)最为著名。因为丘处机曾经受到过元太祖成吉思汗的尊重，故其所创"全真龙门派"也最为昌盛。丘处机还使道教的丛林制度进一步完美，是道教发展史上的一位重要人物。

明清时期，道教不但没有像前代那样继续发展，反而逐渐颓萎。明朝皇帝虽然也喜好道教，但为了巩固政权，更多地是对道教进行控制和约束，把道教事务置于行政管理之下。清代满洲族入主中国，以道教为汉人宗教，所以对它不像对佛教那样重视，因而道教只是在民间流传。加之明清两代道教在教规教义等理论方面也了无建树，内部管理混乱，弊端丛生，更使道教处于日渐衰落的局面之中。此时较著名的道士，明有张三丰，清有王常月等。

第二节　道教的基本教义及其神仙系统

在近两千年的发展过程中，道教的宗教理论体系在不断积累完善，最终形成了一系列基本的可以与其他宗教相媲美的教理教义。大体说来，可以将它们概括为如下五方面，即：以道教的“道”和“德”为基本教义与理论基础；以太上老君是无世不在的创世主为根本崇拜；以相信神仙世界的存在并对其向往为根本信仰；以重生恶死、追求长生不老为最高追求与最终目的；以信仰并宣传天道承负、赏善惩恶、因果报应为最普遍、最基本的宗教观念。下面我们从宗教教义和崇拜对象两方面简要说明。

一、道教的“道”和“德”

“道”和“德”本来是春秋时代道家创始人老子及后世阐述其思想的代表作《老子》一书中的核心概念。例如，《老子》二十五章：“有物混成，先天地生。寂兮寥兮，独立不改，周行而不殆。可以为天下母。吾不知其名，字之曰道。”“人法地，地法天，天法道，道法自然。”又四十二章：“道生一，一生二，二生三，三生万物。”又十章：“生而不有，为而不恃，长而不宰，是谓玄德。”又二十一章：“孔德之容，惟道是从。”又五十一章：“道生之，德畜之……是以万物莫不尊道而贵德。”类似论述所涉及的“道”与“德”，都是学术特别是哲学范畴中的概念，老子哲学中的“道”，是不具有人格的、自然状态的客观存在和规律。这与后来道教所谓的“道”和“德”绝非一回事。

自汉代的原始道教起，就开始利用老子其人特殊的地位，特别是他身世上存在的一些谜团，对其进行神秘化构拟和宣传。把老子奉为道教创始人和教主。这不仅是建立完备的道教本身所必需的，同时，也有利于与佛教和世俗的儒家比并争衡。西汉河上公作《老子章句》81 章，前 37 章为《道经》，后 44 章为《德经》。从此《老子》有了《道德经》之称。张道陵的五斗米道就以《道德经》为经典，并造作《老子想尔注》，进一步把"道"和"德"宗教化，并首创"道教"一词。这就是后来道教以"道"名教的原因。宗教化了的"道"和"德"也就成了道教的基本教义和理论基础。

道教所谓的"道"，说法很多。其中以《太平经》和《老子想尔注》的阐释最有代表性。前者说：夫道何等也？万物之元首，不可得名者。六极之中，无道不能变化……天地大小，无不由道而生者。又说：夫道……无上无下，无表无里，守其和气，名为神。后者说："道"既在天地外，又在天地间，往来人身中。一散形为气，聚形为太上老君。另一部重要经典《太上老君说常清净经》则借太上老君的名义说："老君曰：大道无形，生育天地。大道无情，运行日月。大道无名，长养万物。吾不知其名，强名曰道。夫道者，有清有浊，有动有静……降本流末，而生万物。"

总之，道教所谓的道，是一种无所不在、无所不能的神灵。太上老君或元始天尊就是道的人格化的别名与化身。

道教所谓的"德"，是一个与"道"紧密相连并同样重要的宗教化了的基本概念。一般解释为"得于道果"曰"德"。所以"德"是从属于"道"的下位概念，如"道"为天，"德"为地。"道"为阴阳，"德"为五行。总之，"道"是太上老君，是道教的根本，"德"是信奉他和他为教主的道教之后，所体悟得到的真性。

道教以生为乐，鼓吹信奉道教，通过一定方法可以使人长生不老，成为永远不死的神仙。并以《道德经》中的“深根固柢，长生久视”为自己的理论根据。《抱朴子·黄白》也说：“天下悠悠，皆可长生也。患于犹豫，故不成耳……龟甲文曰：我命在我不在天，还丹成金亿万年。”总之，只要信奉道教，修炼道术，就可以“存生守道，则长生不亡”，“生道合一，则长生不死”。变成通俗的话说，长生不老就是道教追求的最终目标。这是道教区别于其他宗教、特别是佛教的最显著特点，也是道教的基本教义。

道教又信奉天道承负、赏善惩恶、因果报应。这种观念在《太平清领书》中就已经形成。所谓“承者，乃谓先人本承天心而行，小小失之，不自知，用日积久，相聚为多。今后生人反无辜蒙其过谪，连传被其灾。故前为承，后为负也”。意思是说，在社会或家庭中，前人有什么德行，后人就会受到什么报应。宋代李昌龄所传《太上感应篇》说：“太上曰：祸福无门，惟人自召。善恶之报，如影随形。”另一种道书《文昌帝君阴骘文》说：“诸恶莫作，众善奉行。永无恶曜加临，常有吉神拥护。近报则在自己，远报则在儿孙。”可以说，道教这种赏善惩恶、因果报应说，不仅是其内部最基本的教义，甚至已经演化成了中国民间最普遍的一种信仰。道教对中华文化的深刻影响也由此可见一斑。

二、道教信奉的神仙系统

由于道教宗派各异，发展过程漫长，故其所信奉的神仙系统也较庞杂。南北朝之后，才逐渐整合成了较统一的崇拜阶次与系统，并在发展中逐渐扩充完善。在这一过程中，也可以发现道教学习佛教的迹象。下面按四个层次对道教信奉的神仙系统简要介绍如下：

1. 至尊三清

《老子想尔注》说："一散形为气，聚形为太上老君。"《魏书·释老志》载："道家之原，出于老子。其自言也，先天地生，以资万类。上处玉京，为神王之宗；下在紫微，为飞仙之主。千变万化，有德不德，随感应物，厥迹无常。授轩辕于峨嵋，教帝喾于牧德，大禹闻长生之诀，尹喜受道德之旨。至于丹书紫字，升玄飞步之经；玉石金光，妙有灵洞之说。如此之文，不可胜纪。其为教也，咸蠲去邪累，澡雪心神，积行树功，累德增善，乃至白日升天，长生世上。"又："（寇谦之）以神瑞二年十月乙卯，忽遇大神，乘云驾龙，导从百灵，仙人玉女，左右侍卫。集止山顶，称太上老君。谓谦之曰：'往辛亥年，嵩岳镇灵集仙宫主，表天曹，称自天师张陵去世以来，地上旷诚，修善之人，无所师授。嵩岳道士上谷寇谦之，立身直理，行合自然，才任轨范，首处师位，吾故来观汝，授汝天师之位，赐汝《云中音诵新科之诫》二十卷。'"①从以上可以看出，老子被神化而变成的太上老君，就是早期道教直至南北朝时的尊奉对象。

但从晋代开始，最迟到南北朝时，道经中又出现了高于"太上老君"的至尊之神"元始天尊"。陶弘景的《真灵位业图》中，就把"元始天尊"列于诸神首位。同时，又有位于他们二者之间的"灵宝天尊"或"太上道君"。《隋书·经籍志》也说："道经者，云有元始天尊，生于太元之先，禀自然之气，冲虚凝远，莫知其极……天尊之体，常存不灭。每至天地初开，或在玉京之上，

① 《魏书》，中华书局1974年版，第3048、3050～3051页。

或在穷桑之野，授以秘道，谓之开劫度人……所度皆诸天仙上品，有太上老君、太上丈人、天真皇人、五方天帝及诸仙官。”①大约从这时起，道教所谓玉清、上清、太清的“三清”崇拜就开始形成，并附会说，玉清就是居于清微天玉清境的元始天尊，又称天宝君。上清就是居于禹余天上清境的灵宝天尊，又称灵宝君。太清就是居于大赤天太清境的道德天尊，即太上老君，又称神宝君。可以发现，三清之中，除了太上老君还有其原型来源老子，其他二清已纯属虚构。俗人对此更不必深究。倒是道教对此能自圆其说，曰：“此三号虽年殊号异，本同一也。”②所以，三清就是道教的三位至尊之神，也可以认为是太上老君的不同名号或化身。

2. 四御与诸大神

至尊三清之下，道教还有诸多大神一级的神灵，其主要有：四御即昊天金阙至尊玉皇大帝，简称玉皇大帝。他掌管三界十方、四生六道、一切祸福，是地位仅次于三清的尊神。勾陈上宫天皇大帝，据说他是协助玉皇大帝统御诸星、掌管天地人三才和人间兵革之神。中天紫微北极大帝，他是协助玉皇大帝经天纬地、管理日月星辰和四季气候之神。承天效法后土皇地祇，简称后土皇祇或后土皇地祇，她是一位掌握万物及大地山河秀美、管理阴阳生育的女神。

此外，还有诸如南极长生大帝、十方诸天尊、斗姆元君、天地水三官、真武大帝、文昌帝君、东岳大帝以及日月星辰、二十八宿、风雨雷电、河海山川之神等等，都在大神之属。

---

① 《隋书》，中华书局1973年版，第1091页。

② 《灵宝洞玄自然九天生神章经》。

3. 众多小神

灵官、太岁、城隍、土地、阎王、判官、财、灶、药和人鬼、身体诸神，都属于低一级别的小神。还有众多的民间信仰的俗神，也几乎都被道教收编吸纳，逐渐变为其神仙系统的一部分。这类神灵，有的与民间信仰甚至历史人物都有着千丝万缕的联系。

4. 真人与仙人

道教特别崇羡历代得道成仙的前辈教徒，把他们当做崇拜对象和学习榜样。按道教的分类，"真人"与"仙人"大体只是品级上的不同。所谓"仙人"，《释名·释长幼》："老而不死曰仙。"即得道的长生不老的人。道教又把仙人分成天仙、地仙、人仙或未登仙录的散仙等若干名分种类，此不赘述。所谓"真人"，《淮南子·本经训》："神明藏于无形，精神反于至真……莫生莫死，莫虚莫盈，是谓真人。"一般说来，"真人"就是受到帝王封诰的仙人。如唐玄宗天宝年间所封南华真人（庄子）、冲虚真人（列子）、通玄真人（文子）、洞灵真人（庚桑子）等。根据民间信仰，道教不断附会出越来越多的仙人、真人，以至于不可胜数。如西汉·刘向《列仙传》记载仙真七十余人，至晋·葛洪《神仙传》就成为九十余人，到宋代陈葆光所撰《三洞群仙录》中，这一数字已经达到数百人。民间流传的最为著名的仙人真人有彭祖、八仙等等。

第三节 道教文化在中华传统文化中的地位及道教典籍简况

道教是中华民族土生土长的宗教，赖以构成的各个要素皆来自民族传统文化自身,如鬼神崇拜、仙术信仰、黄老学说等。正因为如此,从道教基本具备了宗教形态的两汉时期开始,它的传播较之佛教就占有民族文化心理、语言传播等等地利上的优势。加之它自身在发展过程中善于吸收儒、佛二教的各种有用的营养,以至于使它成为与儒、佛二教鼎足而三的中华民族传统文化支柱之一。所以,扎根于民族文化沃土的道教文化,对中华民族传统文化的影响是深刻的、全方位的。例如前文所说的天道承负、因果报应等民族文化心理的存在,都与道教有直接的关系。除此之外,还有一些深刻影响,至今也都仍然对民族和民族文化的发展有着重大意义。这里仅从以下几方面做简要说明。

一、道教的修炼方法与中医中药学和气功、武术、健身拳操等的产生与发展,有着密不可分的关系

自远古以来,中华民族的先祖就逐渐摸索积累了许多医疗健身方法。在科学不昌明的古代,这类方法往往带有神秘色彩。到战国时代,伴随着神仙传说和神仙信仰,燕齐方士就开始了对神仙仙药的探求。秦始皇、汉武帝笃信神仙方术,两汉魏晋的帝王们亦步亦趋,愈加刺激了寻求和制作神仙仙药的活动。所以,在道教产生之前的西汉时期,就不仅有了采集自然药材用以防病治病的大量方法,并且有了制造延年益寿金丹的所谓"黄白之术"。到了东汉魏晋,伴随道教的产生,诸如金丹、仙药、黄白、房中、吐纳、导引等诸多道术与防病治病的医术一起成为道士们竞相传授和研究的对象。在道士们的宗教生活中,炼丹(包括内外丹)与研究医术以及行气房中等健身术是不可分离的整体。晋·葛洪《抱朴子·杂应》:"养生之尽理者,既将服神药,又行气不懈,朝夕导引,以宣动荣卫,使无辍阂,加之以房中之术，节量饮食，不犯风湿，不患所不能，如此可以不病。但患居人间者，志不得专……故不得不有疹疾耳。若徒有信道之心，而无益己之业……其灾必大……是故古之初为道者，莫不兼修医术，以救近祸焉。"因此，不少著名道教人物同时又是著名医学家。如晋·葛洪、梁·陶弘景、唐·孙思邈、金·张元素等等。这就是今天所见许多中医中药、本草类著作中屡见与道教相关内容的原因，由此也可见二者关系之密切。至于今天广为传播的气功等各种健身术，特别像华佗五禽戏、太极拳、八段锦（又名十六段锦或十二段锦）等，许多深受广大人民群众喜爱的健身功法，也都是与道教道术有关的优秀传统文化遗产。

二、道教文化对中国文学艺术的发展有着巨大影响

首先，道教的神仙信仰是历代小说家创作的重要内容和取之不尽的素材源泉。虽然这种神仙信仰本是来源于上古的神话传说，但是只有道教将这种神仙信仰系统化之后，才使后世文学艺术家们获得了持续和更多的灵感刺激以及创作素材源泉的。自晋至隋，产生了大批志怪小说，较著名的如晋代干宝的《搜神记》、王浮的《神异记》、王嘉的《拾遗记》等，都与神仙信仰有直接关系。到明代，则有受道教影响更深的神魔小说，如《四游记》（包括东西南北游记四种小说）、《封神传》等。其他古典名著如《西游记》、《水浒传》、《红楼梦》、《三国演义》、《金瓶梅》、《封神演义》、《三言二拍》等，明清以来的许多古典文学作品，都带有道教文化影响的明显痕迹。至于民间文学、戏曲、绘画、雕塑等其他文艺形式，也同样如此。即便是现当代文学作品，道教文化依然是作家汲取创作营养的源泉，当代著名作家金庸的武侠小说，就是这类作品的典范。

道教音乐对传统文化也有重要贡献。所谓道教音乐，本来是道教在斋醮等宗教仪式上使用的音乐，它几乎和道教有同样悠久的历史。自唐历明，它不断吸收中国古代民间音乐的精华，达到了很高的艺术水平。既有浓郁的宗教色彩，又有淳朴的民族音乐韵味。且全国各地的道教音乐，还分别吸收保留了各自地方音乐的特点，产生了南北方各自不同的许多道教音乐派别。如茅山道教音乐《万年欢》、广东道教音乐《仙家乐》、上海道教音乐《迎仙客》等，都各有特色。由此道教音乐又反过来对各地民间音乐有很大影响。如著名的二胡演奏曲《二泉映月》和为广大人民群众所喜爱的广东音乐，都与道教音乐有一定的关系。道教对传统文化的影响由此可见一斑。

三、道教文化对当代生产生活的影响到处可见

首先，在节日民俗方面，传统文化受道教影响极大。有些民间节日如三元节（上元节正月十五，中元节七月十五，下元节十月十五）、上巳节（三月三）、重阳节（九月九）、小年（腊月二十三）等，都烙有浓重的道教文化色彩。民间信仰的许多神仙如玉皇大帝、泰山奶奶、八仙、关帝、门神、灶王以及不同行业的行业神，也都与道教信仰有关系。

如果说到当今的旅游业，则与道教的联系更多。因为道教对宇宙或世界的构拟中，对神仙所居之地，有所谓三十六洞天、七十二福地之说。历代的著名道观往往就建在这些名山大川中。今天，这些名山大川都成了著名旅游胜地。其中的道观，就是这些景点的最主要的永久的人文景观和支撑点。分布在全国各旅游胜地的部分著名道教景观，如：山东泰山碧霞祠、青岛崂山太清宫；江苏句容茅山元符万宁宫、九霄万福宫、崇禧万寿宫；

浙江杭州葛岭抱朴道院；江西贵溪龙虎山天师府；湖北武当山太和宫、紫霄宫，武汉长春观；广东罗浮山冲虚观；四川成都青城山、青羊宫；陕西周至楼观台；西安八仙宫、华山玉泉院、镇岳宫；辽宁千山无量观、沈阳太清宫；河南嵩山中岳庙；北京白云观；上海白云观；等等。

在道教初具形态的时期，已经将《道德真经》（即《老子》）、《南华真经》（即《庄子》）、《太平经》（即东汉顺帝时于吉、宫崇等造作之《太平清领书》）、《老子想尔注》等视为经典。后来，晋代又出现了融合道教教义和养生修炼方法的典籍《黄庭经》、《上清真经》和《度人经》、《三皇经》。隋唐之后又有被奉为“万古丹中王”、“丹法之祖”的《周易参同契》，等等。就这样，道教在漫长的形成过程中，逐渐积累了大量内容广泛的道教经书。晋·葛洪《抱朴子·遐览》中，已经收录了经、记、法、文、箓、集、杂、图、符九类近一千三百卷道教经书。但对道教经典纂集整理之功最大者当属南朝道士陆修静。他将已有道教经典整理编目，分为“三洞”——洞真、洞玄、洞神三类，从而奠定了后世道教总集《道藏》的分类基础，在此基础上，逐渐形成了“三洞四辅十二类”的分类方法。洞真类，是以《黄庭经》为主的一系列道经。洞玄类，是《洞玄灵宝经》系列的道经。洞神类，是《洞神三皇经》系列的道经。四辅则是更古老的、对三洞起着指导辅助作用的四类经典。包括以《道德经》为代表的太玄部，以《太平经》为代表的太平部，以金丹诸经为代表的太清部，以《正一经》（张陵所传符箓类经书）为代表的正一部。三洞四辅的关系一般说是“太玄辅洞真，太平辅洞玄，太清辅洞神，正一通贯”（《云笈七签》卷三）。三洞四辅又总称七部。三洞道经又都按一本文、二神符、三玉诀、四灵图、五谱录、六戒律、七威仪、八方法、九众术、十记传、十一赞颂、十二章表分类编排。总计共三十六类。但是,唐代之前,道教典籍一直没有被系统整理编纂成总集的形式。直到唐玄宗开元年间,皇帝下令编纂道书,终于修成包含三洞三十六部的《开元道藏》。这是道教史上第一部道书总集。据说其中共收道书凡3744卷(据罗序)。可惜这部道藏毁于五代战乱,未能流传下来。此后,北宋太宗、真宗、徽宗以及南宋孝宗曾先后六次编修道藏。其中,宋真宗时第二次所修道藏,因为是以《千字文》顺序为函目,从“天地玄黄”的“天”字起,到“宫殿盘郁”的“宫”字止,所以题名为《大宋天宫宝藏》。该藏共计4565卷,由张君房主持编修。之后,张君房又汇集《天宫宝藏》的精华,编纂成号称“小道藏”的《云笈七签》。但宋代对后世影响较大的道藏是宋徽宗政和年间第五次修成的《政和道藏》(又名《万寿道藏》)。因为该藏到金章宗时还作为底本,补修成《大金玄都宝藏》,《玄都宝藏》之称一直沿用到元代,但因元宪宗、元世祖两次焚经,该藏也没能流传下来。直到明英宗正统年间,再次以《千字文》为函目,编成自“天”字至“亦聚群英”之“英”字,共计5305卷,名《正统道藏》。明神宗万历年间,又续编至“驱毂振缨”之“缨”字,共计180卷,名《万历续道藏》。正续道藏总计5485卷,512函。民国年间,正续道藏被影印发行,流传至今。对于我们,它不仅是了解和研究道教的一部资料总集,其所蕴涵的丰富的道教文化内容,也是我们研究中华传统文化的资料宝库。

罗常培先生曾把上述道教经典的积累和流传过程,分为三个阶段。大体是:从《汉书·艺文志》有道教经典的记录开始,到南北朝时期,道经大量增多,算作第一阶段。从唐代,特别是从《开元道藏》起,到宋徽宗第四次修藏,算作第二阶段。从宋徽宗政和年间的第五次修藏，即修成《政和道藏》起，直至民国年间正续道藏得以流传，是第三阶段。罗先生的上述意见可供我们参考。

综上所述，道教作为中华民族的本土宗教，其基础是取资于传统，扎根于民间的。特别是它追求长生不老的宗教理想，更是迥别于佛教追求涅槃的最高理想。但同时，道教在建立和完善的过程中，又具有中华传统文化兼收并蓄、善于吸取其他文化精华，适应社会发展需要的特点。除教义之外，它向佛教借鉴了许多东西。同时也把儒家注重伦理道德，关心国计民生等，本不属于宗教，但适合本土文化习俗的内容，大胆地吸收到自己的教义教规之中。从道教的发展和传播过程中，可以更多地体会到中华传统文化儒释道三教合流的特点。可以毫不夸大地说，要想了解中华民族和中华文化，不了解道教是绝对办不到的。但在学习它的过程中，也应当注意分别其精华和糟粕。

第九章　古代礼仪制度简介

第一节　引　言

中国古代文化中的所谓“礼”，是中华文化中的一个特有概念。在外语特别是西方语言中无法找到与之相应的同义词。这一点，前辈学者已经揭示过。即便在中国文化中，古代的“礼”或“礼仪”的含义，也绝不是今天“礼节”、“礼貌”、“礼物”、“礼仪”等词汇能解释和概括的。因此，学习中国古代文化，必须更多地了解一些古代的“礼”和“仪礼”才行。

在上古时代，“礼”与“仪礼”或“礼仪”混而不分。二者是不可分割的一个概念。长期以来，它一直是一个囊括宗教、政治、法纪、礼节仪式、生活习俗、行为准则、道德规范等等，几乎无所不包的复杂的中华文化概念。由于不容易简单地给它下定义，所以，汉·班固《白虎通·礼乐》说：“夫礼者，阴阳之际也，百事之会也，所以尊天地，傧鬼神，序上下，正人道也。”①应该注意的

① 《白虎通疏证》，中华书局 1994 年版，第 95 页。

是，班固所说的礼，已经基本上是属于东汉时代儒家学说的概念了。而诸子百家时代，各家对于“礼”的理解和解释是有所不同的。自从罢黜百家以来，儒家文化一直占据着正统文化的地位，因此，它对中华文化影响了两千多年的礼和礼仪，也就成了我们需要了解的主要对象。

古代“礼”的含义，从其字形上就可以看出一些端倪。《说文解字·示部》：“礼，履也。所以示神致福也。从示从豊。”用今天的话说，“礼”就是祀神求福的实践活动。先秦文献中，普遍对它有了进一步的认识。《礼记·祭义》说：“礼者，履此者也。”《荀子·大略》说：“礼者，人之所履也。失所履，必颠蹶陷溺。”看来，这种祀神求福的实践活动的“礼”，是指祭祀鬼神的全部方法和过程，包括祈求鬼神时恭敬的心理、敬畏的态度和行为，以及遵照鬼神的要求去生活实践等等的全部内容。

实际上，这种祀神求福的“礼”的全部内容，在宗法观念和宗法制度下，与对鬼神的崇拜以及与之紧密相连的政治理想、国家制度等等，是密不可分、甚至干脆就是合而为一的。于是，从典型的宗法制时代起，原本是祭祀鬼神的“礼”，就已经开始变成了政治生活中的礼节、仪式、规章制度，而且还进一步转化成了社会生活中的道德准则、行为规范、生活方式。这样，原本宗教祭祀的“礼”，就进而扩展为政治的“礼”和道德的“礼”。在政治的“礼”和道德的“礼”的影响下，逐渐形成了从上层社会直到下层民众，从肃穆的庙堂祭祀或典礼直到日常生活的形形色色的“礼仪”、“礼节”、“礼俗”。正所谓“德之流行，速于置邮而传命”（《孟子·公孙丑上》）。从这一意义上说，中国古代文化就是由“礼”和“礼仪”引导着的文化。在社会生活的层面上，中国古代文化是被众多的礼仪、礼俗充斥和覆盖着的文化；或者说是以精致甚至是典雅的礼仪、礼俗为表象的文化。这是中国古代文化的一大特色。所以中国历来又号称“礼仪之邦”。

因此，无论是从表层——社会的行为规范或民俗的层面，还是从深层——制度层面或道德层面，抑或还是从学术研究的层面，不了解中国古代的“礼”和“礼仪”，以及由此派生出来的众多“礼俗”，都是根本无法了解中国古代文化的。

中国古代礼的发展经过了一个漫长的历程。西周时期已经具备了系统化的礼仪制度。春秋时期的儒家创始人孔子，十分崇信西周时代的礼制，他一生致力于“恢复周礼”并“缀周之礼”（按，编缀西周礼书）①，从而使记载周代礼仪和研究礼仪制度的著作得以流传。经过后世儒家学者们的传承和不断整理，到汉代，最终将“三礼”——《仪礼》、《周礼》、《礼记》三种有关礼的经书整理成定本并留传后世。周代礼仪制度的大致情况和儒家学派的礼治思想由此较好地得以保存，礼学也得以建立。此后两千多年，特别是独尊儒术之后，“三礼”更是以“经”的地位被各个朝代当做经典。后世儒家学者对它们不断研究，并以它们为根据，修订历代的礼和礼仪制度，并影响着中华民族从上到下的众多的礼俗。

中国古代的礼或礼仪制度，产生于奴隶社会，发展于封建社会。其性质是属于维护奴隶主阶级和地主阶级利益的；是维持他们统治需要的制度支柱和精神支柱。对于其重要性，《礼记·礼运》记载了孔子如下的精辟论述：“夫礼，先王以承天之道，以治人之情。故失之者死，得之者生。《诗》曰：‘相鼠有体，人而无礼。人而无礼，胡不遄死？’是故夫礼必本于天，殽于地，

---

① 《汉书·儒林传》。

列于鬼神，达于丧、祭、射、御、冠、昏、朝、聘。故圣人以礼示之，故天下国家可得而正也。”①孔子的这段话，准确表达了礼或礼仪制度对于古代中国和每个中国人的重要性。同时，它也表明了礼仪制度及其衍生出来的礼俗，具有对于社会生活和个人生活必然施加和无法摆脱的广泛控制力和影响力。所以说，中国古代社会和中国古代文化一直是与礼仪制度以及众多礼俗相伴前行、密不可分的。甚至今天以至于未来的中国社会和中国文化，都仍然会与它有着密切的关系。正如著名学者钱穆先生指出的：“要了解中国文化，必须站到更高来看到中国之心。中国的核心思想就是‘礼’。”这就是我们必须尽可能多地了解一些中国古代礼或礼仪文化，特别是儒家礼仪文化的重要意义所在。

第二节　《周礼》所载礼仪制度与《仪礼》篇目简介

周代的礼仪制度既被后世奉为典范，它们又大致被“三礼”较好地保存和阐发。所以，研究中国古代礼仪制度，总是从“三礼”入手。从前面的章节可以知道，“三礼”中的《周礼》主要以记述周代政治制度为主，《仪礼》主要以记述周代的礼俗为主。因而要想较全面地了解周代礼仪制度的相关内容，应当从二者提供的制度和礼仪两个角度，综合考察，庶几可以窥测到周代礼仪制度的一般梗概。

我们先简要介绍《周礼》记载的礼仪制度类别和名目的情况。

① 《礼记集解》，中华书局1989年版，第585页。

《周礼》当中关于当时礼仪制度的记载，一般认为主要集中在如下两处：

(1)《周礼·地官司徒·大司徒》：大司徒之职“而施十有二教焉：一曰以祀礼教敬，则民不苟；二曰以阳礼教让，则民不争；三曰以阴礼教亲，则民不怨；四曰以乐礼教和，则民不乖；五曰以仪辨等，则民不越；六曰以俗教安，则民不愉；七曰以刑教中，则民不虣(bào)；八曰以誓教恤，则民不怠；九曰以度教节，则民知足；十曰以世事教能，则民不失职；十有一曰以贤制爵，则民慎德；十有二曰以庸制禄，则民兴功”。①

大意：大司徒的职责，是负责对人民进行十二方面的教育。一是用祭祀礼教育人民对天地鬼神恭敬，人民就会以严肃敬畏的态度对待他们。二是用诸如乡饮酒礼、乡射礼等阳礼，教育人民懂得礼让，人民就不会争夺名分。三是用婚嫁之礼教育人民懂得亲爱，人民就会婚配合适而不产生埋怨。四是用音乐教化人民懂得和睦，人民就不会乖戾。五是用各种礼节仪式教育人民懂得上下尊卑，人民就不敢超越等列。六是用古老的习俗教育人民安居乐业，人民就会淳朴厚道。七是用刑罚教育人民行为端正，人民就不会暴乱。八是用各种号令教育人民知道警戒谨慎，人民则勤于从事应做的事情。九是用各种制度教育人民懂得礼节，人民则知道满足。十是用各种技艺教育人民，人民则不失本职。十一是用德才等标准制订爵位等级，人民则崇尚美好的德行。十二是用功劳的大小决定俸禄的多少，人民则努力建功立业。

以上是“大司徒”主管的十二项教育工作，其中许多项都

---

① 《周礼正义》，中华书局1987年版，第705页。

与礼仪制度有关。特别是前四项,更是有“祀礼”、“阳礼”、“阴礼”、“乐礼”的明确称呼(按,对“乐礼”一词学者有争论)。但可惜原文过于简略,不能使人对此四礼深入了解。一般又认为,司徒一职只是执掌教育等工作,而非专管礼仪。所以,以上四礼在叙述专管祭祀和各种礼仪工作的“大宗伯”一职时,已经被概括其中。所以历来谈到周代礼仪项目时,往往以后者为主。

(2)《周礼·春官宗伯·大宗伯》:“大宗伯之职,掌建邦之天神、人鬼、地示之礼,以佐王建保邦国。以吉礼事邦国之鬼神示,以禋祀祀昊天上帝,以实柴祀日、月、星、辰,以槱(yǒu)燎祀司中、司命、风师、雨师,以血祭祭社稷、五祀、五岳,以貍(mái)沈祭山、林、川、泽;以疈(pì)辜祭四方百物,以肆献祼(guàn)享先王,以馈食享先王,以祠春享先王,以禴(yuè)夏享先王,以尝秋享先王,以烝冬享先王。以凶礼哀邦国之忧,以丧礼哀死亡,以荒礼哀凶札,以吊礼哀祸裁,以禬(guì)礼哀围败,以恤礼哀寇乱,以宾礼亲邦国。春见曰朝,夏见曰宗,秋见曰觐(jìn),冬见曰遇,时见曰会,殷见曰同,时聘曰问,殷覜(tiào)曰视。以军礼同邦国,大师之礼,用众也;大均之礼,恤众也;大田之礼,简众也;大役之礼,任众也;大封之礼,合众也。以嘉礼亲万民,以饮食之礼,亲宗族兄弟;以昏冠之礼,亲成男女;以宾射之礼,亲故旧朋友;以飨燕之礼,亲四方之宾客;以脤(shèn)膰之礼,亲兄弟之国;以贺庆之礼,亲异姓之国。”①

大意:大宗伯的职责,是执掌建立国家对于天神、人鬼、地祇等的祭祀,以及所有的礼仪制度。用它们帮助周王建立并安定

① 《周礼正义》,中华书局1987年版,第1296~1365页。

保护国家。

用吉礼祭祀与国家有关的所有人鬼、天神、地祇：

把祭品加在累积的木柴上并焚烧它，使芬芳的烟气上达天神，用以祭祀昊天上帝。把牺牲与丝织品等礼物放在积柴上并焚烧它，用以祭祀日月星辰。把积柴与牺牲共同焚烧，用以祭祀司中、司命、风师、雨师等天神。把牺牲的血进献给神灵，将它灌于地，用以祭祀社稷、五行、五岳之神。用掩埋掉祭品的方式祭祀山林之神。用沉没祭品于水中的方式祭祀川泽之神。用分割肢解的牺牲祭祀四方百物之神。把肢解的牺牲、黍稷、熟食进献给所有的祖宗，并用郁金香调和的黑粟米酒浇于白茅，使灌于地，以此请他们享用。用这种方式进行最隆重的祫（qiā）祭。稍微次一等的是祭祀始祖的禘祭。春天用祠祭祭祀祖先。夏天用禴祭祭祀祖先。秋天用尝祭祭祀祖先。冬天用烝祭祭祀祖先。

（按，以上吉礼共计 12 种。）

用凶礼对邦国中的各种灾患表示哀痛与救患分灾：

用丧礼表示对死亡者的悲痛与伤心。用荒礼表示对饥荒瘟疫等灾难的怜悯同情。用吊礼表示对水火灾害的怜悯同情。用禬礼表示对同盟国遭围困战败的怜悯同情。用恤礼表示对邻邦遭受敌寇和动乱的怜悯和同情。

（按，以上凶礼共计 5 种。）

用宾礼使诸侯国亲附周王室并使各国相互亲近：

诸侯在春天对周天子的朝见叫做“朝”。夏天的朝见叫做“宗”。秋天的朝见叫做“觐”。冬天的朝见叫做“遇”。天子有事时，不定期召某方诸侯来朝见叫做“会”。每隔十二年，周天子又没有外出视察，诸侯们则一起来朝见天子，这种朝见叫做“同”。若天子有事，诸侯派遣使者去探望，这种朝见叫做“问”。

派卿作使节,代诸侯以大礼谒见天子,这种朝见叫做“视”。

(按,以上宾礼共计8种。)

用军礼显示威严,使邦国协同一致,使诸侯不敢僭越礼分,逾越法度:

大师之礼,是天子出征时举行的军礼,意在激励将士们的义勇精神。大均之礼,是校比户口,平均征赋时举行的军礼,意在抚恤民众。大田之礼,是天子或诸侯举行春搜、夏苗、秋狝(xiǎn)、冬狩等练兵活动时举行的军礼,意在检阅部队。大役之礼,是修筑王宫、都邑时举行的军礼,意在按照民力的强弱分派任务。大封之礼,是出师抵御敌人对边疆的侵犯时举行的军礼,意在聚集汇合军队。

(按,以上军礼共计5种。)

用嘉礼使普天下的广大民众亲善快乐:

用饮食之礼使宗族兄弟亲近。用婚礼使结为夫妻的男女相亲相爱,用冠礼使成年男女知道成年人应有的德行。用宾射之礼使故旧朋友相互亲近。用飨燕之礼使来朝聘的诸侯卿大夫感到亲近。用脤膰之礼使同姓各国相互亲近。用贺庆之礼使异姓各国感到亲近。

(按,以上嘉礼共计6种。)

《周礼·春官宗伯·大宗伯》所载吉、凶、宾、军、嘉,共五礼36种。它涵盖了《周礼·地官司徒·大司徒》所述“祀、阳、阴、乐”四礼的内容。所以,一般讨论周代礼仪制度往往以“五礼”做代表。

下面,我们再介绍一下《仪礼》17篇的篇目,以求与以上《周礼》所载述的内容交叉印证,并提纲挈领地了解一下周代礼俗的名目及其大体内容。

士冠礼第一：记载士阶层的男子20岁成人时，举行加冠礼的详细程序和仪节。

士昏礼第二：记载士阶层的男子从缔结婚姻关系到成婚的详细程序和仪节。

士相见礼第三：记载士与士、士与大夫、大夫与大夫初次相见的礼节和士大夫进见国君与进言、侍坐等活动时的进退礼节。退休或在职的卿大夫请见时的礼节。还有在相见时所应用的称谓等内容。

乡饮酒礼第四：记载乡、州、党地方上举行的敬老尊贤等宴会时的礼仪。

按，《仪礼·乡饮酒礼》唐·贾公彦疏："凡乡饮酒之礼，其名有四。案，此宾贤能谓之乡饮酒，一也；又案，《乡饮酒义》云：'六十者坐，五十者立侍。是党正饮酒，亦谓之乡饮酒，二也；乡射，州长春秋习射于州序，先行乡饮酒，亦谓之乡饮酒，三也；案，《乡饮酒义》又有乡大夫士饮国中贤者，用乡饮酒，四也。"①

意思是：举行乡饮酒礼大致有四种场合：此处是招待贤能而举行的乡饮酒礼，是第一种。又据《礼记·乡饮酒义》说，"六十岁的可以坐下，五十岁的则站着陪侍"，那是党正举行的乡饮酒礼，是第二种。州长在春秋举行乡射礼之前，在州序先举行宴会，也行乡饮酒礼，这是第三种。根据《礼记·乡饮酒义》，又有乡大夫士宴请国中的贤能之士的宴会，也行乡饮酒礼。这是第四种。

《礼记·乡饮酒义》唐·孔颖达疏："名曰乡饮酒义者，以其记乡大夫饮宾于庠序之礼、尊贤养老之义……《仪礼》有其事，

① 《十三经注疏》，中华书局1980年版，第980页。

此记释其义也。但此篇前后凡有四事：一则三年宾贤能；二则卿大夫饮国中贤者；三则州长习射饮酒也；四则党正蜡祭饮酒。摠而言之，皆谓之乡饮酒。"①

意思是：此篇叫做乡饮酒义的原因，是因为它解释了乡大夫在庠序宴请宾客的礼仪、和乡饮酒礼所含的尊贤养老的意义。《仪礼》记载有此礼，而《礼记》该篇就是解释其含义的。但篇中记载了四种使用乡饮酒礼的场合：一是乡中每逢三年宴请贤能之士时，二是卿大夫宴请国中贤能之士时，三是州长举行射箭大会之前的宴会时，四是党正在蜡祭举行宴会时。总之，以上这些场合使用的礼仪，都叫做乡饮酒礼。

从以上贾公彦、孔颖达的话可知，周代的乡饮酒礼适用于多种社交场合。

乡射礼第五：乡大夫和士在乡里举行的射箭大会的礼仪。

按，《礼记·射义》孙希旦集解："凡礼射有四：一曰大射，君臣相与习射而射也……二曰宾射，天子诸侯飨来朝之宾，而因与之射，亦谓之飨射……三曰燕射，天子诸侯燕其臣子或四方之宾，而因与之射；大夫士燕其宾客，亦得行之……四曰乡射，州长与其众庶习射于州序，《仪礼·乡射礼》是也。而乡大夫以五物询众庶，亦用是礼焉。"②

意思是：使用射礼的场合大致有四种：第一是大射，是君臣共同参与的射箭大会的射箭活动，第二是宾射，是天子或诸侯招待来朝见的宾客时，因而与他们进行的射箭活动。也叫做飨射。第三是燕射，是天子或者诸侯宴享自己的臣子或者宴享四方宾

① 《十三经注疏》，中华书局1980年版，第1682页。

② 《礼记集解》，中华书局1989年版，第1437页。

客，因而与他们进行的射箭活动。大夫士宴享自己的宾客时，也使用这一礼仪。第四是乡射，是州长和他的民众在州序举行的射箭大会，《仪礼·乡射礼》中记载的有关礼仪，说的就是这一种。另外，乡大夫有时还用这种射箭活动的礼仪，向民众谘询问题。

从以上孙希旦的话可知，周代的射礼有数种。乡射礼不同于天子、诸侯主持的大射、宾射、燕射。它是适用于地方乡里多种社交场合的一种礼仪活动。另外，这种射箭属于礼仪性的活动，与主皮比武的真正射箭比赛有所不同。

燕礼第六：诸侯、大夫举行宴会的礼节。

按，《礼记·燕义》孙希旦集解："古者饮食之礼有三：曰飨，曰食，曰燕。飨、食礼重而体严，燕则礼轻而情洽。有燕来朝之诸侯者……有燕诸侯来聘之臣者……有君自燕其臣子者……有燕其宗族者……有养老而燕之者……《仪礼·燕礼》乃诸侯燕其臣子之礼，而其记又兼及于燕四方之宾，其余礼则不可得而考矣。"①

上述的意思是：古代饮食的礼仪有三种：叫做飨礼，食礼，燕礼。飨礼、食礼的仪程隆重而严肃，燕礼则较轻松而融洽。有时用燕礼接待来朝见的诸侯，有时用燕礼接待诸侯国派来的使节，有时国君用燕礼招待自己的臣下，也有用燕礼招待宗族、招待老人的。《仪礼·燕礼》所记载的是诸侯用燕礼招待臣子的礼仪过程，而其"记"的部分，又兼记了有关招待四方宾客时的礼仪。其余场合中使用的饮食之礼就不可考了。

由此可见，周代饮食之礼也有不同级别的数种（此礼可以

① 《礼记集解》，中华书局1989年版，第1449页。

与下文“公食大夫礼第九”相参照）。同时，此处燕礼又是可以适用于多种不同场合的一种。

大射（礼）第七：君主主持的最高等级的射箭大会的礼仪。

聘礼第八：诸侯国之间派使者问候对方时的礼仪。

按，《礼记·聘义》孙希旦集解：“吕氏大临曰：聘礼，有天子所以抚诸侯者，《大行人》‘一岁遍存，三岁遍覜，五岁遍省’，是也。有诸侯所以事天子者，《大行人》‘时聘以结诸侯之好，殷覜以除邦国之慝’，是也。有邻国交修其好者，《大行人》‘凡诸侯之邦交，岁相问，殷相聘’，是也。《仪礼》所载，邻国交聘之礼。”①

上述的意思是：宋·吕大临说：聘礼有多种，有天子用以安抚诸侯的，如《周礼·秋官司寇·大行人》“一年视察一遍、三年视察一遍、五年视察一遍”之类的聘礼就是。有诸侯用以慰问天子的，如《周礼·秋官司寇·大行人》“不定期地派使臣去问候天子，以缔结天子对诸侯的亲善的感情。定期地派使臣去朝见天子，用以接受天子的命令，纠正邦国的错误”一类的聘礼就是。有诸侯国之间为了增进友好关系的，如《周礼·秋官司寇·大行人》“诸侯国之间为了加强友好关系，一般每年都要派遣使者互相慰问，每隔三年，更要进行一次大的访问”一类的聘礼就是。《仪礼·聘礼》所记载的，正是这一种邻国相互聘问的礼仪。

按，至于天子与诸侯之间所适用的聘礼礼仪的详细情况，今天已经不可考。

公食大夫礼第九：诸侯在宗庙为来聘问的使者举行的食礼。

① 《礼记集解》，中华书局1989年版，第1456页。

兼记大夫相食之礼。

此礼庄重程度次于飨礼，重于燕礼（可与“燕礼第六”相参照）。

觐礼第十：诸侯朝见周天子的礼仪。

按，《周礼·春官司寇·大宗伯》“春见曰朝，夏见曰宗，秋见曰觐，冬见曰遇”。可见，觐礼只是诸侯四时朝见天子制度中的一种。但是，文献中除觐礼有详细描述外，其他几种已经见不到相关记载。所以诸侯朝见天子之礼的情形，只能通过觐礼这唯一的资料了解其大概。

丧服第十一：通行的丧服和丧期制度。其中包括：斩衰、齐衰、大功、小功、缌麻五等（五服）共十一种丧服、丧期的规定。另外，还记载了五服之外的四种变通之服。

按，《仪礼·丧服》贾公彦疏：“礼篇今亡……未亡之时，有天子、诸侯、卿大夫、士之丧服，其篇各别，今皆亡，唯士丧礼在。若然，据《丧服》一篇，总包尊卑上下，不专据士。”这就是说，虽然该篇原本是针对士阶层的，但是它所记载的丧服、丧期等内容，可以适用于社会各个阶层。

该篇在每段经文之后，都有一段传说是孔子的学生子夏解释经文的“传”，所以该篇旧称又叫“丧服经传”。

士丧礼第十二：记载士遭遇父母、妻子、长子丧亡时所奉行的礼节的一部分。即从亲人死亡到入殓，以及占卜葬期的具体礼节。

既夕礼第十三：该篇是士丧礼的下篇。记载出殡、下葬时的仪注，以及对前一篇（《士丧礼》）所记载礼节的一些补充。

士虞礼第十四：《仪礼·士虞礼》贾公彦疏：“郑《目录》（按，指郑玄《三礼目录》）云：虞，安也。士既葬父母，迎精而返，日中祭之于殡宫以安之。”可见此篇是丧主安葬父母之后，在宗庙中举行的安魂礼。

特牲馈食礼第十五：诸侯之士在宗庙举行的祭祖、祢之礼。祭品以一豕为牺牲，称特牲。

少牢馈食礼第十六：卿大夫在宗庙举行的祭祖、祢之礼。祭品以一羊一豕为牺牲，称少牢。

有司彻第十七：少牢馈食礼的下篇。记卿大夫祭祖、祢之后，命有司撤去堂上祭礼所用器物，在堂上举行的酬谢尸的礼节。“尸”是代表死者受祭的人。

以上各篇所涉及的礼仪，特别是与今天生活有密切关系的几种礼仪的具体仪程，我们将在下一节中做进一步介绍。

第三节　《仪礼》中保存的几种主要礼仪仪程简介

上一节中讲道，《周礼·春官宗伯·大宗伯》记载了周代吉、凶、宾、军、嘉，共计五礼36种礼仪制度。它基本可以涵盖《周礼·地官司徒·大司徒》所述“祀、阳、阴、乐”四礼的内容。同时，我们又通过《仪礼》17篇的篇目，简要介绍了周代礼俗的名目及其大体内容。历代礼学家对上述这些记载进行了研究归纳，认为《周礼·春官宗伯·大宗伯》所载吉、凶、宾、军、嘉的五礼36种礼仪，与《仪礼》17篇篇目所包含的周代礼仪的内容，二者基本上是一致的。它们集中表现为冠礼、婚礼、丧礼、祭礼、射礼、乡饮礼、朝礼、聘礼等八种礼俗形式。这一观点，先秦儒家学者早有反复论述。如前面引用过的《礼记·礼运》中孔子所说的一段话：“是故夫礼必本于天，殽于地，列于鬼神，达于丧、祭、射、御、冠、昏、朝、聘。故圣人以礼示之,故天下国家可得而正也。"①孔子又说:"夫礼必本于天,动而之地,列而之事,变而从时,协于分艺。其居人也曰养。其行之以货、力、辞让、饮食、冠、昏、丧、祭、射、御、朝、聘。故礼义也者,人之大端也……所以养生送死,事鬼神之大端也;所以达天道,顺人情之大窦也。故唯圣人为知礼之不可以已也。故坏国、丧家、亡人,必先去其礼。"②意思是:先王制定的礼制,是圣人根据自然的固有的天道而制定的,用以规范和约束社会上人们的各种行为。分列为吉、凶、宾、军、嘉各种不同的礼仪类别。不同的时代又或将其作一些适合当代的增减或调整,使礼制更适合大大小小一切社会活动,使其协调有序。礼仪制度对于社会的每个人,都是为了使他具备适合社会的身心修养(而不仅仅是使人们感到厌烦的繁文缛节)。它渗透于社会生产、生活的各个环节,使人们懂得辞让。具体说起来,就是饮食礼、冠礼、昏礼、丧礼、祭礼、射礼、乡礼(按,据清·邵懿辰《礼经通论》,原文"'射、乡'讹为'射、御'耳")、朝礼、聘礼。所以说,礼仪活动是社会活动中头等重要的事情……人们用它养生送死,侍奉鬼神。用它与上天的意志沟通,用它顺乎人的感情需要。所以圣人深知礼仪制度不能疏忽和废止。这也就是若消灭一个国家或使它国家混乱、丧亡一个家庭或个人,必定首先废除其礼俗的原因。

事实上,《仪礼》所载的古代较完备并盛行的饮食礼、冠礼、婚礼、射礼、乡饮礼、祭礼、朝礼、聘礼、丧礼等 礼俗形式,对中华民族传统文化有着极其深刻的影响。两千多年来,这些基本礼

---

① 《礼记集解》,中华书局 1989 年版,第 585 页。
② 《礼记集解》,中华书局 1989 年版,第 616 ~ 617 页。

俗虽然多有变化，但它一直是中华民族各个时代、各个民族共同具有和遵循的最基本的礼俗。即便是在现当代，这些礼俗也仍然或多或少地在生活中延续着。至于包含于其深层的东西，更是值得我们理智地对待与思考。为了方便大家了解这些礼仪细节，引导大家将来深入探讨，我们不妨对《仪礼》所载的以上九种礼俗的大致仪程，逐一作些简单介绍。①

一、士冠礼仪式的大致过程

1. 在祢庙门前占筮举行冠礼的日期。2. 提前三天邀请参加冠礼的贵宾。3. 提前三天占筮主持冠礼的贵宾及其助手（赞冠者），过程与 1 占期同。4. 冠礼前一天黄昏，在庙门前举行仪式，正式向宾朋通报第二天举行加冠礼的时间。5. 行礼当天凌晨，布置冠礼场所，陈设典礼用品。6. 主人迎接并邀请主持人及其助手进入庙堂，各就各位。7. 主持人及其助手为将冠者按冠（缁布冠）、皮弁、爵弁的顺序，依次举行加冠。三种冠由卑而尊，且各自配有相应的全套服饰。每完成一次加冠，冠者就以相应的套装之容，向来宾展示，与来宾见面。8. 三加礼完成后，主持人向冠者献上醴酒，祝贺他从此成为成年人。9. 主持人为冠者取表字。10. 主人用醴酒敬谢主持人。11. 冠者与长者、尊者及兄弟姊妹见面并相互致礼。12. 主人向主持人献礼。

按，在周代，所有贵族男子 20 岁时都要举行冠礼，但是嫡子、庶子的冠礼仪式细节略有不同，以示身份的差异。又据《礼记·曲礼》："女子许嫁，笄而字。"《谷梁传·文公十二年》："男子二十而冠，冠而列丈夫……女子十五而许嫁，二十而嫁。"范

① 顺序按《仪礼》17 篇的先后安排。

宁集解引谯周曰:“《书》称:成王十五而冠。著在《金縢》。”杨士勋疏:“案,《尚书·金縢》无‘成王十五而冠。故彼郑注云:天子诸侯十二而冠。”①这些记载皆语焉不详,仅备参考而已。

二、士昏礼仪式的大致过程

1. 下达:即请媒人去女方提亲。2. 纳采:女方答应结为婚姻后,男方郑重地派使者向女方献上大雁,作为订婚之礼。女子之父则在祢庙郑重地接受其采择之礼。3. 问名:使者向女方送上大雁,请问女方的姓氏,以便回去后占卜吉凶。之后,女方以醴酒酬谢宾客。4. 纳吉:男方将女方的姓氏在宗庙占卜。得到吉兆后,婚姻关系成立。再派使者持雁去女家通报,仪节如纳采。5. 纳征(又称纳币):男方派使者正式给女方送去丝帛、鹿皮等聘礼,仪节如纳吉。从此婚姻关系正式确定。按,女子许嫁后,家长要为她举行笄礼。笄礼如同男子的冠礼,之后称呼其表字。出嫁前三个月,家长在宗祠中教以妇德等做人妇的相关知识。6. 请期:男方派使者将占卜所得婚期吉日,通报对方。仪节如纳征。7. 迎亲:迎亲之日,男子接受父亲的命令,前往女家迎娶新娘。新娘接受父母教诲。新郎向岳父行礼并献上大雁。接新娘登车后,先行回家俟新娘于自家门外。(若男子父母已亡故,无人命其亲迎,则由他人代往。新郎三月后再去拜见岳父母。)8. 成婚:完成自新娘到达新郎家后所规定的一系列成婚仪式。9. 见舅姑:次日清晨,新娘拜见公婆。从此开始尽妇道。10. 男方款待送婚者,送婚者离去,婚礼结束。11. 庙见:三个月后,新娘开始参与丈夫家祭祀祖先的活动。

---

① 《十三经注疏》,中华书局 1980 年版,第 2409 页。

三、射礼仪式的大致过程

射礼是周代十分崇尚的一项活动。其意义和作用绝不是一般的射箭比赛（按，后者叫做“主皮之射”，《仪礼·乡射礼》所谓：“礼射不主皮，主皮之射者，胜者又射，不胜者降。”是讲究力气和收获的比赛），而是一种纯粹的礼仪活动。《礼记·射义》说：“古者天子以射选诸侯、卿、大夫、士。射者，男子之事也……以立德行者，莫若射，故圣王务焉。……是以诸侯君臣尽志于射，以习礼乐……君臣相与尽志于射，以习礼乐，则安则誉也。是以天子制之而诸侯务焉。”又说：“古者诸侯之射也，必先行燕礼。卿、大夫、士之射也，必先行乡饮酒礼。故燕礼者，所以明君臣之义也；乡饮酒之礼者，所以明长幼之序也。故射者，进退周旋必中礼……此可以观德行矣。”①

由以上这些论述可以知道，周代之所以把射礼作为重要礼仪活动之一的原因，是因为通过它不仅可以演习礼乐制度，而且它还是一种观察和评价诸侯、卿、大夫、士各阶层人物德行合格不合格的方式方法。因此，上至周王，下至贵族各个阶层，无不对它十分重视，所以在许多社交场合都要举行射礼。

据说，周代的射礼共有大射、宾射、燕射、乡射四种（或说大射、宾射、燕射或大射、燕射、乡射三种）。所谓大射，《礼记·射义》说：“天子将祭，必先习射于泽。泽者，所以择士也。已射于泽，而后射于射宫。”②可见，大射礼是为祭祀等重要活动选拔人选所举行的礼仪活动。因此，大射礼是严肃的，目的在于检验参

① 《礼记集解》，中华书局 1989 年版，第 1440～1441、1438 页。

② 《礼记集解》，中华书局 1989 年版，第 1446 页。

与者的德行、容体、动作是否合乎礼乐规范。宾射与燕射，是天子、诸侯飨来朝之宾或宴其群臣时举行的射礼。一般在朝廷或宗庙举行，《周礼·春官宗伯·大宗伯》所谓"以宾射之礼，亲故旧朋友"。但是宾射与燕射的具体情况都已不可详考。乡射是州长与其众庶在州序（州的学校）中举行的射礼，乡大夫与乡老在乡学中也举行射礼。

今《仪礼》中载有乡射礼、大射礼两种，其大致礼仪过程分别如下：

（一）乡射礼仪式的大致过程

1. 主人到拟定的宾客家中邀请其参加乡射礼。2. 在堂上设宴席。主人向来宾敬酒，来宾还敬主人。3. 席间，乐工奏《诗经》有关乐章，主人向乐工献酒。4. 指定监礼的司射、司正。5. 由司射挑选三组六名优秀弟子组成"三耦"，作为射礼上的示范。6. 司射邀请宾客射箭。司正兼任射礼司马，负责射礼的指挥。7. "三耦"先后按各自的上射、下射两个射手的顺序射箭。以上为射礼的第一轮射箭。8. 司射请众宾客参射，并为他们一一与士配合成偶。9. 由"三耦"先射，而后主人与宾客参射。然后由司射用算筹统计他们的胜负情况。并向负者罚酒。10. 司马向报靶者敬酒。司射向负责统计和搬运箭支的人敬酒。以上为射礼的第二轮射箭。11. 射礼的第三轮射箭开始，礼仪如前。但司射请以奏乐，配合并节制第三轮射箭。乐工奏《诗经·驺虞》乐章，众人在乐声中依次完成射箭、计筹、罚酒等礼仪。12. 三番射全部结束。宾主重新入席，相互敬酒。席间有乐工奏乐，直至尽欢而散。13. 第二天，宾客至门感谢主人盛情。之后，主人设宴慰劳司正等人。

（二）大射礼仪式的大致过程

1. 国君向各有关人员下达命令，预报将举行大射礼的有关事宜。2. 大射礼的前三天，掌管朝法的宰夫再次告诫司马等职能人员，督促各自做好准备工作。3. 大射礼的前一天，射人等官员作好各种细致的准备工作，并将准备工作的完成情况向国君报告。4. 大射礼当天清晨，在射宫安排宴席。国君入席，公卿大夫各就各位。国君任命主、宾。主人向宾献酒，宾回敬主人。5. 主人向国君献酒，并祭酒。6. 国君再命下大夫担当送爵者，为宾客献酒，如此循环数遍。7. 请国君设立司正。司射请求射箭活动开始。选定"三耦"，并向他们讲解示范。8. "三耦"进行第一轮射箭。9. 众卿、大夫、士合耦。然后，国君与主宾以及众公卿、大夫开始射箭。9. 统计射箭比赛的结果，并罚负者饮酒。10. 祭箭靶，并向报靶人和统计人员献酒。第二轮射箭结束。11. 第三轮射箭开始，礼仪如前。司射命大师奏《诗经·狸首》乐曲，众人按节奏完成射箭、计筹、罚酒等礼仪。12. 众参射者将弓箭交还有司，撤去射箭器具，司马报告射箭过程全部结束。13. 撤俎，诸公卿脱屦升席安座。宴饮开始，宾醉而归。

按，由上可知，乡射礼与大射礼的礼仪过程基本相同。但后者的规格较前者更为隆重。

四、乡饮酒礼仪式的大致过程

1. 谋宾：主人乡大夫到乡先生处商定聘请贤能之士作为乡饮酒礼的宾与副宾（介）的人选。确定后到他们家中通报。2. 席宾：在乡学中布置乡饮酒礼的席位。3. 速宾：主人到宾、介家中邀请他们前来入席。主宾三揖三让，再拜之后各自就位。4.

献宾:主人为宾敬酒,宾还礼(酢)。5. 酬宾(劝宾饮酒):主人再次向宾敬酒,主人先自饮,劝宾随饮。6. 主人向副宾(介)敬酒,副宾答拜。7. 主人向众宾献酒。8. 乐工歌唱《诗经·小雅·鹿鸣》等歌曲,演奏《诗经·小雅·南陔》等乐章。主人向乐工献酒。歌乐交替进行。9. 主人任命司正,请众宾继续安席。10. 宾酬主人,主人酬介。司正劝众宾饮酒。11. 撤俎,脱屦入席而坐。燕饮(随意劝酒饮酒,享用美味)。不断奏乐,尽欢而止。12. 客退,奏乐送客。13. 第二天,宾拜谢主人。主人慰劳司正。

按,从前面贾公彦、孔颖达的注疏中可以知道,乡饮酒礼是可以在多种场合适用的礼仪。它主要是一种敬老尊贤的活动,目的不在于饮酒吃饭。

周代上层贵族的饮食之礼有飨礼、食礼、燕礼三种,即《周礼·春官·大宗伯》嘉礼中所说的“以饮食之礼,亲宗族兄弟”的相关内容。《仪礼》中保存有“燕礼”和“公食大夫礼”的仪节。“燕礼”是诸侯在宫殿正厅(路寝)宴请臣下或贵宾的礼仪,重点在于饮酒。“公食大夫礼”是诸侯在宗庙宴请使者或者大夫相互宴请时的礼节,重点在于吃饭。而对于最高级的飨礼的情况,《仪礼》等典籍中都没能保存下来。故其详情不得而知。下面即《仪礼》所载“燕礼”和“公食大夫礼”仪节的大致情况。

五、燕礼仪式的大致过程

1. 小臣通知参加燕礼的人员。各职司吏员在路寝布置燕礼完毕,由负责礼仪的射人向国君报告准备情况。2. 君臣就位。射人向国君请示,确定做宾的大夫的人选。小臣请示国君,确定为国君掌管酒尊盖布和进献食品的士的人选。3. 国君迎接宾客入席就座。宴会开始,主持人(宰夫)向宾献酒,宾回敬主人。

4. 主持人向国君献酒，并自我还敬。然后再向主宾敬酒。5. 由国君选定的人选向国君送爵。国君用它们向主宾敬酒。然后，主宾向大夫们一一敬酒。6. 主人向卿敬酒。并由国君再次选定的人选向国君送爵。国君用它们向卿敬酒。7. 主人向大夫敬酒。乐工上堂，开始演奏、歌唱《诗经》乐章。8. 国君派专人向大夫们一一敬酒。奏乐。9. 主人向乐工敬酒。继续演奏。10. 国君命射人兼任宴会司正。司正命众人重新安坐。11. 主人向士敬酒。众宾分别向国君行拜礼，敬酒，国君答拜赐酒。12. 司正命最后接受国君赐酒的大夫向士劝酒。然后士互相劝酒。13. 主人向参加宴会的其他官员献酒。14. 随意劝酒畅饮，不断奏乐。入夜，尽欢而散。

六、公食大夫礼仪式的大致过程

1. 派遣与使者相同爵位的人员去通知使者参加食礼。2. 陪同接待客人的卿大夫士先到达宗庙外，准备迎接客人。其他有关职司人员则做好宴会的各项准备工作。3. 国君身穿朝服，在宗庙大门内迎接客人。4. 导引客人的大夫引导客人进门，向国君行再拜稽首礼。双方三揖三让。上堂后双方再次行礼。5. 职司人员将食品、用具陈列完毕。国君表示亲自为客人服务，客人不敢当，亲自将食具放好。赞礼者报告正餐的一切准备工作完毕。6. 国君请客人就食，客人行礼入席，对食品一一祭祀。7. 宰夫将梁饭递给国君，国君向客人送上梁饭、稻饭，士则进献上各种珍馐美味。赞礼者向宾主报告。8. 客人对各种珍馐美味祭祀，并向国君行礼致谢，国君答礼。9. 客人三次举饭而食。有司将准备好的四张皮革礼品陈列在庭中。客人再次祭祀。10. 国君用束帛作赠品，向客人劝食。客人辞谢行礼，而后接受。下堂将礼品交与随行人员。11. 客人重新行礼上堂。吃完黍稷饭，三次饮酒漱口，拭手。然后亲自动手撤去食物。12. 客人向国君行礼告辞。国君答礼，并将客人送至大门以内。13. 有司将席上的三牲等祭品给客人送到宾馆中。14. 次日，客人穿朝服到庙们外向国君拜谢。

按，公食大夫礼适用于诸侯款待别国来聘问的使者，也基本适用于大夫之间的相互宴请。故又将其归入朝聘之礼。

又按，以上自射礼直至公食大夫礼，都与周代饮食之礼密切相关。只是古人应用时的场合、规模以及各自的繁文缛节各不相同。对此，我们必须有历史客观的正确理解。《礼记·礼运》说："夫礼之初，始诸饮食。"

柳诒徵在其《中国文化史》中，对周代饮食之礼的价值和作用提出了很有见地的看法，值得我们注意。他说："周之饮食精备如此，而礼制即寓于其中。……盖周之尚文，即一饮一食之微，亦必寓其意焉。后人但斥其繁琐无谓，而不悉心研究其思想制度之所以发生，则用心粗擒之过也。欲知其意，宜先读《乐记》之言：'夫豢豕为酒，非以为祸也。而狱讼益繁，则酒之流生祸也。是故先生因为酒礼，壹献之礼，宾主百拜，终日饮酒，而不得醉焉。此先王之所以备酒祸也。'则知周人之于饮食，既求起美备，复防其恣肆，非徒诏人以口腹之欲，亦非徒限人以阶级之制也。"①

总之，应当把繁琐的食礼看做是中国古代文化的一个重要组成部分。从中可以观察和得到许多有价值的东西。

① 柳诒徵：《中国文化史》，中国大百科全书出版社，第165页。

七、聘礼仪式的大致过程

1. 国君在朝中与众卿商定往行聘礼的国家,并任命使者及其助手与随行人员。2. 临行前一天黄昏,使者率使团进见国君,并将使团准备携带的礼品请国君过目检查。3. 出发前,使者在太庙举行仪式,把将行聘之事向祢庙报告。然后插上出使旗帜,率使团前往朝廷接受国君命令。国君把将要献给往聘国国君的圭和束帛加璧等礼品交给使者。使团正式登程。4. 使团经过他国,要以礼向该国借道,发誓不惊扰该国。5. 使团在到达往聘国之前,途中要演习聘礼的仪节。6. 到达聘问国国境,使团打开旗帜,发誓遵守该国法令。进境后收敛旗帜,并多次检查并展示所带的礼品。7. 使团到达国都郊区,打开旗帜,入驻馆舍。往聘国的国君派与使节地位相应的人迎接并慰劳使团。8. 国君夫人也派下大夫前往慰问,并引导使团进入国都。9. 往聘国国卿代表国君在馆舍迎接使者。并任命卿大夫士分别作为上摈、承摈、绍摈,作为接待使团的正式官员。10. 使者穿皮弁礼服,率使团前往太庙外,陈列好带来的礼品。11. 国君穿皮弁礼服在宗庙大门内迎候使者。上摈引导使者进门,接受国君的迎接。庙中已布置妥当,主宾双方郑重以礼相见。使者转达自己国君对往聘国国君的致辞。后者行礼致谢。并接受使者献圭,以及束帛加璧。然后使团人员与对方举行献上皮革等礼品的仪式。国君行礼致谢。12. 使者向国君夫人行聘问之礼,献上玉璋。其仪式与向国君聘问相同。13. 使团若还负有向往聘国请求帮助的使命,则还要以束帛做礼品,重复以上献礼仪式。14. 正式聘问仪式后,使者再捧束帛、牵四匹马,请求以私人身份向往聘国国君致礼。国君推辞后,接见使者。15. 国君以酒醴招待使者,使者酌祭三次。国君向使者赠送束帛与四匹马。使者致谢。16. 副使与随行人员捧束帛、鹿皮等礼品,以私人身份晋见国君。17. 国君将使者及其随行人员送出宗庙,双方行礼而别。18. 使者经聘问国国君同意,准备前去聘问该国卿大夫。聘问国的卿大夫则先去宾馆慰问使者及其助手。19. 国君又派卿大夫分别携带活牲及宰杀的牛羊猪、束帛等礼品,在宗庙向使者及其助手慰问致礼。使者与副使以及随行人员分别在宗庙接受礼品,并回赠对方礼品。20. 次日,使者上朝向国君拜谢其馈赠。21. 使者与副使穿朝服去卿大夫的祖庙向卿大夫行聘问之礼,赠送礼品。22. 当天黄昏,聘问国国君夫人派下大夫穿皮弁服向使者与副使、随行人员赠送礼品。23. 聘问期间,国君亲自或派人宴请使者,食礼一次,飨礼两次。24. 聘问国国君派卿大夫将使者带来的圭、璋等礼品赠还来聘国国君。并再赠送礼玉、束帛、四张兽皮等礼物。25. 国君亲自去宾馆拜会使者,表示送行。并请使者向其国君、国君夫人献礼、问候。使者则将国君送回朝廷。26. 国君派人送给使者飞禽,以示送行。使者去朝廷对此三拜谢。27. 使团启程回国,住宿在郊外。国君再次派卿大夫士向使团各级人员赠上礼品。并派士陪使团直至边境。28. 使者回到本国国都郊外,派人先行向国君报告。并穿好朝服,展开旗帜,行禳灾之祭。然后进入国都,将带回的公私礼品全部献于朝廷。向国君详细汇报出使情况。国君慰劳使者及使团人员,众人感谢国君。使团人员将使者送回家。使者向使团人员拜谢。29. 使者等在家庙祭祀,报告自己的返回。30. 在聘问过程中,遇到各种重大变故,都有相应的礼节处置。另外,各个环节还有许多细节的礼仪规定。

八、朝礼仪式

(一)有关朝礼仪式的一些基本情况

按,“三礼”所载周代朝礼,总起来说情况比较复杂,因而也显得过于简略,甚至名称和分类都语焉不详。因此,历代礼学家们的意见也很不一致。我们仅综合择取东汉郑玄和清代孙诒让的说法,对它们作些简要介绍。

朝礼可以分为外朝之礼与内朝之礼两大类。据说,外朝因其在天子宫廷的路门之外,故称。实际上它是天子处理政务的主要场所(主要指宫殿)之一,故又称其为正朝。而天子在路门之内起居休息的宫殿内(所谓燕寝)也进行朝政活动,故路门之内便称内朝,或称燕朝。所以,内朝、外朝一般可以以路门内外区别之。但是实际上,外朝(正朝)之殿与内朝(燕朝)之殿都在宫廷范围之内,所以又可以统称为内朝。《周礼·秋官司寇·朝士》:“朝士掌建邦外朝之法。”郑玄注:“周天子、诸侯皆有三朝。外朝一,内朝二。内朝之在路门内者,或谓之燕朝。”孙诒让疏:“据《玉藻》,正朝为内朝,则燕朝更在其内,亦为内朝可知。若以正朝、燕朝自相对言之,则正朝亦称外朝。”孙诒让的说法,简明扼要地说出了内朝与外朝的区别和联系。

此外外朝(正朝)又可称为治朝。《周礼·天官冢宰·宰夫》:“宰夫之职,掌治朝之法。”郑玄注:“治朝,在路门之外。”孙诒让疏:“《朝士》外朝之位。”《周礼·夏官司马·司士》:“正朝仪之位。”郑玄注:“此王日视朝事于路门外之位也。”孙诒让疏:“此亦天子治朝之朝位也。”

有关于朝礼的一些具体细节,典籍中并没有系统的记载,只是散见于“三礼”各篇章中。借此后人才可以得知周代朝礼的一些情况。如:《周礼·夏官司马·大仆》:“建路鼓于大寝门之外。”郑玄注:“大寝,路寝也。其门外,则内朝之中,如今宫殿端门下矣。”《周礼·秋官司寇·朝士》:“朝士掌建邦外朝之法。左九棘,孤卿大夫位焉,群士在其后。右九棘,公侯伯子男位焉,群吏在其后。面三槐,三公位焉,州长众庶在其后。”《周礼·夏官司马·司士》:“正朝仪之位。辨其贵贱之等。王南乡;三公北面东上。孤东面北上。卿大夫西面北上;王族故士、虎士在路门之右,南面东上;大仆、大右、大仆从者在路门之左,南面西上。司士摈,孤卿特揖,大夫以其等旅揖,士旁三揖。王还揖门左,揖门右。”孙诒让疏:“《司仪》:‘王见诸侯,土揖庶姓,时揖异姓,天揖同姓。’……此孤卿大夫皆未就位,王揖之乃各就本位。”

从上一节的内容中,我们知道周代据说有四方诸侯按季节朝见天子的制度。而且,《仪礼》中保存了西方诸侯朝见天子的“觐礼”。从中我们应该可以窥见朝礼的一些基本情况。

(二)觐礼仪式的大致过程

1. 诸侯到达都城郊外,天子派使者穿皮弁,用璧前往慰问。2. 使者导引诸侯入城,并以天子名义赐予诸侯馆舍。3. 天子派大夫通知诸侯觐见的日期。4. 觐见前一天,诸侯改在太庙门外的馆舍休息,以便第二天觐见。5. 觐见之日,天子衮服冕冠,坐于绣有斧状花纹的屏风前。左右设玉几。6. 觐见诸侯身穿最低一等的裨冕之服,在祢庙献币帛致祭。然后,乘插有龙旗的墨车,用托板捧瑞玉至朝,请求觐见。7. 经过礼仪官的层层传达,最后请见之辞达于天子。天子传命,表示将接见觐见诸侯。8. 诸侯进入殿门,向天子行礼,用托板献上玉圭。然后下堂再拜稽首。9. 礼仪官传达天子之命，请诸侯登堂。10. 诸侯登堂再次行拜礼，然后退出。11. 诸侯觐见，还必须多次在太庙以束帛加璧和本国所产珍宝、马匹等礼物，向天子献礼，而天子也对其多次慰问，重赐车马礼服无数，并颁发记载接见赏赐记录的文书。12. 此外，觐礼中还记载了天子外出巡狩与诸侯举行会同之礼时的一些礼仪情况：诸侯在会同时觐见天子，要在觐见地点修建一个方圆三百步围墙的类似王宫的场所，四周各有一门，里面有一个高四尺、十二寻（一寻八尺）见方的高坛。上面陈设着四尺见方、嵌有圭、璧、璋、琥、璜等玉器的"方明木"。坛前插着代表参加会同的各国国君爵位的旗帜。各国国君在代表各自爵位的旗帜下，面北而立。盟会开始，按照爵位高低，分公、侯、伯、子、男五批，上坛向天子行礼。天子乘龙马，载日月、升龙、降龙等旗帜，率诸侯出宫。春夏则祭日于东门外或南门外。冬则祭月、四渎（江河淮济）于北门外。秋则祭山川丘陵于西门外。其祭法，则祭天用燔柴；祭山、丘陵，用升；祭川，用沉；祭地，用瘗。（按，参见第二节相关内容。）

九、士丧礼仪式的大致过程

1. 招魂。招魂者身穿朝服，持死者的爵弁服在屋脊上朝北面为死者招魂，然后将其盖在死者身上。2. 将角匙放入死者齿间，以备饭含时使用。3. 派使者向国君报丧。4. 国君派使者吊唁。丧主叩拜，顿足而哭。5. 国君派使者赠送丧家衣被等敛尸所需物品。亲朋则亲自将所赠衣被等物品送于丧者。6. 按死者身份在屋檐下为其建立旗幡。7. 由助丧的吏臣、仆从为死者沐浴。然后由丧主亲自为死者饭含。再由助丧者为死者穿好贴身衣服。8. 第二天，将死者复衣复衾，装裹完好，完成小敛。丧主抚尸痛哭，将尸体从室迁于堂。众丧主开始穿上丧服举行奠祭。夜晚，庭中燃起大烛。9.又次日，由丧主捧着死者的头，将死者尸体安放进棺木入殓，完成大殓。丧主抚尸痛哭，然后盖上棺盖，在殡宫（停放灵柩的正室）举行祭奠。10.第三天（殡后第二天），丧主和众亲属正式穿好规定的各级丧服。向吊唁者行礼拜谢。早晚不时在殡宫哀哭。此后，初一、十五或有新的祭品时，都要祭奠。11.通过卜筮择定死者的墓地。再通过占卜择定落葬日期。（以上《士丧礼》。）12.出殡前一天晚上，哀哭结束后，有司向丧主请示出殡的日期，并报告众宾客。13.第二天清晨，举行启殡仪式后，将灵柩迁至祖庙。午后，在祖庙举行为死者饯行的祭奠。然后有司请示落葬的日期并通知众宾客。入夜，在宗庙内点燃大烛。14.第二天清晨，在庙门外举行落葬前的祭奠。而后，灵车在送葬宾朋的护送下到达墓地。落葬。（以上《既夕礼》。）15.宾主一起从墓地返回祖庙，吊唁结束后，丧主返回家中，在灵堂举行安顿死者灵魂的虞祭。16.士葬后三个月，三次虞祭之后，举行百日祭（卒哭之祭）。从此改无时之哭为朝夕之哭。17.第二天，按照死者的昭穆地位附祭于祖庙（祔祭）。18.士死满周年后（第十三个月），举行小祥祭。之后，孝子可以除去首服。19.又过一周年，举行大祥祭，之后，孝子可以除去斩衰服。20.再过一个月，举行禫（dàn）祭。至此，丧期结束，孝服完全解除。（以上《士虞礼》。）

十、祭礼仪式的大致过程

这里所谓的祭礼，仅仅是指周代贵族卿大夫士在宗庙祭祀祖、祢（死去的父亲）时的相关礼仪。《周礼·春官宗伯·大宗伯》："以吉礼事邦国之鬼神示。"孙诒让疏："《文选·东京赋》薛注云：‘吉，福也。’案：祭祀之礼，取以善得福，是谓之吉礼。”①祖宗属于鬼神，对他们的祭祀自然属于此类吉礼。但是，《大宗伯》中所载的吉礼远不止限于祭祀祖宗的范围，郑玄所谓“吉礼之别十有二”。祭祀祖宗只是属于十二类祭祀中“以馈食享先王”的一部分内容。其他吉礼的情况，典籍中没有留下详细的记载。我们只能通过这很少一部分内容，去了解周代祭祀活动的一般情况。

《仪礼·特牲馈食礼》一节，是记载诸侯之士在宗庙祭祀祖祢的礼仪。“特牲”，是指仅用一猪为牺牲，这是士阶层使用牺牲的规定。“馈食”是指向祖祢进献牺牲和各种美味食品。而《仪礼·少牢馈食礼》一节，则是记载诸侯之卿大夫在宗庙祭祀祖祢的礼仪。“少牢”是指以一羊一猪为牺牲，这是卿大夫阶层使用牺牲的规定。其仪节程序与特牲馈食礼基本相同，而这两种祭礼中记载的一些共有仪节，如事前的卜筮等，在各种祭祀中都是基本相同或相似的基本仪节。下面即“特牲馈食礼”仪式的大致过程：

1. 在宗庙占筮，以决定举行祭祀的日期。2. 日期决定后，提前三天，再在宗庙占筮，决定担当尸的人选。（按，“尸”是指代表祖祢等接受祭祀的活人。天子以卿为尸，诸侯以大夫为尸，大夫以下则一般以受祭者的嫡孙为尸。）3. 第二天，主人亲自去邀请尸和参加祭礼的其他嘉宾。4. 祭礼前一天的傍晚，主人与嘉宾一起到宗庙，视察祭器和牺牲等的准备情况。5. 祭礼当天早上，主人主妇亲自到宗庙，分别监督宰牲与烹煮祭祀所用食品，以及祭祀器皿的摆设情况。6. 参加祭礼的所有人各就各位。先

① 《周礼正义》，中华书局1987年版，第1297页。

在室内的东北角向神拜祭（按，所谓“阴厌”）毕，然后迎尸于门外。7. 尸入室升位，接受祭祀。酒饭之后，主人、主妇、嘉宾，依次献酒拜尸致祭。8. 三献毕，主人向嘉宾及兄长、众兄弟献酒。9. 众兄弟、宾客等向尸加爵献酒。主人嗣子祭酒拜尸。10. 尸卒食，由嘉宾送尸出门。11. 各职司人员祭灶。12. 众兄弟酬宾，宾还礼。之后相互劝饮（旅酬）。13. 司祝命令嗣子与长兄弟享尝食之礼（尝食尸剩下的食品）。嗣子与长兄弟祭食、祭酒。14. 撤去尸使用的俎、敦，陈设在室的西北角，设尊酒祭之（阳厌）。15. 祝宣告礼成。主人送宾，并将各自所用的俎送给各人带回。

《礼记·礼运》：“夫礼必本于天，动而之地，列而之事，变而从时，协于分艺。其居人也曰养。其行之以货、力、辞让、饮食、冠、昏、丧、祭、射、御、朝、聘。”《大戴礼·本命》：“礼义者，恩之主也。冠、昏、朝、聘、丧、祭、射、御、宾主、乡饮酒、军旅。此之谓九礼也。”

这一节中，我们根据上面所引大、小戴《礼记》对礼仪类别的权威说法进行了折中，用尽可能概括的语言和简略的篇幅，按《仪礼》十七篇的大体顺序，对大戴礼所说“九礼”中除了“军礼”之外的八礼，作了尽可能通俗而详尽的介绍。它们是：一、“士冠礼”，二、“士昏礼”，三、“射礼”（包括乡射礼、大射礼两种），四、“乡饮酒礼”，五、“燕礼”，六、“公食大夫礼”，七、“聘礼”，八、“朝礼”（以觐礼为替代例），九、“士丧礼”，十、“祭礼”（以特牲馈食礼为例）十种。其中的四、“乡饮酒礼”，五、“燕礼”，六、“公食大夫礼”，传统上将其分别归入乡、射、朝、聘的范围，实际上它们都与饮食之礼有不可分割的关系。大概正是因为这些篇章在其属性上的不确定性，一般对周代的礼仪都是以“冠昏乡射朝聘丧祭”八者概括之。至于“军礼”，其详细情况早已亡佚，无从考察，只有《周礼·夏官司马·大司马》中还有一些简单的描述。因其不在传统的“八礼”或“九礼”范围之内，我们也不再讨论它。

尽管如此，初学者仍会对周礼的复杂繁缛深感头疼，这是毫不奇怪的。其实，自古以来人们就已经深有同感。但是《礼记·礼器》明确指出：“孔子曰……故经礼三百，曲礼三千，其致一也。”这就是说，孔子等礼学家们早就认识到，这些复杂繁缛的礼仪制度，抬手投足的行为规范细则，其作用和目的只有一个，那就是可以用来达到其礼制化的理想社会的目的。所以，我们今天只有花费一定气力，了解这些看似烦琐、枯燥乏味，甚至是被认为带有腐朽气息的礼仪节目，才能真正深入了解中国古代文化，才能把握古人的思想行为模式、礼仪风俗、政治制度等。在此基础上，才能更好地继承和发扬优秀传统文化，批判和扬弃其糟粕，建设符合当今时代的社会主义新文明。

第十章　中国传统文化与若干称谓礼俗简介

第一节　称谓礼俗的“卑己尊人”原则与应用举例

我们所说的“称谓”，是指传统文化中在家庭生活与社会交往时使用的称呼词语。处在复杂社会关系中的人们，只有在交往时对自己和对方的社会角色做出准确判断并使用相应的、恰如其分的称呼，社会生活才能正常进行。孔子说：“必也正名乎……名不正，则言不顺；言不顺，则事不成。”①《荀子·正名篇》说：“分别制名以指实，上以明贵贱，下以辨同异。贵贱明，同异别，如是则志无不喻之患，事无困废之祸。”②可见，中国古代对于包括称谓在内的名分问题是十分看重的。

其实国外对此也不例外。有的学者把这种活动称为“身份

① 《论语·子路》。

② 《荀子集解》，上海书店出版社 1986 年版，第 276 页。

鉴别”。美国人爱德华·奥斯本·威尔逊说：“现代人最尖锐的内部问题就是身份鉴别。”①

在“身份鉴别”中，家族亲属称谓起着区别尊卑长幼的作用，虽然重要，但学习和使用起来相对比较单纯。而社会交际称谓的情况，却因社会生活的复杂而比亲属称谓复杂得多。今天的人们对它们的特点也更生疏和隔膜。限于篇幅，我们本章只能对后者的情况做一点讨论和介绍。

古代中华民族素称“礼仪之邦”，讲究以“礼乐”治天下。而“礼仪”、“礼乐”，除了其政治化的内涵与外在的礼节仪式之外，其背后的实质内容，则是中国古代文化中最具代表性的一些意识形态的东西。其中主要的，是伦理观念、道德规范、哲学观念，等等。

中国古代核心伦理观念，据信在尧舜禹时代已经形成。《尚书·尧典》载，尧“允恭克让”，舜则“克谐以孝”。②《论语·为政》：“子曰：《书》云：‘孝乎惟孝，友于兄弟，施于有政。”③《礼记·表记》：“虞帝弗可及也已矣……亲而尊，安而敬，威而爱，富而有礼，惠而能散。其君子尊仁畏义，耻费轻实。忠而不犯，义而顺，文而静，宽而有辨。”④汉代之后的著作对此也多有论及。刘向《说苑·修文篇》：“夏后氏教以忠，而君子忠矣。”班固《白虎通义·三教》也说：“夏人之王教以忠”，“殷人之王教以敬”。又说：“人以忠教，故忠为人教也。地道谦卑……以敬为

① 爱德华·奥斯本·威尔逊：《新的综合：社会生物学》，四川人民出版社 1985 年版，第 228 页。

② 《十三经注疏》，中华书局 1980 年版，第 123 页。

③ 杨伯峻：《论语译注》，中华书局 1980 年版，第 20 ~ 21 页。

④ 《十三经注疏》，中华书局 1980 年版，第 1642 页。

地道也。”①看来，恭、敬、让、忠、孝等，自远古就已经是中华民族最珍视的道德观念了。

到春秋时代，中华民族较完备的伦理观念体系已经形成。《论语》中大批伦理观念词语的集中反复出现和阐发，就是明证。如：仁(104)(按，括号内数字为该概念在《论语》中的出现的次数。下同。)、义(24)、礼(74)、知(智)(25)、信(24)、孝(19)、和(8)、忠(18)、恕(2)、温(4)、良(1)、恭(13)、俭(4)、让(7)、敬(21)、直(22)、节(5)、中庸(1)……

以上这些观念，由于《论语》等的阐发，往往被认为其更具儒家色彩。实际上，不管是此前还是此后，它们都是属于全民族的伦理价值观念。此后的两千多年，中华民族很大程度上是靠这些根本的伦理观念所升华成的儒家礼乐制度维系和发展起来的。《管子·君臣篇》说：“天有常道，地有常形，人有常礼。”又“贵贱有义，伦等不逾，则……国有常式。”②《荀子·礼论》说：“礼有三本：天地者生之本也；先祖者类之本也；君师者治之本也……故礼上事天，下事地，尊先祖而隆君师。是礼之三本也。”③董仲舒《春秋繁露·奉本》也说：“礼者，继天地、体阴阳而慎主客，序尊卑贵贱大小之位而差外内远近新故之级者也。”④社会生活中，最直接普遍体现这种“序尊卑贵贱大小之位而差外内远近新故之级”的，莫过于人际交往中人人都要频繁使用的各种称谓了。

需要特别注意的是，前边论及的尧的美德“允恭克让”这种

---

① 《白虎通疏证》，中华书局 1994 年版，第 369 ~ 371 页。
② 《二十二子》，上海古籍出版社 1986 年版，第 134 页。
③ 《二十二子》，上海古籍出版社 1986 年版，第 333 页。
④ 《二十二子》，上海古籍出版社 1986 年版，第 790 页。

恭敬谦让之德，既是古代圣贤令后世永远瞻仰的优秀品格，也是古代中华民族一直所崇尚的道德理念。这一点，在表现古代中华民族哲学观念的《易经》中有充分体现。

《易·谦》：“谦，亨。君子有终。”《象》曰：“天道亏盈而益谦，地道变盈而流谦，鬼神害盈而福谦，人道恶盈而好谦。谦，尊而先，卑而不逾。君子之终也。”又“谦谦君子，用涉大川，吉。”《象》曰：“谦，君子卑以自牧也。”①

以上《谦卦》卦辞与的大意是：谦虚则事情顺利，君子这样做必然有好的结果。《象》传则解释说：上天的规律是毁坏满的而增加虚的。例如日中则下降，月虚则渐满。大地的规律是毁坏满盈的东西而流入虚空。例如丘高则渐损，沟虚致水满。鬼神的法则是让恶人屡遭祸殃，福佑好人有好的报答。人间共同的心理是厌恶自满，喜好谦虚。骄傲自大就会碰壁，谦和退让才受欢迎。人能谦虚，处于尊位，则会更加光荣。处于卑贱，也才不会被欺凌和超越。总之，谦虚能使君子有好的结果。又：以谦下地位自处的君子，即便有跋山涉水的艰难，也都会吉利无凶险。《象》传则解释说：以谦下自处的君子，总是用谦卑的态度约束自己。

上述《谦》卦的含义，《汉书·艺文志》概括为“一谦而四益”，并认为这是道家的根本主张。确实，道家的创始人老子对这种观念有更多的精彩发挥。他说：“强大处下，柔弱处上”，“贵以贱为本，高以下为基”，“江海所以能为百谷王者，以其善下之，故能为百谷王”。都形象地阐明了道家对人伦处世法则的哲学思考。而儒家创始人孔子据说曾师从过老子，因而儒家思想中也已然融合了这种思想。例如《论语·雍也》“己欲立而

① 《十三经注疏》，中华书局1980年版，第31页。

立人,己欲达而达人”,以及《卫灵公》“己所不欲,勿施于人”等,都与此观念有一定联系。并且,这种思想后来成为儒家礼乐思想中基本的观点和行为准则。《礼记·表记》:“子曰:‘下之事上也,虽有庇民之大德,不敢有君民之心,仁之厚也。是故君子恭俭以求役仁,信让以求役礼。不自尚其事,不自尊其身。俭于位而寡于欲。让于贤,卑己而尊人。小心而畏义,求以事君。得之自是,不得自是,以听天命。”①

综上所述,可以看出,《易·谦》“卑以自牧”的道德观念和哲学观念,以及《礼记·表记》“卑己尊人”的礼乐思想,早在数千年之前,就已经从圣哲们的哲理性思考逐渐变为全民族的处世态度和行为准则了。而这种表现、这种态度和行为的最直接、最经常的实践与文化表征,便是社会交际活动中频繁使用的称呼词语了。

两千多年来,不管是庙堂之上的帝王将相,还是村野之中的庶民百姓,凡是与人交往使用的称谓词语,无不遵循这种“卑己尊人”的原则。而最高统治者对此更显得特别谨慎小心,甚至把一些“卑己尊人”的称呼词语,反复强调并记录在经典中,成为了他们遵循的金科玉律。

《礼记·曲礼下》:“君天下,曰‘天子’。朝诸侯,分职授政任功,曰‘予一人’……九州之长……其在东夷北狄西戎南蛮,虽大曰‘子’。于内自称曰‘不谷’,于外自称曰‘王老’。庶方小侯,入天子之国曰‘某人’,于外曰‘子’,自称曰‘孤’”……诸侯见天子曰‘臣某’‘侯某’,其与民言,自称曰‘寡人’。”②

---

① 《十三经注疏》,中华书局1980年版,第1640~1641页。
② 《十三经注疏》,中华书局1980年版,第1260~1266页。

上文的大意是：君临天下的人，叫做“天子”。他在接见诸侯或在朝廷上处理政务时，自己谦称“予一人”，意思是“自己不过是普通人中的一个”罢了。边远大国的国君，对天子自称“子”，对他们自己国内，则谦称“不谷”，意思是“不善（的人）”或“不好（的人）”。小国的国君，则只能谦称自己叫“孤”，意思是“自己是孤立而又无德无能的人”。诸侯国国君朝见天子，自称“臣某”或“侯某”，而与百姓说话时，则自称“寡人”，意思是“自己是个德行不足的人”。《论语·季氏》：“邦君之妻，君称之曰夫人，夫人自称曰小童。邦人称之曰君夫人。称诸异邦曰寡小君。异邦人称之亦曰君夫人。”（按，类似内容《礼记·曲礼下》也有记载。）

说明性的记载已如上述，而各种典籍中也记录了这些称谓当时真实的运用情况。首先看“予一人”：

《尚书·汤誓》：“尔尚辅予一人致天之罚，予其大赉汝。”意思是：希望你们辅助我执行上帝对夏朝的惩罚。我将大大地赏赐你们。又《盘庚上》：“邦之臧，惟汝众；邦之不臧，惟予一人有佚罚。”意思是天下治理得好，是你们大家的功劳。治理的不好，仅是我的过错。

甲骨文大家胡厚宣先生曾发表过《释“余一人”》和《重论“余一人”问题》的文章。他指出，甲骨文中的“余一人”被后代写作了“予一人”。它是商王专用的自谦称，当时连诸侯也不得使用。①

后来“予一人”逐渐成了后代皇帝们专用的书面自谦称。如《汉书·文帝纪》：“天下治乱，在予一人。”②《元史·世祖

①② 参见《历史研究》1957年第1期。

纪》："求之今日，太祖嫡孙之中，先皇母弟之列，以贤以长，止予一人。"①

与"予一人"相类似的，还有"予小子"。但它开始是古代帝王对先王或长辈等人的自谦称，后来则降格为常人在前辈面前的自谦称了。例如：《书·泰誓上》："肆予小子发，以尔友邦冢君，观政于商。"（大意是：所以姬发我和你们各位友好国家的大君们，一起观察商朝的政治情况。）清·李渔《秦淮健儿传》："后生曰：予小子亦泗人，归途迷失，望长者指南之。"

"寡人"与"不谷"：《左传·隐公三年》："宋穆公疾，召大司马孔父，而属殇公焉，曰：'先君舍与夷而立寡人，寡人弗敢忘。'"孔颖达疏："《曲礼下》曰'诸侯见天子曰臣某侯某，其与民言自称曰寡人。'今与臣言亦云'寡人'，则知其对臣民自称同也。老子曰'孤、寡、不谷，王侯之谦称。'"②《战国策·秦策一》秦王曰："寡人闻之，毛羽不丰满者不可以高飞。"又，《赵策二》："赵王曰：'寡人年少，莅国之日浅，未尝得闻社稷之长计，今上客有意存天下，安诸侯，寡人敬以国从。'"③《晏子春秋·杂下十》："王笑曰：'圣人非所与熙也，寡人反取病焉。'"④

"不谷"的意思是"不善的人"。《左传·僖公四年》："齐侯曰：'岂不谷是为？先君之好是继。与不谷同好，如何？'"⑤《史记·韩世家》："楚王……谓韩王曰：'不谷国虽小，已悉发之矣。

---

① 参见《历史研究》1957年第1期。
② 《十三经注疏》，中华书局1980年版，第1723页。
③ 《战国策》卷三、卷一九，上海文明书局线装本。
④ 《二十二子》，上海古籍出版社1986年版，第576页。
⑤ 《十三经注疏》，中华书局1980年版，第1793页。

愿大国遂肆志于秦,不谷将以楚殉韩。'"①

"孤"也是小国国君或王侯的自谦称。犹言自己是"孤立而无才德的人"。《三国志·吴志·三嗣主传》:"(吴景帝)休答曰:'孤之涉学,群书略遍,所见不少也……如此之事,孤已自备之,不须曜等然后乃解也。'"又,甘露元年三月,末帝孙皓"遣使随绍、彧报书,曰:'……孤以不德,阶承统绪。"又《蜀志·诸葛亮传》:"先主解之曰:'孤之有孔明,犹鱼之有水也。'"②到了后代"孤"则演变为"孤家",经常出现在元明之后的戏曲中。

上面这些例子证明,"卑己尊人"的称谓原则,是从最上层的帝王那里就是严格遵守的。等而下之的社会其他阶层的人,自然也要遵循它,甚至更加严格和变本加厉。正所谓"上有所好,下有甚焉","楚王好细腰,宫中皆饿死","城中好大袖,四方全匹帛"之谓也。

仅以司马迁《报任安书》为例:信的开头,司马迁自称"太史公牛马走司马迁",意思是说"可以像牛马般被您役使的司马迁";而对朋友任安则尊称"少卿足下"。任安,字少卿。足下,是不敢直称别人而尊称以足下。其他类似的称谓还有阁下、殿下、陛下等等。由此一例,即可见汉代"卑己尊人"称谓礼俗之一斑。后代的情况,以大家比较熟悉的《儒林外史》第三回为例:张乡绅听说范进中了举,赶忙去套近乎。原文描写道:"张乡绅说道:'世先生果是清贫。……弟却也无以为敬,谨具贺仪五十两,世先生权且收着。'"这里,早就是举人出身且做过知县的张乡绅,对刚刚中举的范进,尊称其为"世先生"(意思是"世

① 《史记》,中华书局1959年版,第1870页。

② 《三国志》,中华书局1959年版,第1160、1164、913页。

代有交往的可尊敬的长者"),而自己谦称"弟"。又第八回中,刚到任上的王太守与前任太守的儿子蘧公子见面的场面:"王太守道:'前晤尊公大人,幸瞻丰采,今日却闻得略有些贵恙。'蘧公子道:'家君年老,常患肺病,不耐劳烦,兼之两耳重听。多承老先生记念。'王太守道:'不敢。老世台今年多少尊庚了?'蘧公子道:'晚生三十七岁。'"这里,王太守称蘧公子的父亲为"尊公大人",对年轻的蘧公子也尊称"老世台"。反过来,蘧公子又尊称王太守为"老先生",谦称自己的父亲为"家父",谦称自己为"晚生"。

再看《红楼梦》第十五回的例子,北静王对贾政说:"令郎真乃龙驹凤雏,非小王在世翁前唐突,将来'雏凤清于老凤'未可量也。"这里北静王身为皇亲国戚,贵居王爵,却尊称贾政为"世翁"(世代有交情的长辈),而自己谦称为"小王"。

以上这类例子,俯拾皆是,不胜枚举。其原因就是当时中上阶层中,"卑己尊人"的称谓原则更加严格,不容稍有差池。特别到明清两代,"卑己尊人"的称谓习俗变得更加普及并不断升级。这里我们仅举"先生"与"学生","兄"与"弟"两组常见的称呼语略作说明。

先说"先生"与"学生"。明清时代,官场和读书人盛行尊称他人"先生",自谦称"学生"。若不了解这种风气,有些作品中的描写,就可能看不懂或产生误解。例如:《说岳全传》第十回:"岳大爷道:'岂敢。请教先生尊姓贵表?'那人道:"在下姓周,贱字三畏。……学生祖上原系世代武职,故遗下此剑。今学生已经三代改习文学,此剑并无甚用。祖父曾嘱咐子孙道:'若后人有识得此剑出处者,便可将此剑赠之,分文不可取受。'今岳兄既知是宝剑,必须请教,或是此剑之主,亦未可定。"岳大爷道："小生意下却疑是此剑，但说来又恐不是，岂不贻笑大方？今先生必要下问，倘若错了，幸勿见笑。"三畏道："幸请见教，学生洗耳恭听！"以上，岳、周二人素昧平生，初次见面，岳飞就尊称周为"先生"，自称"小生"。而周也称岳飞为"兄"，自称"在下"和"学生"。

平辈间尚且如此，尊卑间的情况当然就更严格。清·孔尚任《桃花扇·媚座》中，宰相马士英在家中大宴宾客，请的是亲戚妹夫杨文骢和学生辈阮大铖。戏中写道："[净]（马士英）个个是学生提拔，如今皆成大僚了。[副净]（阮大铖）晚生等已废之员，还蒙起用；老师相为国吐握，真不啻周公矣。"这里面对下属和门生，马都自称"学生"，而学生阮大铖则毕恭毕敬称他做"老师相"。以上例子，若了解了明清官场和读书人中的称谓习俗，也就不以为怪了。否则，难免会感到摸不着头脑。

其实，这种尊人为兄、卑己为弟的称呼礼俗，直到现当代，依然在社会上特别是知识阶层中使用十分广泛。《毛泽东书信选》、《鲁迅书信选》中，随处都可以看到这种例子。至于老师对学生辈称"仁弟"、"吾弟"，甚至称"兄"或"先生"，而自己仅以"兄"、"小兄"、"愚兄"，甚至"弟"自称，也是司空见惯的事情。由此类推，晚辈对长辈，则更要采用合适的卑恭的称谓才行。

"卑己尊人"的法则，在社会下层普通民众间也是被普遍遵守的。明清描写市井细民生活的白话小说，充分反映了这方面的情况。《醒世恒言·施润泽滩阙遇友》中，写了两个养蚕的农民好心得到好报的故事。其中，二人相遇时有这样的对话："后生道：'老哥尊姓大号？今到那里去？'施复道：'小子姓施，名复，号润泽。今因缺了桑叶，要往洞庭山去买。'乃问道：'适来忙促，不曾问得老哥贵姓大号。'答道：'小子姓朱，名恩，表字子义。'施复道：'今年贵庚多少？'答道：'二十八岁。'施复道：'恁样，小子乃长老哥八年。'这里，两位农民不论年龄大小，互称对方"老哥"，而谦称自己为"小子"。再如《醒世姻缘传》第八九回："杜乡约口里说道：'你看狄大嫂！……我合狄大哥父来子往，我长起狄大哥好几岁，我还是大伯人家哩。'"以上两个例子中，施复和杜乡约都是在明知自己比对方大若干岁的情况下，仍旧以"老哥"、"大哥"尊称对方，或卑称自己"小子"。可见，下层群众中的称谓也是在遵循"卑己尊人"原则的，只不过更加质朴、率直，而不那么文雅、那么"文绉绉"的罢了。时至今日，老百姓中依然普遍自发地遵循这一法则，而且还创造了许多十分通俗的谚语，形象地表述了这种礼俗的合理性。例如："你敬我一尺，我敬你一丈"，"礼多人不怪"，"见人矮三分"，"骡子和马大了（指个头）值钱，人'大'了（指倨傲自尊的态度）不值钱"，等等。

综上所述，"卑己尊人"的称谓原则数千年来已然成为中华民族称谓习俗的共同原则。它已经成为中华民族优秀传统文化中不可分割的一部分。除了"卑己尊人"法则之外，传统文化中还有大量其他称谓习俗，也都需要我们去了解。然而，今天有些人特别是青少年们，对它们越来越陌生。这种状况，在一定程度上不利于我们继承和发扬优秀传统文化，应当引起我们的重视。

附录

吉常宏《汉语称谓大辞典·代序》（正确使用称谓词）（节录）

（一）

汉语称谓中最重要的一类就是谦称和敬称。谦称是对自己以及和自己有关者的一种谦卑的称呼。敬称是对对方以及和对方有关者的一种表示尊敬的称呼。在封建时代，等级森严，礼节繁缛，谦称和敬称非常复杂。如何谦称自己和敬称对方，这要视自己和对方的关系身份地位而定。如果把握不当，轻则贻笑于人，重则谋事不成，断送前程，甚或得罪。南朝梁时，曹景宗曾与梁武帝萧衍同为齐臣，私交很好，萧衍代齐为帝后，曹景宗很为梁武帝倚重。梁武帝欢宴功臣，曹景宗醉后忘记了君臣礼节，对武帝自称起“下官”。“下官”本是东晋以来，官员之间的自我谦称，而曹醉后忘乎所以，把皇帝当做同僚了。虽然“高祖故纵以为笑乐”，未曾加罪，但被史臣讥为“醉后谬妄”。① 又如光绪初年，湖北省有位王某，依托其兄“统兵屡见奇勋”，王某“亦以随营参赞功，历保至道员”，后来“送部引见”，当时正值东西两太后垂帘听政。孝贞显皇后问道：“尔究随何人立功得保此职?”王某年幼，且久在军中，不懂朝仪，“率尔对曰：‘家兄营中所保。’孝贞闻之一笑，遂不复问。某既退，两后谓军机大臣曰：‘此人年轻有功，似尚聪明能办事，唯少阅历，恐未能任地方官，可不必记名，姑照例发往，俟其历练数年，可用也。’寻分发江西。”②这位王某，靠

① 《梁书》本传作“醉后谬忘”，此从《南史》。

② 见《清稗类钞·称谓类·召见时称兄曰家兄》。

乃兄的军功,得"保至道员",只因为不懂朝廷仪注,不会说"臣兄臣某某……",一个"家兄"竟把记名提升的前程给断送了!

《儒林外史》第四十四回,还写过一个纨绔子弟,因持"晚弟"帖请人做家馆老师而遭拒绝的故事。"次日,余有达到萧家来回拜,说道:'柏泉兄,昨日的事,不能遵命。'萧伯泉道:'这是甚么缘故?'余有达笑道:'他既然要拜我为师,怎么写"晚弟"的帖子拜我?可见就非求教之诚。'"其实,萧伯泉原要这位公子哥写个"晚生帖子",将来进馆再换"门生帖",可是这个不通的贵公子却说,"半师半友,只好写个'同学晚弟'",结果把事办砸了。由此可见自称、谦称的重要性。谦称不得体,也会害事的。

封建时代虽然已成过去,但语言是有继承性的,一些有用的称谓词,还保留在现代汉语中。下边我们来谈谈现代汉语中的自称、谦称和敬称的问题。今天人们在政治上一律平等,自我称谓也没有那么多的讲究,"我"和"我们"足可包容一切了。至于某些谦称和敬称,在许多交际场合和某些群体中,出于礼节上的需要仍在应用。这在书面语言中应用尤多。现代汉语中谦称用语常见者有"敝"、"鄙"、"愚"。如几个生人见面,常听到这样的问答:"贵姓?""敝姓王——三横一竖'王'。""您贵姓?""免'贵',姓章——立早'章'。""府上是?""敝处山东。""您府上?""河南开封市。"街头、巷尾、校园的布告栏上,又常有"寻物启事",一开头就是:"鄙人不慎,于昨晚在某地丢失书包一个……"他如"敝校"、"敝公司"、"敝馆",也是可以时常听到的。某些群体中的人士,在公众场合讲话,常有"敝意以为应道如此。是否妥当,请诸位多多指教!"

"愚"字比较复杂一些。它曾用做尊长对卑幼者的谦称,又曾是同辈人之间的谦称,还是卑幼者对尊长的自我谦称。人们见仁见智，各执一词，不能相下①。其实，就近代情况看，它的应用界限已经不十分明显，逐渐淡化起来。且看一个清代的例子：

> 同年只称年愚弟，而去“家”字……同门友称门愚弟，督抚与司道名刺称愚弟，与府厅称寅愚弟，与州县称寅弟，与下僚称年家眷弟。道光初年，总督与州县，亦有称年家眷弟。（清·福格《听雨丛谈》卷六《名刺》）

福格生活于道光至同治年间，从他的记述看，那时“愚”的应用色彩已淡化了同年、同门是同辈，彼此之间可以用“愚”。总督、巡抚于司道、府厅、州县，是上下级关系，有的用“愚”有的则不用“愚”。同是上对下，尊对卑，何以有此差异？可能这纡尊降贵也有个度，不能一味地谦挹，这谦称“愚”便只到府厅而止了。看来笼统地说尊长对卑幼者谦称“愚”是不符合实际情况的。起码晚清已是这样。从清代的诸多小说看，倒是平辈之间谦称用“愚”最为普遍。如《儒林外史》第四十六回写余大先生和虞梁是表兄弟。虞梁下拜帖邀余大先生做他儿子的老师时是这样写的：“愚表弟虞梁，敬请余大表兄先生在舍教训小儿。每年修金四十两……此订。”余大先生和虞梁交谈时也说：“愚兄老拙株守，两家至戚世交……愚兄也只是行所无事。”

又如《儿女英雄传》中安学海和师爷程老夫子是世兄弟（程是安学海的一位业师的儿子），第三十七回写安骥高中探花后，安学海夫妇向程道谢时说：“大哥请坐，待愚夫妇教小儿当堂叩谢。”邓九公是安学海的盟兄弟，邓也是言必自称“愚兄”。

对尊长谦称“愚”，多见于书面形式，口头形式少些。《续儿

① 参阅《语文建设》1995年第6期、2000年第2期吴小如、俞明理两先生的文章。

女英雄传》第三回写安骥拜会卫方伯。卫是安学海的乡试同年,于安骥为父执,所以安骥虽是"简放山东督学使者,钦加右副督御史衔,兼观风整俗使",带有巡抚使的味道,也"止得用年愚侄帖拜会"。《绿野仙踪》是清乾隆年间的作品。其第三十五回写朱文炜到冷家接眷属时,给冷家两副拜帖,一副写"愚小侄朱文炜"(这是给冷母的)。因为朱妻已拜冷母为义母,故对冷母自称"愚小侄";另一副是给冷逢春的,自然只能写"愚盟弟"了。其妻为冷母义女,其夫便与妻子义母的儿子为盟弟了。其实应是"愚妹夫",但是这种结盟认干亲的事,较不得真儿,只好大而化之地加以比附了。

在现代汉语中的书面语如信函等方面,"愚"还有应用的。但因"愚"用途多样,且有认识上的不同,故宜慎重采用。

现代汉语中的谦称最常用的是如何对人称自己的亲眷、戚属、朋友以及与己有关的人。

对人称自己兄长以上的亲属,都要加一个"家"字。如:家祖父,家祖母;家父,家严,家君,家尊,家大人;家母,家慈;家伯父,家叔;家兄,家姊;家外祖,家舅父,家表兄;家姑丈,家姨丈;家岳,家岳父;家舅兄……于弟以下加"舍"。如:舍弟,舍妹,舍侄,舍表弟,舍内弟。笼统称自己的亲戚时,可称舍亲、敝亲。但对子女不能用"舍",另有一种称谓。如:小儿,小女,大小儿,二小儿,二小女。而旧时谦称儿子,则有:小犬,犬子,豚儿。这是因为《三国志·吴志·吴主传》裴注引《吴历》说:"[曹操]见[孙权]舟船器仗军伍整肃,喟然叹曰:'生子当如孙仲谋,刘景升儿子若豚犬耳!'"于是对人谦称自己儿子才有豚犬的比喻。

对人谦称己妻,今时常用者有:内子,内人。老年男子多用老妻、老伴儿。旧时则有:拙荆,拙妻,贱内等。这多是谦言妻子为山野之女，拙而无能，贫寒亦不修饰，惟以荆为钗①。

妻子对人称其夫，有外子，拙夫。时下多称先生。对人称自己过世的尊长，皆用“先”字。于兄弟以下者，多用“亡”。如：先祖，先祖母；先父，先严，先君；先母，先慈；先伯，先叔；先伯兄，先仲兄，先兄；先岳，先岳母……亡弟，亡侄，亡儿，亡女。于朋友亦用“亡”，如亡友。称死去的妻子亦多用“亡”，如亡妻。

至于敬称他人之尊长则多用令、尊、贵等美好字眼。如：令祖，令祖母；令尊，令堂，令慈；令兄，令弟，令姊，令妹；令郎，令爱（嫒）；令表兄，令表弟；令岳，令舅兄；令姑丈，令姨丈；令亲。

称人之妻多用尊夫人。旧时又称令正，令阃，尊阃（亦作“壶”）。朋友之妻可称嫂夫人，尊嫂。

称人之友，常用贵友，贵同事，贵同窗，贵同学。

以上所举，仅是现代汉语常用者。汉语的谦称、敬称，更是难尽，不能备举。

（二）

要很好地掌握称谓词，最好能学点历史，学点文化常识。

许多历史题材的电视剧，之所以在称谓上出那么多的纰漏，多是由于不懂历史，缺乏文化常识造成的。如电视剧《唐明皇》第二集写中宗李显之死，灵牌上赫然大书“大唐皇帝李显之柩”！编导好像根本不知道封建时代有避讳一说：皇帝的名字不但不能说，也不能写；凡皇帝死后，未殡葬时，因为尚无庙号，也无谥号，只称“大行皇帝”。大行者，意为一去不返②。

---

① 或谓“拙荆”，是用梁鸿孟光之典，但《后汉书》与《续列女传》皆无“荆钗”之语，故不从。

② 《后汉书·安帝纪》“大行皇帝不永天年”李贤注引。

近年来,演义清代故事的电视剧多,在称谓上出的问题也多。

许多清代故事的电视剧,汉大臣对皇帝多自称“奴才”,这是不合清代礼制的。清代只有满洲和旗籍大臣自称“奴才”,有时也称臣。乾隆三十三年(戊子)下诏,明确规定:“嗣后颁行公事摺奏称臣,请安谢恩寻常摺奏仍称奴才。”①其所以如此,是为“存满洲旧俗”。可是后来满臣,“无论公事、私事,俱称奴才”了。蒙汉八旗亦如此。旗籍大臣只有同汉大臣会衔的奏章才一律称臣。汉人凡为提督、总兵者,须称奴才。和总督、巡抚合衔上奏时,也单称奴才,不能随督抚称臣②。

电视剧《丁宝桢》中的一些称谓,更为荒唐。如群臣呼东西两太后为“母后”,丁宝桢呼恭亲王为“恭大人”,海关道柳某对太监小安子自称“小人”,这都不符合清代的官场礼节。恭亲王的“恭”不是姓,是封爵的名号。依清制,亲王郡王,都须称之为王爷。两宫太后是皇帝之母,群臣岂可呼“母后”?“小人”之称,仕宦者少用。士大夫自称“小人”者,最早见于《左传·隐公元年》,颍考叔对其君郑庄公自称“小人”。后来《三国志·魏志·陈登传》记刘备批评许汜责备陈登倨傲时,曾说:“而君求田问舍,言无可采,是元龙所讳也,何缘当与君语?如小人,欲卧百尺楼上,卧君于地,何但上下床之间邪?”这里刘备自称“小人”。后世“小人”成了下层百姓的自称,官场中人物没有自称“小人”的。柳某是海关道,依清代的礼俗,道员对上官应称“职道”③。道员是正四品,知府是从四品,而知府对上官则自称“卑

①② 《清稗类钞·称谓·奴才》。
③ 见《清稗类钞·称谓·文官上下之称谓》。

府”，等而下者皆自称“卑职”。其他如丁宝桢之称下属，下僚之称丁宝桢，也都不曾按晚清官场的礼俗进行。虽说电视剧不必完全还原历史的真实，但许多常见的称谓，也不能太离谱。想电视剧《聊斋·娇娜》，孔生不仅对娇娜之父自称“晚生”，连对娇娜的仆人也称起“晚生”来了！这岂不荒唐？更为离奇的是《东方商人》，当李鸿章请求妓女爱姑娘（实是影射赛金花）斡旋和议的时候，竟对爱姑娘自称“老臣”！李鸿章做的是大清皇帝的官，还是做的爱姑娘家的官？这“老臣”是怎么论的？这简直是把拍电视剧当做儿戏了！

有些历史题材的电视剧中的人物称谓，好像是在以今律古。如《林则徐》中的林夫人，管林则徐叫“则徐”。这像现代知识阶层中夫妇间的称呼。好像编导和演员都不曾读过清代的小说。《红楼梦》中王夫人称贾政为“老爷”，《儿女英雄传》中佟太太管安学海也叫“老爷”。清代仕宦之家夫妻之间都是这样。《官场现形记》、《二十年目睹之怪现状》等晚清小说，都可作证。在电视剧《林则徐》中，林夫人之称林则徐，如同母亲呼叫儿子。在现代一些老年知识分子群中，丈夫如有字，妻子也从不叫名，而是称其夫之字。当然一些革命前辈夫妻间多呼“老”。妻称夫名，比起旧社会夫妻之间相互用“哎”“喂”打招呼，已经进步多了。但以之推论古人，就不妥当了。

唐以来，有称地望的习尚。晋宋以来称官位，唐宋以来称谥号和封爵。这几种称谓，至明清而大盛。值得注意的是，称地望也罢，称官位也罢，称谥号、称封爵也罢，都是叙称，很少见有做对称的[①]。尤其是谥号，是死后所定，封爵也多是死后追封，更

① 清代对内阁大学士可以尊称中堂，督抚可尊称为大帅、老帅，都可用为对称。

不可能生前做对称。譬如唐代韩愈的郡望是河北昌黎,但籍贯为邓州南阳。在文章中,他常自称“昌黎韩愈”,如《送陆歙州诗序》,“于是昌黎韩愈道愿留者之心而泄其思,作诗曰”。但从未见他自称“韩昌黎”,也不见有当面称他“昌黎”的。柳宗元的七世祖柳庆是河东解人,柳宗元又做过柳州刺史,所以人们敬称之为“柳河东”或“柳柳州”。河东也就成了柳姓的专用代称了。但柳宗元从未自称过“柳河东”或“柳柳州”,也不见有人当面称他“柳河东”。明清笔记中之称权奸严嵩为“严分宜”(江西分宜人),称张居正为“张江陵”(湖北江陵人),称戏曲家汤显祖为“汤临川”(江西临川人),称张之洞为“张南皮”(河北南皮人),称李鸿章为“李合肥”(安徽合肥人)……这都是书面文字的叙称。然而电视剧《东方商人》中袁世凯竟自称“我袁项城……”,《甲午陆战》中翁同龢去见李鸿章,竟称李为“合肥”,这都是前所未闻的,想必是编导们的“创造”!

电视剧中称谓之杂乱荒谬,是难以缕述的。如果任其发展下去,必将造成语言污染,成为一种公害,贻误后代子孙!这种现象的出现,是有关部门对电视剧只重视思想内容的审查,忽视了语言文字方面的把关,所以才形成这种局面。但最根本的还是因为编导不了解历史,缺乏文化常识所致,不懂汉语称谓词的使用。如果编导文化层系提高了,这种失误会逐渐减少。

汉语称谓词之多之繁,是任何一种语言所少见的。这么纷繁复杂的称谓词,不是在一个历史阶段、一个区域、一个方面形成的,它是几千年来综合发展沉积的结果,这是一笔丰厚的文化财富,又是一个沉重的包袱。不过这个包袱是不可轻率地甩掉的。倘若认真地加以整理研究,它对继承优秀的传统文化,对整理和阅读浩若烟海的古籍,对丰富现代汉语词汇,将是大有裨益的。①

第二节 古代名字礼俗与名字相协方式简介

这一节,我们着重谈一下中国古代人的名、字问题。顺便对具有深厚传统文化色彩的“名字相协”方式,作一简要介绍。

首先应当注意,“名字”这个概念,古今所指的内容不同。今天人们所谓的“名字”,古人单称“名”;而古人所谓“名字”,是指“名”和“字”两个各不相同但密切相关的称呼。《礼记·檀弓上》在谈到称谓礼俗的时候说:“幼名,冠字,五十以伯仲,死谥,周道也。”②意思是说,周代贵族男子幼年时取名;20岁行冠礼时取字;50岁以后再加上伯仲叔季等行第之称;死后则称谥号。这是周朝通行的做法。关于谥号,下一节将介绍。我们先来探讨名和字的用处以及它们之间究竟有什么联系。

首先得从“名”说起。

《左传》、《仪礼》、《礼记》等多种文献中,记载了一些周代取名的仪式、禁忌和事例等方面的内容,使我们可以对当时取名的习俗获得一个基本的认识。

《仪礼·丧服》说:“故子生三月,则父名之。”③《礼记·内则》说的更详细:“国君世子生……三月之末,择日,翦发……是日也,妻以子见于父,贵人则为衣服,由命士以下皆漱浣。男女夙兴,具视朔食。夫入门,升自阼阶,立于阼,西乡。妻报子出自

---

① 吉常宏主编:《汉语称谓大词典》,河北教育出版社2001年版。

② 《十三经注疏》,中华书局1980年版,第1286页。

③ 《十三经注疏》,中华书局1980年版,第1111页。

房,当楣立,东面。……父执子之右手,咳而名之……子师辩告诸妇诸母名。"①以上是世子(嫡长子)取名时的仪式,若是其他嫡子或庶子,其命名时程序略微简单,"适(嫡)子、庶子则见于外寝、抚其首,咳而名之。"②中国古代是宗法制封建社会,无论什么事情,都与宗法制度密切相关,取名字这件事当然也不例外,也需要体现宗法制的嫡庶差别。但不管是嫡子或庶子,取名的时间都是一致的,即出生之后三个月取名。若遇到父亲在儿子出生前就去世的情况,还要看父亲已葬或未葬来决定取名的时间。例如父亲未葬,儿子则生下来就立即取名,三日后在祭祀时就把名字告知其父亲的灵魂。若已葬,则仍按三个月后取名。这些变例,在《礼记》中也有规定。③

以上相关记载说明,周代把取名当做一个非常重要的事情。"具视朔食",意思是说这一活动的规格,与一次重大典礼或祭祀的规格相同,因而仪式非常隆重。仪式的核心,是父亲牵起幼儿的右手,或抚摸着他的头,宣布为他取的名。然后,他的师傅把这一名字立即遍告参加仪式的亲属们。

《左传·桓公六年》记载,齐桓公给儿子取名时,向大夫申缟询问取名时应该注意的事项,申缟有一段经典的回答。原文如下:

> 九月丁卯,子同生。以大子生之礼举之:接以大牢,卜士负之,士妻食之,公与文姜、宗妇命之。公问名于申繻,对曰:"名有五:有信、有义、有象、有假、有类。以名生为信,以德命为义,以类命为象,取于物为假,取于父为类。不以

①② 《十三经注疏》,中华书局1980年版,第1469~1470页。
③ 参《礼记·曾子问》。

国,不以官,不以山川,不以隐疾,不以畜牲,不以器币。周人以讳事神,名,终将讳之。故以国则废名,以官则废职,以山川则废主,以畜牲则废祀,以器币则废礼。晋以僖侯废司徒。宋以武公废司空。先君献、武废二山。是以大物不可以命。"公曰:"是其生也,与吾同物。"命之曰"同"。①

这段话的意思是:"九月丁卯这一天,桓公的儿子同出生。按照太子出生的礼仪举行典礼:父亲接见儿子时用太牢礼,用占卜选择背他的士人和给他喂奶的士妻。桓公和文姜、同宗妇人又共同出席命名典礼。桓公向申繻询问命名应当注意的事情。申繻回答说:'名的类型有五种:有信、有义、有象、有假、有类。用出生的情况来命名是信,用祥瑞的字眼来命名是义,用相类似的字眼来命名是象,用万物的名称来命名是假,用和父亲有关的字眼来命名是类。命名时不要用国名、官名、山川名、疾病名、牲畜名、器物名。周朝人用避讳的方法侍奉死去祖先的灵魂。个人的名字,死后他的后代须要避讳,不能再称。所以,用国名命名就会废止国名,用官名命名就会改变官称,用山川命名就会改变山川的神主名,用牲畜命名就无法用它们做祭祀时的牺牲,从而就会废除祭祀,用器物礼品命名就会废除礼仪。晋国曾经因为僖公名叫司徒而废除了司徒这一官名。宋国曾经因为武公名叫司空而废除了司空这一官名。我国也曾因为先君献公、武公的名分别叫具、敖,只好废除了具山、敖山二山之名。所以大的事物不可以用来命名。'桓公说:'这孩子的生日,和我在同一天。'于是就命名他叫做'同'。"

① 《十三经注疏》,中华书局 1980 年版,第 1750 ~ 1751 页。

上述材料，揭示了古人取名的观念和有关习俗。归纳起来，我们可以得到以下印象：1. 古人重视取名。2. 一般是出生之后三个月，举行隆重的命名仪式，并由父亲给命名。3. 取名的类别一般为信、义、象、假、类五种。4. 特别应当注意的是，由于周代的宗法制和对祖宗灵魂的信仰，认为人死之后就成了神灵鬼物，受到敬畏与崇拜，届时后代不能再乱呼他的名，必须避讳。为此，在幼儿取名时就要预做准备，不要因日后避讳带来不便，所以取名要避开一些通用的事物和字眼。

或许就是由于这种"终将讳之"的局限性，也或许由于名是襁褓中由父母授予的，难免在孩提时代被广泛称用，从而失去名字主人的尊严，或者还由于其他什么原因，反正在周代严密的礼法之中，早就创造出一种与名相关相协、供贵族男子成年之后使用的另外一种称谓——"字"，后代又叫"表字"或"表德"（又或称表号）。

《礼记·曲礼上》："男子二十冠而字。"①《谷梁传·文公十二年》："男子二十而冠。冠而列丈夫。"②"二十冠而字"，是说贵族男子 20 岁举行加戴礼帽的冠礼，并给他取个"字"。"冠而列丈夫"是说举行这样的仪式之后，这个男子就正式进入男子汉大丈夫的行列，成为成年人了。

《礼记·冠义》把"冠而字"的重要意义阐述得十分明白：

> 凡人之所以为人者，礼义也。礼义之始，在于正容体、齐颜色、顺辞令。容体正、颜色齐、辞令顺，而后礼义备。以正君臣，亲父子，和长幼。君臣正、父子亲、长幼和，而后礼

① 《十三经注疏》，中华书局 1980 年版，第 1241 页。
② 《十三经注疏》，中华书局 1980 年版，第 2408 页。

义立。故冠而后服备,服备而后容体正,颜色齐,辞令顺。故曰:冠者,礼之始也。是故古者圣王……所以敬冠事,敬冠事所以重礼,重礼所以为国本也。……已冠而字之,成人之道也……故古者重冠,重冠故行之于庙,所以自卑而尊先祖也。郑玄注:"字,所以相尊也。"孔颖达疏:"未冠之前,以其名别之。既冠之后,又改以字。且人二十,有为父之道,不可复言其名,故冠而加字之,成人之道也。"①

你看,所谓"冠礼"不只是简单地戴上礼帽的事情,而是一个贵族青年在祖宗和尊长面前,正式加入成人行列,开始履行社会责任的宣誓仪式。无怪乎古人重视这一活动。《仪礼·士冠礼》专门对这一仪式的过程进行了详细记载,此处不赘述。我们需要注意的,只是在冠礼接近尾声的时候,还有一项重要仪程,即:一定要由一位事先通过占卜确定的贵宾,对已行过加冠礼的小伙子命"字"。贵宾宣布道:"礼仪既备,令月吉日,昭告尔字。爰字孔嘉,髦士攸宜,宜之于假,永受保之。曰伯某甫。仲叔季,唯其所当。"②意思是说:今天冠礼的仪式已经很完备,在这吉祥的好日子里,宣布为你取的"字"。这个"字"是多么美好啊,对你这位英俊的后生很是合宜。希望你永远爱惜它。这个"字"是:伯(或仲、叔、季)某甫。在这个值得纪念的日子里,宣布给你取的字,是再合适不过了。

从此,一个男子就有了两个称呼——"名"和根据"名"而取的"字"。后代虽然一般不再举行冠礼,但一直保留了冠礼中这个最核心、最重要的内容:即一个人,特别是男子,在成年

① 《十三经注疏》,中华书局1980年版,第1679、1680页。

② 《十三经注疏》,中华书局1980年版,第957页。

时，他的父祖、师友等仍要根据他的名，再给他取一个“字”。这样，中国人有名又有字，就成了两千多年来一直遵行的一项重要礼俗。

那么，名和字各自在什么场合下使用呢？

首先，因为名是小时候父母给取的，所以只有父母、老师等尊长辈，才可以直呼其名。或者个人自称时，表示谦下，也需要称名。其他外人，则一般不可以直呼他人之名，只能呼用该人的“字”，所谓“所以相尊也”。而本人在父母、尊长面前，则不可以自称字。即便是在同辈、下级面前，自称字也是不妥的，因为那样就是不谦虚、不卑恭，不符合卑自尊人的礼仪规范。

《论语》一书很好地给后人展示了这一礼仪规范。该书是孔子的弟子或再传弟子纂集的，它记载了孔子及其若干学生的言语行事。其中，记载孔子的学生或对孔子尊重的人，称呼孔子都是“子”或“夫子”。但对孔子不怎么崇拜或与孔子主张不同的隐士们，称呼孔子，则都直呼其名曰“丘”。如《宪问》：“微生亩谓孔子曰：‘丘何为是栖栖者与？无乃为佞乎？’”①又《微子》桀溺曰：“是鲁孔丘之徒与？”而孔子提到自己时，则无一例外地自称“丘”。如《公冶长》：“子曰：巧言、令色、足恭，左丘明耻之，丘亦耻之。匿怨而友其人，左丘明耻之，丘亦耻之。”②又：“子曰：‘十室之邑，必有忠信如丘者焉，不如丘之好学也。”另外，书中用叙述语言提到孔子众多的学生时，也都一般不称名，而是称姓和字，表示作者对他们的敬意。同时，书中记载孔子在称呼学生和儿子时，却都是直呼其名。如《先进》篇中孔子提到儿子孔

① 杨伯峻：《论语译注》，中华书局 1980 年版，第 155 ~ 156 页。
② 杨伯峻：《论语译注》，中华书局 1980 年版，第 52 页。

鲤(字伯鱼)时说:“鲤也死,有棺而无椁。”又譬如孔子询问子路、曾皙、冉有、公西华几个学生各自的志趣时说:“求!尔何如?”“赤!尔何如?”“点!尔何如?”①其中求、赤、点,分别是冉有、公西华、曾皙三人的名。又如《子路》篇:“野哉!由也。”“小人哉,樊须也!”由、须分别是子路、樊迟的名。《论语》中这种称名称字的习俗,严格而少有例外,它不仅是该书的一种体例,也俨然是对当时礼仪的最真实写照。因而自然也就成了后世人们称名称字习俗效法的楷模。

先秦其他典籍中,对敬名称字的礼俗多有记载。《仪礼·士冠礼》说:“冠而字之,敬其名也。”贾公彦疏:“君父之前称名。至于他人,称字也。”②《礼记·曲礼下》记载得更明确:“国君不名卿老世妇,大夫不名世臣侄娣,士不名家相长妾。”郑玄注:“人君虽有国家之贵,犹宜有所敬,不呼其名者也。”③可见,先秦时代无论国君或士,即便对自己亲近的属下也不轻易称其名,而要称其字;对上级或同辈、同级的人,就更不用说了。

顾炎武《日知录·人君称大夫字》中,曾列举了《左传》中的许多例子,证明周天子在称呼诸侯国的使臣时,无一不是以字敬称之,而绝不居尊直称对方之名。④ 到了后代,由于皇帝的权威越来越高,皇帝对大臣敬名称字,才逐渐成了一种特殊礼遇。如《后汉书·隗嚣传》:“光武素闻其风声,报以殊礼,言称字。”⑤但是,即便皇帝不再严格按先秦传统礼俗,对臣下敬

① 杨伯峻:《论语译注》,中华书局1980年版,第53页。

② 《十三经注疏》,中华书局1980年版,第958页。

③ 《十三经注疏》,中华书局1980年版,第1256页。

④ 《日知录集释》卷四,上海古籍出版社1985年版,第349页。

⑤ 《后汉书》,中华书局1965年版,第522页。

名称字，而是开始直呼他们的名字，个别大臣有时仍会公然表示不快。《南史·蔡撙传》就记载了这么一件事："[梁武]帝尝设大臣饼，撙在坐。帝频呼姓名，撙竟不答，食饼如故。帝觉其负气，乃改唤'蔡尚书'，樽始放箸执笏，曰'尔。'帝曰：'卿向何聋？今何聪？'对曰：'臣预为右戚，且职在纳言，陛下不应以名垂唤。'帝有惭色。"①你看，一个国戚重臣，皇帝对他没称字或官职而直呼其名，他仍可以居理负气不答理皇帝，而终于使"帝有惭色"。由此也可以推见当时敬名称字礼俗的流行与普及情况，仍然是比较严格的。

由于历代对于"名"都不可以随便呼用，于是毫不夸张地说，上古"名，终将讳之"的风俗，后代逐渐就变成了"生亦讳之"了，甚至干脆就把它称作"名讳"。这样就使名在社交中的使用范围受到越来越多的限制。本来由名、字两种称谓共同承担的交际任务，更多地被转移到"字"的身上。由于"字"的广泛使用，"字"原来的敬称地位，不知不觉在现实生活中被降格、贬值，有时甚至又回到了原来"名"的地位上去了。三国和魏晋时代，已经频频出现仅称他人的字、没有叠加其他表敬称谓，就被认为是有意怠慢的例子了。

《三国志·魏志·司马朗传》："年九岁，人有道其父字者，朗曰：'慢人亲者，不敬其亲者也。'客谢之。"②又《常林传》："年七岁，有父党造门，问林：'伯先在否？汝何不拜？'林曰：'虽当下客，临子字父，何拜之有？'"③《晋书·儒林传·刘兆传》："尝

① 《南史》，中华书局1975年版，第775页。
② 《三国志》，中华书局1959年版，第465页。
③ 《三国志》，中华书局1959年版，第658页。

有人着靴骑驴至兆门外，曰：‘吾欲见刘延世。’兆儒德道素，青州无称其字者，门人大怒。”①可见，魏晋时代，对一些有官职、有名气的人仅称其字已被视为不敬了。甚至有了因称人主字而差点被杀头的极端例子：《三国志·蜀志·马超传》：“[刘备]以超为平西将军，督临沮，因为前都亭侯。”裴松之注引《山阳公载记》曰：

> 超因见备待之厚，常呼备字，关羽怒，请杀之。备曰：“人穷来归我，卿等怒，以呼我字故而杀之，何以示于天下也？”张飞曰：“如是，当示之以礼。”明日大会，请超入。羽、飞并杖刀立直。超顾坐席，不见羽、飞，见其直也，乃大惊。遂一不复呼备字。明日叹曰：“我今乃知其所以败。为呼人主字，几为关羽、张飞所杀。”今后乃尊事备。②

应当说，以上这些记载，在三国魏晋时期还属个别事例。到了宋代，称字要看对方身份，对尊长或权贵者的字也必须讳之，甚至已成为社交通则。宋·洪迈《容斋四笔》卷二，明确把这种乱称人字的行为，列入了“轻浮称谓”一类。并说：“今世俗浮薄少年，或身为卑官，而与尊者言语……或妄称宰相、执政、贵人之字，皆大不识事分者。习惯以然，元非简傲也。予尝以戒儿辈云。”③可见，当有其他对长者更加尊敬的称谓方法时，谁要不看身份，乱称尊长者的字，也要落个“浮薄”、“简傲”、“不识事分”名声的。

对这种习俗的变化，南宋的大儒朱熹等人，却不以为然。顾

---

① 《晋书》，中华书局 1974 年版，第 2349 页。
② 《三国志》，中华书局 1959 年版，第 947 页。
③ 《笔记小说大观》（六），江苏广陵古籍刻印社 1983 年版，第 319 页。

炎武《日知录·子孙称祖父字》记载说:"子孙得称祖父之字。子称父字:屈原之言'朕皇考曰伯庸'是也。孙称祖字:子思之言'仲尼祖述尧舜'是也。自注:朱子曰:'古人未尝讳字。程先生云:予年十四五,从周茂叔。本朝先辈尚如此。伊川亦呼明道字。'"①看来,对称字表敬礼俗的降格,朱熹等大儒以及顾炎武,都不以为然,对这些偏颇的做法进行了追根溯源式的批判和清算,予以拨乱反正。此后,名和字的使用场合和使用范围,又基本回归了古代礼仪制度的样子。

由于字的降格和贬值现象的长期影响,社会上一些与自称称名、敬称称字相矛盾的现象也确实时有发生。如:一些名人自称称字的现象。这种事,汉代之前很少见,晋代以降才逐渐出现。顾炎武《日知录·自称字》一节中搜集了一些例子,如王羲之自称王逸少、柳公权自称诚悬、白居易自称乐天、元稹自称微之、陈抟自称图南等。正因为许多名人都如此,便使历代效法者不乏其人。② 虽然这种现象从根本上是不合乎正统礼俗的,但又不能简单地把它理解为这些名人故意居尊自傲。而更多地恐怕是由于上述较长时期中,字的降格和贬值所产生的误导使然。此外,称自己子孙也有称字不称名的。这显然更加与名、字之所以产生的古礼相乖。因而也理所当然地受到嘲笑和批评。唐·李商隐《义山杂纂》中就把这种"呼儿孙表德"列为"非礼"一项,说明这种做法是不符合敬名称字礼俗的。

许多原本属于贵族士大夫阶级的礼俗,随着时间的推移而逐渐下移和普及。"幼名、冠字"礼俗,到了元代时,已经逐渐下

① 《日知录集释》卷二三,上海古籍出版社 1985 年版,第 1734 页。
② 《日知录集释》卷二三,上海古籍出版社 1985 年版,第 1753 页。

移到社会各个阶层，走进了寻常百姓家。荷担卖浆者流的市民阶层男子，也无不附庸风雅，人人都争相取字了。虽然他们的文化素养低下，但他们仍努力遵循字与名相协的规律，于是东施效颦，造出了许多掩盖自己下层职业身份、被文人雅士所讥诮的字。元·刘时中在套曲《端正好·上高监司》中真实地记录了这种现象：

> 堪笑这没见识街市匹夫，好打那好顽劣江湖伴侣，旋将表德官名相体呼。声音多厮称，字样不寻俗，听我一个个细数：粜米的唤子良，卖肉的呼仲甫，做皮的是仲才邦辅，唤清之必定开沽，卖油的唤仲明，卖盐的称士鲁，号从简是彩帛行铺，字敬先是鱼鲊之徒，开张卖饭的呼君宝，磨面登罗底叫德夫，何足云乎？

上述这些人的表字，乍一听很像那么回事，但是仔细一琢磨，发现不过都是借谐音字表示自己职业类别的。子良，犹籽良，谓好粮食。仲甫，犹中脯，谓所卖之肉堪做肉脯。仲才，犹中裁；邦辅，犹帮辅，谓所制皮革堪裁制衣服、制造鞋帮。清之，犹清汁，谓所卖之酒清而不浑。仲明，谓所卖之油清而透明。士鲁，犹事卤，谓已乃以盐卤为业。从简，犹从剪，谓将以彩帛布匹用剪刀替人裁剪衣服。敬先，犹精鲜，谓所卖鱼虾特别新鲜。君宝，犹君饱，谓所卖饭菜足供顾客酒足饭饱。德夫，犹得麸，谓开磨房之利在于可赚得米糠麦麸。原来这些商人的雅字，不过都是些俗不可耐的生意经。对于“敬名称字”、“字以表德”的礼俗而言，无异于佛头着粪。但是元代这种人人有名又有字现象的出现，充分表明了中国古代名字礼俗在中华文化中的广泛与深入。

实际上，自古以来，学者们就已经对名与字的内在关系，不断予以研究与揭示，从而也起到了推动和促进这一礼俗广泛流行的作用。

首先揭示名与字关系的，是汉代的班固。他第一次明确指出名和字不是各自孤立，而是存有意义上的联系。他在《白虎通·姓名》中说："或旁其名为之字者，闻其名即知其字，闻字即知其名。若名赐，字子贡；名鲤，字伯鱼。"①无独有偶，几乎与之同时的许慎，在《说文解字》中，也大量使用古人名与字之间的关系解说字义，如：碫，厉石也……《春秋传》曰：郑公孙碫，字子石。眅，多白眼也……《春秋传》曰：郑游眅，字子明。班、许二人的论述，充分说明了汉代人对名字礼俗与名字关系的了解。到了清代，著名学者王引之(1766～1834年)更是将这一古老礼俗和学问发扬光大。他的《春秋名字解诂》，成为第一部名字训诂学专著。该书295条，考释春秋时代(少数战国的)人物名字相协339例，另外还涉及10个汉代人物名字相协的例子。该书首次把古人名字之间"相承之诂言"的关系，概括为"同训"、"对文"、"连类"、"指实"、"辨物"五体，破解它们的六种方法即"六例"：通作、辨讹、合声、转语、发声、并称。从而把对古人名字相协的探讨，从感性上升为理性，形成了条理，为后人揭示了破解这一礼俗和学问的规律性的东西，由此奠定了"名字训诂学"在传统文化和汉语研究中独立成学的地位。

王引之之后，学者们不断对《春秋名字解诂》进行了许多增补、订正，先后出现了清代张澍(1776～1847年)《春秋时人名字释》②、俞樾(1821～1907年)《春秋名字解诂补义》、胡元玉

① 《白虎通疏证》，中华书局1994年版，第411页。
② 《养素堂文集》卷三二。

《驳春秋名字解诂》、王萱龄《周秦名字解诂补》、黄侃《春秋名字解诂补谊》，以及今人周法高先生《周秦名字解诂汇释》等后续著作，进一步展现了深入探讨"名字训诂学"的价值和意义。但可惜的是，众人无论是在理论上还是实践上，都没有超出王引之在这一学科上取得的开创性的成就。特别是对于古人名字解诂的体例、方法等，众人没有继续新的发现。对先秦之后，两千多年来众多历史文化名人的名与字关系的阐释，也未能继续破解。到20世纪80年代，这一渊源有自的传统学问，已是日渐荒芜、无人问津了。

20世纪80年代初期，吉常宏先生在王力(了一)先生的鼓励下，开始从事古人名字解诂的研究。1991年，又得到任继愈先生的支持，出版了《中国人的姓名字号》一书，该书由山东教育出版社初版，后经商务印书馆、台湾"商务印书馆"多次再版，并改名为《中国人的名字别号》。书中将王引之最初揭示的古人名字相协的5种方式扩大到12种。并且进一步指出："名字组合方式，如细加区分，自古及今当不下一二十种。"

2003年，吉常宏、吉发涵撰写的《古人名字解诂》，由语文出版社出版，该书共解释上自先秦，下至清代的古人名字10330个。从数量上和时代跨度上，再次延伸扩大了古人名字训诂之学。该书出版以来，受到海内外学者朋友的大力赞扬和指正。2007年，该书荣获中国出版奖政府奖著作提名奖。根据海内外学者朋友们的建议，该书目前正在增补之中，预计增修本《古人名字解诂》将收入古人名字约25000个，是初版的两倍以上。无论从所收古人的时间跨度上和数量上，还是从破解古人名字相协所持的理论与方法上，该书都堪称"名字训诂学"的继绝开新之作。它使"名字训诂学"这一传统学问重新得到发扬光大。

该书把王引之所开创的解读古人名字相协关系的“五体六例”，在实际运用中扩大到22种。

下面，我们就简要展示一下《古人名字解诂》中，古人名字相协所常用的这22种方式:(一至十二为吉常宏总结，十三至二十二为吉发涵总结)

一、同义相协式:名与字为同义词，二者相为辅佐，互作解释。如:端木赐，字子贡。《尔雅·释诂》:“贡，赐也。”

二、反义相应式:名与字为反义词，两者对立相应，各从反面作解。如:吕蒙，字子明。《易·蒙卦》朱熹本义:“蒙，昧也。物生之初，蒙昧未明也。”

三、连类相及式:名与字义类相近，遂因甲而及乙。如:孔稚圭，字德璋。圭、璋同是古代玉制礼器，皆为诸侯所执，故可并称。

四、因性指实式:名说明“材”乃有才能的人，可为国家所用，而非指木料。

五、辨物统类式:名与字是代表两种物品，二者存有种与属的关系。如:周鼎，字伯器。鼎是上古礼器的一种。

六、景仰前贤式:为了对前代的圣人、贤者表示仰慕，于是袭用他们的名字，有时还加上一些仰慕的字眼。如:司马相如，字长卿。《史记》本传说他“慕蔺相如之为人，更名相如”。因为蔺相如是赵国的上卿，所以用“长卿”为字。又如:牛僧孺，字思黯，汉代汲黯字长孺，这是已经以其字充名，复以名为字。

七、记实志盛式:名和字之间，存有纪念某一有意义的事件的关系。如:袁贺，字元服。《风俗通义·正失》载:“谨按:元服名贺，汝南人也。祖父名原，为侍中。安帝加元服，百官会贺，临严垂出而孙适生，喜其嘉会，因名曰‘贺’，字‘元服’。”

八、概括经义式：根据名，找出儒家经典中的一句话，然后据此句文字定出字。该名、字与经典字句相关。如：嵇康，字叔夜。《诗·周颂·昊天有成命》："成王不敢康，夙夜基命宥密。"

九、使典用事式：名和字相组合，暗合典故。如：方导，字夷吾。管仲，字夷吾，曾辅佐齐桓公称霸诸侯，南北朝时温峤将丞相王导比作管仲，故方导以此故事为名字。

十、采撷警策式：采撷名篇佳作中的警句，嵌入名字。如：虞荔，字山披。《楚辞·九歌·山鬼》："被薜荔兮带女萝。"被与披通。

十一、崇奉宗教式：名与字皆与某种宗教名物相关联。如：王维字摩诘。维摩诘，为佛教菩萨名。

十二、离析名字式：利用汉字形体结构特点，将名所用之字拆为两字以作字，合字则成为名。如：谢翱，字皋羽。

（以上详见吉常宏《中国人的姓名字号》，山东教育出版社1991年版。）

在以上12种相协方式的基础上，我们还可以进一步归纳出10种古人名字相协方式，即：

十三、天文地理式

中华民族早就对天文地理有了较为深邃缜密的认识。先秦时代已经具备了诸如三垣、五政、二十八宿等天文理念和九州五岳等地理概念，以及以二十八宿对应华夏地域分野的概念。这些都是中华文化的宝贵结晶。在名字相协中自然也有这方面的大量体现。王引之《春秋名字解诂》对此已有所揭示，如：

楚公子辰，字子商（《左传·成公十年》）。《左传·昭公元年》：昔高辛氏有二子。伯曰阏伯，季曰实沈……后帝不臧，迁阏伯于商丘，主辰，商人是因。故辰为商星。杜注曰：商丘，地，主辰。主祀辰星。

历代名字中，有大量应用天文或地理相协的例子，与其他方式不相类同，故别为“天文地理”一体。如：

1. 天文相协式

(1)张良，汉人，字子房。良，谓王良；房，谓房宿。皆星名。《史记·天官书》：“汉中四星，曰天驷。旁一星曰王良。王良策马，车骑满野。”《尔雅·释天》：“天驷，房也。”王良之善御者，因以为天上掌管天驷之星宿名，故以“房”应“良”。

(2)李星井，明人，字聚东。井谓东井，星名。《汉书·天文志》：“汉元年十月，五星聚于东井。”星象家以此为吉兆，故相协为名字。

(3)高星紫，清人，字次薇。古人将天区分为紫微、太微、天市三垣，紫微垣为帝垣。唐初改中书省为紫微省。以“次薇”应“星紫”，是兼取天象与官署二义。意欲近帝居为近臣。

(4)谭翼，明人，字南宿。二十八宿，南方朱雀为：井、鬼、柳、星、张、翼、轸七宿。翼为朱雀七宿之一，故以“南宿”应“翼”。

(5)薛奎，宋人，字宿艺。奎，二十八宿本西方白虎七宿之首。《初学记》卷二一引《孝经援神契》“奎主文章”。艺，文也。“宿艺”即“宿文”，以“宿艺”应“奎”，表示奎为主文之星宿。

2. 地理相协式

(1)杜镐，宋人，字文周。镐，周武王建都之地，亦称宗周。《论语·八佾》：“周监于二代，郁郁乎文哉。”故以“文周”应“镐”。

(2)曹于汴，明人，字自梁。汴梁，北宋所都，此拆汴梁以为名字。

(3)赵岐,汉人,字邠卿。岐、邠皆周人发祥地,故以相应。

(4)陈中州,明人,字洛夫。上古中国分为九州,豫州居九州之中,号中州。洛阳在中州,故以“洛”应“中州”。

(5)黄泽,元人,字楚望。泽,指古代楚地的云泽和梦泽,跨江达八九百里之广。古代天子诸侯境内,皆有望祭的名山大川。云梦泽即属楚之望祭之川。《书·舜典》:“望于山川。”孔《传》:“九州名山、大川、五岳、四渎之属,皆一时望祭之。”故以“楚望”应“泽”。

十四、干支历法式

十天干,十二地支,是中华民族最古老的数理观念之一,商周时代已广泛运用于纪年、月、日等,与历法关系密切。王引之《春秋名字解诂》中有9条(11人)春秋人名字以干、支相协的例证。其中又分仅以天干相协、仅以地支相协与干支相协三类。它们不宜归入“五体”之内。此后,名字取干支相协之例不乏于后代。故此,我们将其单列一体。兹举例如下:

1. 秦将丙字白乙。郑石癸字甲父。楚公子壬夫字子辛。(以上以天干相协例)

2. 公子申字子酉。鲁曾申字子酉。(王引之:酉谓之申,古之恒言也。)(以上以地支相协例)

3. 楚公子午字子庚。郑印癸字子柳(酉),鲁颜幸(辛)字子柳(酉)。(以上干支相协例)

按,以上皆系《春秋名字解诂》例。

4. 张在辛,清人,字卯君。

5. 袁甲三,清人,字午桥。

6. 黄闰,明人,字期馀。《史记·历书》:“正闰馀。”闰为农历一年所余之时日,一周年为期,故以期(jī)为饰。

7. 黄申，宋人，字酉卿。

8. 谢少南，明人，字应午。中午太阳位于南方，南方属火，合于十二地支之午。故相协。

9. 李寅，清人，字露祯。寅于四象中属西方白虎，于四时属秋，《礼记·月令》："孟秋之月，……白露降。"古人以甘露降为祯祥。

10. 李寅，清人，字白也。寅属西方，五行其色为白，故相协。白也，杜诗"白也诗无敌"。

十五、命运际遇式

此种名字相协方式与"记实志盛"不同，"记实志盛"是用名字相协的方法对历史事件或历史人物之盛事加以记录表彰。如：黄甲云，清人，字唱韩，记韩侯朝觐周天子归来娶妻一片喜庆风光之景象。黄鉴，明人，字唐卿。是记唐太宗以魏征为人鉴。黄钥，清人，字北门。是因宋寇准巧对北使诘问，自比北门锁钥，传为盛事。又，钱朝鼎，清人，字禹九。则是记夏禹铸九鼎之盛事。

而"命运际遇"，则是用名字相协的方法对个人（或家族）命运际遇的真实反映。此类名字相协，有时甚至不可于文字本身推求之。如：

1. 贾充，晋人，字公闾。《晋书·贾充传》："父逵，魏豫州刺史，阳里亭侯。逵晚始生充，言后当有充闾之庆，故以为名字焉。"

2. 路嗣恭，唐人，字懿范。初名剑客，初为姑臧令，考绩为天下之最。玄宗以为可继汉代有异政的鲁恭，赐名嗣恭。字懿范，言可为美善之范式。

3. 蒋骥，清人，字涑塍。《说文·土部》："塍，稻田中畦埒也。”即稻田中小土埂。用以应“骥”，谓千里马本应驰骋于大道，今乃只能行于稻田之土埂上。“涑”谐音“蹜”，《论语·乡党》：“足蹜蹜如有循。”朱熹集注：“蹜蹜，举足促狭也。”以饰“塍”，谓自己乃千里马于稻田土埂上局促而行，亦不得已之举。故名“骥”字“涑塍”，以抒愤懑，也惧为人识破其牢骚。

4. 张耒，宋人，字文潜。宋·陆游《老学庵笔记》卷四：“张文潜生而有文在手，曰‘耒’。故以为名，而字文潜。”

十六、理想期望式

理想期望包括对生活、寿命、品格、功名、爵位等多角度、多方位的期望。

1. 王引之《春秋名字解诂》下

“晋杨食我，字伯石。（昭二十八年左传）……引之案：《管子·国蓄篇》中岁之谷，粜石十钱。大男食四石，月有四十之籍。”

涵按：此条不在“五体”之中。义为期望能丰衣足食，“以百石食我。”故列于此。

2. 阮昌龄，宋人，字大年。

又，苏大年，元人，字昌龄。

涵按：“昌龄”、“大年”皆为长寿，故相协，以表期盼长寿之义。

3. 苏轼，宋人，字子瞻。

涵按：宋苏洵《嘉祐集·名二子说》则揭示了为苏轼取名之用心。“轮、辐、盖、轸，皆有职乎车，而轼独若无所为者。虽然，去轼则吾未见为完车也。轼乎！吾惧汝之不外饰也！”可见名轼是希望其子如同轼之于车。在己在国，既为不可或缺之品物，又备其外饰，增其观瞻，非如俗所谓仅取“凭轼瞻望”之义。

4. 关羽，三国蜀汉人，字云长，本字长生。《楚辞·远游》："仍羽人于丹丘兮，留不死之旧乡。"洪兴祖补注："羽人，飞仙也。"《老子》第五十九章："深根，固柢，长生久视之道。"故以"长生"应"羽"，意谓企冀如羽仙长生不老。

5. 朱之锡，清人，字梦九。古代帝王以九种器物（车马、衣服、乐则、朱户、纳陛、虎贲、弓矢、𫓧钺，秬鬯）赐予有特殊勋绩的大臣，以示崇礼。以"梦"饰"九"，以表梦想获得此殊荣之期望。

十七、明誓存志式

古人在冠而字之时，往往借名字相协，迂曲明誓存志。

1. 张开东，清人，字白莼。《晋书·文苑传·张翰传》："翰因见秋风起，乃思吴中菰菜、莼羹、鲈鱼脍，曰：'人生贵得适志，何能羁宦数千里以要名爵乎！'遂命驾而归。"旧以官员因故去职为开缺。张翰因秋风起思莼羹，弃东曹掾而归，故以"莼"应"开东"，西方主秋，其色为白，故以"白"饰"莼"。

涵按：名"开东"字"白莼"，表达愿效张翰不被名爵所羁绊，而以适志人生为志。

2. 傅山，清人，字青主。

涵按：傅山，由明入清。曾多次改名字，改字青主，表明誓不事清之志，犹如青山难改，其有诗曰："既是为山平不得，我来添尔一峰青。"可为其明誓存志又一注脚。

3. 钱东，字东皋。三国魏阮籍《辞蒋太尉辟命奏记》："方将耕于东皋之阳，输黍稷之税，以避当途者之路。"东皋遂为归隐田园之代称。字"东皋"乃因名"东"连带而及，表示个人有安道乐贫、归隐田园之志。

4. 谢淞洲，清人，字沧湄。名淞洲，是以家乡引为自豪。意谓己乃淞江源头长洲之人。《孟子·离娄上》:“沧浪之水清兮,可以濯我缨;沧浪之水浊兮,可以濯我足。”“湄”,水草交际之处,水之岸也。故“沧湄”既指“沧洲”,古人又常以“沧洲”代隐士住处。谢淞洲乃一介布衣。工绘画、精鉴古,终生未仕。以“沧湄”应“淞洲”。明其隐居水湄,终老沧洲之志。

5. 顾炎武,清人,字宁人。初名绛,明亡后,易名“炎武”,表面上“炎”与原名“绛”皆有赤义。实际上是迂曲借“炎武”表明自己誓用汉之火德,所谓“炎汉”之称。名“炎武”实为希望汉族重振“炎汉”之武德。反清复明,如当年汉光武重兴汉室,重正火德,以宁人民。

十八、礼制音乐式

中国是著名的文明古国。古代特别是周代提倡礼乐治国,创造了一整套礼乐制度。儒家学说对此心向往之,进而形成了独特的儒家礼文化。因而古人名字多有以礼仪制度和音乐内容相协的例子。故单列一体。如:

1. 礼制

(1) 王永命,清人,字九如。

涵按:《周礼·春官宗伯·大宗伯》:“以九仪之命,正邦国之位,壹命受职,再命受服,三命受位,四命受器,五命赐则,六命赐官,七命赐国,八命做牧,九命做伯。”又《周礼·春官宗伯·典命》:“上公九命为伯,其国家、宫室、车旗、衣服、礼仪,皆以九为节。”《礼记·王制》:“制:三公一命卷,若有加,则赐也。不过九命。”“九命”是古代礼制中的九等官爵,特指最高一等官爵。又可指对九种命官的授命仪式。故以“九”应“命”。缀以“如”,取《诗·小雅·天保》:“如山如阜,如冈如陵;如川之方至,以莫不增……如月之恒,如日之升,如南山之寿,不骞不崩;如松柏之茂,无不尔或承。"文中九"如"连用,以表祝福。

(2)王省,明人,字子职。《礼记·曲礼上》:"凡为人子之礼,冬温而夏凊,昏定而晨省。"定省旧以为人子之天职,乃古礼之一项。故以"子职"应"省"。

(3)卢言,清人,字欲扬。《礼记·曲礼上》:"将上堂,声必扬。户外有二屦,言闻则入,言不闻则不入。"《广雅·释诂》:"将,欲也。"

(4)钱大昕,清人,字晓徵。《礼记·文王世子》:"天子视学,大昕鼓徵,所以警众也。众至,然后天子至。……兴秩节,祭先师、先圣焉。"郑玄注:"早昧爽,击鼓以召众也……秩,常也。节,犹礼也。"

(5)魏绅,明人,字廷佩。《礼记·玉藻》:"凡侍于君,绅垂。"孙希旦集解:"此侍立于君之礼也。"又:"古之君子必佩玉"。"凡带必有佩玉……君子无故不去玉。"《说文·糸部》:"绅,大带也。"段玉裁注:"古有革带以系佩韨,而后加之大带。绅则大带之垂者也。""绅"与"佩玉"皆朝会时所着礼服组成部分。故以"廷佩"应"绅"。

2. 音乐

(1)钱茂律,明人,字大吕。古代有十二乐律,阴阳各六,分别称"六吕"和"六律"。合称"十二律吕"。其中"黄钟"为六阳律的代表,六阳律之首。"大吕"为六阴律的代表,六阴律之四。二者均可代指音乐和乐律。故以"大吕"应"律","大"又与"茂"相应。

(2)赵蕤,唐人,字大宾。十二律吕第七律为"蕤宾",故以"宾"应"蕤"。又因《论语·颜渊》"出门如见大宾"之言,以"大"饰"宾"。

(3)黄吕,清人,字次黄。十二律吕中,“黄钟”为六律之首,属十一月律,“大吕”在十二律吕分属十二月的序列中,位于黄钟之次,属十二月律。故以“次黄”应“吕”。名黄吕,连姓成文,以黄钟大吕概括指音乐。

(4)阮应商,清人,字次赓。商为五音之一,赓谓赓和,酬和。《书·益稷》:“乃赓载歌。”以“次赓”应“应商”,言合乎乐律,才可以赓咏唱和。

(5)吕宫,清人,字长音。“宫”为“五音”之首,故以“长音”应“宫”。

(6)吕应钟,明人,字元声。“应钟”为“十二律”之一。《吕氏春秋·孟冬纪》:“孟冬之月,其帝颛顼。其神玄冥……律中应钟,盛德在水。”元,即玄,黑色,五行属水。“应钟”乃十月之声律,故以“元声”应“应钟”。

十九、哲学理念式

古人以阴阳、五行以及《周易》、《老子》等著作中揭示的哲学文化或是生活理念,用于名字相协,例子很多。有些也可以归入“概括经义”或“采撷警策”类。但这种现象,突出表现了这些理念在民族文化心理中所占的独特地位。故将其单列一体为宜。现举例如下:

1. 方以智,清人,字密之。《易·系辞上》:“是故蓍之德圆而神,卦之德方以知。六爻之义易以贡,圣人以此洗心,退藏于密。”此例不仅明显连姓成文,并概括经义,而且更在于用名字相协,表示了希望铭记退藏之处世方法。

2. 朱谋毂,明人,字用虚。《老子》十一章:“三十辐共一毂,当其无,有车之用。”“无”即指毂空其中,正利用其虚以穿轴其中,辐辏其外,以成车用。

3. 李若拙，宋人，字藏用。《老子》四十五章："大巧若拙。"《易·系辞上》："显诸仁，藏诸用。"以"藏用"应"若拙"，表示愿掩藏拙劣，不以示人。这是中华文化特有的处世方法和文化理念。

4. 沈括，宋人，字存中。《易·坤卦》："六四，括囊，无咎无誉……六五，黄裳元吉。"王弼注："黄，中之色也。"又《文言》曰："括囊，无咎无誉，盖言谨也。君子黄中通理，正位居体，美在其中而畅于四支，发于事业，美之至也。"名括，指"括囊"，"存中"即"美在其中"。此以坤卦六五爻应六四爻，表处世谨慎不与物竞，则"发于事业，美之至也"之理。

5. 袁黄，明人，字坤仪。古代阴阳五行家以金木水火土与方位相配。中央属土，其色为黄。《易·坤卦·文言》："天玄而地黄。"地即土。"坤仪"即坤之仪象，故以之应"黄"。

6. 戴震，清人，字东原。《易·说卦》："万物出乎震，震，东方也。"

7. 苏妙，唐人，字观妙。《老子》第一章："玄之又玄，众妙之门。"又："故常无欲，以观其妙。"王弼注："妙者，微之极也。故常无欲空虚，可以观其始物之妙。"故以"观妙"应"妙"。

8. 苏辙，宋人，字子由。宋·苏洵《嘉祐集·名二子说》："天下之车，莫不由辙。而言车之功者，辙不与焉。虽然，车仆马毙，而患亦不及辙。是辙者，善处乎祸福之间也。辙乎！吾知免矣！"名"辙"应以"由"，乃希望记取不居功者亦不受过之哲理。

二十、祥瑞崇拜式

在数千年民族文化发展过程中，积淀了多种具有中华文化特色的祥瑞崇拜，以及与中华民族生活习俗密切相关的风俗习惯。它们大量反映在名字相协关系中,形成古人名字相协的另一种形式类别。

1. 例如在距今七千年前到五千多年的河姆渡文化、红山文化、良渚文化等遗址中,已经有了精美的玉石制品和带有图腾崇拜性质的玉龙玉凤等玉器,充分说明了瑞玉文化在中华文化中源远流长,是中华文化的一大特色。实际上,在古人名字相协中,瑞玉文化这一民族文化崇拜得到了充分体现。

(1)乙瑗,后魏人,字雅珍。《说文·玉部》:“瑗,大孔璧。”雅,美也。璧为美玉之珍宝,故以“雅珍”应“瑗”。

(2)刘瑞,明人,字德符。古人以为帝王有德,上天始降祥瑞之征,《今本竹书纪年》卷上:“黄帝轩辕氏……以天下既定,圣德光被,群瑞毕臻。”而“瑞”又特指“瑞玉”,宋·苏轼《坤成节功德疏文》:“群方仰德,执瑞玉以来宾。”故以“德符”应“瑞”。

(3)戴琥,明人,字廷节。《说文·玉部》:“琥,发兵瑞玉,为虎文。”发兵瑞玉为朝廷所颁符节,故以“廷节”应“琥”。

(4)龚自珍,清人,字瑟人。《初学记》卷二七引《逸论语》:“璠玙,鲁之宝玉也。孔子曰:美哉璠玙!远而望之,焕若也;近而视之,瑟若也。”《说文·玉部》:“瑟,玉英华相带如瑟弦也。”故以“瑟”应“珍”。

(5)顾琮,清人,字玉山。《说文·玉部》:“琮,瑞玉大八寸,似车釭。”段玉裁注:“郑注《周礼》曰:‘琮,八方,象地。’”《荀子·劝学》:“玉在山而草木润。”故以“玉山”应“琮”。

(6)林世璧,明人,字天瑞。《周礼·春官宗伯·大宗伯》“以玉作六瑞……子执谷璧,男执蒲璧……以玉作六器,以礼天地四方。以苍璧礼天,以黄琮礼地。”故以“天瑞”应“璧”。

2. 以龙、凤、麒麟为代表的祥瑞崇拜,在名字相协中最为常见。如：

(1)陈登，三国魏人，字元龙。《太平广记》卷四六六《三秦记·龙门》，以及《后汉书·李膺传》李贤注引辛氏《三秦记》，皆载："河津一名龙门，水险不通……江海大鱼薄集龙门下数千，不得上，上则为龙也。"故以"龙"应"登"，取登龙门之意。

又，李化龙，明人，字于田。《易·乾卦》"见龙在田。"

赵云，三国蜀汉人，字子龙。《易·乾卦·文言》："云从龙。"

(2)桓麟，汉人，字元凤。《礼记·礼运》："麟凤龟龙，谓之四灵。"《易·乾卦·文言》："元者，善之长也。"故以"元凤"应"麟"。

(3)孟麟，明人，字瑞鲁。晋王嘉《拾遗记·周灵王》载孔子未生时，有麟现于鲁之阙里，口吐玉书一卷。是麟为鲁生圣人之祥瑞。

(4)郑显麟，明人，字文瑞。《说文·鹿部》："麒，麒麟，仁兽也。"《诗·周南·麟之趾》旧以为歌颂文王、后妃之德诗歌，《太平御览》卷八八九引《春秋感精符》曰："王者德化……则麒麟臻其囿。"文德盛，麒麟方至。故以"文瑞"应"麟"。

(5)谢麟，明人，字秀瑞。《论衡·讲瑞篇》："凤皇麒麟，太平之瑞也。"

又，胡应麟，明人，字元瑞。

(6)谈一凤，明人，字文瑞。《太平御览》卷九一五引《帝王世纪》曰："国安，其主好文，则凤皇翔。"又引《汉书》曰："五凤三年，鸾凤又集……文章五色，留十余刻。"故以"文瑞"应"凤"。

(7)应云鹙，明人，字瑞伯。《国语·周语上》："周之兴也，鹙鹭鸣于岐山。"韦昭注："鹙鹭，凤之别名也。"《禽经》："凤雄凰雌，亦曰瑞鹏，亦曰鹙鹭。"张华注："景纯注《尔雅》云：瑞应鸟也……出为王者嘉瑞。”古人又以为有瑞物如鸑鷟、麒麟等出现，天空必有瑞气应之。《晋书·天文志》：“瑞气，一曰庆云……是谓应云，亦曰景云。此喜气也，太平之应。”故以“瑞”应“云鸑”。

3.此外，还有河图洛书、獬豸、蓂荚、灵芝等多种祥瑞，不一而足。它们都在名字相协关系中，屡屡被展现。如：

(1)鼋图，清人，字伯麟。《易·系辞上》：“河出图，洛出书，圣人则之。”汉武帝《贤良诏》：“麟凤在郊薮，河洛出图书。呜呼！何施而臻此乎！”麟凤、河图洛书皆盛世瑞应。故以“麟”应“图”。

(2)祁豸佳，明人，字止祥。豸，獬豸，传说中之神瑞之兽。《晋书·舆服志》：“或谓獬豸神羊，能触邪佞。”因是瑞兽，故以“止祥”相应。

又，张豸冠，清人，字神羊。

郑獬，宋人，字毅夫。

(3)李庭芝，宋人，字祥甫。“芝”谓“灵芝”，古人以为瑞草，故以“祥甫”应“芝”。名“庭芝”，取典《世说新语·言语》：“譬如芝兰玉树，欲使其生于庭阶耳。”

(4)王蓂，明人，字时祯。蓂，蓂荚，瑞草名。《今本竹书纪年》卷上，记尧在位时“又有草夹阶而生，月朔始生一荚，月半而生十五荚。十六日以后日落一荚，及晦而尽。月小，则一荚焦而不落。名曰‘蓂荚’，一曰‘历荚’”。又见《白虎通·封禅》、《抱朴子·时俗》。唐尧之时被认为是盛世，故有应时之瑞。“时祯”犹言盛世之祥瑞。

(5)陈荚，清人，字尧夫。取义同上。

二十一、尊祖敬宗式

自西周实行典型的宗法制度以来，中国古代一直是以宗法—宗族观念维系的一个封建社会。“尊祖敬宗”成了中国古代社会最重要的纲维和伦理基础。在此基础上产生了绍祖继宗,光宗耀祖,多子多福等许多普世价值观念。它们都时时在古人名字相协中有所表现。所以我们可以将“尊祖敬宗”列为古人名字相协的又一种类型。例如:

1. 鲁孔白,字子上。“萧山王氏南陔曰:上、尚古字通。《礼记·檀弓》:‘殷人尚白。’引之案:孔氏殷之胄也。故名白,字上。”

涵按:此条引自王引之《春秋名字解诂》上。姓孔,名白,字上,表明己乃尚白殷商后裔。以示念祖明宗,不忘祖宗之义。可见“尊祖敬宗”一体在春秋时代即已有之。

2. 王念孙,清人,字怀祖。儒家主敬老慈幼,尊尊亲亲,幼名“念孙”,表父祖企盼子孙繁盛之心切。冠而字“怀祖”,表怀祖敬宗之义。

3. 阮籍,晋人,字嗣宗。籍,承继。左思《咏史诗》:“金张籍旧业,七叶珥汉貂。”《尔雅·释诂》:“嗣,继也。”“籍”、“嗣”同义相协,又继以“宗”,表欲其宗族茂盛,永相继续。

4. 李之绍,元人,字伯宗。绍,继承。应以宗,谓能继其祖宗之德业。

5. 杜纂,后魏人,字荣孙。《礼记·祭统》:“纂乃祖服。”郑玄注:“纂,继也。”陈澔集说:“纂继尔祖旧所服行之事也。”儒家敬宗法祖,子孙能继其祖德,自亦被祖宗之荣。

6. 陆之裘,明人,字象孙。

又,陆之箕,字有孙。

《礼记·学记》:“良冶之子,必学为裘;良弓之子,必学为箕。”孙希旦集解:“郑氏曰:良冶之子,必学为裘者,仍见其家锢补穿凿之器也。补器者,其金柔乃合,有似于为裘。良弓之子,必学为箕者,仍见其家挠角干也。挠角干者,其材宜调,调乃三体相称,有似于为柳木之箕。"象孙,肖孙,皆谓能像父祖之贤孙。

二十二、傍名成文式

《白虎通·姓名》所揭示的"或傍其名为之字,闻其名即知其字",对字与名总是存在相协相应的关系作了最直截了当的概括。据此,我们已经总结出了总共二十余种具体的相协方式。除此之外,名字相协还有另一种方式,就是在取字时,对"连姓成文"方式的名,进行再扩展,不仅使姓、名"连姓成文",而且使"字"也尽量与文献或通行的词语最大限度契合,进而形成所谓"傍名成文",从而达到字与名的相协相应关联。需要说明的是,"连姓成文"的取名方式,是自古就有的一种取名方式。例如:

廉洁,春秋人,字庸,一字子操。①

檀弓,春秋人。②

来历,东汉人,字伯珍、来祉。③

翟院深,宋人,营丘伶人。④

蓝田玉,明人。⑤

席上珍,明人。⑥

---

① 《孔子家语·七十二弟子解》。
② 《汉书·古今人表》。
③ 《后汉书·来历传》。
④ 《宣和画谱》。
⑤ 《明史·佞幸列传》。
⑥ 《明史·忠义列传》。

戴笠，清人。①

清·顾炎武《日知录》卷二三"以姓取名"云："古人取名连姓为义者绝少，近代人命名，如陈王道、张四维、吕调阳、马负图之类，榜目一出，则此等姓名几居其半，不知始自何年。尝读《通鉴》至五代后汉，有虢州伶人靖边庭。"胡身之注曰："靖，姓也。优伶之名与姓通取一义，所以为谑也。"②"考之自唐以来，如黄幡绰、云朝霞③、镜新磨④，罗衣轻⑤之辈，皆载之史书，益信其言之有据也。嗟乎，以士大夫而效伶人之命名，则自嘉靖以来然矣。"⑥

顾炎武虽未能明确这种取名方式自古而然，但他指出从明嘉靖以来，这种取名方式有蔓延至士大夫阶层的趋势，不无认识价值。由于自古以来就有的"连姓成文"取名方式的影响，"傍名成文"的取字相协方式也一直在悄悄发展。我们认为，至少在宋代，"傍名成文"的方式已经出现，明清时代则得到进一步发展。仅举例如下：

1. 黄钟，宋人，字器之。

2. 史迁，元人，字良臣。

3. 黄河水，明人，字清夫。

4. 戴冠，明人，字章甫。

5. 戴冠，明人，字仲鹖。

6. 马逢皋，明人，字千里。⑦

---

① 《碑传集补》。
② ［原注］靖边庭亦见《宋史·田钦祚传》。
③ ［原注］《唐书·魏暮传》。
④ ［原注］《五代史·伶官传》。
⑤ ［原注］《辽史·伶官传》。
⑥ 《日知录集释》，岳麓书社 1994 年版，第 830 页。
⑦ 《古今图书集成·氏族典》卷四三七。

7. 马负图,明人,字河伯。

8. 黄金台,清人,字鹤楼。

9. 黄钟,清人,字宏音。

10. 黄裳,清人,字元吉。

以上我们通过归纳并简要举例,新增补了10种古人名字相协的方式。与《中国人的姓名字号》中已有的组合方式合在一起,共计22种。它们是:

1. 同义相协 2. 反义相应 3. 连类相及 4. 因性指实
5. 辨物统类 6. 景仰前贤 7. 记实志盛 8. 概括经义
9. 使典用事 10. 崇奉宗教 11. 采撷警策 12. 离析名字

以上见吉常宏《中国人的姓名字号》

13. 天文地理 14. 干支历法 15. 命运际遇 16. 理想期望
17. 明誓存志 18. 礼制音乐 19. 哲学理念 20. 祥瑞崇拜
21. 尊祖敬宗 22. 傍名成文

以上相协方式中,有些种类内部还可细分,甚至还很复杂。特别是"概括经义"、"反义相应"等类别还有深入阐释的必要。

看完上面这些名与字的内在联系方式,不仅会对班固所说"或傍其名而为之字者,闻名即知其字,闻字即知其名"确信不疑,同时对"字"为什么叫"表字"、"表德"也会恍然大悟。"表"是说它是名的解释和表现形式,是名的外表。这种外表,主要是表明个人,也是社会所崇尚的礼义道德,所以又叫"表德"。这样,大家一方面赞叹中华民族这种特有的"名字文化"的博大精深,一方面也会体会到,在这种文化现象的深层,支持着这种文化的,是各种封建伦理观念或者各个不同时代的喜尚和好恶。因此,透过不同时代人的名或字,就会发现不同时代的礼尚。例如:西汉人企羡名位,人们就喜欢以公子、王孙为名、字。三国时儒家思想已深入人心,各种儒家观念,如孝、文、仁、德就大量在人名、字中出现。魏晋南北朝推崇豪门士族,士、彦等字在名字中就频频出现。那时又好老庄玄学,以道、玄、冲、真为名字者就不乏其人。唐代封建制度达到了鼎盛,名字更加典雅深邃,使故用典,或崇尚前贤就成了当时取名字的特点。明清时代封建社会开始走向衰败,文人一方面被封建礼教所毒化禁锢、醉心功名、埋头举业,一方面又对现实产生了一种潜在的逆反心理,流露出一种对回归自然、隐逸山林的理想渴求。所以,园圃、村、峰、洲、汀、渔、樵、梅、兰、竹、菊等在名字中就屡见不鲜。即便是当代,名字对政治时尚仍是一架很好的摄像机。如:20 世纪 50 年代初,人名多有建国、和平、解放、卫国。50 年代末 60 年代初,又多有跃进、超英、反修、学锋。"文革"期间,多的是卫东、爱物、小兵、永革。时至今日,小孩取名中隆财、进宝、茂富、大发之类恐怕不会罕见。

可见,不管哪个时代,中国人的名字都会反映一时的风尚和礼义,这样说,我想读者们是不会反对的。但今天的名字习俗已远没有古代那么严格和典雅,许多没有文化或抛弃优秀传统文化的现象,在当代中国人的起名行为中,屡见不鲜,甚至令人扼腕叹息。所以,抛开古代取名取字时的一些封建糟粕不说,作为一种优秀文化遗产,我们今天似乎有责任对它进行深刻的反思,以求从中更多继承一些对时代和民族仍然有用的东西。

有道是名字系礼义,华夏素重之。独特古文化,堪称天下奇。

第三节 别号、室名以及谥号、庙号、尊号、爵号、封号、年号简介

一、别号与室名

前一节说的古人的名和字,是中国古代称谓系列中两个最重要的类别,也是正统称谓中的主流。这一节要介绍的别号,则是一种由个人命名的标榜理想追求、命运际遇、价值观念等的非正统称谓。

"别号"原来只称"号",谓其"别",可以有三个含义:一是说这种号与正统的名、字所谓的大号和表字,性质判然不同,有所区别,是完全不同的两种称谓。二是说它是可以在某些场合代替名字的又一个称号。三是在一个人有不止一个号的时候,用"别"字来区别最早的号或其他为主的号。例如《老残游记》第一回:"却说那年有个游客,名叫老残。此人原姓铁,单名一个英字。号补残。因慕懒残和尚煨芋的故事,遂取这'残'字做号。大家因为他为人颇不讨厌,器重他的意思,都叫他老残。不知不觉,这'老残'二字便成了个别号。"①

号的种类,最初大约有两种。一是对所亲近或尊敬的人的一种别称。如《左传·昭公二年》:"少姜有宠于晋侯,晋侯谓之少齐。"杜预注:"为立名号,所以宠异之。"文中少姜是齐国姜姓女子,称少姜是合乎当时习惯的。称少齐,则是晋侯随心所欲的创造。所以杜预才说少齐是别号,而不是名。这种称号的性质,

---

① 《老残游记》,齐鲁书社 1981 年版,第 1 页。

诚如《韩非子·诡使》所言："夫立名号，所以为尊也。"①但这种别号后代没有获得大的发展。二是有些人因为种种原因隐姓埋名，自己或别人给他起的一个非正统的称号。如《论语·微子》："逸民：伯夷，叔齐，虞仲，夷逸，隐居放言。"又"长沮、桀溺耦而耕"。文中所涉人名，如夷逸、长沮、桀溺等，似乎都不是真实姓名，而更像别号。其他还有如"赤松子"、"鬼谷子"等，也是这一时代的一些人的别号。这种别号历代经久不衰，是别号中的大宗和最具代表性的部分。

可以说，上述第二种别号，从一开始就与名、字不同，它既无宗法社会的影响，也不受正统伦理观念束缚，所以也不在"卑己尊人"的称谓序列当中。它是中国古代一种奇特而新颖的另类称谓。

两千多年来，不同时代的别号，又有各自不同的特点。

春秋战国时期，既是一个思想活跃，百家争鸣的时代，又是一个数百年大变革的时代，所谓"春秋无义战"，就反映了当时社会的状况。在长期社会动荡不安中，有些人激流勇退，隐姓埋名，选择了隐居生活。由于姓名都与宗法家族相联系，隐姓埋名，就等于拒绝承担个人在宗法制中应当承担的权利和义务。这种行为本身就是离经叛道。因此，隐居者使用的名号，也自然而然具有反正统、反伦理的色彩。例如：赤松子、鬼谷子、广成子、寒泉子等人，既不知他们祖先何系，也不知他们后嗣何人。不知其所来，也不知其所归。人们根本不知其名，只能给这种孑然一身、飘然物外者另起一个别号而已。因此，最早的别号，一开始就具有了出世脱俗、反正统的特点。这也为后世别号确立了基调和模式。

① 《诸子集成》，上海书店出版社 1986 年版，第 314 页。

西汉时期,儒家学说开始取得独尊地位,人们的思想逐渐受到控制。虽然离经叛道者时而有之,但是比起先秦来已是小巫见大巫。所以隐士们的名字也只是步先秦的后尘,少有新意。此时的别号多是一些渔樵、地名加尊称之类,如:安丘先生、青牛道士、海滨渔父、商山四皓、绮里季、角里先生,等等。

魏晋南北朝时期,是中国历史上又一个动荡的历史时期。儒家学说的影响相对降低,思想活跃,别号类型也表现出多元的趋势。如诸葛亮号卧龙。葛洪号抱朴子,又号华阳隐居。陶潜号五柳先生。臧荣绪号被褐先生。李昭徽号达生丈人。郑道昭号中岳先生等。正如清·赵翼所说,这一时期"别号之风渐开,然皆畸人、逸士、好奇吊诡者之所为"①。

唐宋时期,文人起别号蔚然成风,不仅隐士与怀才不遇者有别号,一些仕途顺利的人或达官贵人也多有别号。出现这种现象的原因,与中国封建社会达到极盛,古代文化达到顶峰有密切关系。在这一时期,社会生活、价值观念、伦理道德等已经规范化。人们的思想和行为,包括在正式交际场合使用的称谓,无不需要严格遵守封建制度的规定,不得越雷池一步,个人的自由空间越来越少。而别号这种称谓,既不受礼教束缚,可以体现个人理想志趣;又可以个人选择确定,不用由父母尊长决定。别人称用起来又方便。因而,别号便成了严谨的社会生活的一种补充,和文人士大夫表达自由的一片难得的天地。此时别号的样式和内容也更加丰富多彩,如:贺知章号四明狂客。李白号青莲居士。王绩号无心子。元结号漫郎,又号聱叟,琦玗子。陆羽号桑苎翁。陆龟蒙号江湖散人。张志和号烟波钓叟,又号元真子。

① 《陔馀丛考》,商务印书馆1957年版,第821页。

司空图号耐辱居士。杜甫号杜陵野老。白居易号香山居士。欧阳修号醉翁，又号六一居士。苏轼号东坡居士。陆游号放翁。辛弃疾号稼轩。王安石号半山。等等。

元明清时代，封建社会的发展逐渐停滞和没落，专制统治令人窒息，仕途官场愈来愈腐朽龌龊。体现封建伦理色彩的各类称谓系列，都在向完备和极端发展。不管是思想上还是行动上，人们可以宣泄和表达自己情趣和自由的空间和方式，都越来越少。而别号这个自由的称谓天地，如同一片绿洲，愈加成了人们驻足喘息的栖息之地。因此，这一阶段的别号，是朝着更广泛更深入的方向发展。

说它更广泛，是指不仅文人士大夫阶层人人有号，就连下层民众也受到感染，渐渐兴起了取号之风。明·祝枝山《猥谈》："今人不敢名，亦不敢字，必以号称。自闾市村陇，嵬人琐夫，不识丁者，未尝无号。"（《说部丛书》第五集）

说它更深入，是说这一时代的文人，具有别号不仅更加普遍，而且一人多号几乎成了普遍现象。仅举几例名人的例子：高凤翰，号西园、南村、南阜老人、老阜、松懒道人、檗琴老人、丁巳残人、尚左生、后尚左生等。翁同龢，号笙甫、叔平、韵斋、瓶生、松禅老人、文恭、瓶庐、声甫、瓶居士等。朱彝尊，号锡鬯、竹垞、鸥舫、金风亭长、小长芦钓鱼师等。朱耷，号驴汉、人屋、雪个、个山、八大山人等。别号最多的当推明末清初的启蒙思想家、学者兼书画家、著名中医傅山，据说他的别号多达五十多个，可谓登峰造极，如：石道人、丹崖翁、浊堂老人、啬庐、青羊庵主、侨山……等等。

综合历代的情况，吉常宏在《中国人的姓名字号》中，对古人的别号归纳了14种类型：

1. 居处　苏轼号东坡居士，徐炼号耶溪野老。

2. 境况 苏庠号后湖病民,程千顷号东瀛病客。

3. 情趣 欧阳修号醉翁,丁敬号玩茶叟。

4. 身份 臧荣绪号被褐先生,杜甫号杜陵野老。

5. 隐逸 朱彝尊号小长芦钓鱼师,龚贤号柴丈人。

6. 形貌 祝允明号枝指生,谢榛号眇目山人。

7. 纪实 高凤翰号丁巳残人,黄丕烈号癸未生。

8. 自诩 诸葛亮号卧龙,唐寅号江南第一才子。

9. 倾慕 郑燮号徐青藤门下牛马走,杨守敬号邻苏老人。

10. 特征 元结号漫郎,岳珂号倦翁。

11. 明志 莫忭号知足居士,奕䜣号乐道主人。

12. 自勉 杨万里号诚斋,奕洵号惜阴主人。

13. 自谦 俞临号识字农,浦起龙号三山伧父。

14. 达观 高士奇号藏用老人,耆龄号无闷居士。

在上述14种基础上,我们还可再补充如下几种:

15. 夸耀 金农号百二砚田富翁,齐白石号三百石印富翁。

16. 自嘲 姚廷瓒号懒迂,王树谷号笨由。

17. 慨叹 辛弃疾号稼轩,陆游号放翁,朱耷号八大山人。

18. 信仰 乔吉号惺惺道人,赵孟頫号松雪道人,方以智号药地和尚,髡残号石溪和尚。

19. 气节 陈天华号思黄,黄小配号黄帝嫡裔,章行严号黄帝子孙之嫡派黄中黄。

20. 革命 邹容号革命军中马前卒,秋瑾号鉴湖女侠。

再来说一下与“别号”有关的“室名”。

自宋代以来,文人学士还往往给自己的居处,特别是书房起个雅致的名称,这就是“室名”。应当注意的是,有的人的室名就是他的别号。

室名都以缀有建筑物的名称为共同特点，如：斋、居、轩、房、楼、室、馆、堂、庐、阁、屋、庄、墅等等。所以，乍看起来，室名确实是为室而名，但实际上，这只不过是文人表达理想或感情的一种手段。如同演戏利用布景一样，只是借它们营造气氛，造成时空效果，以便模其内涵，状其境界，通幽致远。室名使文人表现理想情致时，体裁更广泛，方法更多样，内容更隐奥。可虚可实，无可指责。正是别号所不具备的这些优势，使室名受到许多文人的喜爱。下面是明清时代出现的一些室名：拙堂、畏斋、惜庐、乐志堂、娱墨轩、味学斋、求古居、皕宋楼、涵碧轩、红杏山房、吾爱吾庐、夕阳红半楼、饮香读画斋、天风海清楼、十丈烟萝馆、江声帆影阁、疏花深梦草堂、仰视千七百二十九鹤斋……

所以，越是晚近，文人取用室名的也就越多。室名取的也越是新颖奇特。以至于今天要弄清清代一个人的室名，只靠记忆往往不行，而必须依靠查阅专门的工具书才能解决问题。

综上所述，别号和室名不仅都是取用自由的一种称谓类别，而且它们的价值取向，可以与正统伦理价值有所游离，甚至可以隐晦曲折地表现境遇、背离或反叛等。这种游离或反叛，有时也许是混沌模糊的。但也正是由于此，它才得以在数千年中存在并得到逐渐发展。就连近现代的许多知名人士和革命先驱，当年也都曾用过一些很有意义的别号。如，最典型的是孙中山先生。孙先生名文，字载之，谱名德明，号逸仙。后因革命旅居日本时，曾用化名中山樵，自谓“是中国山樵之意也”，后来人们竟皆以孙中山称之。所以，“中山”应当算作孙先生行世的别号。[①]其他，如，毛泽东曾号“任之”，彭德怀曾号“石穿”，鲁迅曾号“戎

① 参见张建勇《传统名、字礼俗与孙中山的名、字、号》。

马书生”，沈雁冰曾号“醒狮山民”等等。

剖析室名别号的深层意蕴，可以从许多方面进行。但是最重要的应当是观察主人的身世、遭遇或处境，了解主人的兴趣和爱好，同时还应当具备历史文化和汉语言文字的分析能力等等。

最后提醒大家的是，千万不要把我们这一节说的别号，与通常说的别名或别称搞混。

别名，是指在原名或本名之外又取的一个名。别名产生的原因很复杂。历史上的民族融合过程中经常大量产生别名。例如一些边远地区民族的人改用汉名，或者汉人改用边远地区民族的名，都时常有所发生，于是就造成了大量别名的出现。再如因为避讳而造成的改名，也会造出许多别名。还有时因为对原名不满意，重新取了新名，也会造出别名。还有像现代一些作家等人，因笔名出名而以它行世，于是造成了别名。这些别名与我们所说的别号，显然都不是一回事，所以不要将它们混为一谈。

别称，则更是与别号无牵涉。它一般是指对于某种官职称谓或亲属称谓等，在正式名称之外的其他不同叫法。例如县令一般又叫县官，爸爸妈妈又可以叫爹娘等等。限于篇幅，我们不再对它们展开讨论。

为了帮助大家更好地了解名、字、别号的联系与区别，我们制作了下面这张《中国人的名、字、别号三者区别表》。我们把上文没来得及论及的一些内容也压缩列入了进去，希望通过它，能帮助读者比较快捷准确地掌握三者的异同，以便更好地学习中国传统文化的相关内容。

中国人的名、字、别号三者区别表

区别项目	名	字	别号
别称	大名、大号、正名、台讳、名讳	表字、表德、台甫	表德
起源时间	上古	周代	先秦已出现萌芽，正式出现不晚于魏晋
产生原因	生活的需要和宗族（家族）的需要	周代祖宗崇拜与礼乐制度的要求	个人抒发情怀、表现自我或被他人称用
命名人	一般由父亲命名	贵宾尊长	个人自取或他人授予
数量	一般一个	一般一个	不限
与名的关系		由名产生，傍名而为之	一般无联系
命名时间	出生三月	行冠礼时程序之一	成年后任意时间
更改与否	一般不改	一般不改	可随意更换
内涵情况	方便避讳的字，多有趋吉祝愿意味	与名相协且多表现正统观念	可表现个人情怀与追求或特点等
使用场合	尊长称用、自称、正式场合使用	晚辈叙称、他称时用作敬称；平辈对称时也可用作敬称	正式场合、严肃场合一般不宜使用
其他	①相对于大名、还有小名或称乳名，是襁褓中父母所称。属于隐私之称。②家族制度中，为修族谱，理清宗族内部谱系，又有用于家谱中的谱名。但谱名一般不以行世		

二、谥号、庙号、尊号、爵号、封号、年号简介

中国古代还有一系列具有封建色彩的特殊称谓。

首先说“谥号”。

所谓“谥号”,即古代帝王贵族以至有名望的士大夫,死后依照其生前的德行被授予的称号。上古时代,即便是领袖人物,死后也没有所谓谥号,只有名号或者生号,如:有巢氏、燧人氏、伏羲氏、少昊氏、尧、舜、禹、汤等等。《礼记·檀弓上》:“幼名,冠字,五十以伯仲,死谥,周道也。”孔颖达疏:“殷以上有生号,仍为死后之称,更无别谥,尧舜禹汤之例是也。周则死后别立谥。”①可见谥号产生于周代。

班固在《白虎通·谥》中,明确揭示了周代创立谥法的目的及其作用。他说:“上其谥,明别善恶。所以劝人为善,戒人为恶也。……谥者,别尊卑,彰有德也。”②很显然,谥号从一创立,就是为了维护封建礼乐秩序,别尊卑、劝善戒恶用的。为了适应这一要求,谥号分为上中下或褒悯贬、美平恶三等。《逸周书》、《白虎通》等典籍,都载有谥法的专论。《逸周书·谥法解》载有谥号百余种。《白虎通·谥》则说“谥有七十二品”。宋·陈世崇《随隐漫录》卷一,则载有上谥一百三十一,中谥十四,下谥六十五,共计210种之多。

按照《白虎通·谥》的说法,原来谥号的使用范围很小,只有天子、诸侯、卿大夫死后才给谥。即便命妇、公妾、太子及其夫人,都因地位相对卑下而不得给谥。另外给谥一般不超过两个

---

① 《十三经注疏》,中华书局1980年版,第1286页。

② 《白虎通疏证》,中华书局1994年版,第71~72页。

字。但是后代的实际情况远非如此。首先,用恶谥的情况越来越少,给谥在一般情况下几乎都变成了美化死者的代名词。《左传·文公元年》写楚成王被夺权,上吊自杀,"谥之曰'灵',不瞑。曰'成',乃瞑"。就是一桩为给自己争取好谥号而不肯咽气的滑稽事。可见当时给谥就已不是什么严肃的事。第二,给谥范围和权限逐渐扩大。原来只有天子、诸侯、卿大夫死后才能给谥,地位相对卑下者不得给谥的规定逐渐被打破,变成凡是被朝廷认为是德行可嘉者,死后皆可给谥。后来,甚至地方官府为所辖吏民,乡党宗族为亲友,学生为老师,都可以炮制给谥。第三,谥号用字规模芜滥失控。其中尤以帝王的谥号最甚。从唐玄宗开始,帝王的谥号骤然膨胀,他把列祖列宗的谥号一律改成七字。此例一开,从此不可收拾,到唐宣宗时,其谥号已经加长到18个字。到宋神宗,则又加长到20个字。到了清高宗乾隆皇帝,其谥号竟达23个字:法天隆运至诚先觉体元立极敷文奋武钦明孝慈神圣纯皇帝。就连慈禧太后的谥号,竟都有19字之多:孝钦慈禧端佑康颐昭豫庄诚寿恭仁献崇熙显皇后。

由于历代封建王朝都重视谥法,所以谥法是古代的一门显学。历代不少学者都有专门著作问世,除了上述《逸周书》、《白虎通》等典籍外,班固、蔡邕、杜预都对此有所研究。宋代之后,更有苏洵的《谥法》,郑樵的《谥略》,王世贞的《谥法通纪》等,都可供参考。此外,在谥法的发展过程中,还出现了诸如追谥、加谥、改谥、夺谥、私谥等多种形态和相关事项,也是学习古代文化者所应当注意的。

其次,还有庙号和尊号。

庙号,这里所谓"庙",千万不要认为是庙宇,寺庙。"庙"的最早意思,就是指供奉祖先神主之位的房子。太庙,则是一个朝代供奉祖宗神位的家庙，它与社稷坛都是国家的象征。庙号，即皇帝死后奉祀于太庙时所上的专号。唐·颜真卿《论元皇帝祧迁状》："昔汉朝廷近古，不敢以私灭公。故前汉十二帝，为祖、宗者四而已。至后汉渐违经意，子孙以推美为先，自光以下，皆有庙号。则祖宗之名，莫不建也。"这段话告诉我们，西汉之前，皇帝的庙号，不是都有祖、宗这种崇高的称呼，而是只有几个开国始祖才配称用。而东汉之后直至清代，则变成所有皇帝的庙号，无不称某祖或某宗了。这正是对东汉之后皇帝庙号情况的准确描述。

尊号，一般是为活着的帝王将相等人奉上的一种表尊崇的称号。

秦始皇时，废止谥号，只用尊号。《史记·秦始皇本纪》："臣等昧死上尊号……制曰：'朕闻太古有号无谥，中古有号，死而以行为谥。如此，则子议父，臣议君也。甚无谓，朕弗取焉。自今以来，除谥法。朕为始皇帝。'"①

但到后来，这种给活人用的尊崇的称号，也用于追加给死人，特别是给死去的帝王、将相、后妃、先贤。成了一种类似于谥号，但又不同于谥号的荣誉称号了，它决定更加灵活，使用也更加普遍。这种情况，可能是由于西汉初年又逐渐恢复了秦始皇废止的谥号，尊号、谥号，甚至还有庙号，一时间混而不分所导致的。《汉书·高帝纪》："五月丙寅葬长陵……上尊号曰高皇帝。"颜师古注曰："尊号，谥也。"②此例中显示彼时尊号就是谥号。又《宣帝纪》："诏曰：'夙夜惟念孝武皇帝躬履仁义……功

① 《史记》，中华书局1982年版，第236页。
② 《汉书》，中华书局1962年版，第80页。

德茂盛,不能尽宣,而庙乐未称。其议奏。'有司奏请宜加尊号。六月庚午,尊孝武庙为世宗庙。"①此尊号实指庙号。《旧唐书·高祖纪》:"[贞观]九年五月庚子,高祖大渐……是日,崩于太安宫之垂拱前殿,年七十。群臣上谥曰大武皇帝,庙号高祖。十月庚寅,葬于献陵。高宗上元元年八月,改上尊号曰神尧皇帝。天宝十三载二月,上尊号神尧大圣大光孝皇帝。"②这也是用尊号指称谥号的情况。但文中谥与尊号混用,更容易使人迷惑。

唐代上尊号的风气最盛。宋·宋敏求《春明退朝录》卷中:"尊号起于唐。中宗称应天神龙皇帝,后明皇称开元神武皇帝。自后率如之。"③故唐代不管是已死的还是活着的帝王,当时大都被上过尊号。但是给已故帝王所加的尊号,应以谥号视之。如《旧唐书·太宗纪》:"上崩于含风殿,年五十二。八月丙子,百僚上谥曰文皇帝,庙号太宗……上元元年八月,改上尊号曰文武圣皇帝。天宝十三载二月,改上尊号为文武大圣大广孝皇帝。"④而《新唐书·玄宗纪》的记载则有所变化:"(天宝十三载)二月壬申,朝献于太清宫,加上玄元皇帝号曰大圣祖高上大道金阙玄元天皇大帝。癸酉,朝享于太庙,增祖宗谥。甲戌,群臣上尊号曰开元天地大宝圣文神武证道孝德皇帝。"⑤上面这段文字中,对虚无的祖宗太上老君(老子)的加号,应该属于尊号。对列祖列宗增谥,就是前面《旧唐书·太宗纪》所言"改上尊号"。此处正名曰"增祖宗谥",则雅驯而实至名归。而对给自

① 《汉书》,中华书局1962年版,第243页。
② 《旧唐书》,中华书局1975年版,第18页。
③ 《春明退朝录》,中华书局1980年版,第23页。
④ 《春明退朝录》,中华书局1980年版,第62页。
⑤ 《新唐书》,中华书局1975年版,第149页。

己所上称号，则是实实在在的尊号。可以说，唐玄宗这一次连续三天兴师动众、大张旗鼓的活动，不过就是为了运用尊号、谥号（增谥），对神灵、祖宗和自己，都分别着实地大大美化、奉承了一番，十分有趣又耐人寻味。

对于今天的人来说，遇到这种忽而谥号忽而尊号又忽而庙号的现象，很可能会被搞得晕头转向。但是只要我们知道了谥号只有死后才可上可称，尊号则一般是对活着的人所上的尊崇称号，基本上就不会出现理解上的错误。当然，由于历史的变迁，文献中不同阶段尊号、谥号、庙号的不同运用情况，则需要根据各自情况去分析和区别判断。

再说“爵号”与“封号”。

“爵号”最初是周代区别诸侯与贵族等级的尊号。据《左传》等文献记载，诸侯有公、侯、伯、子、男五等。贵族则分公、卿、大夫、士，《礼记·中庸》：“序爵，所以辨贵贱也。”郑玄注：“爵，谓公、卿、大夫、士。”①按爵号的等次，可以获得不同级别的封土或禄位官职等。

秦汉时期，爵位扩大为二十级。它们是：彻侯、关内侯、大庶长、驷车庶长、大上造、少上造、右更、中更、左更、右庶长、左庶长、五大夫；公乘、公大夫、官大夫、大夫、不更、簪袅、上造、公士。其中前十二级是官爵，后八级是民爵。凡在战争中有功者，不分贵贱皆可得到相应的爵位和一定的物质奖励。有时遇到恩典，皇帝还会普赐臣民加爵一等。下等低贱的民众，在需要时可以变卖转让自己的爵号，所以当时鬻爵就成了合法交易，身有爵号、体为仆隶的现象也不足为奇。所以这种爵号，对于贵族士大

① 《十三经注疏》，中华书局1980年版，第1629页。

夫是锦上添花，而对下层民众来说，确是形同虚设，没有什么意义。

大致说来，魏晋直至唐宋，爵号数量减少，授予范围缩小，同时爵号与实际待遇也逐渐脱钩。到了明代，爵号更成了皇帝授予贵族或大臣的荣誉称号。清代授爵制度基本沿袭了明代，但是爵号有适用于皇族与非皇族两个系统，都是虚增荣誉称号的性质。稍微仔细观察还可以发现，爵号中特别多的，是以公、孤、保、傅等名称命名的各种爵号。爵号既可以给活人累加授予，也可以对已故者追赠。

总之，爵号从汉代之后逐渐成了一种与实际待遇无关的荣誉封号。但它给后人阅读文献平添了许多障碍，是学习中国古代文化者应当注意和了解的内容。

封号，是古代帝王以爵位名号，赐予帝戚、臣下和他们亲属的各种荣典所用美号的泛称。它一般不与实职实物挂钩，是更广泛的一种荣誉称号。《史记·傅靳蒯成列传》："汉王赐[傅]宽，封号共德君。"司马贞索隐："谓美号耳，非地邑。"①后来，古代封号有封与赠的区别。授予官员家属（父母妻子）中的生者，叫"封"；追授其已去世者的封号，叫"赠"。合称"封赠"。封赠之制，始于晋代，完备于唐五代。最初只是以官员的官爵封赠给官员的父母，后来发展到甚至可封赠给其曾祖父母。

由于历史的隔膜，加之现代汉语所谓的封号，已经演变成给予别人各种称号的泛称，所以人们对古代所谓的"封号"，往往难以理解或产生误解，特别是容易与谥号、爵号、尊号等，混而不分。如前所述，在荣誉称号这一点上，封号与它们虽然存在共同

① 《史记》，中华书局1982年版，第2707页。

点，但是在其功能上，封号既可以封给本人，又可以封赠家属。而谥、爵、尊号等，则都只是颁赐给本人的。

最后，说一说“年号”。

年号，是各个朝代的帝王，为自己在位时某一段时间命名的一个年代名称。

中国历史从汉武帝建元元年（前140年），直到清末宣统三年（1911年），历朝历代，帝王们都有制定和使用年号的传统。根据梁启超先生统计，两千多年来，中国历史上使用的年号多达316个。①

称用年号，对于确指某一朝代某一帝王的某段时间，准确无误，简便好用。但是，各代年号的特点和使用方法又不尽一样。大致说来，明代之前，帝王在位期间喜欢更换年号，以纪盛祈祥。往往一个帝王可以有几个甚至十几个年号。而明清两代风气大变，一个帝王一般都是只用一个年号。因此，便出现了可以用一个年号代称某帝王的称谓方法。如，洪武皇帝、永乐皇帝、康熙皇帝、乾隆皇帝等等。而明代之前的皇帝由于一般不止一个年号，则一般不用年号代称之。如，汉武帝不能称作建元帝，宋太祖也不称作太平兴国皇帝。即便是只有一个年号的唐太宗，习惯上从来也不称其作贞观帝。同理，隋炀帝也不称作大业帝，等等。

知道了年号可以代称某些帝王这一称谓现象，再遇见它，就不至于贸然将它误作为谥号、庙号、尊号等其他称号了。从而，就提高了中国古代历史和中国文化方面的素养和能力。

以上，我们简要介绍了多种具有封建色彩的特殊称谓。下面，我们不妨用它们对毛泽东《沁园春·雪》中所涉及的帝王称

① 参见《饮冰室合集·文集九·论纪年》。

谓，进行一番分辨和释读：

秦皇（秦始皇）——尊号。①

汉武（汉武帝）——谥号。[《汉书·武帝纪》"孝武皇帝"颜师古注引应劭曰："礼谥法：'威强睿德曰武。'"②]

唐宗（唐太宗）——庙号。③

宋祖（宋太祖）——庙号。[《宋史·太祖纪》："（开宝九年冬十月）癸酉夕，帝崩于万岁殿，年五十。殡于殿西阶。谥曰英武圣文神德皇帝，庙号太祖。"④]

成吉思汗（元太祖）——尊号。[《元史·太祖本纪》："金泰和元年……即皇帝位于斡难河之源。诸王群臣共上尊号曰成吉思汗皇帝。"⑤]

加上上述洪武、永乐、康熙、乾隆等以年号为代称的皇帝，足以显示对中国古代帝王称谓方法的多样性。

如此看起来，了解这些具有封建色彩的特殊称谓，对提高古代文化素养，还是十分有用和必要的。

---

① 参见前引《史记·秦始皇本纪》。
② 《汉书》，中华书局 1962 年版，第 155 页。
③ 参见前引《旧唐书·太宗纪》。
④ 《宋史》，中华书局 1985 年版，第 48 页。
⑤ 《元史》，中华书局 1976 年版，第 13 页。

主要参考文献

《十三经注疏》,中华书局 1980 年版。

《二十四史》,中华书局 1997 年版。

《诸子集成》,上海书店出版社 1986 年版。

《二十五别史》,齐鲁书社 2000 年版。

高亨:《周易大传今注》,齐鲁书社 1979 年版。

《中国地图分册》,中国地图出版社 2001 年版。

〔清〕顾炎武:《日知录》,岳麓书社 1994 年版。

〔元〕陶宗仪:《南村辍耕录》,中华书局 1959 年版。

《马克思恩格斯全集》,人民出版社 1970 年版。

《反杜林论》,人民出版社 1970 年版。

梁漱溟:《中国文化要义》,上海世纪出版集团 2005 年版。

钱穆:《中国文化史导论》,上海三联书店 1988 年版。

阴法鲁:《中国古代文化史》,北京大学出版社 1991 年版。

《中国汉字文化大观》,北京大学出版社 1995 年版。

齐涛主编:《中国通史教程》,山东大学出版社 2001 年版。

何九盈、胡双宝、张猛主编:《中国汉字文化大观》,北京大学出版社 1995 年版。

陈望道:《修辞学发凡》,新文艺出版社 1954 年版。

刘光宇:《历史与文化论集》,中国文学出版社 2004 年版。

《说文解字注》，上海古籍出版社 1980 年版。

《古文字诂林》，上海教育出版社 1999 年版。

《白虎通疏证》，中华书局 1994 年版。

陈奇猷：《吕氏春秋新校释》，上海古籍出版社 2002 年版。

阴法鲁主编：《中国古代文化史》，北京大学出版社 1991 年版。

王国维：《观堂集林》，中华书局 1959 年版。

钟毓龙：《科场回忆录》，浙江古籍出版社 1987 年版。

商鎏：《清代科举考试述录及有关著作》，百花文艺出版社 2004 年版。

《周作人回忆录》，湖南人民出版社 1982 年版。

启功、张中行、金克木：《说八股》，中华书局 2000 年版。

〔清〕梁章钜：《制义丛话》，上海书店出版社 2001 年版。

邓云乡：《清代八股文》，河北教育出版社 2004 年版。

王炳照、徐勇：《中国科举制度研究》，河北人民出版社 2002 年版。

赖永海主编：《中国佛教百科全书》，上海古籍出版社 2000 年版。

赵朴初：《佛教知识问答》，中国佛教协会编。

白化文：《佛光的折射》，台湾"中华书局"1989 年版。

中国佛教协会编：《中国佛教》，北京知识出版社 1980 年版。

余嘉锡：《世说新语笺疏》，上海古籍出版社 1993 年版。

《后汉书》，中华书局 1997 年版。

慧舟法师等编述：《佛教仪式须知》（以 1987 年自北京大学图书馆复印件为凭）。

《新编诸子集成》，中华书局 1991 年版。

任继愈:《老子新译》,上海古籍出版社 1985 年版。
陈国符:《道藏源流考》,中华书局 1985 年版。
李养正:《道教基本知识》,中国道教协会编印 1986 年版。
金正耀:《中国的道教》,商务印书馆 1996 年版。
〔清〕胡培:《仪礼正义》,中华书局 1987 年版。
〔清〕孙希旦:《礼记集解》,中华书局 1989 年版。
〔清〕孙诒让:《周礼正义》,中华书局 1987 年版。
〔清〕王聘珍:《大戴礼记解诂》,中华书局 1983 年版。
柳诒徵:《中国文化史》,中国大百科全书出版社 1988 年版。
李思敬:《五经四书说略》,商务印书馆 1996 年版。
吉常宏、吉发涵:《古人名字解诂》,语文出版社 2003 年版。
吉常宏:《中国人的姓名字号》,山东教育出版社 1991 年版。

后 记

这本《中国古代文化纲目举要》，是由我1984年起开设的“中国古代文化常识”（后来又改为“中国古代文化史”、“中国古代文化概论”等）课程的备课讲义逐渐演化而成的。它既包含了个人对中国古代文化发展规律的一些理性思考，又斟酌选取了因课时限制而悟出的讲授或学习中国古代文化最必要、最优先的一些内容。

目前，有关中国古代文化的著作虽然越来越多，但是，读者往往不是苦于它们大谈形而上，过于玄虚；就是苦于他们出自众手，内容繁富驳杂却无所统领。此类书难免使人读后对中国古代文化依然不得要领。而这本《中国古代文化纲目举要》所载，则是经过多年课堂教学实践，逐渐筛选出的一些了解和把握中国古代文化最起码的内容。其中，有的属于中国古代文化的“纲”，有的则是中国古代文化的“目”。希望通过它们，使读者既能够对中国古代文化做到“提纲挈领”式的把握，又能够多一些“纲举目张”式的了解。这些内容，在反复试用中经过了不断改进、刷新，基本得到了听众们，包括本科生和硕士、博士研究生们的认可。所以，现在愿不揣浅陋，赶在本人退休之前，将它奉献给社会，藉此也好接受更多读者的批评和指正。

当然，对于中国古代文化来说，许多内容应当介绍得更深入一些。还有一些重要的内容,则应当跟进介绍。这些任务,只能留待下一步再说了。

需要特别指出的是,书中大量借鉴和使用了前辈学者和时贤们的成果。没有他们的启发和引导,就没有本书成书的可能。特别使我感慨和不能忘怀的,是我的太老师王力(了一)先生三十年前屡次当面教诲,以及家父不断地耳提面命,才使我走上了中国古代文化的研究之路。谨愿以这本浅薄的《中国古代文化纲目举要》,权充搪塞他们以及所有对本书和我个人有帮助的师长辈们的作业。

在此书最后的成书阶段,齐鲁书社的于春香先生和桑圣彤编辑对书稿付出了许多心血。特别是责编刘西浩先生对书稿进行了认真审读,提出了许多宝贵意见,尤应致以深切的谢忱。博士生张建勇、马秀兰、硕士生陈慧源、李姗姗诸位朋友,也帮我做了许多工作,重新复核了全书资料出处,理应表而谢之。

山东大学 吉发涵

2012 年 10 月于历下兴隆山寓所

图书在版编目（CIP）数据

中国古代文化纲目举要 / 吉发涵著. —济南：齐鲁书社，2013.5
ISBN 978-7-5333-2741-5

Ⅰ.①中…　Ⅱ.①吉…　Ⅲ.①文化史—中国—古代　Ⅳ.①K220.3

中国版本图书馆CIP数据核字(2013)第093619号

中国古代文化纲目举要
吉发涵　著

出版发行　齊魯書社
社　　址　济南市英雄山路189号
邮　　编　250002
网　　址　www.qlss.com.cn
电子邮箱　qilupress@126.com
印　　刷　日照日报印务中心
开　　本　880mm×1230mm　1/32
印　　张　15.75
插　　页　2
字　　数　360千
版　　次　2013年5月第1版
印　　次　2013年5月第1次印刷
标准书号　ISBN 978-7-5333-2741-5
定　　价　**52.00**元